familias masacradas

el genocidio franquista

julio maroto

Familias masacradas

El genocidio franquista

De

Julio Maroto

Portada: Detalles de cuadros de Juan Genovés, reelaborado por el autor mediante foto transfer.

Editorial: BoD · Books on Demand, Calle de Manzanares, 4, 28005 Madrid, bod@bod.com.es
Impresión: Libri Plureos GmbH, Friedensallee 273, 22763 Hamburg (Alemania)

ISBN: 978-84-1092-085-9
Depósito Legal: M-26293-2024

Nota Editorial:

      Julio Maroto Ramón (Ciempozuelos, Madrid) es Licenciado en Historia; E.U. en Criminología; Diplomado en Investigación Privada; Director de Seguridad y Protección del Patrimonio; y Máster en Pericia Caligráfica y Grafológica.

      Tiene publicados dos títulos:

"*Aproximación a las fuentes estadísticas para el estudio de la delincuencia en España*", (2011) Bubok, Madrid, y

"*Apuntes sobre historia local: Ciempozuelos*" (2023) Amazon.

A mis padres, que lo pasaron peor de lo que suponía.

A Pepe, al que solo su génio pasaportó a la vejez.
A Beni, tan dulce y abnegada; no merecías irte tan pronto; no nos lo merecíamos.

A Manuela, mi fiel compañera, toda mi base.
A Julio, mi hijo, lo mejor que he hecho en la vida.

A Pepe, mi hermano, el otro vástago de esta rama, que siempre está ahí.

A mis primos Maroto's:
Felipe, Mario y Joaquín: me hubiera gustado que pudiérais haberlo leído.

ÍNDICE

A modo de introducción

Se lo debía

Tuve que ser de niño un poco coñazo. Me da la impresión. Muy aficionado al comic bélico de la época, desde finales de los sesenta devoré los comics de Hazañas Bélicas, El capitán Trueno, El Guerrero del Antifaz o el Sargento Gorila. A continuación, las novelas del oeste de Marcial Lafuente Estefanía, ese ingeniero industrial "cenetero" que después de ser alcalde de Chamartín de la Rosa, en Madrid, se alistó en el Ejército Popular y llegó a ser Jefe militar en artillería.

En cualquier caso, parece que esas lecturas me predisponían, sin remedio, a ser buen escuchante de las peripecias bélicas del padre. Alguna vez tuvo que decir, en cualquier conversación, algo similar a "*por allí anduve en la guerra*", para considerarlo yo información suficiente para querer saber qué guerra era aquella, qué sitio, dónde y cómo... Al principio, con diez años o así, me quitaba de en medio a la primera, pero seguí preguntando y peguntando. Y ya de adolescente, vencido el progenitor, contaba más cosas, con más detalles.

En cuanto a recuerdos bélicos, poca cosa. Supongo que la evocación era tan dura de recordar y contar, que pasaba de puntillas; solo ante mi insistencia, cuando le preguntaba por qué tenía esos costurones o cicatrices en la cabeza y espalda, él decía que explotó una bomba cerca y le llegó algo de metralla; con el tiempo he sabido que estuvo ingresado unos meses en el Hospital Provincial de Valencia porque una bomba de la Cóndor mató a su compañero, a un par de metros, y él cayó herido.

Y no se me olvidarán nunca algunos episodios; en el tema religioso, y como respaldo de su ateísmo, creo, recuerdo como contaba el castigo brutal a algunos curas vascos del partido nacionalista, que se habían confesado y en apenas veinticuatro estaban rotos en la enfermería. Conclusión, no se podía confiar nunca en un confesionario, mucho menos en el que estaba dentro. No, no me lo contaba así, tan crudo, lo dejaba entrever, lo adornaba, pero yo cogía casi todo.

Algo más se explayaba en historias postbélicas. Lo cual a mí me parece más duro, sin embargo, pues en guerra matas y te matan, estás activo, estas vivo, estás en servicio, pero en la cárcel fascista no eres más que un despojo humano.

Recuerdo cómo contaba que, en la cárcel, cambiaba un paquete de tabaco por un par de rollos de papel higiénico, con los que confeccionaba cuadernillos para las "clases" que entre los presos se daban, en una especie de "universidad popular carcelaria"; su admiración por tanto catedrático con los que compartió celda y a los que escuchaba con atención. Su coincidencia en celda o cárcel con emblemas de la izquierda, de la literatura o la ciencia, como Marcos Ana, Buero Vallejo, Pepe Hierro, Manuel García Pelayo, Tuñón de Lara o el Dr. Juan Peset.

Recuerdo sus historias sobre el hambre que pasaban y cómo, los que recibían algún paquete de la familia, lo ponía a disposición del común. Franco los había metido en la cárcel por comunistas, pero ellos, realmente, ejercieron el comunismo dentro de las cárceles de Franco. Todo era de todos, cada cual aportaba según recibía, y todos se apoyaban entre sí, en las celdas, en los talleres, en la enfermedad, hasta en el corredor de la muerte.

La verdad es que mi padre poco paquete de vituallas recibiría, porque parte de su cautiverio lo compartió, cronológicamente, con el presidio o destierro de la familia; su padre en la cárcel de Getafe, su madre en la de Ventas, su hermano en Batallones de Trabajadores...

En fin, recuerdos muchos, pero no me extiendo. Sí es cierto que, en algún momento, dije al padre que todas esas historias las escribiría y daría a conocer. Es lo que intento hacer con estas páginas. La pena es no haber anotado, grabado aquellas charlas, por ese pudor tonto de juventud; porque contadas por el protagonista resultarían más ilustrativas, quizá más "espeluznantes", por mucha edulcoración que pudiera poner.

Muchas sorpresas.

Lo cierto es que, aunque te hubieran narrado situaciones, no conoces nada. Y cuando te pones a buscar información, a pesar de las dificultades que ello entraña, lo que vas encontrando te supera.

Yo sabía, evidentemente, que mi padre estuvo en la guerra y luego en la cárcel. Pero desconocía las condiciones, dónde, cómo, cuántos años. Y lo que ves es mucho más duro de lo que habían contado.

Pero, además, no tenía idea que mi abuelo paterno había compartido cárcel con su hijo, mi padre. Y que estuvo en trabajos forzados, en Cuelgamuros y la sierra de Madrid. Y que su sentencia fue de pena capital, y que le conmutaron el fusilamiento, gracias a que alguien in extremis, en la Auditoría de Guerra, releyó el sumarísimo y dijo "*pero esto qué es, si este pobre hombre no ha hecho nada*".

Tampoco conocía que mi abuela paterna estuvo en la misma cárcel que su marido, en la sección de mujeres, en Getafe; y luego en la cárcel de Ventas, con las monjas nazis. Y luego desterrada varios años, en Valencia. Y que cuando volvió al pueblo la hicieron lo que, a tantas, la raparon, le dieron aceite de ricino y pasearon por las calles, la ridiculizaron por perdedora.

Y tampoco conocía que mi tío, el hermano menor de mi padre, había hecho la guerra al completo, y que la perdió como los demás, en su caso defendiendo Catalunya. Y que tuvo que huir a Francia; y que volvió y lo castigaron con trabajo esclavo, en Batallones de Trabajadores y que, por si no era bastante, lo obligaron a hacer "la mili de Franco" en Regulares, en el norte de África; y que...

Mi ignorancia supina, aún después de haber sido un niño preguntón, me ocultaba que también mi abuelo materno, pescadero y con negocio y tienda propia, por ser simpatizante de Manuel Azaña, también lo pasó mal, penal incluido.

Y todo esto dentro del círculo más íntimo de la familia: padre, tíos y abuelos; imaginen familiares un poco más alejados: he visto que hay un tío abuelo muerto en prisión, de hambre y miseria; de primos hermanos de mis abuelos, fusilados en el paredón de la cárcel o del Cementerio del Este...

Somos de un pueblo que fue muy represaliado, no solo mí familia. Un pueblo donde muchas mujeres, esposas e hijas de presos rojos, fueron violadas durante tiempo, al antojo de falangistas y familiares de "caídos", que tomaron propia venganza. Hay mucho hijo bastardo por ahí, que ni lo sospechan, pero cuando las mujeres de los presos iban a la cárcel de partido en Getafe, andando (50 km ida y vuelta), eran asaltadas por fascistas encapuchados.

Pero nada de esto se sabía, perdón, sí se conocía, pero no se verbalizaba; porque antes, en las casas, no se hablaba de estas "historias", no se podía hablar. El miedo era el eje en la sociedad, y en las familias perdedoras, mucho más.

Archivos.

Solo una breve referencia a los archivos históricos.

Es evidente que, para descubrir todas estas historias familiares, estas penalidades, has de sumergirte en los archivos. Pues paciencia, amigo.

Yo comencé a buscar en archivos históricos hace diez años. Tal como suena. Pero no salía casi nada. Con el tiempo se ha ido digitalizando más documentación y hoy es más fácil encontrar. Aun así, hay archivos, de gobiernos civiles, del ejército, de la policía, que siguen infranqueables. Qué pena. Y la "izquierda" gobernó con mayoría "absolutísima" con González, señor vendido al establishment como tantos; luego con Zapatero, avances mínimos; y llevamos ya seis años de gobiernos de coalición progresistas y la cosa avanza, pero sin la fluidez necesaria.

Por favor, abran los archivos. La gente, simplemente quiere saber, y los estudiosos investigar.

Valencia.

La ciudad de Valencia, la provincia entera, tiene especial transcendencia en la historia de la familia.

Con Madrid, fueron las ciudades republicanas por excelencia, las capitales; hubo más claro, pero estas dos urbes fueron castigadas ejemplarmente y están en el imaginario colectivo republicano como las irreductibles.

En la guerra, mi padre estuvo en diversas zonas, pero la gran mayoría del tiempo permaneció ligado al Frente de Levante; entró en Teruel en su toma, salió de Teruel en su pérdida, pasó por las distintas sierras de la Ibérica, y quedó muy ligado a la línea XYZ, aquella línea fortificada que paró tantos ataques hacia Valencia. Como oficial del Ejército Popular pasó por la Escuela de Guerra de **Godella**; se alquiló una casa en el pueblo de **Albalat dels Sorells**, a unos quince kilómetros de la capital, donde pasaba las estancias de permiso en el frente; cuando cayó herido estuvo en el Hospital Provincial de Valencia. En Valencia mismo, vivía parte de su familia, tía y primos, en el barrio del *Cabanyal*.

En abril de 1939, unos días después del famoso parte del "*desarmado y cautivo*", él mismo se presentó para ingresar en la cautividad, en la Plaza de Toros de **Valencia**. Luego pasó por el campo de concentración de **Torres Torres**; desde allí al campo de Portaceli o Porta Coeli, en **Serra**; más tarde disfrutó de las instalaciones de las Escuelas Pías, en **Gandía**.

Es decir, la vinculación con Valencia, para bien, para mal, fue total. Recuerdo que, teniendo unos siete años, pequeñajo, mi padre dijo que deberíamos conocer el mar, que no habíamos visto todavía. Adivinan dónde nos llevó: a la playa de la *Malvarrosa*, donde yo perdí un cubito y una pala, pero donde comimos un espléndido arroz en *La Pepica*. No podía ser de otra manera; su amor por Valencia fue grande y su gusto por la paella y las Fallas, inquebrantable.

50 años ya

Desde aquellas lágrimas del "*carnicero de Málaga*", Arias Navarro, anunciando la muerte de Franco, ha llovido bastante. Aquel 20N de 1975, a pesar de nuestra juventud, celebramos la noticia de forma ambigua: por un lado, descorchamos la botella de champán, pero, por otro, la sensación era agridulce, porque aquel fascista sanguinario había muerto en la cama, no lo habíamos podido hacer caer a través de una movilización democrática popular. Qué envidia de los hermanos portugueses, de su *Revolución de los Claveles* (1974), y de su Grândola Vila Morena.

Estamos en 2025 y a final de año se cumplen 50 del hecho. Y la derecha, en tan amplio periodo, no hado un solo paso para desmarcarse de lo que supuso la dictadura. La señora Ayuso, esa especie de muñeca diabólica falangista, anuncia toda clase de movilización en contra de los actos que puedan realizarse; el señor Feijóo, el amigo de los narcos, dice que "*me da mucha pereza oír lo mismo de siempre; ellos y sus amarguras de los cuarenta y los cincuenta*". Y lejos de caminar hacia reconocimientos que curen heridas, se dedican a hacer más grande y fiera a la ultraderecha. En fin, da miedo.

La dictadura se ha tratado siempre de forma superficial; la gente joven no sabe nada de aquello, de lo que se sufrió en ese oprobioso régimen. Hasta un 12,6% de la población, la mayor parte jóvenes, según último barómetro, aceptarían un régimen autoritario como alternativa a la democracia. Los distintos gobiernos, principalmente los socialistas, han pasado de puntillas por lo que debería haber sido clave de bóveda para ellos, la enseñanza de qué fue aquello y de por qué no se puede repetir. No sé si es tarde, pero este año debería ser una continua efeméride de exaltación y apología de la democracia y la libertad.

Un servidor, al menos, ha querido contribuir al recuerdo de que aquello fue espantoso para la gran mayoría de los españoles. Y seguimos teniendo necesidad de reconstruir la memoria familiar, junto a la memoria global. Tenemos obligación de reencontrarnos a nosotros mismos, de explicarnos tantas cosas calladas ya casi hace cien años. Y de que los vencidos puedan enterrar a sus muertos, tirados como perros aún en las cunetas; y que, si se expolió a gente, sea indemnizada; y que se restituya el honor de tanto funcionario depurado. En suma, que el gobierno de turno haga lo que le viene requiriendo Naciones Unidas desde hace mucho: Verdad, Justicia, Reparación y garantías de No Repetición.

No nos dejemos engañar una vez más: la derecha apela siempre a la "concordia" para que no se mueva nada, no se restituya nada, no nos acordemos de nada, ese odioso discurso asumido desde la Transición que, lo único que hizo fue condenar moralmente la violencia del pasado, de forma equidistante, pero sin explicar nada. Y cuando la izquierda pide esas cosas, tan básicas, se le acusa de "revanchismo". No lo permitamos.

Si perdemos la memoria, perdemos también la identidad y sin identidad no somos nada.

Julio Maroto Ramón

Enero de 2025

Enmarcando el tema.

Es evidente que los estudios sobre la guerra civil española, y más sobre la represión posterior, estuvieron prácticamente prohibidos durante todo el periodo de dictadura. Solo panfletos del régimen veían la luz. A partir de los años sesenta del siglo pasado comenzaron a escribirse algunos textos, sobre todo por militares del régimen, de alta graduación, que querían dejar también su impronta en el mundo de la literatura, más allá de la milicia. El general **Salas Larrazábal** quizá es el más conocido y que llega a decir, como toda concesión: "*sí, nosotros también matamos, pero ellos mataron más*" (sic). Nada resaltable realmente. Simple autojustificación.

Entre 1976 y 1986, ya teóricamente en democracia, existe un silencio historiográfico muy evidente como precio a esa reconciliación que patrocinaba la santa Transición. A partir de finales de los ochenta llegan las primeras aproximaciones al acontecimiento, más como textos divulgativos, de enmarque, para las nuevas generaciones, y los primeros estudios universitarios, realmente tardíos. Finalmente, a partir de 1996 se experimenta un boom con el despertar de las tendencias memorialistas, que tendría un brusco final, o punto y aparte, con lo sucedido al juez **Baltasar Garzón**, realmente el que pretendía poner la Memoria, no solo en los libros, sino también en los juzgados, si acaso para que algunos purgaran culpas. Qué valiente ¡ Qué ingenuo ¡

A partir de ahí se han ido multiplicando los estudios, cada vez más profundos, a pesar de que el último obstáculo, la inaccesibilidad de los archivos, seguía puesto ahí como barrera protectora. Aún hoy, recordemos, buena parte de los fondos de los archivos militares sigue clasificado.

Hace tiempo que existe un revisionismo sobre la guerra civil y, en general, sobre el franquismo. Contra toda evidencia historiográfica, a través de cientos y cientos de trabajos científicos en los últimos cuarenta años, hay quien, de forma calculada, sigue afirmando que la propia República fue la responsable de la guerra de 1936. Son los populistas de ahora, políticamente identificables con VOX, los que siguen con el racaraca de que el enemigo siempre es el culpable. Ni siquiera han aceptado esa especie de componenda que representa Chaves Nogales[1]; de

---

1 Nogales y muchos más; demócratas de toda la vida que, para salvaguardar la Transición, olvidaron el terror, la represión y la Justicia, en suma. Gente como Trapiello,

13

esa especie de Tercera España, de esa visión sobre la que se basó, equivocadamente, la Transición, de que **todos fuimos culpables y lo que hay que hacer es mirar al futuro**. Y es que el populismo y el revisionismo se retroalimentan; "*VOX es un inductor, y un beneficiario*" de ese tipo de mensajes[2]. Naturalmente, cuando hablamos de VOX hablamos de Intereconomía, COPE, Iglesia, grandes poderes económicos, etc. De todos aquellos que cuando citan el franquismo lo hacen evocando tiempos mejores. Y hay mucha gente que lo compra.

No es solo en este país donde el revisionismo histórico se mantiene y desarrolla. El populismo fascista que aquí personifica principalmente VOX, en Alemania es ALTERNATIVA POR ALEMANÍA, o en Polonía es LEY Y JUSTICIA, hasta hace poco en el gobierno. Las tres organizaciones se basan en los tradicionales agravios económicos ("esos otros" vienen a quitarnos el trabajo) y factores culturales ("esos otros" no son de aquí; son de otra religión; son de otra raza; no conocen nuestro idioma...). Pero, además, se basan en conceptos nuevos, más ambiguos pero quizá más sofisticados, y no solo en la "nostalgia" de pasados mejores: se trata de **la culpabilización en términos antagónicos de un "*otro*"**. Un enemigo que tiene la culpa de todo. Parece mentira, pero la reescritura del pasado y la búsqueda de un enemigo "total" (esos pijos progres) que tiene "la culpa", les da resultado en términos electorales a todas estas formaciones post fascistas. Quizá porque ese enemigo que tiene la culpa de todo es la encarnación viva de lo que sienten en sus entrañas, en sus tripas, simplemente del odio al progresismo.

Y la correlación ideológica con el voto electoral es total. En encuesta realizada en mayo de 2020 a un millar de españoles, patrocinado por la UE, se preguntó por su visión sobre el periodo de guerra y su orígen: los que ponían la responsabilidad en "el bando nacional" solo decían poder votar a VOX en un 3,8%, mientras los que echaban la culpa a la República decían poder decidirse por VOX en un 20%. 5 veces por encima[3]. El pasado sigue importando. Y si hay un conflicto interno en el horizonte (como es el caso de España) el mecanismo que explica el apoyo a la

---

Muñoz Molina, Álvarez Junco, Javier Cercas, J. L. Cebrián, Felipe González, Guerra, Santos Juliá, Pérez Reverte, Martínez Reverte, y tantos otros.

[2] Batalla, Pablo. (2021). "*Los nuevos odres del nacionalismo español*". Trea Ensayos. Gijón.

[3] Martín, Irene; Paradés, Marta; Zagorski, Piotr. (2020). "*Cómo influye el pasado traumático en el voto a los partidos populistas de Alemania, Polonia y España*". Proyecto Horizon 2020. Comisión Europa.

extrema derecha estriba en poner la culpa en "el otro bando", el enemigo. Ese reduccionsimo bestial hace que la reactivación del pasado sea electoralmente rentable. Y no importa la ciencia, los estudios y la historiografía. Sigue siendo cuestión de tripas básicamente.

Cuando veamos la Causa General en Ciempozuelos, nos daremos cuenta que los hijos y/o nietos de las personas del pueblo, que firman los macabros "Informes" para la Fiscalía General (como el Jefe de Falange o el Alcalde), han sido concejales por Fuerza Nueva y/o Partido Popular, al transcurrir del tiempo. Quizá sea cosa de genes. Tal vez de privilegios que no se quieren perder, también.

Hablando o refiriéndonos a Memoria Histórica, me gustaría introducir mi impresión personal. Creo que en España no ha habido desmemoria, en absoluto. Aquí siempre hemos tenido claro quien ganó, ¿verdad? Lo que ha habido en España es una falsificación, una traslación de la historia a un concepto concreto: la DERROTA. Los vencedores ya se ocuparon de que ese concepto siguiera vigente durante décadas y de que los perdedores no se olvidaran de ello: de que eran unos derrotados.
Porque, hasta en películas tan nefandas como la de Amenábar sobre Unamuno, el recordatorio siempre ha sido el mismo: la Victoria de unos, la Derrota de otros. Y siempre se circunscribe el recuerdo a momentos bélicos, cuando la República fue una bocanada de aire fresco. La "memoria" oficial franco-fascista ya se ha encargado en todo momento en que si se recuerda algo sea, como mucho, hechos puntuales, unas cuantas fosas. Y eso hay que hacerlo, claro está. Soy miembro de la Asociación para la Recumeración de la Memoria Histórica y sé lo que significa abrir fosas y entregar huesos a hijos y nietos ochenta años después. Pero hay que ir más allá. Hay que recordar a la gente que la Segunda República fue el periodo democratizador más intenso de nuestra historia.

Sería bueno recordar que aquél ministro de Trabajo llamado **Largo Caballero**, introdujo reformas laborales análogas a las que se estaban realizando en Estados Unidos y Francia en esos momentos. Por esas fechas en EE.UU. se aprobaba la Ley de Relaciones Laborales, la Wagner Act (creación de sindicatos, negociación colectiva, etc.) en el contexto de la **New Deal**. Y en Francia se aprobaban las vacaciones pagadas, la jornada oficial de 8 horas o las elecciones sindicales, entre otras reformas. Y cuando en España quiere introducir una legislación similar Largo Caballero, lo llaman Lénin. España cañí. Los patronos no iban a consentir esas "libertades". El empresario era el que dictaba las leyes laborales y, si acaso, el trabajador lo que podía hacer era salir a la calle a protestar y tirar piedras. El patrón tranquilo pues ya tenía en nómina a la Guardia Civil a través del Gobernador de turno.

Sería bueno recordar que la II República lo que quería, básicamente, era cambiar una Monarquia corrupta por un sistema democrático que posibilitase poner el aparato del Estado al servicio del pueblo, de la ciudadanía. Pero, cómo entes como la Iglesia iban a consentir eso; cómo iban a consentir poner en riesgo su monopolio educativo. Si hasta tuvieron el monopolio del Registro Civil. Dense cuenta que en Francia el Registro Civil lo crea Napoleón y lo pone en manos de la administración desde el inicio. Pues en España eran los curas los que registraban durante mucho tiempo. Cómo iban a dejar que ese soplo de libertad fraguara.

Bueno sería, también, hablar de que la II República, ligando con lo anterior, construyó cientos y cientos de escuelas nuevas. Y de Institutos de enseñanzas medias. Y asentaron el becariado para los hijos de la gente de rentas bajas. Y becaron a estudiantes universitarios para que trabajaran sus finales de carrera en otros países, como Alemania, Francia o Inglaterra. Y todo eso lo protagonizó como ministro **Rodolfo Llopis**, socialista histórico al que Felipe González despidió con un portazo. Pero al final solo se habla de ganadores, de banderas, de requetés y legionarios.

Convendría que la gente supiera que la II República despenalizó la homosexualidad, aprobó el divorcio y amplió decenas de otros derechos civiles que luego, cuarenta años más tarde, costó tanto recuperar. Es decir, no solo es Memoria recordar la represión (de lo que va este librito), es Memoria también recordar la Democracia que pudimos tener y que el fascismo de la época, encarnado en Francisco Franco, masacró.

Desgraciadamente, los vencidos hemos estado más centrados en recuperar nuestros muertos, lógicamente, y hemos dejado pasar, en buena medida, la reivindicación de la política de aquellos hombres avanzados, a los que no dejaron gobernar, los mataron o los exiliaron.

Pero, ¿cómo definir ese pasado de represión?

Entre las opciones posibles, los estudios históricos han ido situando a la represión como la cuestión clave para entender lo que pasó en España a partir del día 18 de julio famoso, quizá por las repercusiones en el tiempo que ha tenido esa factor: desaparecidos, fosas, asociaciones de memoria, etc.

Personalmente participo de la línea de investigación del historiador **Francisco Espinosa**[4], de que **en 1936 los golpistas iniciaron una senda de exterminio, calculada y premeditada**. No es que hicieran una convención de generales y dijeran vamos a hacer esto y luego aquello, no. Simplemente, en sus encuentros anteriores al golpe, desde un par de años antes, desde el año 1934 con el movimiento insurgente de Asturias, reflejado en actos revolucionarios en buena parte del país, sabían que de hacer algo no podía ser el golpe de mano convencional, según nuestra desgraciada tradición golpista. Debían asestar un golpe "definitivo"; había que ir "a por todas". Generando no solo miles de muertos, sino otros tantos miles de desaparecidos. Sí, desaparecidos, algo que ni siquiera la historiografía progresista ha evaluado. Pero que alguien conteste qué es, por ejemplo, **Blas Infante** al que, sin proceso ni juicio, sacaron de su casa un día y nadie sabe dónde está. Por no hablar de **García Lorca**. Y de tantos y tantos.

También a **Paul Preston** lo han atacado por titular su magna obra como "*El holocausto español*". La historiografia oficialista lo puso a parir. Hasta el falso progre Pérez Reverte, en El País, lo tildo de "*historiador militante*". Tuvo que salir en persona el padre de nuestra Historia Moderna, **Josep Fontana**, a aclarar a Reverte que si se habla de genocidio es porque las investigaciones de campo nos llevan por esa vía, que no es algo aleatorio o gratuito, o que se quiera tildar así para ser más rimbombante. Y citaba Fontana cientos de estudios[5] donde se veía "*la realidad cotidiana de la represión y el rostro inhumano de la barbarie, con miles de historias personales, de gentes sencillas, no afiliadas a partido o sindicato alguno …. **Pretender que la guerra civil fue la consecuencia de dos violencias enfrentadas, equiparando la culpabilidad de las víctimas con la de sus asesinos es, no sólo un insulto a la razón, sino una muestra de miseria moral**"*[6].

---

[4] Francisco Espinosa Maestre, doctor y profesor universitario de Historia, es el mayor estudioso español sobre la represión después del golpe militar. Cientos de publicaciones en ese campo avalan ese conocimiento. Quizá lo más reseñable de su trayectoria sea haber dirigido científicamente el proyecto "todos los nombres", un trabajo de recuperación de datos, información y nombres, que ha contado con el aval y asesoramiento de Preston, Casanova, Sánchez-Albornoz, o Josep Fontana, entre otros. Espinosa es profesor en el Departamento de Historia Económica de la Universidad de Sevilla.

[5] Quizá el principal, el de José María Márquez y Miguel Guardado llamado "*Morón: consumatum est. Historia de un crimen de guerra*", Ed. Planta Baja. Morón. 2011.

[6] Fontana, Josep (2011) "*La naturaleza de la violencia*". Diario Público. Madrid

Detrás de los ataques a Paul Preston están todos aquellos autores que han defendido la Transición española como algo sagrado, pretendiendo que los estudios históricos no levanten demasiado "polvo o ruido" de forma que todo quede un poco desdibujado: ni el franquismo fue fascismo; ni hubo desaparecidos (para no argentinizar el debate); la represión sistemática solo fue violencia política.

Un servidor, sin embargo, participa de la escuela doctrinal que **considera genocidio esa masiva y organizada represión**, en los términos acuñados por **Lemkin**. No fueron solo crímenes de guerra. Lo veremos más despacio en otro capítulo, siguiendo la estela doctrinal de otro de mis viejos profesores, Antonio Elorza, por cierto, nada sospechoso de izquierdismo.

Los que niegan el fascismo o el genocidio pretenden dejar el tema en manos de "eruditos" que enmarcan esa represión dentro de un capítulo más genérico como "la violencia en el siglo XX", y la dictadura en el de "Periodos autoritarios de nuestra historia". Pero creo que fue más que eso. Y hasta los intelectuales franquistas como **Calvo Serer** o Vicente Marrero, en los años sesenta, se indignaban por igualar los excesos de cada bando. Decía **Marrero**: *"así - disminuyendo la intensidad de nuestra acción- se va a perder el espíritu real de nuestra Cruzada"*[7]. Reivindicaban que se reconociera el castigo al que infrigieron al enemigo; se estaba perdiendo el concepto de castigo.

Creo que uno de los errores cometidos por la historiografía, incluída la progresista, es llamar "guerra civil" a todo, desde el 18 de julio hasta, al menos, el año 1939 o más. Para mí la guerra, en sí misma, fue un conflicto bélico donde lucharon dos ejércitos muy desiguales; otra cosa es lo sucedido con el golpe, su preparación, y luego la represión consiguiente: desde los fusilamientos masivos hasta la represión con los consejos de guerra más tarde.

Y cuando digo que hasta la historiografía progresista ha cometido este error, no hay más que ver el desarrollo de los estudios previos a la Ley de Memoria Histórica de 2007. El presidente **Zapatero** creó una Comisión Asesora, dirigida por el profesor **Ávarez Junco**, que estableció tres tipos de víctimas: las de la Guerra, las del franquismo hasta 1968; y las de ETA-GRAPO. Parece una división un tanto exigua, o forzada por las presiones del momento. Pero ya ha llovido algo desde ese 2007. Los esfuerzos de jóvenes historiadores que han ido destripando archivos según han ido siendo abiertos, van dando sus frutos. Ya se sabe quién murió, y cuándo, en cada pueblo, en cada provincia. **No se puede seguir**

---

[7] Marrero, Vicente (1962). *"La guerra española y el trust de cerebros"*. Ed. Punta Europa. Madrid.

escondiendo la represión fascista. ¿A qué se tiene miedo? A que un familiar de un asesinado busque a un familiar del victimario para... Por favor.

Es cierto que políticamente no ha interesado "tanta" investigación. Por eso, ni los gobiernos socialdemócratas, que han gobernado amplios periodos, han desclasificado todos los archivos, incluidos los militares. Porque cuanto más se sabe sobre la represión fascista, más se critica el "espíritu" de la Transición y aquella Ley de Amnistía (hecha un año antes que la propia Constitución) que estableció, como dijo el propio **Txiqui Benegas**, un punto final i?. La verdad es que la izquierda cedió demasiado, cedió a sus muertos.

El profesor de historia económica José **Martínez Alier** lo expresa, evidentemente, mejor que yo: "***La ley de Amnistía fue como un chiste: los que habían matado, sin sufrir ningún castigo y sin perder ni una de las antiguas pesetas de su patrimonio con la muerte de Franco, se daban el lujo de amnistiar a los que habían perdido la guerra y habían perdido la paz de los cementerios durante 35 años, y de paso se amnistiaron ellos mismos***"[8].

A **Reig Tapia**[9] le debemos haber levantado acta de la situación existente en aquellos años y la más clara alusión al "*pacto de silencio implícitamente acordado entre las distintas fuerzas políticas sobre los aspectos más negros del franquismo*". Decía Reig, "*me parece bien que hagan entre ellos un pacto de honor para no tirarse los trastos a la cabeza, pero prohibir a los científicos sociales la investigación...*"[10].

¿Es todo cuestión de terminología?

No lo creo así. Cuando se produce el golpe militar se inicia la represión contra el que se opone, pero también con los que se ponen de perfil. La represión alcanza a todos, y en todos los ámbitos: se elimina físicamente al oponente; se encarcela a la gente y se la mata de hambre; se les ponen multas y se les incautan los bienes; se les usa como mano de obra esclava; se les obliga a exiliarse y al

---

[8] Martínez Alier, José. (2011). "*¿Quién amnistiará al amnistiador?*". Ed. Ruedo Ibérico. Barcelona.

[9] Alberto Reig Tapia, alumno de Tuñón de Lara, es Catedrático de Ciencia Política en la Universidad Rovira i Virgili.

[10] Reig Tapia, A. (1984) "*Ideología e Historia*". Ed. Akal. Madrid.

que se queda se le depura profesionalmente. Esa represión, por tanto, no solo afectó al "sujeto pasivo", al eliminado, depurado, explotado, o exiliado, sino a sus familias, que quedaban en el más absoluto desamparo. Tal vez hable algo de la hermana pequeña de mi padre, la tía Ascensión. Le podían haber preguntado a ella, con su padre en Cuelgamuros, su madre en la cárcel de Ventas, su hermano mayor en el campo de Portaceli y el pequeño huído a Francia.

Por tanto, desde mi modesto punto de vista, sí se puede hablar en España de genocidio por causas sociales y políticas. Ya está comentado que desaparecieron partidos, sindicatos, ateneos, asociaciones, gremios, cátedras... Lo dijo clarísimamente Díaz Criado, aquel militar africanista al que apodaban "*el criadillas*", y que Queipo de Llano puso al frente de la Delegación de Orden Público en Sevilla: "*aquí en treinta años, no hay quien se mueva*". Amén.

Aquello fue un Estado fascista, sin duda. En Alemania, después de intentonas terroristas, llegaron al poder a través de elecciones. En Italia a partir de una Marcha intimidatoria hacia la capital. En España a través de un cruento golpe militar. Todos episodios de un mismo fenómeno, el Fascismo en la Europa de entre guerras.
Disfrazarlo no tiene sentido, es engañarnos. Todos los actores activos lo tenían claro. Los capitalistas agrarios y católicos, dominantes en buena parte de la península, excitaban a las fuerzas moras y legionarios a satisfacer esa ansia de venganza; ¿venganza de qué?, ¿de una ocupación de tierras?. Y solo ponían un límite a esa mano dura contra el obrero: que no se paralizara la producción. Por eso **no mataron a más, porque se quedaban, literalmente, sin mano de obra**. Y eso ¿no es genocidio?. Hasta el ejército hacía un ejercicio de reflexión en un documento curioso de la capitanía de Sevilla; decían que en un pueblo grande podía haber 20 terratenientes, 200 propietarios y 10.000 jornaleros. Que se podía matar perfectamente a los 20 y a los 200, pero nunca se podía matar a los 10.000 porque se paralizaba todo[11]. Feliz reflexión. Yo, mucho me temo que, si les hubiera sido prácticamente factible matar a todos, lo hubieran hecho.

El plan, siguiendo la argumentación militar, parece claro: se trataba de "*acabar en cada localidad con el número suficiente de personas para arrancar de cuajo cualquier semilla de cambio y progreso. Eso se consiguió con un plan de exterminio planificado que exigía en todo lugar una cuota de sangre y la implantación de un régimen de terror. Para evitar burocracia la mayor parte del genocidio se llevó a cabo sin más trámite que los Bandos de Guerra, que todo*

---

[11] Servicio Histórico Militar C.G.G A-4. Citado por Francisco E. Maestre.

permitían, y con la clara intención de dejar las menos huellas posibles. A partir de 1937 la "limpieza" se canalizó mediante los consejos de guerra"[12].

Por eso, aquellos que quieren pasar página, proceden a negar sistemáticamente el carácter democrático de la República, al tiempo que equiparan la violencia franquista a la del "bando contrario". Y aquello, aquel caos, dicen, solo podía acabar en guerra civil, obviando el boicoteo contínuo, desde el primer día, para que aquello no funcionara, para que pareciera inviable. Y en eso han coincidido muchos, unos por ser de derechas (la derecha española nunca rompió con el franquismo), otros por defender la Transición y la Ley de Amnistía. Pero hay que repetir, cuantas veces sean necesarias, que "*la diferencia entre el tratamiento dado a las víctimas del terror rojo y a las del terror azul resulta abismal. Unos tuvieron todo y otros nada*" (op. cit. Espinosa Maestre).

Los crímenes del franquismo no prescriben y el Estado tiene la obligación de que reciban un tratamiento acorde con la legislación internacional y los Tratados que España ha suscrito. La ley de amnistía debería ser derogada y el Estado llevar verdad, justicia y reparación a las víctimas del genocidio franquista y sus descendientes. Y no solo el Estado debe asumir sus responsabilidades; ¿es posible que a esta fecha ninguna Universidad madrileña se haya puesto a investigar la represión en Madrid desde el 36 al 45, al menos? Es increíble que en este país, durante décadas, hayan sido historiadores norteamericanos e ingleses los únicos investigadores: Gabriel Jackson, Hugt Thomas, Paul Preston, Ian Gibson... Y la cátedra española, salvo alguna honrosa excepción, sin moverse para no molestar.

Hubo un tiempo en que se albergó alguna esperanza. Los familiares de 14 fusilados en una cuneta de la carretera comarcal 536, en el Bierzo, presentaron el año 2000 una demanda y consiguieron abrir la fosa , junto a la localidad de Prioranza, donde no descansaban los huesos de sus antepasados. La abrieron voluntarios, universitarios, forenses, antropólogos, historiadores. Y nació la **Asociación para la Recuperación de la Memoria Histórica** que, vergonzosamente, nunca ha recibido un Príncipe de Asturias.

No mucho después, en 2006, algunas Asociaciones de Memoria denunciaban la desaparición de personas a manos de las fuerzas franquistas. Y la denuncia la hacían en el Juzgado Central nº 5 de la Audiencia Nacional, cuyo titular era el juez Baltasar Garzón. Como la historia es conocida no es necesario profundizar. Las

---

[12] Espinosa Maestre, Francisco. (2012). "*La guerra en torno a la historia que ha de quedar*". Revista Hispania Nova. Madrid.

presiones de todo tipo fueron tales que, en noviembre de 2008, la Sala de lo Penal de la A.N. declaró a Garzón incompetente para llevar el caso. Sin embargo, coetáneamente, el **Tribunal Supremo sí admitía a trámite tres querellas contra Garzón**; una del partido Libertad e Identidad (nazi); otra de Manos Limpias (fascista); posteriormente otra de Falange Española y de las Jons (fascista). El único jurista que había admitido a trámite denuncias contra los crímenes franquistas, firmó su propia sentencia. El 24 de abril de 2010 estuvimos en las calles de Madrid más de 100.000 personas apoyando al juez. Menos de un mes después (14 de mayo de 2010) fue inhabilitado y retirado de la carrera judicial. Todo había quedado atado y bien atado tiempo atrás, y seguía demostrándose.

Los nombres de los magistrados Luciano Varela, Carlos Dívar, Juan Saavedra, Adolfo Prego, Joaquín Giménez, Francisco Monterde, Juan Ramón Berdugo… los inhabilitadores, no se nos pueden, no se nos deben ir de la memoria. Miren ustédes la trayectoria de la judicatura, los nombres, las familias, son siempre los mismos, endogamia pura. Lo que el fundador de Ruedo Ibérico, José Martínez, denominó como *la derecha permanente*.

El conglomerado bipartidista PP-PSOE ganó la partida. Salió, de nuevo, triunfante la tésis de la equidistancia, de la **equiviolencia**: todos lo hicimos mal, todos somos iguales. Y pusieron, y siguen poniendo, las mayores trabas para que los historiadores investiguen. A esta fecha (diciembre 2024) sigue habiendo gran número de archivos precintados, sobre todo militares. ¿Porqué creen que ponen siempre a los más "progres" en Defensa? (Serra, Bono, Robles, etc.). Y en el campo universitario, tres cuartos de lo mismo: predominancia de las tésis de Santos Juliá y Álvarez Junco; y en los medios los de Antonio Muñoz Molina and Prisa, Trapiello, Reverte, etc. Parece mentira, pero es una vez más un historiador norteamericano, **Herbert Southworth** el que, desde las páginas del propio El País, reclamaba atención y reconocimiento para un político y científico como **Juan Negrín**, abadonado por todos, y por la historia. Decía H. Southworth que "*un país que no se atreve a mirar a la cara a su propia historia se condena a la mediocridad*". Estoy de acuerdo.

Me atrevería, en este punto, a resetear y recordar lo que creo son las verdades fundamentales del tema:

- La II República no fue un caos. La hicieron caótica. Fue un régimen democrático que inició reformas profundas (pero nada revolucionarias, sino en la línea de lo que se estaba haciendo en los países más avanzados de la época) que no fueron aceptadas, en absoluto, por una derecha política, judicial, económica y clerical, anclada aún en los privilegios del siglo XIX.

- Esa derecha permanente, un bloque realmente poderoso, boicoteó desde el día uno cualquier iniciativa reformista, con todo tipo de artimañas, legales o no. Y cuando el Frente Popular ganó las elecciones del 36, no tuvieron otra que dar todo el apoyo financiero y político a ese ejército rancio, africanista y cainita para que pusiera fin a la experiencia democrática.

- El golpe militar es la expresión de un plan previamente calculado, asimilado por la cúpula militar y que, en un año, generó decenas de miles de muertos y desaparecidos, hasta que se fue dando un tinte seudo jurídico a la represión, con los consejos de guerra sumarísimos de urgencia.

- Desde el principio la masacre fue tal que, incluso los mandos, tuvieron que dar orden de ocultar datos (incluso de tapar los agujeros de bala de las tapias de los cementerios). Buena parte de los muertos no figuraron, y aún no figuran, en los Registros Civiles.

- Lo que es propiamente la guerra, la contienda bélica, es un enfrentamiento desigual que, al menos, supuso un parón en la represión, al tener que volcarse las tropas en los frentes, y no en los castigos pueblo a pueblo.

- Llegados a la democracia (Régimen del 78), era tal el dato (de represaliados, y sobre todo de represores) que hubo que hacer una Ley de Amnistía para que las derechas aceptaran seguir con el proceso, sin temor a tener que dar explicaciones. E incluso así, era tal su miedo, que Fraga votó en contra. Y todo ello un año antes de hacer una Constitución (creo que la lógica política hubiera aconsejado el procedimiento inverso: primero la Constitución y luego la ley de amnistía. Lo que no quiere decir que los presos políticos hubieran tenido que estar en la cárcel, claro).

- Esa Transición olvidó, lisa y llanamente, a esas decenas de miles de compatriotas asesinados, deportados, exiliados o desaparecidos. Nos parecía tan imperioso el tránsito a una cierta libertad que le dimos la espalda a nuestras víctimas. No se hizo ninguna mención o reproche al terror fascista porque la Transición estaba tutelada por la derecha, con omisiones muy graves de las izquiedas.

- Hoy, 2025, desconocemos aún el número total exacto de las víctimas, de sus nombres. Se ha avanzado muchísimo, pero siguen muchos archivos cerrados a cal y canto. Mientras, **se sigue librando la batalla "*de la historia que ha de quedar*"**.

El "Partido Judicial", principal opositor.

Me van a permitir hablar de los jueces, un momento (espero no ir p'alante).

El Poder Judicial fue una parte muy activa en la crisis del Estado constitucional que fue la República, participando en la desestabilización y derribo del nuevo orden democrático, facilitando la llegada del golpe, la guerra, y el posterior exterminio que supuso el franquismo[13].

La similitud con la actualidad es grande; una de las diferencias es que ahora la información es ágil y amplia, y todos conocemos a los Marchena, Llerena, García-Castellón, Velasco, Peinado y toda la cuadrilla, y sabemos de qué van. Pero el esquema es muy simlar: el jefe de la derecha, Aznar, dice que "***Pedro Sánchez es un peligro para España... y quien pueda hacer que haga...***" y, todos a una, comienzan a boicotear cualquier tipo de legislación que tenga tinte progresista (ley de amnistía, del "solo sí es sí", renovaciones de óganos judiciales, etc.). Y sin correspondencia de acción por parte de los gobiernos; nadie hace nada, nadie se pregunta, legítimamente, cómo con el sueldo de un juez (por muy alto que esté en la escala salarial del funcionariado) se pueden tener tantas casas y extensas fincas, imposibles de poseerse en buena lid. Nadie se pregunta porqué las grandes corporaciones empresariales se escapan de pagar millonarias multas por dilaciones indebidas en el procedimiento, sea civil, contencioso o penal. Pues esa casta funciona, como funcionaba.

Los gobiernos republicanos progresistas fueron sumamente escrupulosos con el tema de la independencia judicial y no actuaron; no solo no tomaron la iniciativa, porque había otros frentes claro, sino que les colaron goles notorios: y así aceptaron el nombramiento como presidente del Tribunal Supremo, 1931-36, de Diego García Medina, contrario al nuevo constitucionalismo, por el simple hecho de que no era afiliado a ninguna organización, aunque todo el mundo sabía de su pensamiento reaccionario (aún así, acabada la guerra, Franco lo separó de la carrera judicial acusado de tibieza); o la del magistrado José Castán Tobeñas, también para el supremo tribunal, y que fue uno de los principales quintacolumnistas y traidores al Estado desde el interior de la administración (este sí ascendido por el fascismo a presidente del TS en 1945 y eterno Procurador en Cortes).

---

[13] Pérez Trujillano, Rubén. (2024) "*Jueces contra la República. El poder judicial frente a las reformas republicanas*". Ed. Dykinson. Madrid.

En el día a día el boicot judicial a las reformas se mostraba de forma sutil, pero en algunos temas la actuación de los jueces fue la de contrarrestar, de forma sistemática, las reformas emprendidas, cuestionando las bases constitucionales de las mismas. La derecha lleva dos siglos haciéndolo, es una experta. Y eso se convirtió en un comportamiento sistémico que dejaba entrever a un poder preconstitucional resistente al Estado constitucional. Ese comportamiento, al final, se destilaba en la jurisprudencia que, por lógica, *"no era apolítica, o ideológicamente neutral, o éticamente libre de valores"* (Trujillano).

De 1931 a 1936 se constata una clara relación conflictiva entre los cambios reformistas y la acción de los jueces. Puede que la mentalidad de la judicatura no evolucionara al ritmo de la mentalidad colectiva; es una posibilidad, pero secundaria a la verdadera y es que, **la práctica judicial tiende a expresar la voluntad de la élite dominante**; entre otras cosas porque jueces y magistrados, muy mayoritariamente, se estratifican dentro de esa clase dominante. Por tanto, se puede hablar perfectamente de "justicia de clase"; es más, se puede hablar del "**Partido Judicial**", sin necesidad de estar en registro alguno.

Esa actuación transversal y permanente de la judicatura, en contra de las nuevas corrientes reformistas en lo social, en lo judicial, hace evidente que durante el quinquenio republicano pudiera hablarse de "ruido de togas" al mismo tiempo que del "ruido de sables". Es más, para nosotros, los generales se creían tener la misión de acabar con la democracia, porque la élite pensante, entre ella la judicial, aportaban las razones en sus textos y discursos, elegantes y retóricos, que tanto deslumbraban a la milicia. Con el boicot al régimen constitucional democrático, **los jueces estaban abonando la visión de la necesidad de un orden contrario, preconstitucional**, que era el que los militares representaban.

La historiografía, durante décadas, tuvo que volcarse en lo más apremiante, en el plano militar devastador. Pero hoy se conoce que **el militar y el judicial son dos caras del mismo hecho**: la reacción al intento más serio de construcción de un Estado constitucional democrático en la historia de España. Está por reescribir la historia de la República incorporando la historia de la judicatura y su actuación porque, en muchos casos, no es que los jueces reaccionaran contra propuestas republicanas es que se anticiparon a ellas.

Y si pensamos, además, que en la II República había fuerzas que proponían la superación del estado capitalista, al menos su profunda modificación, encontramos como la gran burguesía y la aristocracia, apostaron por dejar atrás el sistema de partidos; dicho de otro modo, se tendió abiertamente hacia el fascismo como superación del conflicto político reinante. Y en ello tuvo papel muy relevante la judicatura.

La acción judicial no fue neutral en el periodo. En ese quinquenio 31-36 hubo revueltas de sabor anarquista, levantamientos campesinos en busca de tierras y su mejor aprovechamiento, estallidos revolucionarios en las cuencas mineras y tensiones territoriales, principalmente en Cataluña, y los jueces actuaron siempre próximos a la reacción, a los propietarios, a los centralistas, poniendo en solfa la propia Constitución. En la "cuestión" nacionalista, obstaculizaron todo lo que pudieron, y más, el uso de los idiomas propios de los territorios bilingües.

Los jueces tuvieron una doble vara de medir; más indulgente y escrupulosa con la ley con la violencia de extrema derecha, en tanto castigaba con mayor dureza la perpetrada por las organizaciones de extrema izquierda. Se ve claramente con las penas impuestas por el golpe de Estado de Sanjurjo en 1932, que tuvo una trama militar y una civil que se dejó de juzgar. Y respaldaron los jueces, y se abusó de la figura, lo que se conocía como *detenciones gubernamentales*, en el bienio negro, por las que la autoridad podía detenerte hasta 72 horas, sin cargo alguno.

Igualmente, la actitud sindical era castigada con dureza, en cuanto había el más mínimo motivo, aunque la libertad de sindicación estaba reconocida constitucionalmente. Se perseguía con gran rigor a todos aquellos que eran "enemigos" del orden social tradicional. Para ello se utilizó la **Ley de Vagos y Maleantes**, de fines de 1933, y cuyo Reglamento terrible tiene fecha de 1935, y que los jueces utilizaron de forma arbitraria como instrumento de control y criminalización de la pobreza, así como herramienta represiva contra militantes de las izquierdas, especialmente anarquistas. Franco utilizaría muy bien esa ley, como sabían hacer los fascistas, incorporando la homosexualidad a su articulado, verdadero caballo de batalla del régimen y la iglesia (siempre de puertas para afuera...).

La República, la Constitución de 1931, no tuvo tiempo de "colonizar" las instituciones del Estado, de democratizarlas. Eso lo sabíamos del ejército, pero ocurrió otro tanto con el poder judicial que paralizó, retardó todo proyecto de democratización de las estructuras. Su actitud, a través de sus potestades interpretativas, fue restar eficacia a las leyes democráticas y normas constitucionales.

La historia del sabotaje judicial a las reformas republicanas tiene mucha relevancia porque, ayer como hoy, debiera saberse que la casta judicial hace todo lo posible por cortocircuitar las reformas sociales. Por eso recomiendo encarecidamente el libro citado de **Pérez Trujillano** que demuestra la enconada lucha de los jueces contra la secularización de las estructuras estatales, hasta unos extremos de clericalismo más propio de siglos anteriores; y cómo cualquier "amenaza" al modo de vida tradicional, era inmediatamente puesto en cuarentena por los juzgados, bien a través de denuncias de terceros o de propias providencias. Siempre adversarios de cualquier objetivo gubernamental de modernización de la vida de los ciudadanos.

Informe sobre la represión franquista

Como ya se ha indicado, cuando en 2005-2006 las Asociaciones de Memoria se deciden a buscar el amparo de los Tribunales de Justicia, en pos de un apoyo legal que les permita abrir las fosas, u obligue al Estado a hacerlo, el único Juzgado que dio un paso adelante fue el Juzgado Central de Instrucción nº 5 de la Audiencia Nacional, cuyo titular era el Magistrado Baltasar Garzón.

Una de las primeras cosas que hizo el juzgado fue recabar información, desde distintos puntos de vista y a diversas entidades y profesionales. El historiador **Francisco Espinosa Maestre**, al que ya se ha citado y no nos cansaremos de volver a citar, el mayor experto en la violencia franquista, sobre todo en el sur oeste español, fue el requerido a emitir informe desde la óptica y conocimiento histórico. Este informe sobre el caso 399/2006, se denomina ***Informe sobre la represión franquista. Estado de la cuestión***[14].

Por lo conciso y pedagógico que es, para entender todo ese momento, me permito resumir las líneas esenciales.

Para el análisis de la violencia en zona republicana no hay mucho problema, pues el bando franquista inició una espectacular investigación:

---

[14] Espinosa Maestre, Francisco. (2007). *"Informe sobre la represión franquista. Estado de la cuestión"*. Informe a instancias de la dirección jurídica en el caso 399/2006 del Juzgado de Instrucción nº 5 de la Audiencia Nacional. Francisco Espinosa es el historiador español que más ha profundizado en la represión de los golpistas, principalmente en el sur de España. Es el creador y director científico del Proyecto "Todos los Nombres", que ha permitido ir identificando a buena parte de las víctimas de esa represión.

La Causa General.

El Fiscal General dirigía esta operación que, pueblo a pueblo, fue recopilando toda la información respecto a lo que denominaron "**el terror rojo**". Es decir, la violencia ejercida sobre aquellas personas que, bien se adhieron al golpe, bien tuvieron papel destacado en las fases previas, cuando no durante toda la República, en contra de los trabajadores y sus organizaciones, en general en contra del desarrollo de la actividad regenaradora de la II República.

La investigación duró varios años y contó, en su desarrollo, con el trabajo de muchas instancias administrativas, básicamente a nivel local el Alcalde, el Jefe Local de Falange y el Comandante del puesto de la Guardia Civil. Veremos con un poco más de detalle la Causa General de Ciempozuelos (Madrid).

Las finalidades de la Causa General eran varias:

- **Informativa**. Saber contra quién se había ejercido violencia; a cuántos y cómo les llegó la represión; y quienes habían sido los responsables de la misma.

- **Represiva**. En principio, represaliar de forma inmediata y ejemplar a las personas que habían utilizado la violencia. La cacería fue amplia: los fusilamientos, los paseos. Luego ya la cárcel y los consejos de guerra.

- **Reparadora**. Aliviar el sufrimiento de los propios, de forma inmediata, con pagas, dinero, dejándoles participar en vendetas, etc. Posteriormente con beneficios fiscales o con negocios exclusivos (lotería, estancos...).

- **Legitimadora**. La cuestión era deslegitimar a la República, diciendo que ellos habían matado mucho, de forma que se justificase la dura represión que se estaba llevando a cabo.

Para todo ese plan represivo, los golpistas utilizaron dos instrumentos:

- Los Bandos de Guerra, y luego
- Los Consejos de guerra sumarísimos de urgencia.

Bandos de Guerra

En cuanto a los Bandos, se conoce bien el de 28 de julio de 1936, pero son muy numerosos y existe gran desconocimiento de bandos a nivel local o provincial, quizá más duros en lo represivo.

Ejemplo de motivos de fallecimiento. Recluta del que se pide información en la Caja Reclutas de Huelva y contestación del Ayuntamiento: **detenido, se ha aplicado el Bando de Guerra: fusilado.**

Los Bandos tenían una clara función: atemorizar al enemigo. Pero también daban las pautas inmediatas a seguir por las propias fuerzas golpistas, en los distintos lugares, que comenzaban a matar a mansalva. Estos bandos les proporcionaba un cierto paraguas semi legal. No en vano se inscribieron en el Registro Civil **miles de asesinatos poniendo como causa de la muerte la "*aplicación del Bando de guerra*".** Así y todo, quedaron miles y miles de fallecidos sin inscribir, dado que fueron asesinados y hechos desaparecer en los primeros momentos de violencia golpista, en cualquier lugar, sin listar, sin preguntar...

Estudiando el caso de la provincia de Sevilla ha salido un porcentaje del 20% de muertos sin inscribir. La premura llenaba las fosas de fusilados. Por otra parte es una forma, también, de que parezca que se "mata menos".

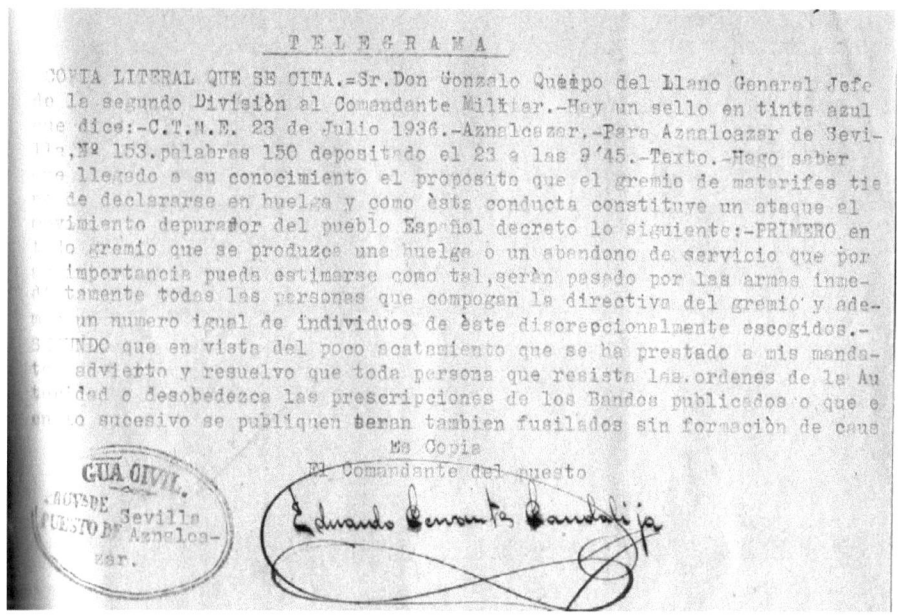

Ejemplo de los bandos que circularon a escala local (Aznalcázar, Sevilla, 23 de julio de 1936).
Archivo Tribunal Militar Territorial Segundo de Sevilla (ATMTSS). Citado por Espinosa Maestre.

Este puede ser un buen ejemplo de Bando específico para una localidad. Se pone en conocimiento de Queipo de Llano que puede haber una huelga en Aznalcázar, y el general lo tiene claro; decreta: "***serán pasados por las armas la Junta directiva del Gremio y un número igual de personas, de forma discrecional...y aquellos que no acaten las ordenes serán fusilados sin formación de causa***".

El propio bando franquista se vio obligado a sacar el Decreto 67 de 10/11/36, apenas unos meses despues del golpe, para ordenar la inscripción de esos "desaparecidos". Es lógico, las familias tenían que arreglar papeles, de orfandad, de viudedad. A partir de ese momento, y hasta bien entrados los años cincuenta, se practicaron miles de inscripciones de fallecimiento diferidas. Las provincias de Sevilla, Huelva, Málaga y Badajoz, fueron las que más inscripciones de fallecimiento violento tuvieron, evidentemente sin causa. Simplemente los motivos: "pasado por las armas", "por aplicación de Bando de guerra", "por enfrentamiento contra las fuerzas del orden", etc. Por ejemplo, en Huelva, entre 1936 y 1945, hay testados más de 6.000 ejecuciones, de las cuales solo 386 dimanaban de sentencias de consejos de guerra.

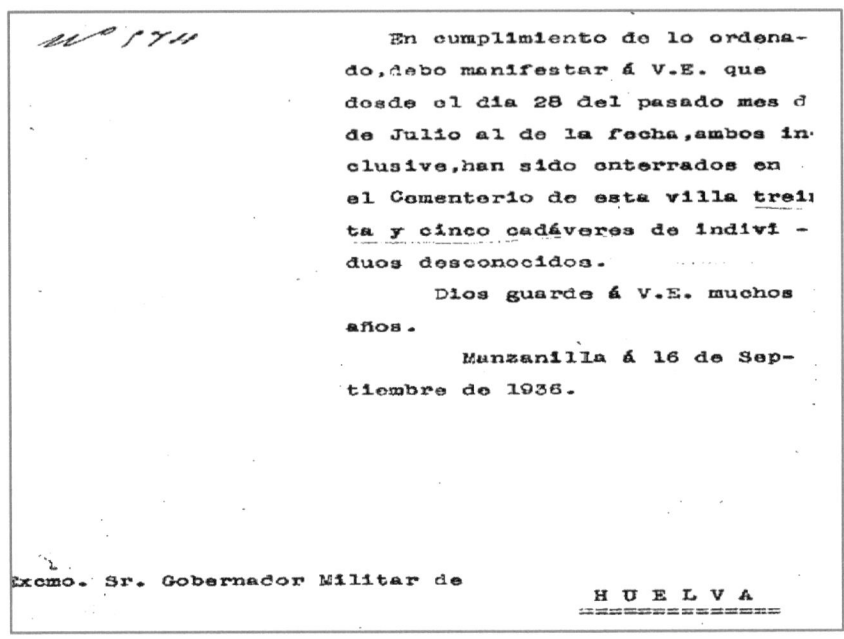

En cumplimiento de lo ordena-do, debo manifestar á V.E. que desde el dia 28 del pasado mes d de Julio al de la fecha, ambos in-clusive, han sido enterrados en el Cementerio de esta villa trein ta y cinco cadáveres de indivi - duos desconocidos.

Dios guarde á V.E. muchos años.

Manzanilla á 16 de Sep-tiembre de 1936.

Excmo. Sr. Gobernador Militar de

H U E L V A

Nota del Ayuntamiento de Manzanilla al Gobernador civil y militar, Comandante Haro Lumbreras, según tenían ordenado a los municipios: 35 fusilados "desconocidos" ¡? **No se preocupaban ni de listar los fallecidos para su inscripción (16 septiembre 1936).**

En España no se dejó de inscribir víctimas de la represión franquista hasta los años noventa del siglo XX, pues a partir de la Ley de Pensiones de Guerra de 1978 (Real Decreto Ley 35/78 de pensiones a familiares de fallecidos en el periodo de guerra...), hubo una oleada de nuevos registros. Y a partir del año 2000, las nuevas inscripciones se generan a partir de las actuaciones de asociaciones de la memoria que siguen abriendo fosas y analizando restos para su identificación.

Consejos de Guerra

A partir de 1938 ya se pasa, de forma más habitual, a "legalizar" la violencia a través de los Consejos de guerra sumarísimos de urgencia. Lo veremos de forma más amplia en un apartado propio.

Fases de la represión

En cuanto a si la represión fue homogénea y lineal, hay que decir que se distinguen claramente tres etapas:

- ✓ Una primera, desde el 17 de julio de 1936 hasta febrero de 1937, caracterizada por la agresividad en la represión, principalmente en los territorios que en todo momento estuvieron bajo el mando franquista. Como único paraguas "regulador", los Bandos.

- ✓ A partir de marzo de 1937, y extendiéndose de forma progresiva a todos los territorios, según se van poniendo bajo dominio faccioso, se utiliza el Consejo de Guerra. Esta fase llega hasta bien entrado el año 1945.

- ✓ La tercera fase de represión es la que se inicia a finales de los años cuarenta y se adentra mucho en la década de los años cincuenta, que se caracteriza por la persecución y eliminación de algunos cientos de hombres echados al monte, y de miles de personas de su entorno clandestino y de sus familiares. Acusaciones: difusas. Simple colaboracionismo.

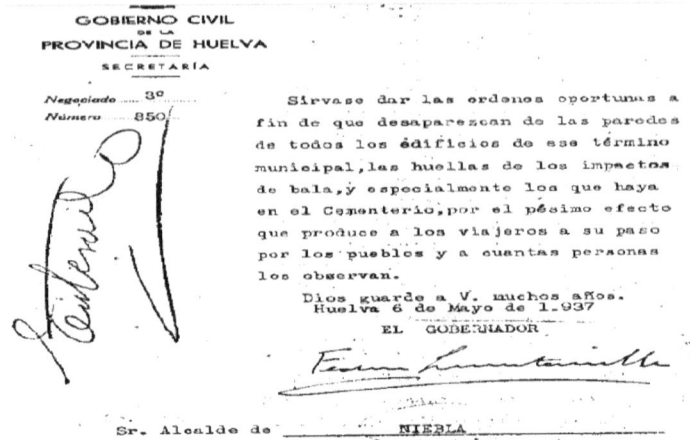

Es tal la sangría de aquellos primeros momentos de delirio represor que los Gobiernos Civiles/Militares deben indicar a muchos ayuntamientos que **tapen los orificios de los impactos de bala, principalemente en tapias de cementerios, por el pésimo efecto que produce**. ¡?

Los intentos de documentar los procesos de inscripción diferida lleva décadas de retraso. Aunque la Causa General aportaba datos de los "represores rojos" indicando, en muchos casos, su paradero, o cárcel, o sitio de fallecimiento, etc., los archivos locales y, en gran medida, el resto, cerrados durante años a la investigación, no han propiciado esta labor hasta los años noventa practicamente. No como en Italia, Francia o Alemania, donde se dio facilidades de estudio.

Incluso algunos archivos, de Comandancias de la Guardia Civil o Delegaciones de Orden Público, siguen parcialmente cerrados, o con su documentación "extraviada". Hacer historia en España es complejo, si no eres oficialista, claro.

Por eso los cuadros de cifras de muertos dados hasta ahora no han tenido ninguna verosimilitud. El que aportó cifras en plena dictadura fue el general Salas Larrazábal; cifras nada exactas aunque él pretendiera venderlas como fiables. Por ejemplo, Salas cifró en 2.964 las víctimas de la represión "nacional" en Badajoz y, con posterioridad, se han constatado más de 10.000 muertos. Otro ejemplo, Ceuta-Melilla: Salas certifica 146 víctimas en esas dos ciudades a manos franquistas, siendo demostrado ya, bajo estudio, un número cercano a los 800[15]. 5 veces más. Imaginen el global de cifras conocidas si hay que multiplicarlo por 3, por 4, quizá por 5 ¡¡

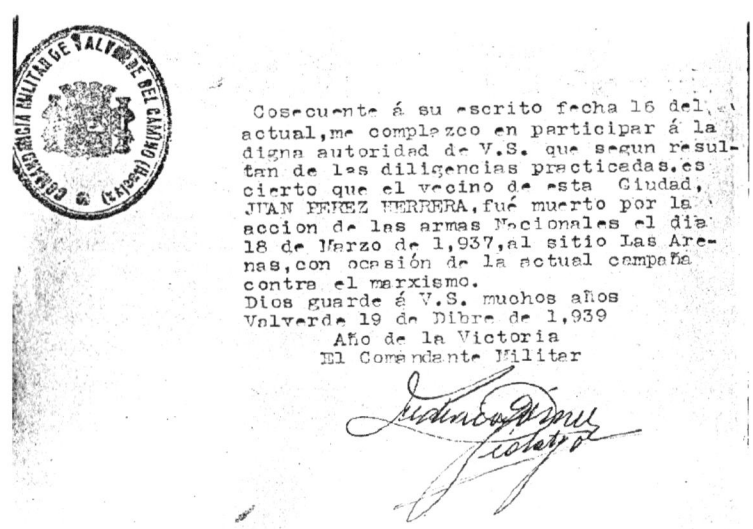

Otra causa recurrente de muerte: *"**fue muerto por la acción de las armas Nacionales**"*. Comandancia Militar de Valverde del Camino.

En los meses iniciales de represión, una vez que un pueblo o comarca estaba tomada y asentada, y después de haber fusilado a todos los que creían conveniente, la autoridad civil, normamente alcaldes y, sobre todo, los Jefes de Falange en cada pueblo o provincia, seguían haciendo la lista de aquellas personas "marxistas", destacadas por ser miembros de sindicatos y partidos de izquierda, y se les buscaba "administrativamente" por todos lados, principalmente por campos de concentración y cárceles. Una vez que se recibía la información sobre su paradero, se giraba la orden de "puesta en libertad", y ya fuera, en el mismo momento de la salida, fusilarlos en cualquier tapia o descampado.

---

[15] Sánchez Montoya, Francisco. Moga Romero, Vicente. (2004). *"Ceuta y Norte de África: república, guerra y represión, 1931-1944"*. Editorial Nativola. Granada.

Pasaba en todos los campos, quizá el más conocido sea el ejemplo del campo de conentración de **Albatera**, en Alicante, donde a diario se producían sacas: llegaba un camión con falangistas de un pueblo, con un listado de personas de su localidad; se formaba a los presos y se leía el listado: se llenaba el camión y a pocos cientos de metros del campo se les fusilaba. Así todos los días.

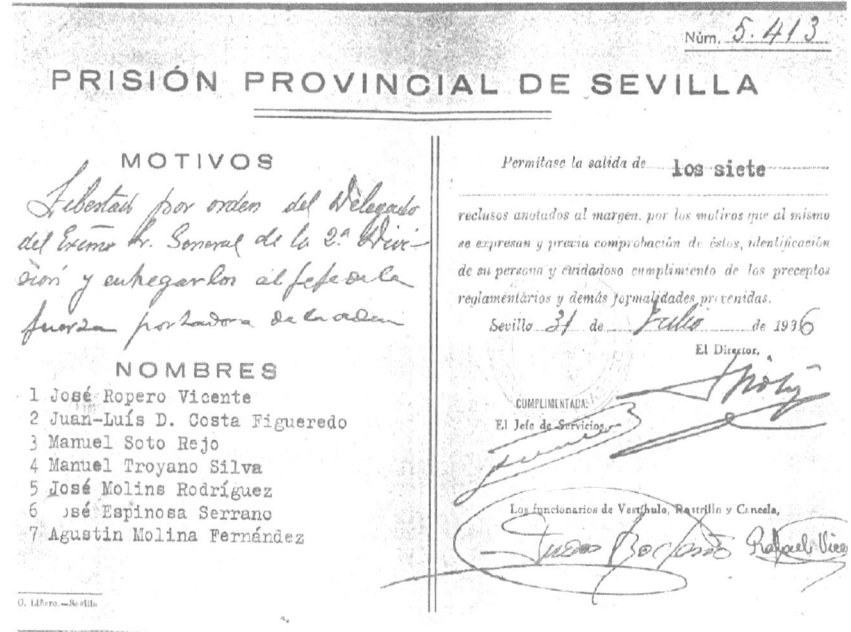

Listado de presos puestos en "libertad" en la cárcel provincial de Sevilla. Esos presos **se entregaban "al portador" de la orden, normalmente algún mando falangista;** estos hombres salieron de la cárcel y fueron fusilados, el mismo día, en las tapias del cementerio de San Fernando (Cádiz).

La represión franquista: ¿Genocidio?

La historia de la humanidad está repleta de matanzas, muchas de ellas realizadas en el Antiguo Régimen; otras, ya en el siglo XX. Y, aunque estas últimas hunden sus raíces en aquellas otras, tienen una gran diferencia: las realizadas en el siglo XX son realizadas ya en pleno siglo de la razón y la información y cuentan, como base, de un análisis previo y de una elección madura (más bien selección) por parte de quien ejecuta esa aniquilación; casi siempre sustentada en una ideología, por tanto, no atavismo, inscrita teóricamente en plena modernidad[16].

El reconocimiento del concepto genocidio proviene del esfuerzo del profesor de derecho polaco, **Rafael Lemkin**, que en 1921 comenzó a estudiar el sufrimiento y destrucción del pueblo armenio a manos de los turcos. También de las matanzas de judíos en la Ucrania zarista. Posteriormente analizará el ascenso del anti semitismo en Alemania y las vulneraciones constantes del derecho en la Rusia soviética de Stalin. La innovación de Lemkin es la apreciación de que ese vandalismo y barbarie que se ejerce en determinado momento y en un Estado o territorio concreto, sobrepasa con mucho el marco de ese Estado y afecta a intereses internacionales, más allá de los del país.

Bajo la influencia de Lemkin, se celebra en el Madrid de la España republicana, en **1933**, la Asamblea Internacional de Derecho Penal. Asamblea que comenzó a afinar la definición de aquello que luego conoceremos como *genocidio: "quien, por odio a una colectividad racial, confesional o social, o con el propósito de exterminarla, emprenda acciones contra la vida, la integridad corporal, la libertad, la dignidad o la existencia económica de una persona de aquel ...se hace acreedor a la pena de...".*

Los componentes del posterior delito de genocidio ya quedan apuntados:

- Base material: acto criminal de masas
- Causas:
  - Odio con voluntad de exterminio de un grupo humano.
  - La caracterización de ese grupo por rasgos étnicos (negros, jemeres...), religiosos (cristianos, judíos, musulmanes, comunistas ateos...) y sociales (gitanos, pobres, gentes ilustradas, izquierdistas...).

---

[16] Elorza, Antonio. 2010. *"Genocidios"*. Historia Nova N. 10. UNED. Madrid.

En 1943 Lemkin escribe su libro, *"Europa ocupada bajo el poder del Eje"*, y puso definitivamente título penal a aquello que Churchill denominaba *"crimen sin nombre"*. Su aportación al derecho internacional fue utilizada en el propio **Proceso de Núremberg** donde ya se usó el término genocidio para los crímenes de guerra nazis, aunque en las sentencias aún no aparezca como tal. Parecía claro que el concepto tradicional de "crimen de masas" no bastaba dado que no profundiza en el "motivo del crimen". La profundización en el concepto lleva a Lemkin a enriquecerlo y hablar de *genocidio físico, biológico o cultural, consistiendo este último en la eliminación o supresión de las élites, lo cual conlleva la inutilización absoluta de la cultura nacional.*

Aunque Gran Bretaña presionó mucho para que no se aceptaran estos términos (pensaba en su actuación en el imperio colonial), la **Asamblea de Naciones Unidas** debatió el tema en reiteradas sesiones, comenzando a aceptar, poco a poco, las definiciones más suaves de este concepto jurídico, ya en **1948**. Y es que, aunque había potencias que no querían ni oír hablar de "genocidio político" o "cultural", a esas alturas de siglo ya habían pasado cosas auténticamente tremendas; con especial intensidad en la Rusia de Stalin o en la España de 1936-1939, donde la aniquilación del otro es fundamentalmente de naturaleza política. No hablamos del aniquilamiento del pueblo judío por ser, por antonomasia, el ejemplo de genocidio, siendo su antecedente previo más notorio, el caso del pueblo armenio donde, aquel asesinato masivo, tenía detrás la voluntad de exterminio, previamente adoptada por aquellos denominados "jóvenes turcos".

En el caso soviético hay diferencias. Si bien **Lenin** contemplaba un momento en que los revolucionarios se verían obligados a ejercer cierta violencia (dictadura del proletariado) para sobrepasar la resistencia del capital y sus partidos, su propuesta nacía más bien del hecho de una trágica guerra civil en la Rusia zarista pre revolucionaria. Pero el desbordamiento de los crímenes de masas, ordenados por Stalin, se inscribía ya en un periodo de paz (entre guerras), además diseñaba un patrón de exterminio que afectaba tanto a ciertos grupos de la población como al interior del partido (PCUS). El balance de ese Estado-policía no se agotará en sí mismo después de las grandes purgas de aquella fase denominada del "Terror". Y no se agotó, porque millones de personas vieron aquello sin reaccionar, como meros observadores, a veces como colaboradores. El historiador ruso **Mikhail Gefter** dice que *"fue el estalinismo el que entró en todos nosotros"*. Mucho de lo que explica el nefasto periodo de Putin tiene la raíz en esa "educación" de décadas.

Pero no hay que mirar muy lejos; aquella frase de que "*lo dejo todo atado y bien atado*" del golpista Franco, tiene como base ese otro Estado-policía que nos tocó vivir en España durante cuarenta años, como veremos, tras el genocidio franquista.

Las tendencias genocidas, como todo lo malo, se exportan con facilidad. En Asia, el genocidio camboyano pertenece a esa tradición soviética entreverada con las creencias religiosas del país. El hermano "Número Uno", **Pol Pot**, se había formado en Francia vinculado o becado por el PCF. Y es que el planteamiento instaurado por la Internacional Comunista, ya antes de 1939, aunaba el hecho de que había que "entronizar" a un líder carismático y perseguir al enemigo, real o potencial, hasta suprimirlo si es necesario. Esa combinación letal tuvo un buen ejercicio práctico en Camboya. Se trataba de exterminar a los enemigos de clase, pero, incluso, al campesinado que no se sumara fervorosamente. La consigna era "*eliminar lo antiguo, sustituidlo por lo nuevo*". Comunismo estaliniano y atavismo religioso, combinación letal; resultado: matanzas.

Guerra en España y genocidio franquista.

Hace mucho tiempo que, de forma generalizada, se tiene consciencia que el exterminio llevado a cabo por los generales golpistas en julio de 1936, podría tener la consideración de genocidio. En 2008 el juez **Garzón** dictó un auto cuya finalidad no era solamente investigar sobre las desapariciones de cientos de republicanos asesinados, sino sobre la consideración de aquella actuación militar como **crimen contra la humanidad, por tanto, no sujeto a prescripción**. Rápidamente el auto fue contestado por el propio Fiscal de la Audiencia Nacional (Javier Zaragoza) y criticado por todos los sectores reaccionarios de la judicatura y la política. Algunos, incluso, aprovecharon para intentar legitimar el "Alzamiento". Otra vez.

Está claro que se armó revuelo político. Tanto que el propio Garzón, como hemos comentado, fue expulsado de la carrera judicial no mucho después. Había osado meterse doblemente con las esencias patrias: perseguir la corrupción en el partido de la derecha (caso Gürtel) y con los cimientos básicos de esos mismos corruptos, la victoria ilegal después del golpe de Estado y el genocidio posterior de sus progenitores (recordemos que el PP lo fundaron seis ministros franquistas). Demasiado para cualquiera, incluso demasiado para el Juez Garzón.

Realmente lo importante es saber si la represión que se puso en práctica a partir del 17 de julio de 1936 en España, por parte de la columna vertebral del ejército que traicionó a su pueblo, puede ser calificada jurídicamente de genocidio. Efectivamente, la idea de genocidio se ha ido generalizando en la historiografía a partir, sobre todo, de sus últimos estudios sobre desaparecidos y fosas comunes, y de la aportación de miles de familias que han ido poniendo en conocimiento general la muerte sembrada a lo largo del territorio nacional tras el golpe. Porque el significado de éste va mucho más allá del derribo de un determinado gobierno del sistema constitucional vigente; eso hizo Primo de Rivera con su pronunciamiento sin que siguiera una represión sanguinaria. Sin embargo, los dirigentes militares del golpe del 36, lo dejan meridianamente claro desde el mismo día 17 de julio. Y durante el transcurso de la guerra. No solo se trata de vencer, se trata de machacar, de exterminar al adversario.

Tanto Franco como Mola, como Queipo de Llano, expresan de inicio la necesidad de aniquilar a todo aquel que pueda ser considerado adicto al Frente Popular. Y no era una amenaza retórica. El territorio dominado por los franquistas se caracterizó por la matanza en masa, de forma selectiva, de todo elemento izquierdista. Y esas ejecuciones fueron anotadas en los Registros Civiles como muertes por "aplicación del Bando de Guerra". A partir de 1939, al menos hasta mediados de 1945, los asesinatos se apoyaron en la figura de los Consejos de guerra, nulos de pleno derecho.

El general **Mola** escribía el 19 de julio de 1936: "*es necesario propagar una imagen de terror y, ya sea de forma abierta, o secretamente, fusilar a todo defensor del Frente Popular*". Desde Radio Burgos insistía el 31 de julio: "*no quiero transacciones o componendas, solo derrotarlos y luego aniquilarlos*". No se puede decir que ocultaran las intenciones en eso. Digamos que para etiquetar como genocidio estas actitudes, hay que aportar que dicha estrategia estaba estudiada, ideada y consensuada entre el golpismo, con anterioridad a la fecha del golpe. Y ahí apareció Garzón citando, a este efecto, la **Instrucción Reservada número 1**, redactada por el propio Mola, entre abril y mayo de 1936, redactada de su misma mano, aclarando que: "*producido el movimiento y declarado el estado de guerra... serán encarcelados todos los directivos de los Partidos Políticos, Sociedades o Sindicatos no afectos al Movimiento, aplicándose castigos ejemplares a dichos individuos, para estrangular los movimientos de rebeldía o huelgas*". El propio **Franco**, nombrado en 1935 jefe de Estado Mayor Central por Gil Robles, aseguraba al Embajador de Francia en Madrid, en esas fechas anteriores al levantamiento, que era necesario un golpe para proceder a "*una operación quirúrgica*". Es decir, **asesinatos masivos de decenas de miles de individuos, con carácter preventivo, tras la sublevación, aplicando los**

criterios de aniquilamiento previamente establecidos por los generales: es decir, un Genocidio.

Refuerza tal valoración el hecho de que, tras las decenas de miles de asesinatos en los primeros momentos de guerra, y en el trascurso de ésta, las matanzas de millares de personas continuaron tras su finalización, por el solo hecho de haber sido "*leales a la República*". Y todo ello durante decenios. Se puede decir que el último asesinato judicial de este genocidio franquista fue la muerte del comunista **Julián Grimau** en 1963.

La represión franquista se inscribe dentro de la conceptualización jurídica de genocidio, desde el primer momento, al menos en dos categorías: ***genocidio político***, ya que la intención fue la de suprimir físicamente a todo un sector o espectro político del país, a la izquierda democrática y el movimiento obrero, por medio de la eliminación de sus líderes y militantes, incluso de base, a través de la muerte o el exilio. Al mismo tiempo se trata de un claro ***genocidio cultural***, tal como lo describía Lemkin, con la eliminación de las élites culturales de la nación, masacradas o emigradas. En realidad, el franquismo era la conexión con el integrismo reaccionario de la derecha española, aparecido en el XIX, y continuado en el primer tercio del XX. Un pensamiento anti ilustrado, que pretendía parar o retrasar el reloj de la historia, borrando toda su etapa liberal (amén de la democracia y movimiento obrero) de un plumazo. Esa reacción se dio cuenta en 1934, con los movimientos obreros revolucionarios (Asturias), que no les quedaba otra alternativa que explotar el corporativismo militar de esos africanistas que habían aprendido, en dicho continente, a matar masiva y cruelmente, a decenas de miles de personas. Aparte aprendieron algunas cosas más: como robar en las pagas y ranchos de los soldados, a ser comisionistas de armamento, o darse medallas con distintivo rojo de forma fraudulenta (ver obra de Ángel Viñas). Vamos, unos patriotas.

La derecha ha reaccionado siempre, ante estas acusaciones, con el argumento de que la violencia estuvo en ambos bandos. Y hay que decir que sí, que hubo violencia en la retaguardia republicana, y que se asesinó también a miles de personas en los dos primeros meses después del golpe, pero fue una violencia reactiva ante los hechos militares, pero nunca el cumplimiento prolongado en el tiempo de un plan premeditado de exterminio, que es lo que hizo el bando faccioso. Igualmente, la derecha quiere igualar su genocidio con algunas matanzas en campo republicano, como la famosa de Paracuellos. Nada que ver; éste hecho pudiera merecer el calificativo de "crimen político", o "crimen de masas", incluso "crimen contra la humanidad", apurando todos los términos penales al uso. Pero no fue un genocidio, pues esa matanza no estaba prevista, surge de la excepcionalidad de una capital rodeada a punto de caer en las manos del enemigo, no de una previsión razonada anterior[17].

En definitiva, aquello que la prensa conservadora tildó como una "*jugada personalista del juez campeador Garzón*", es más bien una tendencia tanto en la historiografía mundial como en la ciencia jurídica internacional. La represión franquista constituye un Genocidio porque, a pesar de las objeciones de la fiscalía sobre la no retroactividad, la calificación del juez como crimen de lesa humanidad del golpe militar de 1936 se basa, no solo en la rebelión contra un gobierno, sino que el mismo se hizo con la finalidad preconcebida de exterminar a un colectivo perfectamente delimitado, la izquierda política y cultural de España.

Los textos aportados por el Juzgado de escritos de los "generalísimos" Mola, Queipo y Franco, muestran esa voluntad de suprimir a todos los dirigentes y cuadros de la izquierda política y sindical, es decir llevar a cabo un "genocidio cultural" auténtico. Como dice Elorza "*les faltó solo la informática: los cientos de miles de fichas reunidas en el Archivo de Salamanca prueban su voluntad de consumar aquella operación quirúrgica que anunciara Franco mucho antes de consumarse la operación y puesta en marcha el mismo día 17 de julio de 1936*".

Los dirigentes de la derecha siempre dicen lo mismo: "*la guerra es lo peor de nuestra historia*", "*debemos olvidar enfrentamientos pasados*", "*no hay que reabrir heridas*". Solo estoy de acuerdo con lo de que en el futuro debemos tener más y mejor convivencia (aunque viendo a VOX y el extremismo del PP, me surgen dudas). Pero no puedo opinar lo mismo sobre el olvido. Yo digo que ha de haber Justicia, Memoria y Reparación. Y si siguiendo la línea jurídica iniciada por Garzón llegaran a ser juzgables algunos de los delitos cometidos, también habría que pensar en el castigo de los culpables. España tiene derecho, como ha sucedido en los países de nuestro entorno, Alemania, Francia o Italia, a conocer de forma

---

[17] El profesor Antonio Elorza atribuye la responsabilidad al Partido Comunista con colaboración de elementos anarquistas. Y en el origen de la orden sitúa a la Kominter, Internacional Comunista y a su Delegado en España, Luis Codovilla (que luego en México organizaría el asesinato de Trotsky), junto al jefe de la policía soviética en España, la NKVD, el ruso Orlov, los conocidos como *hombres de Moscú* en Madrid. Hay que reconocer que dar este tipo de orden siempre es más fácil para extranjeros; también habría que reconocer que Segundo Serrano Poncela (Dtor. General de Seguridad) y su jefe Santiago Carrillo (Consejero de Seguridad de la Junta de Defensa de Madrid) estuvieron, al menos, informados por Pedro Checa, secretario de Organización del PCE y mano derecha del mencionado Codovilla.

precisa lo ocurrido en los años treinta, cuarenta y posteriores. Muchísimo tiempo en nuestro caso. Y mientras tanto, a que tantos hijos y nietos de asesinados por el franquismo, puedan tener a sus deudos enterrados con la dignidad que merece todo ser humano, y no tirados en cunetas como perros.

"*Una nación no puede olvidar su pasado*", decía Jacques **Chirac** a final de los años noventa del siglo pasado, justo cuando ponía en marcha mecanismos de compensación para la devolución de los bienes secuestrados a judíos y otros colectivos. Porque allí, como aquí, se hicieron fortunas en base a la confiscación de bienes de muchas personas honradas solo por el hecho de ser judías, o republicanas. Todos conocemos casos en cada uno de nuestros pueblos. Y nada tiene esto que ver con la revancha. Es humanidad y justicia.

El Modelo de Impunidad Español (M.I.E.)

Que el Estado franquista era fascista no cabía duda. Las **Naciones Unidas** en su 32 Asamblea[18], negro sobre blanco exponía que, "*el gobierno español ha sido fundado con el apoyo total de las Potencias del Eje, no posee en vista de sus orígenes, su naturaleza, su historial y su íntima relación con los Estados opresores, las condiciones necesarias para su admisión*". La equiparación a la Alemania nazi y la Italia fascista es total en esos momentos, en el derecho internacional, y en los organismos supranacionales. Y en múltiples ocasiones se acordaron resoluciones de condena del régimen y en pro de la liberación de presos y de una evolución democrática en la política española.

Se exigían pasos que España no daba. Ni siquiera cuando llegó la democracia formal en 1977 se dieron los pasos que el derecho internacional reclamaba. La aprobación de la **Ley de Amnistía en 1977**, por parte de los dos principales partidos del llamado régimen del 78 (apoyados fervorosamente por casi todo el arco parlamentario, comunistas incluidos) con el asesoramiento inexcusable del Poder Judicial, puso un muro infranqueable que aún hoy no se ha podido cruzar. Por eso en numerosos círculos del mundo del derecho internacional, humanitario y de los derechos humanos, comenzó a hablarse del **Modelo de Impunidad Español**[19].

---

[18] Asamblea General de la Organización de las Naciones Unidas, de 9 de febrero de 1946.
[19] Gálvez Biesca, Sergio (2022). "*El Modelo de Impunidad Español*". Instituto Iberoamericano de Derechos Humanos. Ed. Historia Actual. La Haya.

Y ha habido intentos de sortear el muro, sin duda. El último en el tiempo, el año 2021, la no consideración del recurso de amparo por parte del Tribunal Constitucional ante la demanda de **Gerardo Iglesias**, exdirigente comunista, que pretendía se investigasen los crímenes de lesa humanidad, a partir de las propias y numerosas torturas que él recibió durante los años de la dictadura.

Ese mismo año 2021 cree el Tribunal Supremo que no resulta posible investigar en sede judicial las desapariciones forzosas y permanentes denunciadas por la Asociación de Soria ***Recuerdo y Dignidad***, en relación a la denominada "**Fosa de los Maestros**", donde yacen decenas de profesores de la zona soriana. Ignora el Tribunal Supremo, por tanto, cuantas obligaciones internacionales ha adquirido España, desde 1977, en materia de derecho humanitario.

Un poco antes, en 2018, la Audiencia de Madrid canceló cualquier posibilidad de que los funcionarios de la **Brigada Político Social de Madrid**, en especial el inspector Antonio González Pacheco, fueran investigados por la práctica generalizada, y permanente en el tiempo, de torturas físicas y síquicas. El Muro judicial.

Unos años antes, en 2012, el Tribunal Constitucional no admitió a trámite el recurso de la familia de **Miguel Hernández**, después de que la Sala de lo Militar del Tribunal Supremo dictase que la sentencia que condenó al poeta seguía vigente. Tremendo. Pero ese año 2012 es "célebre", además, para el poder judicial porque el Tribunal Supremo sentencia (101/2012), después de años, en contra del magistrado **Baltasar Garzón**, el único que ha querido perseguir, en sede judicial, los crímenes del franquismo, y a los criminales. El TS expulsó al juez de la carrera judicial. En 2022, diez años después, el Comité de Derechos Humanos de **la ONU señaló que el TS español condenó al juez sin que éste hubiera tenido las garantías necesarias por ley**.

Ese tapón judicial no hace más que consolidar el **Modelo de Impunidad Español**, del que hablan los juristas internacionales. Está imbatido, de momento. Parece imbatible, sin duda. Sin meternos en tecnicismos jurídicos, estas son las razones que da el poder judicial español para no moverse de la misma postura desde 1977:

- La interdicción de la retroactividad de las normas no favorables a los causantes de hechos anteriores a la vigencia de las leyes. Es decir, no es aplicable el derecho penal internacional, ni otros, si se ha incorporado después de los hechos.
- El TS hila fino. Dice, además, que en la legislación española el delito de detención ilegal y permanente estaba presente, pero que en 1932

se quitó del código, volviendo a ser reincorporado en 1942. Por tanto, no estaba vigente cuando se produjeron los hechos que se quieren investigar, juzgar y castigar.

- Finalmente, la ley 46/1977, de Amnistía, en su artículo 6 determina la extinción de responsabilidad criminal de los delitos que cita. Y están los que interesan.

Igualmente, en la argumentación anterior, se soslaya absolutamente la cantidad de tratados internacionales que castigan ese tipo de delitos, promulgados desde la llegada de la democracia.

Vamos a ver, en un breve párrafo, cómo el Poder Judicial se contradice y/o cambia de opinión, según sea el juzgado. O esa impresión da[20]. Dice el TS (sic): "*la amnistía -justificada en momentos políticos de transición de un sistema totalitario hacia una democracia- prescinde de la enseñanza de que estas leyes de amnistía han sido utilizadas para borrar gravísimos delitos contra las personas y sus derechos fundamentales. Las amnistías sirven para ocultar delitos cuyo perdón y consiguiente impunidad pretendieron disfrazarse bajo leyes de punto final*".

Parecen sabias las palabras dictadas por el TS en relación a la Amnistía de 1977. ¿Verdad? Pues no. Pertenecen a la sentencia 3/20907/2017 por la que se condena a los dirigentes **políticos independentistas catalanes**. En realidad, lo que el TS está haciendo son advertencias, no sea que a alguien se le ocurra amnistiar a estos malos catalanes, además independentistas. El señor **Pedro Sánchez** no se debió enterar de esos avisos del TS (por eso es diana de la ira de la derecha). **Habría que preguntarse por qué el TS no se planteó esto mismo el año 1977. No hace falta respuesta, verdad**.

Al menos desde el año 2004 se lleva hablando en los círculos jurídicos internacionales del **Modelo de Impunidad Español**, que no significa otra cosa que, tires por donde tires, al final el poder de la judicatura conservadora (o ultra) no te va a permitir continuar. Esto lo han recalcado equipos de expertos internacionales independientes, como **Nizkor**[21], pero también los organismos oficiales.

---

[20] Gálvez Biesca, Sergio: artículo citado.

[21] Nizkor. Organismo independiente (sede Bruselas) que vela por los Derechos Humanos, centrando su trabajo, en los distintos países, en la impunidad; les interesa mucho uno de los principios del derecho humanitario universal, que es la No Repetición; y eso solo se consigue con el castigo, no con la impunidad.

El año 2008 se celebró la 94 Asamblea General de **Naciones Unidas**. Una de las resoluciones era una **advertencia al Gobierno español**: "*los delitos de lesa humanidad son imprescriptibles...; las leyes de amnistía* (refiriéndose a la de 1977) *sobre graves violaciones de derechos humanos, son incompatibles con los tratados de la ONU*". Y recomendó específicamente al Gobierno de España que: "*debería considerar la derogación de la Ley de Amnistía de 1977; tomar las medidas necesarias para garantizar el reconocimiento de la imprescriptibilidad de los crímenes de lesa humanidad; prever la creación de una Comisión de expertos independientes que se encargue de restablecer la verdad histórica*". Esperando estamos a esa Comisión.

El Gobierno español contestó al Comité de la ONU en plan "ofendidito": "*el Gobierno considera que el Comité (ONU) recoge opiniones distorsionadas ... el Estado español quiere resaltar que ese Comité está descalificando una ley* (la de Amnistía) *muy apoyada popularmente*". No se da cuenta (o sí) el Gobierno que, aunque una norma sea muy popular, si es contraria al Derecho Penal Internacional, hay que reformarla o derogarla. Y el Gobierno lo presidía **Zapatero**, el mismo que en esas fechas estaba elaborando la primera Ley de Memoria. Parece claro que existe una línea roja, nunca cuestionada, y es la investigación del pasado criminal del régimen franquista y sus dirigentes.
Y es una pena, porque Rodríguez Zapatero ha sido, quizá, el mejor presidente hasta nuestros días, pero se ve que hay cosas que no se pueden cuestionar sin hacer estallar las costuras del sistema: hay muchas grandes fortunas, mucho buen puesto, conseguidas desde la ilegalidad y la ilegitimidad...

El caso es que España, un *Estado democrático y social de derecho*, no puede aplicar el derecho a la VERDAD, el derecho a la JUSTICIA y el derecho a la REPARACIÓN, por supuesto no se compromete con la NO REPETICIÓN, porque el Estado es ajeno, cuando no contrario, al Derecho Internacional, a la Justicia Universal.

Por qué nunca ha existido una voluntad política clara para avanzar en la deconstrucción de ese modelo de Impunidad: Desde mi punto de vista por dos motivos esenciales: el primero el **MIEDO**, real o fáctico, a la reacción de sectores golpistas de la extrema derecha política, sobre todo la económica, la militar, la mediática y la judicial. Son muy fuertes y harían lo que estuviera en su mano para descabalgar un gobierno legal y legítimo (el presidente Sánchez lo ha vivido en sus carnes; poco antes toda la dirigencia de Podemos). Es así, sin atacar el corazón del sistema, y tildan de "ilegítimos" a todos, o sea. En segundo lugar, veo que hay una especie de **auto convencimiento** de "todos", que se nos ha inoculado hasta el tuétano, de que aquello que se hizo, esa Transición, esa

Amnistía, era lo que se debía hacer; probablemente lo único que se podía hacer. Y eso se ha institucionalizado en nuestro pensamiento político común e, incluso, ha moldeado nuestra ideología.

Solo nos podían sacar de ese sopor los historiadores incómodos, pero les han puesto muchas pegas; no tenían archivos abiertos a los que acudir; se retrasó todo mucho; quizá a propósito...

La consecuencia de ese **pacto fundacional de nuestra democracia** (pacto entre ganadores que quedan impunes y perdedores que son amnistiados), pacto hecho bajo el temor constante a que un golpe militar fuera dado, **nos ha traído a esta España del Modelo de Impunidad**, que países con menor estructura, más endebles, como Chile y Argentina, han sabido superar.

Hemos quedado y, seguimos quedando, en evidencia. Otra vez en 2005 el Comité de Derechos Humanos de la ONU encargó al relator especial Louis **Joinet** un informe sobre el *"caso España"*, que se titularía "*Informe final acerca de la impunidad de los autores de las violaciones de los derechos civiles y políticos*". El informe sería revisado y ampliado por la relatora especial de la ONU Diane **Orentlicher**[22]. El informe era claro: en España, las víctimas no han tenido derecho a Saber por qué se les trató así, no han tenido derecho a Justicia sobre los hechos, no han tenido Reparación del dolor causado; y nadie les ha dado Garantía de que no se va a repetir. Y se recalcó, una vez más, que **los crímenes contra la humanidad tienen unas características específicas** (por si en España no se habían enterado):

- Son crímenes imprescriptibles
- Imputables al individuo, no a su organización o Estado
- los autores no pueden tener asilo o refugio en ningún lado
- aunque el derecho interno no sancione con pena un acto que constituye un crimen contra la humanidad, no está exento de responsabilidad su autor, para el Derecho Penal Internacional
- No son amnistiables
- Están sujetos al principio de Jurisdicción Universal

---

[22] Louis Joinet, magistrado francés, colaborador de la Comisión de D. H. de la ONU, creador de los "principios de Joinet": Verdad, Justicia, Reparación. Por su parte Diane Orentlicher, es profesora de derecho de la Univ. de Washington.

Hay muchos más reveses y advertencias a los gobiernos españoles, principalmente del **Consejo de Europa** y el **Parlamento Europeo**, en relación al retroceso histórico en materia de Justicia Universal, y las repetidas negativas del Gobierno de turno, a la ratificación de la "**Convención sobre la imprescriptibilidad de los crímenes de guerra y los crímenes de lesa humanidad**" (entró en vigor en 1970 y de la Europa "democrática" prácticamente ningún país ha firmado; todos tienen miedo de sus pasados coloniales).

Seguimos pendientes, por tanto, que algún Gobierno español, en el futuro, realice un "Informe Oficial sobre el franquismo" al estilo del realizado en **Chile** y llamado "**Nunca más**", sobre la dictadura de Pinochet. Seguimos escasos de investigaciones, y en algunos campos o áreas, absolutamente inéditos: ninguna investigación sobre el Poder Judicial, sobre las Fuerzas Armadas, sobre las Fuerzas de Seguridad. Nada.

Es lo que el magistrado de orientación progresista, ahora en el Tribunal Constitucional, señor **Ramón Sáez Valcárcel** denomina como "*la ideología del olvido y la negación de la historia*".

El golpe: Autojustificaciones y mentiras.

Pasarán decenios antes que la derecha española desista de sus esfuerzos por justificar la rebelión armada de 1936. La situación actual, esa especie de "reconciliación nacional" es solamente un armisticio. Se hace evidente en la propaganda derechista actual, que sigue denigrando a la República y a sus líderes, justificando el golpe militar y los cuarenta años de dictadura fascista (...) No todo el mundo lo pasó mal mientras Franco estuvo en el poder. Después de todo, gracias a ese golpe la clase dominante de España dispuso de cuarenta años para saquearla.

H.R. Southwort. (Historiador norteamericano)
"*El lavado de cerebro de Franco*". Ed. Crítica. 2000.

La Instrucción Primera dada por el general Mola en abril de 1936 dice: "*Las circunstancias gravísimas por las que atraviesa la Nación, debido a un pacto electoral que ha tenido como consecuencia que el Gobierno sea hecho prisionero de las Organizaciones Revolucionarias, lleva España a una situación caótica, que no existe otro medio de evitar que mediante una acción violenta*". (¿?). Solo pueden hacer pactos las fuerzas de la derecha, según se ve. Pero es que, además, es mentira, como se ha encargado de demostrar a través de su prolija obra el historiador **Ángel Viñas**.

Un diagnóstico erróneo como también han destacado algunos historiadores militares, como el coronel **Fernando Puell**[23]: el peligro bolchevique no era cierto, los militares reaccionarios actuaban conforme su visión militar intervencionista,

---

[23] Puell, Fernando. (2007) "*Atlas de la Guerra Civil española*". Editorial Síntesis. Madrid. Tuve el honor de conocer personalmente a Fernando Puell cuando éste era Director de Seguridad de la Caja Postal de Ahorros y yo un joven analista de organización de la Caja, y colaborar profesionalmente en algún proyecto que incumbía a ambos. El sr. Puell es lo que conocemos como un "militar ilustrado"; colaborador estrecho del general Gutiérrez Mellado en el recién creado entonces Ministerio de Defensa, llegó a ser durante años el Responsable de Seguridad de la Presidencia del Gobierno en Moncloa.

histórica en España; bajo su filosofía política fascistoíde, muy de la época de los años treinta en Europa, y con un victimismo paranoide.

Era demasiada reforma progresista, para el mundo fascista de los ejércitos, aquellas iniciativas de autogobierno dentro de un mismo Estado democrático. Quizá las reformas superaban lo que media España (clero, ejército, judicatura, terratenientes), anclada aún en modelos productivos, políticos y psicológicos del siglo XIX, podía soportar.

Pero esas justificaciones para "actuar violentamente" han quedado en nuestro país grabadas a fuego en memorias y conciencias. Pero no eran ciertas. La situación sociopolítica en 1936 no era mucho peor que la existente en el país en los momentos previos a la dictadura de Primo de Rivera. Y en el bienio "negro" hubo más escándalos de corrupción política y económica con el partido Radical que nunca, y nadie se plateó intervenir. Y la situación de la economía, dentro de la depresión generalizada en Europa, era algo mejor que en el entorno. Y en el concierto internacional, España estaba muy bien considerada porque, con sus defectos, tenía una democracia homologable y participaba activa y responsablemente en la Sociedad de Naciones. Ni Cataluña se iba a independizar (solo hay que leer el Estatuto de Autonomía), ni el País Vasco iba a hacer lo propio. Todo era un <u>inventario de exageraciones</u>. Veamos un ejemplo de la más típica de las justificaciones: **la violencia social y política era insoportable** ii, decían.

El catedrático de historia de la Universidad Carlos III de Madrid, profesor **Eduardo González Calleja**[24] ha estudiado en profundidad la violencia social en España, en su historia, no solo en la II República, y de nuestro entorno europeo en los años de plomo del fascismo y el nazismo.

Su obra, cuantitavista, no es sin embargo un listado de muertos, sino un esfuerzo por saber cuántos murieron y, sobre todo, por qué, en qué circunstancias, por qué motivos y quienes eran los victimarios o verdugos.

Hagamos un breve resumen.

---

[24] González Calleja, Eduardo (2015) *"Cifras cruentas. Las víctimas mortales de la violencia sociopolítica en la Segunda República española (1931-1936)"*. Ed. Comares. Granada.

¿Cuántos murieron en el periodo republicano?

Conviene contextualizar antes: los años treinta fueron en toda Europa unos años de gran radicalidad política y social; el propio autor Eduardo González habla del concepto de "brutalización" de la política. Y en España sabíamos de eso desde hacía más de veinte años, solo hay que recordar que a un atentado anarquista le sucedía una contraofensiva de los pistoleros de la patronal. Esto era así ya de antes de la Segunda República.

Bien, a las cifras, para no ser extensos. En ese período republicano de 1931-1936 hubo en España un total de 1.545 muertos en actos violentos. No se computan las 1.084 muertes habidas en los hechos de la denominada Revolución de Asturias, prácticamente todas a manos del ejército en su represión de los trabajadores sublevados.

En el primer bienio reformador hubo 540 muertes violentas; en el bienio contrarreformista hubo 621 muertes; en el tiempo de gobierno del Frente Popular el número ascendió a 384 fallecidos. En ese mismo período en Alemania hubo 1.400 muertes violentas, en Italia se estima en no menos de 1.150 muertos, aunque las cifras parecen minoradas, y en Austria un total de 788 muertos en acciones violentas. Dicho de otro modo, los españoles no éramos muy diferentes de nuestros vecinos europeos; no hay, por tanto, una anormalidad genética en nuestro adn ibérico que nos haga más brutos que los demás. Era, desgraciadamente, el signo de los tiempos. El nacimiento de potentes fuerzas obreras y sindicales que pedían lo que creían justo, se confrontaba con unas políticas ultraconservadoras de las grandes burguesías, en medio de un fondo dominado por culturas clericales, y todo ello vigilado por los gendarmes de los ejércitos, poco evolucionados ideológica y profesionalmente. Y no hablemos de unos cuerpos policiales que se estaban creando en todas partes de forma urgente, sin preparación y sin medios adecuados; todo lo que tenía un retén policial en las manos, ante una columna de huelguistas violentos, era un mosquetón o una pistola, y ya sabemos el resultado.

¿En qué circunstancias murieron?

Los gobiernos republicanos, desde el principio, tuvieron cierta obsesión por el órden público. Precisamente, no querían dar sensación de ingobernabilidad o caos. Y trataron muy bien a la Guardia Civil, y dotaron mejor a la investigación criminal, y crearon el Cuerpo de Seguridad y Asalto para entornos más urbanos, etc. Nunca se podrá decir que a los gobernantes republicanos les gustara el desorden y el desconcierto. Eran gente de orden y de misa diaria algunos (el Presidente Alcalá Zamora, como ejemplo máximo). Hay que decir esto porque es mentira que existiera una especie de martirológio de gentes de derechas, en medio del caos reinante, en absoluto. Casi el 60% de las víctimas fueron trabajadores (en huelga, en ocupaciones, en manifestaciones de calle) a manos directas de las fuerzas policiales, y ese mismo porcentaje, por analogía de circunstancia, eran militantes de las distintas izquierdas políticas o sindicales. Es decir, el grueso de la violencia no concierne al trabajador directamente contra el capital, el empresario o el amo; es directamente frente a la policía que esos empresarios o sus representantes mandan contra ellos. Los distintos gobiernos de la República fracasaron notoriamente en sus intentos de conciliar el orden público con el mantenimiento de los derechos fundamentales de los trabajadores y la ciudadanía.

Fuera de ese porcentaje del 60% de muertes en enfretamientos con la policía, otro de los mayores porcentajes se lo lleva el enfrentamiento dentro del ámbito de los partidos de izquierda y el campo de las organizaciones "revolucionarias" en general. Es una pena, pero así es. Enfrentamientos de distintas facciones dentro del mundo anarco sindicalista; enfrentamientos, cuando no auténticas batallas, entre grupos de la izquierda comunista, troskista, prosoviética, proestalinista, poumista, etc., etc. Y enfrentamientos de algunas de estas facciones, más violentas, y las fuerzas del orden.

Es decir, lo que es realmente asesinato político, es la cifra mínima, lo que ocurre es que es lo más conocido por los nombres y posiciones sociales de las víctimas.

¿Campo o ciudad?

La información que se posee es que los hechos más notorios o conocidos se produjeron en las ciudades más industrializadas y con mayor masa obrera. Sin embargo, el mayor número de muertos se produjo en las medianas y pequeñas ciudades, en ámbitos más localistas o rurales. Y no es porque los trabajadores del campo se enfrentaran más a sus terratenientes, y mataran muchos (que algún caso hubo), sino porque estos propietarios tenían más hilo directo con el gobernador de turno y, por tanto, más acceso a las órdenes directas sobre las fuerzas de seguridad, a las que habilitaban rápidamente para la represión.

Es decir, los muertos no vienen tanto del enfrentamiento directo obrero – propietario, ni obreros - capital, sino a la actuación extremadamente dura de las fuerzas del orden contra los trabajadores de la tierra y otros en general, en sus protestas u ocupaciones de tierras y fincas. Hay que recordar, en el caso extremeño, por ejemplo, que siguiendo las directrices de la Federación Española de Trabajadores de la Tierra (FETT), más de 60.000 jornaleros habían ido procediendo a la ocupación progresiva de tierras, más de 24.000 hectáreas en la provincia de Badajoz, propiedad de solo 7 personas, y muchas de ellas infracultivadas o dedicadas solo a la caza. Por tanto, al márgen de Asturias por lo dicho, y de Madrid y Barcelona (lucha obrera), es la zona meridional del país, más agraria, la que evidencia mayor número de muertes. Y las matanzas "*fueron un escarmiento a petición de los terratenientes y una señal al resto de zonas republicanas*"[25].

La violencia de los años treinta no es causa directa de la actuación republicana, en absoluto. Esta sería la conclusión de los amplios estudios de profesores como González Calleja[26] y otros.

_____

[25] Vila Izquierdo, Justo (1983). "*Extremadura: la guerra civil*". Ed. Universitas. Madrid.
[26] González Calleja, Eduardo. (2014), "*En nombre de la autoridad: la defensa del orden público durante la Segunda República, 1931-1936*". Editorial Comares. Granada.

Cómo comenzó todo

Es muy ilustrativo de lo que se venía encima con el golpe, el artículo que a continuación reproducimos, escrito ya con años de diferencia, en 1971, por un Ministro del Gobierno de la República en el exilio: **se atisbaba la tragedia tal como actuaron dentro de la propia milicia**:

Las primeras víctimas del golpe: los altos mandos militares

*Extracto del artículo de Antonio **Alonso Baño**, en el periódico Le Monde, en 1971. (Baño fue Ministro de Justicia del Gobierno de la República, en el exilio, hasta 1977).*

*Cuando el Comandante Militar de Canarias, Franco, se subleva, de los 8 Capitanes Generales que mandaban las ocho regiones militares en que se dividía el país, solo se sublevó uno. **De los 21 oficiales de mayor rango en la escala del Ejército, 17 se mantuvieron fieles** a la República y solo cuatro se sumaron al golpe. **Los 6 generales de la Guardia Civil se mantuvieron, igualmente, fieles al Gobierno**.*

*Del total **de 59 generales de brigada, 42 se mantuvieron fieles y 17 se sublevaron**. Inmediatamente **Franco hizo fusilar a los 16 generales que no pudieron abandonar a tiempo el territorio sublevado**. Tenía claro en sus planes cómo había que abordar el problema: grupos de militares golpistas, acompañados de falangistas y dirigentes monárquicos, fueron por todas las residencias militares, donde se alojaban los mandos superiores, y fueron destituyendo o fusilando inmediatamente al que no se ponía a sus órdenes.*

El general Franco se nombró a sí mismo comandante en jefe del Ejército de Marruecos, después de mandar encarcelar al general Agustín Gómez Morato. El general Mola se proclamó él mismo jefe de la VI Región Militar (Burgos) después de haber hecho fusilar a su superior, el general Domingo Batet Mestre. Un general ya en la reserva, como Saliquet, procedió de la misma manera en la VII Región Militar (Valladolid) haciendo fusilar a su titular general Nicolás Molero Lobo. En Sevilla Queipo mandó fusilar al capitán general de la II Región, general José Fernández Villa Abráille, usurpando su puesto. Igual en Galicia, VIII Región Militar, donde su capitán general Enrique Salcedo Molinuevo fue pasado por las armas. En Granada no solo fusilaron a García Lorca, también al Gobernador Militar general Miguel Campins.

Otros generales fusilados en los primeros momentos: el general Núñez Pardo fusilado en Zaragoza; Caridad Pita en La Coruña; López Viota en Sevilla; Mena Zueco en Burgos; Carrasco Amilibia en Logroño; Gómez Caminero en Salamanca; Romerales en Melilla, Arturo Álvarez Buyila en Tetuán; Luis Molina Galano, de la Legión, en Ceuta.
Un largo etcétera de mandos fusilados: jefes de acuertalamientos, directores de fábricas de armas, de parques de artillería... Un solo crimen en su haber: no se adhirieron al golpe y se mostraron remisos al golpe o claramente leales al Gobierno legítimo.

Franco aprovechó el anti militarismo de las izquierdas para que estos episodios de linchamiento en la cúpula del ejército pasaran medio desapercibidos. Al contrario, supo ganarse la fidelidad de las tropas: condecoró con la Laureada al Visir de Tetuán, para que alentara a los marroquíes en filas del ejército, ya el mismo día 19 de julio de 1936. Poco después ordenó una importante subida en la soldada de las tropas indígenas (moras) y los legionarios (hay que recordar que un tercio de la tropa legionaria eran extranjeros). O sea, extranjeros, profesionales, bien pagados, curtidos en batallas en el Rif, esos 20.000 hombres bien armados y adiestrados iban a ser el principal activo del ejército traidor, entre otras cosas porque España y los españoles, les importaban muy poco. Y cuando comenzaron a flojear, porque no se esperaban tanta resistencia, comenzaron a venir tropas y armamento de Alemania e Italia.

El día 17 de julio de 1936 se inicia el golpe y en una semana consigue imponerse en medio país. Para muchos, aquello iba a ser uno más de los golpes a los que España acostumbraba; sin embargo éste desembocaría en una guerra total y en la aniquilación completa de la II República.

En los territorios donde los golpistas se impusieron desde inicio, no hubo practicamente guerra, sino una rápida involución impuesta por la fuerza y una represión generalizada sobre la población en general. El hecho diferencial de esta sublevación respecto otras de nuestra historia fue la firme decisión de exterminio del adversario. Y esa violencia no respondía a una violencia previa, no era una reacción, era un deseo visceral de acabar con todo lo que significaba el proyecto republicano y con lo salido en las urnas en las elecciones de febrero de 1936. En los territorios que se mantuvieron bajo control republicano, es esa violencia de los sublevados, que llegaba en las noticias a diario, lo que provocó una fuerte reacción "revolucionaria", lo que luego los vencedores denominarían "terror rojo". En las zonas "ocupadas" por los sublevados no hubo ni esa reacción violenta de los defensores de la República, salvo algún episodio aislado en Andalucía o Extremadura, que a la mitad de verano ya estaban bien controladas. Ese terror rojo, como ya sabemos, es bien conocido a través de la Causa General.

En algunos territorios de Castilla y León, como en el Bierzo, la represión fue cruel. Tambien en determinadas zonas de Galicia o Navarra. Sin embargo, el paradigma de lo que era aquel golpe se mostraba con toda nitidez en Andalucía. Y hablamos de pueblos donde no se había ejercido ninguna violencia contra los propietarios derechistas, donde aquellas personas de derechas que habían sido hechas priosioneras se les encontró intactas. Solo había habido algún caso aislado de represión. Lo normal es que la furia contra lo que se oía estaba pasando ya en Ceuta o Melilla, se canalizase contra edificios religiosos o sedes políticas de partidos de derechas.

La inciativa la llevaron, en todo momento, los golpistas. En una acción rápida y contundente que provocó grandes éxodos de unos pueblos a otros, o hacia otras provincias. Los agresores eran conscientes de que carecían de justificación para el desarrollo de su violencia. Esa carencia la suplieron de dos formas: inventándose "listas" de derechistas que iban a ser asesinados; y sobre todo mediante una eficaz y contínua propaganda sobre el "terror rojo".

Los golpistas actuaron desde el primer momento con el convencimiento de que *mientras más se profundizara en la represión y más gente se viera mezclada en ella, más dificil sería volver atrás*[27]. Así, cuando Franco fracasó en noviembre de 1936 en la toma de Madrid, noticia bien ocultada entre las tropas fascistas, todo el mundo comprendió que no había otra que seguir adelante, aunque solo fuera para no tener que responder de los crímenes iniciados por aquella *caravana de la muerte*, iniciada ya en Melilla el día 17 de julio.

Esa represión tan virulenta creaba una espiral de muerte donde, al final, terminaban participando todos: unos huyendo, otros muriendo, otros matando, la mayor parte callando y asintiendo. En Sevilla, por ejemplo, se dieron muchos casos de gente que se puso una camisa azul para congraciarse e, incluso, mataba

---

[27] Espinosa, Francisco. (2004). *"Morir, matar, sobrevivir. La violencia en la dictadura de Franco"*. Editorial Crítica. Barcelona.

para demostrar que estaban del lado correcto. Y eso era en ese sur español, donde ni siquiera se puede hablar de guerra, solo de golpe y ocupación militar. Solo hubo golpe y represión. Y miedo. Un miedo que llevó a gentes, hasta entonces normales y honradas, a participar en una orgía de sangre.

La historiografía franquista tildó a aquello (hasta 1975) de Alzamiento, Movimiento, Cruzada o Sublevación. Como máximo Dictadura o régimen autoritario. En la "Zona Roja" se asesinaba; en la Nacional (hasta hoy mismo los archivos históricos conservan esas nomenclaturas de roja y nacional) se fusilaba, como si ese hecho hubierta tenido cobertura legal.

Sin embargo no es así. En la zona fascista, muy jerarquizada y donde la disciplina operaba en plenitud, los crímenes se produjeron con total conocimiento, connivencia o autorización de la "Autoridad". Es cierto que en los primeros momentos hubo "paseos" de los más conocidos personajes republicanos (concejales, alcaldes, sindicalistas), pero enseguida la autoridad lo impregnó todo: lo normal es que esos crímenes fueran "oficializados", es decir, ejecutados por las fuerzas designadas en cada momento; unas veces militares, otras veces falangistas, algunas por guardias civiles; pero todo normalizado, con sus traslados en camión hasta el lugar de las ejecuciones (aunque fuera una cuneta) y la mayor parte de las veces con un cura confesor al lado, signando esa alianza macraba de fascismo y clero.

Lo cierto es que, en puridad, tampoco se puede hablar de fusiliamientos, pues este acto es el final de un proceso que se inicia con una detención legal y con garantías, al que sigue un proceso, con defensa y que concluye, en su caso, con una condena a muerte después de la cual se levanta una certificación médica que genera una anotación en el Registro Civil. Aquí faltaba todo en esas miles de muertes. Muertes que son, por lo tanto, otra cosa: asesinatos u homicidios, nunca fusilamientos.

Todas esas actuaciones, analizadas a la luz del conocimiento de hechos de hoy, son absolutamente ilegales. Los golpistas, con el tiempo, se irían planteando dar cierta verosimilitud a sus actos. Y viendo que lo de hablar de subversión o complot comunista no tenía consistencia, se fueron volcando hacia el argumento de que las elecciones de febrero de 1936 fueron nulas. Argumento increíble ya en su momento, pero que hemos visto repetido por la prensa de extrema derecha hasta entrado el siglo XXI. Incluso crearon una Comisión adhoc presidida por Serrano Suñer, con el exclusivo fin de generar un argumenatrio que diera al gobierno por nulo y, por tanto, legitimidad al golpe de estado[28]. Había que venderlo fuera también.

Pero hay que recordar, una vez más que, desde la Constitución de 1931, los jefes militares no podían declarar el estado de guerra si no era mediante Decreto del Gobierno. Lo que es lo mismo, todas las muertes en aplicación de los Bandos de guerra, así como las sentencias emanadas de los Consejos de Guerra, eran nulas de pleno derecho, es decir, ilegales. El fascismo español será pionero en eso, en relación a sus homólogos europeos: destruir el sistema democrático y aplastar el movimiento obrero de la nación.

Los dineros para el golpe: el Oro de Berlín.

Estamos acostumbrados a oir hablar, toda nuestra vida, del oro de Moscú, verdad. Ese era el pago, muy triste pago, a los soviéticos por el envío de armas para intentar frenar al ejército profesional sublevado; pero **Stalin** no se fiaba del débil régimen republicano y **exigió el pago al contado y por adelantado** (gracias por todo camarada Iósef). Armas que, por otra parte, y en elevado porcentaje, se quedaron en la frontera francesa, sin llegar al pueblo español y su Ejército Popular, por la nefanda política de No Intervención de algunos líderes europeos que pusieron la victoria en bandeja a los fascistas de Franco, al retrasar o parar las entregas de armamento.

En cambio, poco o nada hemos oído de la **financiación nazi**. La pregunta a platearse es: ¿la ayuda en material y tropas por parte de las potencias del Eje fue gratis? La respuesta es obvia, NO. Lo que ocurre es que la "solidaridad fascista" fue más eficaz que la "socialista". **Ni Mussolini ni Hitler regalaron nada, pero no exigieron el pago por adelantado, lo cual fue decisivo para ganar la guerra**. Una cosa es ser correligionario, otra ser tonto. Luego, los favores se pagaron a Alemania e Italia en los años en que más hambre pasaba el pueblo español.

---

[28] Es una constante de la derecha el no admitir resultados adversos en unas elecciones. Su concepción patrimonialista del poder, les impide entender cómo el cuerpo electoral puede votar otras cosas. Desgraciadamente esto lo hemos seguido viendo hasta los momentos actuales: el presidente Zapatero era ilegítimo: el presidente Sánchez, pues qué vamos a decir, si encima hace el primer gobierno de coalición desde la Segunda República.

Para entender, tanto el montante de la "ayuda" nazi, como el propio entramado financiero, hay que hablar de una <u>figura clave</u> en todo ese proceso, del que apenas se ha hablado hasta ahora: Johannes **Ebherhart**, prusiano nacido en Osterode en 1897. Estudiante de derecho, en plena carrera hubo de ir al frente durante la I Guerra Mundial. Tuvo que ser un personaje aguerrido, pues vino del frente ucraniano con la Cruz de Hierro y el grado de teniente del ejército alemán.

La derrota alemana dejó a Ebherhart descolocado, como a tantos cientos de miles de alemanes; y de austriacos, como el propio Hitler. La incertidumbre y caos ideológico lo lleva a participar en los **Freikorps**, grupos paramilitares extremadamente violentos de extrema derecha. Esta ideología, que nunca abandonó, le llevó a un mundillo de negocios turbios donde se traficaba tanto con drogas como con armas. Pero Ebherhart quería dar base teórica a sus actividades; estudió Economía y Finanzas en Hamburgo y pronto fundó una naviera; empresa que se dedicará a transaccionar con armas y venderlas desde España hasta la URSS.

La República de Weimar languidece mientras los negocios de Ebherhart prosperan: abre sucursales en San Petersburgo y en Sao Paulo, para todo el mercado americano. Se va enriqueciendo progresivamente, creando una sociedad exportadora de vehículos alemanes, sociedad conformada toda por miembros del Partido Nazi (* 1920).

En 1928 se produce un trágico accidente en su fábrica de Hamburgo; el escape de gas venenoso que mata a varias decenas de personas. La investigación conduce a Ebherhart y se le incauta la empresa; en previsión de su detención huye al Marruecos francés donde actuará como representante de la empresa minera Mannesmann, que exporta minerales bajo la concesión del Sultán de Marruecos. Lo que ocurre con este tipo de personajes, sus procedimientos, sobornos... hacen que tenga que salir huyendo de Casabalanca igualmente.

En el interim, **Hitler** había sido hecho preso, había escrito sus "maravillosos" artículos nazis y se había granjeado una gran popularidad. Ebherhart ve como su líder natural a Hitler y aumenta su compromiso con el Partido Nazi. En enero de **1930** está en el Marruecos español, en Tetuán, donde compagina ser representante de la firma de automóviles **H&O Wilmer** con el tráfico de armas. Vende armas a la Legión y va estrechando relación con los mandos. Conoce a **Mola** y al coronel **Sáenz de Buruaga** a los que entrega habitualmente propaganda nazi, que termina llegando a todos los cuadros del ejército africanista español. Ebherhart está bajo las órdenes del partido nazi, que en Tetuán dirige

Adolf Lagenheim; allí se labra una gran amistad con buena parte del mando castrense español, con los que intercambia favores.

Es cierto que el golpe de Franco se levanta sobre el patrocinio económico de las fortunas de la derecha más ultra española, pero como indica el profesor Viñas, Franco recibe 12 millones de pesetas, cantidad insuficiente para una guerra que, al principio no lo parece, pero rápidamente se dan cuenta que puede ser larga. Y en eso llegó **Ebherhart**; sabe que en España hay muchos minerales, como el wolframio, entre otros, esencial en la construcción de blindados y otras armas. Sabe que en varias provincias españolas hay ingentes cantidades de este mineral: Salamanca, Galicia (Ponteceso, Santa Comba, Carballo), también en Cáceres y Badajoz.

Ebherhart goza de predicamento en el el partido, al tiempo que es amigo de numerosos mandos. El día 21 de julio (1936) se ofrece a Franco para interceder ante el **Fhürer** y lograr un apoyo práctico y decisivo al golpe. El día 24 de julio Ebherhart viaja en avión privado, pilotado por el capitán Francisco Arranz, hasta Lagenheim donde se encuentra Hitler. **Ebherhart lleva una carta personal de**

Franco donde dice que devolverá el favor con largueza. En cuestión de días llegaron al Marruecos español veinte aviones Junkers F-52 que se emplearon, inmediatamente, en trasladar a las tropas desde el Protectorado a la península: más de 14.000 hombres, profesionales, armados hasta los dientes, trasladados en unas cuantas semanas.

Igualmente, se orquesta una operación denominada **Operación Fuego** (uno de los títulos de las obras de Wagner) para dotar de armamento a los golpistas. Ebherhart, muy eficiente, concreta en Lisboa con **Oliveira Salazar** su apoyo, de manera que el armamento alemán pueda llegar a los puertos lusos y evitar el bloqueo de la Armada Republicana que, al principio, se mantiene leal al régimen democrático. Se genera, de hecho, una cierta euforia entre los alemanes, que ven en Franco el perfecto comparsa del sur. Incluso **Goering** (jefe de la Lutfwaffe, habitualmente muy reticente) aprueba crear la **Legión Condor** con más de cinco mil soldados y 140 aviones. Y todo se realiza bajo nombre de empresas HISMA[29] en las que Ebherhart tiene el control, de forma que en Europa se camufle un poco la ayuda directa de Hitler, saltándose los controles del comité de **No Intervención**. El 31 de julio de 1936 comienza a llegar la ayuda alemana por vía aérea y no cesará hasta el final de la guerra.
(Me atrevería a recomendar encarecidamente, a los interesados en el tema, las últimas obras del historiador y economista Ángel Viñas. Sin desperdicio).

El propio Goering afirma en los **juicios de Nüremberg** que: *"la segunda guerra mundial se veía como inevitable y todos los bombardeos que realizamos para los franquistas se hicieron como ensayo de los que luego vendrían"*. Nuestros muertos, nuestras ciudades destruídas, solo fueron un ensayo; Franco, el patriota, dejó España como campo de entrenamiento.

La España de **Franco debe a Alemania** en 1940 más de 212 millones de pesetas oro (oficialmente; era bastante más). El Ministro de Industria y Comercio, el coronel Alarcón de la Lastra, evidentemente siguiendo órdenes superiores, **prefiere desabastecer el mercado español de todo tipo de**

---

[29] Johannes **Ebherhart** funda en Tetuán la Empresa Hispano Marroquí de Transporte, HISMA, con la ayuda en cuanto a papeleos del oficial de la marina, ya retirado, Fernando Carranza, que será su testaferro habitual en la zona. La empresa contrapartida, en Alemania, es ROWAK: a su nombre se mandan los alimentos y las materias primas españolas; siempre con un saldo deficitario para España.

producto y comenzar con la devolución de la deuda. Durante 1940 España exporta a Berlín unos 25 millones de pesetas oro; en 1941 la exportación a Alemania sube a 206 millones y en 1942 se eleva la cifra a 236. Parte de estas cifras, claro está, no se nos pagan atendiendo a la deuda pendiente. A partir de 1944, con Francia desocupada, se cambian inercias e itinerarios.

En cualquier caso, ya en 1944, el régimen fascista español comienza a relacionarse más con las potencias aliadas, pues se ve que la guerra se va a decantar a su favor. Hay que comenzar a vender "las bondades del régimen", aún con la oposición activa del mismísimo **Serrano Súñer**, nazi convencido que está proponiendo entrar en la guerra mundial. Pero el poder de Serraño Súñer es menor que el de la **Gran Bretaña**, que para esas fechas ya **tiene sobornados a buena parte de los generales españoles, a los que ha abierto cuentas en bancos de Nueva York y va ingresando millones de libras estelinas** (Viñas). Grandes patriotas los "*gloriosos generales*".

Supera el propósito de estas páginas analizar en mayor profundidad la ayuda nazi al golpe fascista en España. Pero personajes como **Ebherhart**, auténticamente de novela de John Le Carré, merecen unas cuantas notas más.

Tanto para la ayuda, como luego para el recobro de la deuda, **Ebherhart** crea un conglomerado de empresas (350 se conocen) bajo el paraguas de la marca **SOFINDUS**. Aceites, pieles, lanas, productos agrarios y cereal, minerales, cine, sí cine; nada queda fuera del entramado. En la dirección de SOFINDUS se pone a **Walter Morig**, oficial de la Gestapo, que se afinca en Madrid. **El trasiego de lingotes de oro hacia Alemania se canaliza** por alguna de estas empresas: Jabones Maliaño, Cine Arte, Sagitario Films[30], ERCE Import-Export y Motores Diesel, principalmente.

Walter Morig, al márgen de las "actividades" empresariales, crea un **servicio de información** (para Alemania) denominado **Red GRILLE**[31]. Son informadores habituales de la Red, Joaquín Bau Nolla, empresario carlista, que fue presidente de la Comisión de Industria y Comercio franquista desde 1936 hasta 1939, es decir, en la práctica el primer ministro de Economía de Franco.

---

[30] Aguilar, Santiago (2021) "*Sagitario Films. Oro nazi para el cine español*". As. Shangrilá Textos Aparte. Santander.

[31] Juárez Camacho, Francisco Javier (2016) "*El espionaje alemán en España a través del Consorcio SOFINDUS*". Rev Diacrone, Universidad de Bolonia.

José Ungría (militar barcelonés que fue jefe del Servicio de Información Militar), que informa de los entornos del PCE. General Antonio Aranda, uno de los generales a los que Gran Bretaña tenía en nómina a instancias de Juan March; éste era pro monárquico, informa de interioridades del régimen. Ernesto Jiménez Caballero, escritor falangista, informa de las vicisitudes entre las familias del régimen. Manuel Fal Conde, carlista, interesado en los temas vascos y navarros. Víctor de la Serna, director de Informaciones, cercano a la policía, informa de las infiltraciones comunistas en España. General Martínez Campos, Jefe del Estado Mayor y de la Inteligencia española: información sobre comunistas. Y Ramón Serrano Súñer, informaba sobre asuntos de Portugal y Marruecos; muy interesado en la actividad exterior del presidente Juan Negrín. Hubo muchos más informadores, como el propio hermano de Franco, Ramón Franco. Naturalmente el caudillo no estaba ignorante de la situación.

Acabada la guerra mundial, los aliados dan un toque a Franco y le conminan a disimular su nazismo, dado que en todas estas empresas del conglomerado hay alemanes, el director es Morig y el presidente Ebherhart. España está llena de refugiados nazis, en realidad. Franco comprende que no puede seguir dando cobijo a su querido padrino de guerra y Ebherhart emigra, una vez más, en 1951 a Argentina, donde el **general Perón** da asilo a cuanto nazi por allí aparece. Naturalmente se va despues de liquidar y descapitalizar el entramado empresarial mediante quiebras fraudulentas; las empresas cinematrográficas (**Sagitario Films SA**[32]) las deja en manos de José Ignacio Escobar (hermano de Luis Escobar).

A Franco le pasaron más de 100 nombres de nazis en captura que viven tranquilos en España, pero se hizo el tonto. Y para salvar a su amigo hizo de todo: ofreció a los aliados que gestionasen el conglomerado SOFINDUS y, en su caso, se quedasen los activos. Eberhart se escapó, millonario claro. **Johannes Eberhart vivió tranquilamente en Argentina; viajó a España en ocasiones y en los años setenta regresó a Alemania, donde murió, en su cama, como su amigo Franco.**

---

[32] Sagitario Films produce algunas películas de cierta calidad (La fiesta sigue – Alas de Juventud – Cuatro mujeres – El huésped de las tinieblas). Trabajan actores como Fernán Gómez, Conchita Montes, Ana Mariscal, Manuel Dicenta o Ismael Merlo y directores como Edgar Neville, Antonio del Amo, Mur Oti o Luis Escobar.

Una mención necesaria al Sur y al genocida Queipo.

Que **todo estaba previamente planificado** no cabe ninguna duda. Así lo vemos leyendo las Instrucciones Reservadas del general Emilio Mola, que va emitiendo a lo largo de abril y mayo de 1936. Desde tener ya dispuestos los sustitutos de los alcaldes de capitales, tambien los gobernadores, hasta los jefes de comités militares, pasando por la estructura de funcionamiento del Directorio, cuyo Director iba a ser él, claro está. Tambien tenía perfectamente delimitada la acción en Marruecos, que es donde iba a comenzar todo. Y como decía en la Instrucción Primera, el ámbito provincial se dejaría a los civiles (miembros de orden y milicias afectas, principalmente de Falange) y el supra provincial a las Divisiones orgánicas del ejército. Y todo bajo la premisa de que la "*acción ha de ser en extremo violenta, para reducir lo antes posible al enemigo*".

La Instrucción para Marruecos, emitida a finales de mayo de 1936, dejaba clara la actuación bajo la dirección del teniente coronel Juan Yagüe: "*utilizar las fuerzas moras de Regulares, Harkas y Policía Indígena, ... dar el mando del orden público en pueblos y ciudades a elementos de Falange, ...detener a las autoridades civiles españolas...*". Y el plan se llevó a rajatabla.

El día 17 de julio ya tenían habilitado un campo de concentración en **Zeluán**, a 27 kilómetros de Melilla, para los arrestados, así como el listado de los demócartas que iban a ser asesinados esa misma noche del 17 al 18 de julio. Exactamente 189 personas[33], principalmente jefes y oficiales del ejército, sobre los que se sabía, o se intuía, podían poner "pegas" al golpe. Todo quedaría allanado así para la sublevación. Y empezaron por el general **Manuel Romerales Quintero** y siguieron con decenas de oficiales que fueron ejecutados en sus propios despachos. Luego seguirían con las autoridades civiles: Alcalde de Ceuta, Delegado del Gobierno o la propia **Carmen Gómez**, secretaria de la JSU de Melilla. Un largo etcétera. Todos los civiles ejecutados por las milicas de Falange, bajo supervisión del coronel **Luis Soláns**. Unas 500 personas fueron ejecutadas en esos primeros días solo en Melilla; al menos 100 eran jefes y oficiales del ejército.

En Sevilla Queipo manda salir a todas la unidades de la División a las 14 horas del día 18 de julio. Apenas en horas, los golpistas tienen el control de todas

---

[33] Espinosa Maestre, Francisco. O. Cit.

las grandes ciudades (Sevilla, Cádiz, Jerez, Huelva). Otra cosa serán los pueblos; ahí tardarán más y tendrá que ser pueblo a pueblo. A partir de principios de agosto los golpistas cuentan ya con la Legión y los Regulares, y la tragedia será más rápida (y mayor).

Los planes habían sido ensayados previamente. En mayo se habían realizado maniobras que, ante la mirada de las autoridades, se habían justificado como rutinarias de mantenimiento del orden. Las maniobras eran exactamente los movimientos que se realizarían en el mes de julio.

La represión se extiende rápidamente[34]. En Sevilla los muertos se apilan en las aceras. A los barrios obreros más "desafectos" se manda a la Legión. Ya el 21 de julio se abre una **fosa común en el Cementerio de San Fernando a donde van a ir a parar miles de cuerpos**[35].

"En cuanto a Morón: consumatum est. Se ha hecho un escarmiento, que supongo impresionará a los pueblos que aún tienen la estulticia de creer en el marxismo y en la esperanza de podernos resistir... A todos les recuerdo que, por cada persona honrada que muera, yo fusilaré, por lo menos, diez; y hay pueblos donde hemos rebasado esta cifra. Y no esperen los dirigentes salvarse, apelando a la fuga, pues los sacaré de bajo la tierra, si es preciso, para que se cumpla la ley".

Queipo de Llano *(en la radio)*

En los pueblos donde los guardias civiles se pusieron al lado del golpe, hay poco que hacer. En los pueblos más al interior o al sur, habrá que ir pueblo a pueblo, a sangre y fuego; en muchos de estos lugares apenas se encontraban con un grupo de hombres pertenecientes al Comité local, armados con escopetas de caza e incluso armas de avancarga; eran eliminados sobre la marcha. Hacia

---

[34] Hay que reseñar que parte de los discursos radiofónicos de Queipo fueron censurados por los propios franquistas (Comandante Monereo) por su brutalidad. Los directores de periódico no se atrevían a publicar los comentarios de forma textual.; en todo caso, el llamamiento del general a la violencia extrema llevó a sus correligionarios a emplearse a fondo, a matar a destajo. Si el general bendecía aquello es que había que hacerlo.
[35] Fosa que se ha cerrado en febrero de 2023, después de una contabilidad macabra de más de 10.000 cadáveres.

Cádiz se manda a **Zamalloa**; **Carranza** y Redondo se encargan de masacrar Sevilla; **Yagüe** y **Navarrete** van hacia Extremadura. Hacia Mérida, específicamente, sale una columna mixta, profesionales de África y falangistas, apoyados aereamente desde la base de Tablada. Se hace una auténtica razia en los pueblos indefensos.

Como el golpe inicial había fracasado en la ciudad de Badajoz, donde fracasó la "columna Madrid"[36] por el esfuerzo de las gentes de izquierdas, también en Mérida, la cuestión se tornó crucial para los golpistas. Hay que decir que la represión roja, como lo denominaban los golpistas, siendo deplorable, no había sido nada generalizada: entre Mérida y Badajoz se contabilizan 21 personas muertas de la extrema derecha. En Cáceres ni una. Aún así su alcalde **Antonio Canales**, un verdadero "santo laíco", sería fusilado poco después mientras mantenía un crucifijo en la mano.

En Badajoz, como el golpe no triunfó al momento, los Comités del Frente Popular dieron orden de desarmar a las personas de derechas; a continuación a los militantes de Falange se les capturó e ingresó en Depósitos Municipales (cárceles locales) y cárceles provinciales. Al menos 3.000 en Badajoz bajo supervisión del Gobierno Civil.

Los episodios de "castigo" a la gente de derechas, imposible de parar al cien por cien, fueron limitados: en lo que llamarían "días rojos" murieron en las provincias de la zona suroeste (cinco provincias) unas 900 personas en dos meses y muy pocas en las capitales (12 en Sevilla, 6 en Huelva, 11 en Badajoz, etc.). Asesinatos, ajusticiamientos, muertes en general realizadas por gentes ajenas al poder político y cuyo esclarecimiento, ya ordenado por la autoridad republicana, no daría tiempo a desarrollar. Muchos gobernadores republicanos se distinguieron por proteger especialmente a familias de ideología derechista, como el Gobernador de Huelva, **Diego Jiménez** (fusilado, empero, el mismo 4 de agosto). Qué pena que del otro lado no hubiera esa misma actitud proteccionista.

Las "ganas" que tenían los golpistas a Extremadura se expresa en la forma de operar, al más puro estilo africanista, con acciones directas, rápidas y extremas, con desprecio absoluto de la vida propia y ajena. Antes de llegar las columnas a los pueblos la aviación bombardea la zona ampliamente; se entra en

---

[36] Conocida como la "Columna de la muerte" es el grueso del potente ejército del Sur, II División, más todas las fuerzas procedentes de Ceuta y Melilla, cuyo destino final era la capital del Estado, Madrid, a la que se quería tomar de inmediato. Antes de eso, claro, había que reducir Extremadura a cenizas.

la localidad ya machacada por las bombas y se termina de arrasar; si hay alguna casa o centro cívico cerrado a cal y canto se lanzan granadas al interior, no importa quién o cuantos hay; cuando abandonan la población lo hacen llevándose unas docenas de detenidos a los que van dando muerte y abandonando los cadáveres en las cunetas de las carreteras, en los cruces, puentes y fuentes. Todo el mundo debe saber lo que les espera.

Mientras estas cosas ocurrían los "intelectuales" afectos, como **Pemán**, justificaban todo en sus arengas y escritos: *"cuando nuestro Cisneros o nuestro Carlos V mandaban no hacían una cosa distinta"* a este tipo de escarmientos.

El apogeo de todo ello tiene lugar en Badajoz, donde la ciudad en pleno, es entregada al ocupante para que haga con ella lo que le venga en gana: viole, robe y mate. Nadie iba a pedir cuentas. A los cientos de detenidos que se capturaban en la toma de la ciudad se iban sumando otros tantos cientos que la dictadura portuguesa iba entregando, una vez capturados en plena huída. Así fue el caso del propio alcalde de la Ciudad, el jóven **Sinforiano Madroñero**, que nada más entregado por la policía salazarista fue fusilado.

Por su parte, **la rapiña fue tremenda**; el propio teniente coronel Yagüe, apenas le informaron, se llevó personalmente el mejor vehículo de la ciudad (propiedad de Luis Plá, el rico dueño de garajes y gasolineras, pero del partido de Azaña, Izquierda Republicana, asesinado con su familia no mucho después)[37]. Como nadie había dado a los ocupantes un listado de qué comercios podían vandalizar y cuales no, las protestas de los hacendados derechistas no tardaron en llegar a Queipo; incluso el capitán de la Guardia Civil **Manuel Gómez Campos**, Delegado de Orden Público en los inicios, nombrado por el propio Queipo, alegaba en sus informes, a forma de protesta, que según *"la ley de la Guerra solo se puede autorizar el saqueo en los primeros momentos"*, pero aquello ya rebasaba. Incluso este capitán Gómez Campos informa que dentro del grupo del Tte. Col. Yagüe se ven personas como Pereita (Comandante **Manuel Pereita Vela**) que publicamente *"es conocido que carece de capital y en la actualidad tiene campos, viñas, terrenos llenos de ganado vendiendo partidas importantes*

---

[37] La derecha española, en concreto el PP, sigue sin evolucionar y reconocer la represión franquista como lo que fue, un genocidio. No hace tanto la Sra. María Eugenia Yagüe, hija del general, y en contra de todos sus hermanos, que preferían no airear más el apellido, pretendía instituir la Fundación Yagüe en Valladolid. Para ello pidió permiso y apoyo al Presidente de Castilla León, sr. Juan Vicente Herrera, que le contesta: "querida, sabes que cuentas con todo mi apoyo".

al matadero de Mérida..."[38]. El botín fue amplio pero no exento de tensiones en su reparto: **José Cuesta**, comandante jefe del Estado Mayor de la II División le ponía una nota al Auditor de la misma, **Francisco Bohórquez**, diciendo: "*ojo con este tío que está loco, a ver si nos arma un lío cargándose la intemerata de gente*" (sobre Manuel Pereita)[39]. Como vemos, y es solo un ejemplo, una guerra de auténticos patriotas; **numerosísimos militares franquistas, salieron de la contienda inmensamente ricos**. El amor a España fue realmente muy rentable para algunos.

Pero con todo, no es la rapiña y el botín lo importante en **Badajoz**, sino los **miles de ejecutados**; cientos de muertos cubrían aceras y calles; más de 500 muertos en las primeras horas de la entrada; luego otros 500 más, calle a calle[40]. Más tarde vendría la orgía de la **Plaza de Toros**. Aún hoy no hay cifra oficial; **3.800** según Francisco Espinosa, el historiador que lleva veinte años de archivo en archivo, de juzgado en juzgado, investigando las masacres del suroeste español. Y todo rapidito: el día 14 de agosto entró Yagüe[41], despues de intensísimos bombardeos sobre la ciudad; ese mismo 14 y el día siguiente 15, casa a casa, en la calles y plazas, se matan esas mil personas que indicábamos; a partir ya del mismo día 15 comienza el espectáculo en la Plaza de Toros. No todos los que entraron en la plaza murieron, afortunadamente. Manuel Romero Ramírez, que entonces contaba 15 años, apresado junto a su padre, tuvo la suerte de ser reconocido por un municipal que le conocía del barrio y los sacó de aquel infierno; lo cuenta así: "*Nos metieron en la Plaza de Toros y nos alojaron debajo de las gradas. Apenas había luz pero me topé con mi hermano... poco después vimos a mi padre. Unas horas después comenzaron los fusilamientos (cuatro de la madrugada del día 15)... el sistema era el siguiente: un cabo bajito de la Legión, que cojeaba, entraba por la puerta que daba directamente al ruedo... contaba hasta veinte y sacaba fuera ese número de personas... fuera esperaban guardias civiles con las armas cargadas, componiendo el piquete de ejecución... se oían las ráfagas. Todos llorábamos y gritábamos. El cabo bajito u otro entraba y obligaba*

---

[38] Documento del archivo del Archivo Militar Territorial Segundo (Sevilla), citado por Francisco Espinosa en "*Morir, matar, sobrevivir*".

[39] Recogido en la misma documentación de la cita anterior.

[40] El fotógrafo francés René Brut pudo inmortalizar la matanza. Hizo llegar a Francia algunos negativos y se publicaron en parte de la prensa francesa. Cuando la noticia llegó a Sevilla se buscó a Brut y se le encarceló. Posteriormente, a cambio de las cámaras y negativos, fue puesto en la calle, momento que aprovechó para salir hacia Tánger.

[41] El historiador Paul Preston (El Holocausto español) habla de que Yagüe tenía frecuentes estados depresivos de los que salía con otros de excesiva euforia. Ello le llevaba a situaciones indeseadas, sin duda.

a varios a que salieran a cargar los muertos en una camioneta chica (supongo que no cabían más de veinte cadáveres en ella) para llevarlos al cementerio. Apenas unos minutos después volvía el cabo a por otros veinte... Eso así horas y horas... Mientras estuvimos allí nadie se preocupó de saber nuestros nombres, quienes éramos, ni de darnos un poco de agua... solo se preocupaban de limpiar un poco la caja de la camioneta baldeando la sangre que allí se estancaba...".[42]

Yagüe saludando a Hitler. Al final de la fila, brazo en alto, Queipo de Llano.

Francisco Pilo Ortiz es quien ha recopilado muchos otros testimonios orales de los que aquellos días lograron seguir con vida. El propio Manuel Moreno amplía: "*los legionarios y los civiles hablaban muy alto, daban voces, incluso entre ellos, se les veía nerviosos (excitados, conscientes de lo que estaban haciendo, quizá)... cada vez aumentaba el número de civiles pero ya vestidos de falangistas... fusiliban una tanda en una parte de la plaza y se cargaban las camionetas... algunos cuerpos al echarlos en la caja se quejaban y un legionario, de forma indiscriminada, daba un tiro en la cabeza a cuerpos de donde parecía salir el quejido... otra tanda de prisioneros se formaba en otra parte de la plaza,*

---

[42] Recomendamos ver en la web Youtube el documental de la TV de Extremadura, emitido el 15 de agosto de 2022 por el 86 aniversario de la entrada de Yagüe en la ciudad: "*La matanza de Badajoz*". https://www.canalextremadura.es noticias.

para seguir a ritmo... si te tocaba debías ir en la camioneta, con los muertos, para descargarlos en el cementerio... luego volvías a la misma rutina... los legionarios en general no decían nada pero los civiles se reían cada vez más... cuando hacían un alto en la plaza, nos enviaban a recoger muertos de las calles..."[43].

Y es que el franquismo, en ese afán de ejemplarizar el castigo, "*amparó todo tipo de militares y paramilitares asesinos, ladrones y violadores, con dos condiciones: que no se saltasen la cadena de mando y que, a poder ser, no provocasen situaciones en que sus prácticas y procedimientos saliesen a relucir*"[44]. No siempre consiguieron esto último.

Fusilados en la plaza de toros, eran llevados al cementerio, donde eran quemados los cuerpos.

---

[43] Pilo Ortiz, Francisco (2006). "*Ellos lo vivieron: Badajoz 1936*". Badajoz.
[44] García Márquez, José María (2010). "*Violencia roja y azul. España 1936-1950*". Ed. Crítica. Barcelona.

71

El papel de la prensa en Badajoz

Franco quiso borrar del mapa a Badajoz al menos dos veces: primero con la bestial represión había que dar un ejemplo y escarmentar, sobre todo en aquellas tierras, a todos los que habían osado ocupar tierras de sus señoritos y demostrar que se podían sacar adelante con mayor beneficio social, incluso económico. La segunda vez en que quiso opacar el nombre de Badajoz, fue con el "**apagón informativo**" decretado. No se podía hablar de lo ocurrido en Badajoz. Incluso después de la guerra. Ni los propios pacenses se atrevían.

Pero no contaban con la prensa. En ese momento no había TV pero sí periódicos, revistas, teléfonos, radios. Y los reporteros más intrépidos. Un momento estelar de los corresponsales:

Por ejemplo, **John Thomson Whitaker**, el corresponsal del New York Herald, que venía de cubrir la guerra de Etiopia por parte de los italianos, entrevistó a Yagüe quien, sin pelos en la lengua, respondía: "***Por supuesto que los matamos ¿qué esperaba usted? ¿iba a llevar 4.000 prisioneros rojos coonmigo, teniendo mi columna que avanzar contrarreloj hacia Madrid;** ¿o iba a soltarlos para que Badajoz fuera rojo otra vez?*"[45].

Y es que **el propio Franco, una vez que entendió que no iba a tomar Madrid tan pronto como quería, instó a realizar una purga total en los territorios** conquistados.

La prensa también dio cuenta de la rapiña. **Jay Allen** recogía esta frase directamente de un capitán de Yagüe:"*Es el impuesto bélico que se paga por la salvación*". Arrasaron con todo: vehículos, joyas, cuadros, relojes, radios...

Era imposible que aquella sangría no transcendiera. Aparte del ya citado **René Brut**, fotógrafo francés, el día 17 el periodista portugués **Mário Neves** visitaba el cementerio de Badajoz, acompañado de un cura (era frecuente que a los extranjeros se les pusiera un sacerdote como acompañante para suavizar comentarios). Nevez lo cuenta así: "*El

---

[45] Citado por Julio Martín Alarcón (2010) Artículo: "*Terror en el burladero*". Diario Extremadura.

sacerdote que nos acompaña comprende que el espectáculo nos desagrada y trata de explicarnos: "Merecían esto. Además, es una medida de higiene indispensable..."[46].

Mario Nevez, impactado, escribe:*"Tengo que irme. Quiero dejar Badajoz cueste lo que cueste, lo más deprisa posible. Esto es la masacre de las masacres. Me voy y hago la firme promesa personal de no volver por aquí nunca más".*

Sería injusto no citar, por la extensión que tuvieron sus columnas, a **Marcel Dany** de la Agencia Havas de Lisboa y a **Jacques Berthet**, de Le Temps. Éste escribe para su moderado periódico: *"alrededor de mil doscientas personas han sido fusiladas en las calles, nada más entrar las tropas fascistas; solo en la calle San José más de trescientas. Se sigue arrestando y llevando a la gente a la plaza de toros, donde siguen ejecutando. Badajoz está agujereado por los cuatros costados...".*

El martes 18 de agosto, el Premio Nobel de Literatura francés **François Mauriac**, publicó en primera plana de Le Figaro un artículo sobre los sucesos de Badajoz que conmocionó a toda Europa. **Sabian más fuera que dentro del país.**

Después de varios días así, fusilando en la misma Plaza de Toros, se cambió la operativa: los guardia civiles y falangistas trasladaban a los presos al cementerio, donde se les mataba. Al cabo de unos días, también, se dejó acercarse a los familiares y llevarse a sus muertos.

La matanza se extendió, en realidad, por toda la provincia y el norte de Huelva. Mérida, Almendralejo, Villafranca de los Barros, etc. 7.000 en toda la provincia. El periodista **Carlos Elordi** investigó en los años noventa los enterramientos en muchas fincas de la provincia. Algunos terratenientes

---

[46] Neves, Mário. (1986). *"La matanza de Badajoz"*. Editora Regional de Extremadura. Badajoz. Mário Neves consiguió entrar en Badajoz a las 9,30 horas de la mañana del día 15 de agosto de 1936, junto a los periodistas franceses Marcel Dany y Jacques Berthet, encontrándose con este infierno en la ciudad (el 17 pudo visitar el cementerio). Trasladaron la información a sus medios, aunque algunos no publicaran todo.

enterraron a los rojos asesinados en alguna pequeña parcela de sus dominios, como agradecimiento a los falangistas del pueblo y para que no tuvieran que encargarse ellos de la eliminación de los restos. Parcelas que los propios empleados semi-esclavos de esos latifundios, cuidaban de que no fueran hozadas por los cerdos, no plantaban cereal allí, etc., como muestra de respeto[47].

El fenómeno de los enterramientos irregulares se extendió todo el año 1936 y el siguiente. Se enterraba a la gente allí mismo donde eran asesinadas. Ya fueran militares o civiles en plena huída. Ya se ha comentado, en otro apartado, el problema que esto supone para el cálculo real de los fallecidos en el período de guerra.

Hubo muchas barbaridades, en muchos pueblos y ciudades, pero en aquél momento la de mayor trascendencia y repercusión fue la matanza de Badajoz. Esa denominada "**columna de la muerte**" estaba lanzando un claro aviso a todas aquellas ciudades por las que iba a pasar en su camino siniestro hacia Madrid. **En la capital causó especial pavor pensar que la irrupción de fuerzas moras y legionarios podía estar cerca. Eso hizo que se extendiera la sensación de que había que "limpiar Madrid de fascistas"** para que no pudieran ayudar desde dento. La matanza de Badajoz fue decisiva en esa sensación de miedo incontrolable; solo **ocho días después se asaltó la Cárcel Modelo**. Mientras, Franco cumplía su primera etapa, dando ejemplo de lo que se venía a los que se resistieran, al tiempo que logró comunicar geográficamente todos sus frentes activos.

---

[47] Elordi, Carlos. (1996). *"Antes de que el tiempo muera en nuestros brazos"*. Editorial Grijalbo. Madrid

Imponer el terror fascista

Se conoce por el archivo de la Prisión Provincial de Sevilla y otras, que el detenido que contaba con el más mínimo antecedente "político-social", es decir, era o había sido afiliado a un Sindicato o Partido de izquierdas, era eliminado de inmediato. A los pocos días del golpe las autoridades militares ya contaban con **listados de los cuadros y militantes de las organizaciones de izquierda**; entonces se enviaba a la policía o a grupos de falangistas a sus domicilios. Muchísimos estaban en sus casas, no pensaban que tuvieran que huir porque no habían hecho nada, pensaban. Les ocurrió a cientos, desde obreros a médicos, abogados o profesores. Todos fueron tratados como criminales sin posibilidad alguna de asistencia jurídica o personal. Es el **primer paso del fascismo, anular al hombre como sujeto de derecho**, así su control y posterior exterminio es más sencillo.

Se solía empezar por fusilar al Alcalde (como se hizo en Sevilla), junto al Gobernador Civil, el Presidente de la Diputación, el Jefe de la Policía local, y a concejales y gestores provinciales. Así se ejemplificaba y enviaba el mensaje oportuno a la población. No lo digo yo, lo decía el mismo **Queipo**: recibió cartas y mensajes de cargos de Falange y Renovación Española solicitando el indulto para el Gobernador de Huelva y varios Jefes de la Guardia Civil y Guardia de Asalto que se habían distinguido por salvar vidas de gentes de derechas; Queipo de Llano les escribió un cable: "***Lamento muchísimo no poder acceder a su petición de indulto reos condenados a última pena***, *ya que las circunstancias críticas que atraviesa España obligan a no entorpecer justicia, para lograr no solo castigo sino ejemplaridad*"[48].

Queipo y sus mandos más próximos eran conscientes de que si comenzaban a acceder a indultos o a Consejos de Guerra mínimamente formales, se ralentizaría el proceso de castigo a todo lo que oliera o tuviera que ver con la República. Y no era eso lo que se había acordado. Por tanto se eligió el método más expeditivo, ir fusilando todo lo que se pudiera. Les hubiera gustado más pero todo tiene sus dificultades operativas, hasta matar.

El día 4 de agosto (a qué velocidad no irían con la represión!) Queipo envía un mensaje al general **López-Pinto**, el golpista aniquilador de la provincia de Cádiz, diciendo: "*¡Esto se acaba! lo más que durará son diez días. **Para esa fecha es preciso que hayas acabado con todos los pistoleros y comunistas de***

---

[48] Recogido por Francisco Espinosa en op. cit.

esa". Ese mensaje es el que transmiten, a su vez, los nuevos Gobernadores Civiles nombrados, a los pueblos, a sus autoridades y jefes locales de Falange: "*hay que obrar con más energíaii*". Ya sabemos lo que entienden por obrar. Es cierto que las provincias andaluzas y más algunas zonas concretas de minería o lucha campesina, eran absolutamente de izquierda y los sublevados no saben muy qué hacer con tanto preso; rápidamente tienen los Depósitos municipales, cárceles y penales abarrotados y mucho izquierdista por ahí aún en libertad. La opción del aniquilamiento se les antojaba, aparte de justa en su opinión, en la más práctica.

¿Actuaba Queipo de Llano por libre? ¿Era un general especialmente deprabado? Sí, pero no más que sus colegas. El día 6 de agosto (36) llega a Sevilla el general Franco, y unos días después el general Mola. Allí juntos, después de mucho discutir, dan el visto bueno a la ejecución del general **Campins**, jefe militar de Granada[49]. También a los planes de aniquilación para la toma de Mérida y Badajoz. Es decir, no hacen sino cumplir y seguir con el guión que se había pergeñado con anterioridad.

Cuando la Auditoría de Guerra, ya a finales de 1936, pregunta sobre la situación de cientos de encausados, entre otras cosas para evaluar el posible número de Consejos de Guerra que pudiera esperarse, lo que reciben como respuesta, habitualmente, es que el encausado no existe por "*haberle sido aplicado el Bando de Guerra"*.

El terror fascista convirtió la muerte en espectáculo con el fin de que el "mensaje" llegara a toda la sociedad. A veces esa crueldad rayaba la necrofilia (orejas colgando de juncos, cabezas en postes a la entrada de poblaciones...). El escaso apoyo social de que dispusieron los golpistas en el suroeste de la península, exigía un derroche de violencia: mientras unos morían fusilados, otros eran obligados a ver esa ejecución o escenas peores,

---

[49] El general Miguel Campins era amigo personal de Franco; habían coincidido en África y también en la Academia de Zaragoza, de la que Franco fue director y Campins su vicedirector. Franco intercedió a favor de indultarlo, pero Queipo, que en realidad odiaba a Franco y a todo lo que oliese a éste, aunque parezca mentira, buscó el amparo del entonces Jefe de la Junta Militar, general Cavanellas, que le respaldó, y fusiló a Campins el 16 de agosto. Franco fue nombrado Jefe de Estado el 1 de octubre y recordaba perfectamente el suceso. Cuando Queipo pidió el indulto para el general Batet, Franco lo negó y lo fusiló. Además, prohibió a Gonzalo Queipo que siguiera dando aquellas repugnantes arengas radiofónicas, que siempre consideró escabrosas (lo cita Fco. Espinosa en "*La Justicia de Queipo*" Centro Andaluz del Libro. Sevilla 2000).

ansolutamente insoportables, con el fin de pervertir su condición humana. Así se destruía todo tipo de vínculos, de afecto, amistad, familiares; se arrasaba con cualquier tipo de sentimiento de solidaridad o apoyo, en virtud de la propia supervivencia. **Sin justicia a la que recurrir, la gente solo puede aspirar a sobrevivir. Esta es la contribución española al fascismo europeo**.

Hasta febrero de 1937, más o menos, continuó esta represión indiscriminada, brutal.

La mujer no se libró de la represión, claro está. Hubo exterminio inmediato de familias enteras, en los primeros días. Luego se continuó, de manera generalizada, con los rapados y purgas de toda aquella que fuera esposa, hermana, madre de un rojo o, simplemente, no la hubieran visto por misa.
Hay que observar que esta **represión sobre la mujer no se hubiera podido llevar a cabo sin la clara anuencia del clero.** Decía el párroco de Rociana (Huelva), en medio de la plaza: "*creerán que por mi calidad de sacerdote voy a decir palabras de perdón. Pues NOi iguerra contra todos ellos hasta que no quede ni la raizi*"[50].

Sobre las violaciones, primero de las tropas moras, luego de los falangistas, siempre de los señoritos, el estudio es prácticamente imposible por la propia naturaleza del hecho: el silencio de las mujeres y la ausencia de denuncias. Recordemos que es un momento en que en los pueblos apenas hay varones y que la mayor parte son mujeres, hijas, esposas o madres de los que acaban de fusilar, han podido salir a enrolarse con el Ejército Popular o, simplemente, están escondidos o huídos.

La gran purga del 36 continuará, a partir de los primeros meses del 37, con una segunda fase de represión, buscando una apariencia de cierta legalidad, a través de los Consejos de Guerra. Será el momento de la aparición de muchos jóvenes fiscales ávidos de ganar galones y que se convertirían en figuras del "franquismo", como Carlos Arias Navarro o Antonio Pedrol Rius.

"La memoria es uno de los pocos recursos que tenemos para defendernos de la historia, que siempre la escriben los vencedores" (Josep Ramoneda).

---

[50] Francisco Espinosa op. cit.

La represión mediante un derecho ilegítimo

Derecho franquista: absoluta ilegitimidad.

La Comisión Internacional de Juristas publicó en 1962 un Informe[51] sobre España, titulado "*El imperio de la Ley en España*", en el que se describía con precisión la estructura del Estado español, estructura que, como demostraba, distaba mucho de los cánones comúnmente aceptados en una democracia moderna.

> Secretario general: SIR LESLIE MUNRO, K.C.M.G., K.C.V.O.
> Ex presidente de la Asamblea General de las Naciones Unidas
>
> Secretario administrativo: EDWARD S. KOZERA
> Ex profesor de Teoría y Práctica del Gobierno,
> Universidad de Columbia
>
> COMISIÓN INTERNACIONAL DE JURISTAS
> 6, RUE DU MONT-DE-SION
> GINEBRA, SUIZA

El Gobierno español replicó a este estudio dos años más tarde, a mediados de 1964, en forma de libro: "*España, Estado de Derecho. Réplica al Informe de la Comisión Internacional de Juristas*", Madrid 1964. Su finalidad primera no era— según rezaba en el proemio— la defensa del sistema jurídico vigente en España, sino la defensa de la legitimidad jurídica del **Nuevo Estado**. Semejante empeño fue un "*esfuerzo tan baldío, como patético. La legalidad se refiere a la VALIDEZ FORMAL que haya sido PROMULGADA por los órganos y los procedimientos establecidos. LA LEGITIMIDAD se refiere a la VALIDEZ MATERIAL, a la JUSTICIA intrínseca de la norma, tanto en el ORIGEN DEL PODER, como en el CONTENIDO de la misma*"[52].

---

[51] Comisión Internacional de Juristas. (1962). "*El imperio de la Ley en España*". Órgano Consultivo de Naciones Unidas. Ginebra.

[52] Gutiérrez Carbonell, Miguel. (2011). "*Derecho Represor Franquista*". Fiscal de la Audiencia Provincial de Alicante. Miembro de la Comisión Cívica para Recuperación de la Memoria Histórica de Alicante. Conferencia en jornadas sobre la Memoria, enero 2011.

79

No podríamos medir con criterio actual (a ojos de la Constitución vigente) aquel derecho franquista, pero si es correcto contraponer y detectar las vulneraciones de ese derecho represor, comparándolo con el inmediatamente anterior, el de la II República y con los principios básicos y elementales, admitidos como conquistas de la civilización vigentes en la Comunidad Internacional. Y todos los juristas establecen que **aquel Derecho represor franquista fue legal, pero también fue absoluta y radicalmente ILEGÍTIMO**.

¿Y por qué ese Nuevo Estado del que hablaban, **era ilegítimo**? Por su origen: fue el resultado de un Golpe Militar contra un gobierno democráticamente elegido en las urnas; un delito de rebelión militar contra el Gobierno legítimo de la República. E ilegítimo en cuanto al ejercicio del poder, propio de un régimen fascista:

- Concentración de todos los poderes en el Jefe, el Duce, el Fürer. El Caudillo.

Supresión del Poder Judicial que pasa a ser Administración de Justicia (sin separación de poderes, es decir, sujeto al único poder del Jefe de Estado).

- Crecimiento máximo de la Jurisdicción Militar, además Especial. Se desplaza la justicia ordinaria y se le da, durante décadas, todo el poder al Ejército.
- Eliminación de la soberanía popular. Solo se hace la voluntad del líder carismático a través del llamado Movimiento.
- Anulación del sistema democrático: se elimina el sufragio universal, se limitan los derechos de los ciudadanos (asociación, opinión, sindicación, etc.). Se crea lo que llaman Democracia Orgánica. Solo vale lo que sale de los Órganos del Gobierno.
- Exacerbación del Delito Político, cualitativa y cuantitativamente. Es delito "*respirar*" diferente. Las cárceles estarán llenas durante décadas de presos   "*políticos*".

En definitiva: un clima irrespirable, inseguro, arbitrario y de total discrecionalidad. Las leyes son arbitrarias y su aplicación absolutamente discrecional; por tanto, **hay inseguridad jurídica**.

Bandos de "Estado de Guerra": inicio del derecho represor.

En el tema jurídico también es obligado referirse a los famosos Bandos. Ya lo hemos hecho y volveremos sobre ellos, sin duda. No tienen desperdicio.

El más conocido e importante de todos fue el del 18 de julio de 1936, publicado realmente el día 28 por la autodenominada Junta de Defensa Nacional. Pero antes de esa fecha se dictaron otros BANDOS de declaración de estado de guerra:

- El 17 de julio: Bando de Franco en Canarias y Tetuán. Y de Saliquet en Valladolid.

- El 18 de julio de 1936: en Sevilla, Queipo de Llano lanza un peculiar Bando: "*Cuantos por cualquier medio perturbaren la vida del territorio de esta División… serán juzgado en juicios sumarísimos y PASADOS POR LAS ARMAS*".

- El 24 de julio: sin eufemismos retóricos, el mismo Queipo lanza otro Bando donde se afirma: "*Cuando en cualquier localidad se compruebe actos de crueldad contra personas, serán pasadas por las armas, sin formación de causa, las Directivas de las organizaciones marxistas o comunistas que en el pueblo existan, y caso de no darse con tales directivos, serán ejecutados un número igual de afiliados arbitrariamente elegidos*".

- En Pamplona, por su parte, otro generalísimo lanza el 19 de julio el propio. El general **Mola** habla así de claro: "*Los rebeldes* (se refiere a los leales al Gobierno, claro) *serán juzgados en Consejo de Guerra sumarísimo, imponiendo a los responsables la pena de muerte que será ejecutada antes de las tres horas… Los órganos jurisdiccionales especiales <u>conocerán de los delitos no comprendidos por las leyes militares</u> que serán juzgados por Tribunales de urgencia en plazo no superior a las 48 horas*".

- En Granada, el comandante militar **Basilio-León**, emite el día 21 de julio su peculiar Bando y entre otras cosas dice: "*se aplicará el procedimiento sumarísimo y serán pasados por las armas los miembros de los Comités de Huelga*".

81

Todos los Bandos tuvieron su trágica consecuencia en cada uno de los territorios. El más conocido, sin embargo, el que se publica, bajo forma de Decreto, el día **28 de julio de 1936 por la Junta de Defensa Nacional** (directorio de los golpistas), extendiendo a todo el territorio nacional el Estado de guerra.

Resumiendo, el contenido es:

" Las circunstancias por las que atraviesa España exigen a todo ciudadano el cumplimiento estricto de las leyes, y por si alguno, cegado por un sectarismo incomprensible cometiese actos u omisiones que causaren perjuicio a los fines que persigue este Movimiento Redentor de nuestra Patria, esta Junta de Defensa Nacional DECLARA:

- Hacer extensivo el estado de guerra a todo el territorio nacional que ya se había decretado en algunas provincias.

- Serán juzgados por el procedimiento sumarísimo los delitos que se enumeran (larga lista) entre ellos la rebelión y sus modalidades accesorias.

- Se amplía notablemente el tipo de rebelión. Lo son también los que propaguen noticias falsas o tendenciosas con el fin de quebrantar el prestigio de las fuerzas militares o de los elementos cooperadores; los poseedores de armas; los que celebren cualquier reunión o manifestación sin permiso de la autoridad; los que coartasen la libertad de contratación....

- Sólo la propia Autoridad Militar podrá dejar de conocer, por su menor entidad, de una causa y remitirla a la Ordinaria..."

Con posterioridad a este Bando de guerra de 28 de julio de 1936 se dictaron otros:

- Por Decreto de 1 de noviembre de 1936, el Gobierno del Estado de Salamanca, bajo el mando del General Franco, para Madrid.
- El 8 de febrero de 1937, en Málaga.
- El 20 de junio y 26 de agosto de 1937, en Vizcaya y Santander (General López-Pinto).
- El 26 de enero de 1939, en Barcelona (General Dávila).

Jurídicamente, ¿qué análisis se hace de los Bandos?

El Bando de Guerra plantea cuestiones formales que afectan a su validez y que han sido puestas de manifiesto por muchos autores y juristas.

En primer lugar, el Bando se dicta con arreglo a la legislación vigente en el momento, la ley de Orden Público de 28 de julio de 1933. En primer lugar, es claro, y no admite mucha controversia, que **los mandos militares no eran las autoridades competentes para declarar lo que declararon** (arts. 48 y siguientes de la citada Ley que otorga tal competencia al Gobierno, a la Autoridad Civil).

En segundo lugar, estos Bandos de "Declaración" del Estado de Guerra exigían la norma jurídica de <u>intimación</u>[53], de la que carecían totalmente. En los Bandos se pedirá u ordenará a los "rebeldes o sediciosos" y perturbadores que depongan toda actitud hostil y presten obediencia a la autoridad legítima¿? Debe ser curioso redactar una **Norma** de estas metiendo cláusulas de este tipo, **que invierten todos los papeles**: llaman rebeldes al Gobierno legítimo y quienes les sigan y defiendan (¡Qué más les da, si te pueden hacer un sumarísimo y fusilarte en 3 horas, no van a andar mirando el Código ¡). De acuerdo con la legislación imperante, en la declaración de Estado de Guerra la Autoridad Militar no podía, mediante estos Bandos, crear, ni ampliar los tipos delictivos, ni fijar penas distintas, ni agravar las preexistentes. Sin embargo, en todos ellos, **se someten todos los delitos cometidos a partir del 18 de julio de 1936, a la jurisdicción castrense**.

En tercer lugar, un tema importante en las Normas jurídicas, y el Bando lo es, es su **vigencia temporal**. El Bando principal, el de la Junta golpista del día 28 de julio, no fue derogado expresamente. La consecuencia es la inseguridad jurídica máxima. Pasado un tiempo ¿seguía vigente, debía formalmente aplicarse? Es evidente que, a estos militares africanistas, perdedores de mil guerras excepto la que hicieron contra su pueblo, esta cuestión no preocupó lo más mínimo pues su sistema judicial, ya diezmado y depurado, solo tenía operadores jurídicos

---

[53] Intimación: Petición, por parte de una autoridad, de una cosa que se considera necesaria. Pero los funcionarios administrativos o militares no pueden dirigir a una autoridad judicial órdenes o intimaciones relativas a causas o negocios que sean de la exclusiva competencia de los Tribunales de Justicia (Diccionario Jurídico Panhispánico).

fascistas. Mas bien, les convenía la permanencia de la inseguridad. **Hay sentencias de 1946 en que se aplicó el referido Bando de guerra**. La Ley de Memoria Histórica de 2007 lo declara derogado, entre otras disposiciones franquistas que seguían en un limbo. Seguramente por si les era necesario volver a aplicarlas.

La normativa jurídica usada: el Código de Justicia Militar

La normativa básica que utilizó el Ejército traidor, según fue haciéndose con el control, y para ejercer su represión bárbara posteriormente, fue el **Código de Justicia Militar de 1890, pero con la redacción que tenía antes del 14 de abril de 1931**. Eliminaron las variaciones de índole democrática que había introducido el Gobierno de la República, como la limitación de la jurisdicción militar a los delitos estrictamente militares, o la supresión de ciertas prerrogativas que tenían los mandos por razón de la persona y del lugar.
Estas sustanciales mejoras fueron dejadas sin efecto por ley ya desde 1940.

Esta ley de 1940 venía a justificar y entronizar la concepción del Nuevo Estado. Se impone la fórmula arcaica de que, **en el Ejército, el ejercicio de la jurisdicción está unido al mando militar**. Esas prerrogativas les permitieron, a muchos de los mandos, sobre todo africanistas, hacerse millonarios en base a intermediar en los pedidos del ejército, en tanto las tropas carecían hasta de un armamento mínimamente adecuado. Y si el caso se destapaba, mediante el Código Militar quedaba todo solapado y desdibujado.

Y en cuanto al tema **procesal**, la ley (12/07/1940) establecía:

- Todos los delitos derivados del Movimiento Nacional, aunque no se tratase de delito flagrante, ni les corresponda pena de muerte o perpetua, **se tramitarían por el procedimiento sumarísimo**.

- El cargo de defensor siempre será desempeñado por un militar.

El delito de Rebelión Militar invertido

La osadía y el desparpajo de los golpistas, seguros de que no hacían más que ejecutar un plan prediseñado de aniquilación, los lleva a usar el artículo 237 del Código de J.M. para enjuiciar los procesos sumarísimos de los vencidos. Este artículo decía que *"son reos de delitos de rebelión militar los que se alcen contra la Constitución del Estado, contra el Rey, los Cuerpos Legislativos o contra el Gobierno legítimo"*. Exactamente lo que hicieron ellos. Y las penas: *"... de reclusión perpetua o muerte a los que se adhieran a la rebelión militar en cualquier forma   que   lo   ejecuten...".*

La calificación de estos casos como delito de rebelión militar es **aberrante; además se aplicó retroactivamente**. La ampliación de las figuras de la rebelión por el Bando de Guerra es ilegal, atenta a la seguridad jurídica y contradice el principio de no analogía *"in malam partem"*[54].

Es lo que algunos juristas, de forma irónica, han dicho que calificar de rebeldes a los defensores del Gobierno legítimo, es la creación de una original figura penal, **la rebelión invertida**[55]. Los penados como rebeldes, de acuerdo con la propia legislación tenida en cuenta para condenarlos, no se levantaron contra el Gobierno legítimo; eran sus juzgadores los que habían consumado la rebelión.

---

[54] Prohibida en el Código Penal. Se prohíbe la analogía en contra del reo, por tanto, si el hecho que comete una persona no se corresponde estrictamente en la tipicidad de ningún delito, no se puede recurrir a un tipo legal similar para imponer la pena prevista para ese delito por muy similar que sea. La analogía contra el reo significa que las lagunas legales no pueden ser cubiertas a través de leyes que regulan casos similares o de igual significación jurídica ya sea como presupuesto para castigar el delito o agravar. Así pues, el juez penal tiene prohibido aplicar la analogía.

[55] Pérez Juan, José Antonio. (2020). *"El delito de rebelión en el primer franquismo. Un análisis normativo y jurisprudencial"*. Ed. Dykinson. Madrid

Como explica bien el Fiscal **Miguel Gutiérrez Carbonell**, con la ampliación de ese tipo (rebelión), **se castigan actos que son simples manifestaciones de oposición política, o meras creencias ideológicas** (... *"ser de tendencias izquierdistas..."*, por ejemplo, que tantas veces se recoge en las   sentencias   de   los   sumarísimos).

Hay, por tanto, tal laxitud e imprecisión en los tipos que se vulnera flagrantemente la seguridad jurídica y se emplea la analogía en contra del reo. No hay modo de saber diferenciar, ni separar, la rebelión de la adhesión. Debe también tenerse en cuenta la falta de proporcionalidad entre las conductas tipificadas como delitos, en ocasiones de escasa o nula entidad, y la gravedad (a veces la pena capital o 30 años) de las condenas impuestas, como una infracción más de las garantías debidas.

Pero si la legislación fue impresentable, la jurisprudencia no le fue a la zaga; más bien, la superó. ¿Cómo determinaban los Tribunales la figura "menor" de la adhesión a la rebelión (castigada desde reclusión mayor a muerte)? El criterio general:
La adhesión a la rebelión se acreditaba por la mera adscripción ideológica a la *"subversión roja"*; bastaba con tener una ideología de izquierdas, o simplemente republicana (recordemos que muchos partidos republicanos eran de derecha moderada), con pertenecer a un partido político que no fuera de derechas, para que fácilmente se declarase acreditado, sin ninguna otra actividad probatoria, la comisión de ese delito.

Prácticamente en todos los casos, en todos esos sumarísimos, y en mi familia hubo muchos, **se denotaba perversidad**; era una pura rutina mecánica, con lo cual las penas se elevaban, mecánicamente, al grado máximo. Citemos algún ejemplo de muestra, de tantas y tantas sentencias, que se califican ellas solas:
- *"Se trata de una mujer de mala conducta, de ideas comunistas, que se incautó víveres y ropas de una Iglesia para confeccionar ropas a un hijo suyo..."*, y *"enseña a un niño de 4 años a cantar el himno de la Falange con letra subversiva"*. (S. 11 de julio de 1941).

O este otro gran ejemplo de coherencia y profesionalidad:

- Se condenó a muerte al Fiscal Jurídico Militar D. Pedro Rodríguez Gómez, como autor de un delito de rebelión militar, por haber mantenido la acusación contra el General Goded y no plegarse a la presión, retirando los cargos.

La jurisdicción "Especial" militar anulaba las garantías.

Durante la época de represión mediante los consejos de guerra, muy larga, la denominada Jurisdicción Especial recibe un tratamiento privilegiado, generando la ausencia absoluta de garantías procesales para los enjuiciados. Su hiper crecimiento hace que no sea una instancia especial sino ordinaria y, además, la total falta de independencia e imparcialidad de estos Tribunales, **les hace jurídicamente nulos de pleno derecho**. Con las ampliaciones que van introduciendo los distintos Bandos y luego la Ley de 12 de julio de 1940, y otras, **todos los delitos políticos, e incluso las conductas atípicas de opinión o discrepancia política, pasan a convertirse en delito de rebelión**.

Las Autoridades Militares son las únicas que pueden declinar su competencia a favor de la Jurisdicción Ordinaria; ésta no puede reclamar las causas. No existe independencia en los miembros de estos Tribunales, por lo que carecen de imparcialidad. Son militares, sometidos a la disciplina castrense; han ido designados sus componentes para cada juicio (aunque por razones prácticas, dado el volumen de asuntos, los Consejos de Guerra se constituyesen en este período, con carácter permanente) y, en todo caso, no gozan de inamovilidad judicial. **Las sentencias de estos Tribunales carecen de valor**, por sí mismas; **han de ser supervisadas y aprobadas, por el Auditor de Guerra, sin cuyo requisito no son firmes**. No hay ninguna razón objetiva de especialización que justifique la amplitud atribuida a la Jurisdicción Militar de esta etapa. **Son auténticos tribunales de excepción y por tanto procesalmente repudiables**.

El procedimiento sumarísimo.

Los "juristas" de Franco convirtieron el procedimiento sumarísimo en una trituradora de derechos fundamentales. En la época de la Segunda República el procedimiento sumarísimo sólo se aplicó a los delitos estrictamente militares, flagrantes o que tuvieran señalada, en el código, pena de muerte o perpetua. Entendiendo por delito flagrante el que se acababa de cometer o se estaba cometiendo en esos momentos (art. 649 C.J.M. y Decreto 11/5/31). Pero como ya se preocuparon de exponer en Bandos y en la Ley de 1940, remitían a este procedimiento "*todos los delitos derivados del Movimiento Nacional, aunque no sean flagrantes…*".

87

En la regulación de este procedimiento, con las modificaciones introducidas por los golpistas, se producen las siguientes **vulneraciones de garantías jurisdiccionales**:

- ✓ La instrucción del Sumario es básicamente inquisitiva[56]. El Sumario es secreto y **el defensor no interviene** en el mismo. Incluso este carácter inquisitivo se manifiesta en la fase de preparación del Juicio Oral. El propio Instructor finalizada la investigación, realiza un Auto resumen pasando la causa a la Autoridad Judicial (Militar) para que ésta resuelva si ha de pasarla al Plenario (Juicio Oral). Con estas actuaciones del Instructor se vulneran los principios de imparcialidad objetiva, en la medida que el órgano instructor realiza funciones propias del Tribunal Juzgador; el Instructor con su Auto-Resumen está, implícitamente, diseñando la acusación.

- ✓ Imprecisión del procesamiento. En la práctica se incumplían las normas procesales: el procesado permanecerá siempre preso. Se vulnera la excepcionalidad de esta medida cautelar, convirtiéndose en regla.

- ✓ Transgresión del derecho de defensa y falta de igualdad de *armas* procesales: El abogado defensor ha de ser siempre militar y no tiene por qué ser licenciado en derecho. **No cabe Abogado de libre designación. Por el contrario, el Fiscal será Jurídico Militar, profesional del derecho.**

- ✓ Y lo que es más inadmisible, **se conculca el derecho efectivo de defensa.** Los autos se ponen de manifiesto al defensor, es decir se le deja revisar o estudiar el sumario, que antes no ha conocido y en el que no ha intervenido "*por un término que nunca excederá de tres horas*". Sí, está leyendo bien. Tres horas para leerlo, buscar pruebas...

Increíble todo, pero cierto. Todo ello, cuando el pobre que está en el calabozo, que han traído de la prisión o el Campo de Concentración unas horas antes, al

---

[56] Procedimiento en el cual el Instructor está habilitado para investigar los hechos, allegar las pruebas de cargo o descargo que estime pertinentes e impulsar de oficio la tramitación hasta formular una propuesta de resolución. (Diccionario Jurídico Panhispánico).

que no han dado ni un vaso de agua, se está jugando la vida o treinta años de reclusión mayor, pena que es la que se pide habitualmente.

Hay un solo principio procesal que no incumplieron los procedimientos franquistas, el de "dilaciones indebidas". Eran procedimientos tremendamente rápidos, donde el defensor apenas podía ver al reo más de cinco minutos y donde el juzgado apenas podía ver la cara de los miembros del Tribunal. Rápidos sí, y expeditivos. No había tiempo que perder. Había mucha gente a la que castigar y no era cuestión de andarse con lentitudes y miramientos procesales.

También

✓ Vulneración al derecho a Recursos, garantía universalmente reconocida, ahora y siempre. **Contra las sentencias dictadas en el sumarísimo no cabía recurso alguno**; sólo alegaciones verbales del acusado en el mismo momento. Pobres indefensos. Eran *"firmes con la aprobación de la Autoridad Judicial del Ejército o Distrito, de acuerdo con su Auditor de Guerra"*. Y además de hacerlo, lo recalcaban: Circular de 2-XI-1936, de la Presidencia del Consejo Supremo de Justicia Militar; decía en su artículo primero: *"Se entenderá limitada la posible interposición de recursos a aquellos procedimientos que no tengan carácter de sumarísimos"*.

Pero, además, se quedaban con los bienes de los procesados: Ley de Responsabilidades Políticas (9 de febrero de 1939).

Brevísima aproximación a esta ley, que es el súmmum, el paradigma en cuanto a la conculcación de las más elementales garantías. Una pieza a estudiar por los expertos y que se utiliza en las Facultades como ejemplo de lo que nunca se puede y debe hacer.

Esta Ley, reformada en 1942, tenía un defecto de origen: la **retroactividad**. Se aplicaba por Órganos administrativos, que se llamaban a sí mismos Tribunales, que habían sido nombrados por el Gobierno y que carecían de independencia e inamovilidad. Estos **"tribunales" se conformaban de forma tripartita con militares, jerarcas de la Falange y jueces o magistrados que se querían hacían ver**. La única finalidad, era la incautación de los bienes del condenado. **El saqueo**. Además, ponían multas, declaraban inhabilitaciones ("muerte civil") y podían retirar o hacer perder la nacionalidad del reo.

89

El procedimiento, pintoresco, era absolutamente inquisitivo; el juez que instruía, acusaba y proponía la sanción, elevaba el procedimiento, de forma resumida, al Tribunal (este triunvirato descrito), que fallaba. No intervenía Fiscal (ni siquiera había en los primeros momentos para tanto proceso abierto; luego se incorporaron); el sumario era secreto (que nadie se enterara de lo que tenía el reo y de lo que le iban a quitar); y prácticamente el derecho de defensa quedaba excluido pues solo se admitían alegaciones, sin abogado. Si era poco demencial, la responsabilidad del perseguido no se extinguía con su muerte. Se quebrantaba el principio de "*non bis in idem*"[57], ya que estas "sanciones económicas" se aplicaban después de las sanciones penales.

Estaban sometidos a esta Ley todos los condenados por Consejos de guerra; los pertenecientes a cualquiera de los Partidos integrantes del Frente Popular; los masones; comunistas y afiliados a Sindicatos. Se trataba de una Jurisdicción Especial, ad hoc, cuya composición estaba integrada por el llamado Tribunal Nacional de Responsabilidades Políticas, la Jefatura Superior Administrativa; los Tribunales Regionales; los Juzgados instructores Provinciales, las Audiencias y los Juzgados Civiles Especiales.

Todo un arsenal de órganos encargados exclusivamente de la incautación de bienes. No solo había que vencer al enemigo, había que matarlo y/o arruinarlo. Cómo duda alguien de la atribución del concepto de genocidio a la represión franquista. Solo, a partir de 1942, no se aplicó a sentenciados a penas de menos de 6 años o a personas de las que se conocía su absoluta insolvencia y carencia de bienes. Y esto solo se hizo para desatascar este tipo de órganos, avisando ellos mismos de la inutilidad del procedimiento si el reo carecía de algo de fortuna.

Para la incautación se creó un **Registro central de Responsabilidades Políticas, que inventariaba los bienes de las personas jurídicas y físicas**. Los bienes podían cederse o venderse. Todos sabemos, en cada pueblo, en cada

---

[57] Garantía del ciudadano que consiste en la prohibición de perseguirlo o de sancionarlo dos veces (con dos penas, con una pena y una sanción o con dos sanciones) por el mismo ilícito.
*Según la jurisprudencia constitucional, es un derecho fundamental consagrado en el artículo 25.1 CE que goza de la protección del recurso de amparo. El "non bis in idem" prohíbe **castigar dos veces lo mismo**, y la jurisprudencia ha declarado que concurre «lo mismo» en los supuestos de triple identidad de sujeto, hecho y fundamento.* (Diccionario Jurídico Panhispánico).

ciudad, de gente que, aparte de la libertad, perdió todo o gran parte de sus propiedades. También en Ciempozuelos. Pero no todo lo incautado llegaba a ese Registro Central. Estamos hablando de España. Buena parte de los bienes (desde joyas y dinero principalmente, pero también coches, casas, incluso fábricas) se quedaron en manos de los falangistas de esos pueblos y ciudades. ¡Todo por España i

Sin el más mínimo recato intelectual, ni pudor jurídico, los redactores de la Ponencia dejaron literalmente escrito: «**la presente Ley (1939) autoriza a inhabilitar, confinar o detener a quienes, por sus ideas, su actuación o sus antecedentes políticos pueden constituir un tan peligro para la Nueva España, QUE HAY QUE EVITAR SIN PARAR EN ESCRÚPULOS JURÍDICOS**".

Aunque la Ley de Memoria de 2007 declaró ilegítimos aquellos Tribunales y sus condenas, no hay que dejar de recordar lo que aquellos demócratas pasaron y las injusticias y atropellos a los que fueron sometidos. **Como el caso del Alcalde de Ciempozuelos, señor Revuelta**.

La arquitectura del anti derecho: **Acedo Colunga**

Ya hemos visto que los ganadores no rehuyeron del Derecho, antes al contrario, lo prostituyeron; desde el inicio, con la utilización de los Bandos como fuente del derecho, una auténtica aberración pues nacían de un golpe de Estado contra la legalidad democrática[58].

Y se continuó con la supresión de los derechos: eliminación del derecho a asociación, derogación de la legislación jurídica avanzada del régimen republicano, como los Estatutos de Autonomía, el Código Penal de 1933, la Ley de Divorcio. Continuaron suprimiendo la libertad de prensa, expresión e información, y la represión de los derechos laborales, como sindicación, derecho a huelga y a negociación colectiva.
Se procedió a la depuración sistemática en la Función Pública y en la Enseñanza; los pocos jueces y fiscales progresistas y, sobre todo, los maestros que gozaron de especial inquina del régimen fascista.

---

[58] Carrillo, Marc. (2023) *"El derecho represivo de Franco 1936-1975"*. Ed. Univ. Pompeu Fabra. Barcelona.

Frente a lo derogado se puso la legislación del Nuevo Estado, que ya hemos visto: institucionalización del sumarísimo y creación de un enjambre de jurisdicciones especiales, para todo, hasta quince: Tribunal de Responsabilidades Políticas, de revisión de la Ley de Divorcio, de Orden Público, de Represión de la Masonería y el Comunismo, de Delitos de Prensa, Bandidaje y Terrorismo, Seguridad del Estado... todo ello sin desaparecer la jurisdicción militar pues, ya que había ganado la guerra debía devenir en el principal agente represor. En definitiva, toda la legislación "francista" estaba destinada a la aniquilación de la disidencia política y la institucionalización del Derecho Penal del Enemigo.

En todo ello tendrá papel esencial **Felipe Acedo Colunga**[59], un jurista del Ejército del Aire, que elaboró permanentemente instrucciones para los diversos agentes del Nuevo Estado: jueces, fiscales, funcionarios de la administración, en cuanto a la interpretación jurídica que era preciso asumir, en el día a día, en la interpretación de las disposiciones del Régimen.

Acedo Colunga sostenía que era necesario "*desinfectar España de sus enemigos*" y para ello, qué mejor que prescindir de la norma básica del Derecho que dice que no se puede sancionar una conducta si previamente no existe una ley que la califique como delito. Como lo importante es actuar de inmediato, primero se castigaría y, si acaso, luego se aprobaría alguna norma de respaldo.
Igualmente, en caso de duda, esta se debía despreciar; nunca la duda de un tribunal debía obrar en favor del reo. La judicatura no debiera tener duda de lo que había que hacer. De ahí su postura sobre la tortura y la pena de muerte: "*la pena capital es un modelo de represión humana, dotada de altísimo espíritu jurídico*".

En lo referente a la defensa del enemigo, los abogados que se atrevían a la defensa de un rojo carecerían de garantías procesales; y peligraba su libertad e integridad física. Se hacía saber a los jueces que, en cualquier momento, podían denunciar la conducta del defensor si apreciaban "exceso de celo" en el ejercicio de la defensa, pudiéndose decretar la suspensión profesional inmediata del susodicho.
Todo lo que hemos visto en los últimos párrafos, es una auténcita aberración jurídica; el anti derecho, la no justicia. El Derecho fue para el franquismo una herramienta más del genocidio cultural y físico.

---

[59] Espinosa, Francisco – Viñas, Ángel – Portilla, Guillermo. (2023) "*Castigar a los rojos. Acedo Colunga, el gran arquitecto de la represión franquista*". Editorial Crítica. Barcelona.

La Causa General

Por decreto de 26 de abril de 1940, se concede amplias facultades al Fiscal del Tribunal Supremo para que proceda a instruir la Causa General, con el objeto de averiguar los hechos delictivos cometidos en todo el territorio nacional que se mantuvo en manos republicanas después del 18 de julio, en lo que los golpistas llamaron "dominación roja".

Ante la complejidad que va adquiriendo el proceso de averiguación, se establece que (decreto de 19 de junio de 1943), se designe a un Fiscal Jefe (específico) de la Causa General que, bajo exclusiva y directa dependencia del Ministro de Justicia, asuma las facultades que hasta ese momento tenía asignadas el Fiscal del Tribunal Supremo. Ya en 1958, un nuevo decreto de 25 de abril, dispone que quede de nuevo bajo la dependencia del Fiscal del Tribunal Supremo y se le restituyan sus facultades. El Ministerio Fiscal, bajo la dirección del Fiscal del Tribunal Supremo, asumió la tarea de recoger toda la documentación que sirviera para tal fin, formando la denominada "Causa General". En 1969 (decreto-Ley de 31 de marzo) se reconoció la prescripción de las posibles responsabilidades penales por hechos acaecidos antes del 1 de abril de 1939.

Esta documentación ingente, reunida en la Fiscalía del Tribunal Supremo, permaneció, con las mayores garantías de seguridad y conservación en el Archivo acorazado que se habilitó para tal fin, hasta que, la Fiscalía General del Estado, la transfirió al Archivo Histórico Nacional el 30 de julio de 1980[60].

Esta investigación, llevada a cabo en cada provincia por los fiscales delegados a tal efecto, recoge los hechos delictivos acontecidos en los tres años de guerra civil bajo el Gobierno republicano, desde las elecciones de febrero de 1936 hasta abril de 1939, plasmados en una documentación clasificada en once piezas[61] que hacen referencia a Sacas, Checas, Justicia Roja (jueces, secretarios, personas que formaron parte de jurados populares), Prensa Roja (editores, periodistas, colaboradores, imprentas), actuación de autoridades locales, de la Administración Central, comisarías, Guardia Civil, Banca, Museos y patrimonio

---

[60] PARES. Archivo Histórico Nacional.

[61] Pieza Principal: Víctimas del marxismo. Pieza 2: Alzamiento Nacional. Pieza 3: Cárceles y Sacas. Pieza 4: Checas y asesinatos por milicianos. Pieza 5: Justicia Roja. Pieza 6: Prensa. Pieza 7: Actuación de las autoridades gubernamentales locales. Pieza 8: Delitos contra la propiedad e informes de las Cámaras de Comercio e Industria. Pieza 9: Banca. Pieza 10: Persecución religiosa. Pieza 11: Tesoro artístico y Cultura Roja.

artístico, cultura roja, profesores... todo, absolutamente todo. **Nada escapaba a ser fiscalizado, denunciado, delatado**.

Con los resultados obtenidos en todas estas piezas, el Fiscal Instructor elevaba un informe-resumen a la Inspección de la Causa General. Se localiza e incorpora la documentación de las "Causas Generales Militares" que se incoaron por las Auditorías de Guerra del Ejército de Ocupación, anteriores a la entrada en vigor del Decreto de 1940. Ya desde septiembre de 1936 (B.O. de la Junta de Defensa Nacional de 2/10/36), se dispone que las autoridades militares de las plazas ocupadas instruyan una información por cada jefe u oficial fusilado por los "marxistas", con el fin de averiguar la actuación de cada uno en relación con el movimiento nacional.

Además, la Causa General reunió en su archivo **todos los documentos de los Tribunales republicanos**, revisando la actuación de los magistrados y jueces en la guerra, como prueba de sus investigaciones. Por ejemplo, los procesos de los Tribunales Centrales de Justicia (T. de Responsabilidades Civiles, T. Especial de Espionaje y Alta Traición y T. Supremo); los de Tribunales Militares dependientes del Ejército del Centro; los de Tribunales Populares en las provincias y los expedientes personales del Ministerio de Justicia. Por último, se completa esta documentación con la producida por la Comisión de Repatriaciones, desde 1947 a 1967, aproximadamente, sobre las solicitudes de los españoles que deseaban volver a España.

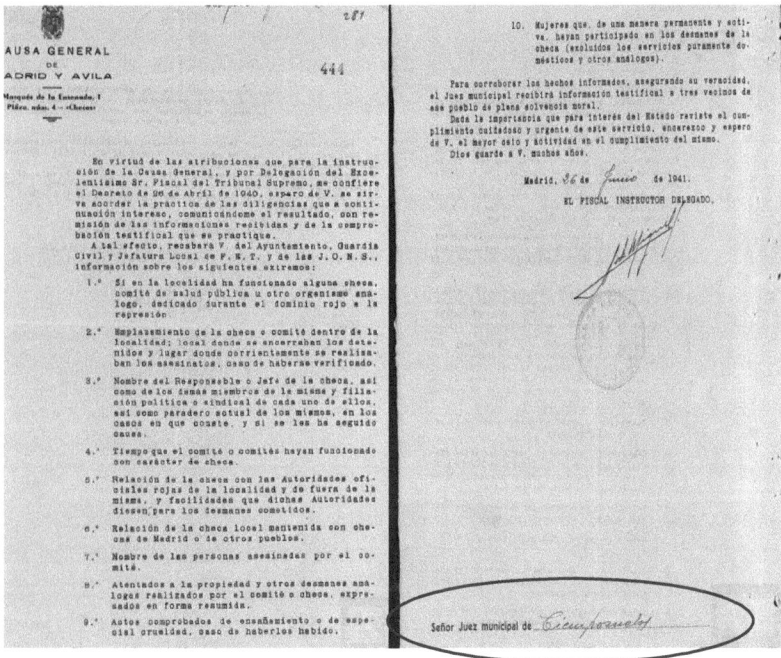

Causa General. Un ejemplo: Ciempozuelos.

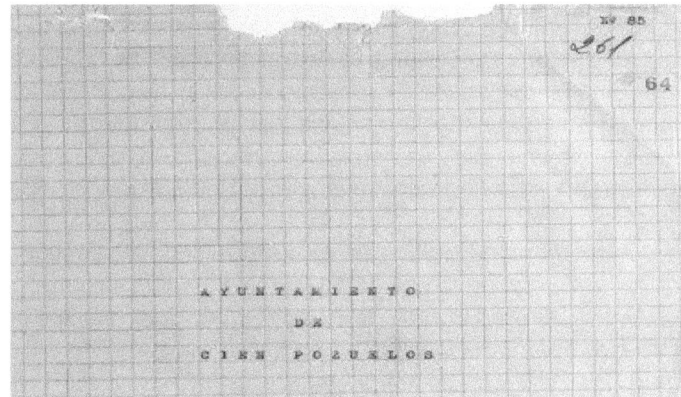

Con fecha 26 de junio de 1941 la Fiscalía especial de la Causa General, a través del Fiscal delegado para la causa en Madrid y Ávila, sita en Marqués de la

Ensenada, 1 de Madrid, solicita al Juez Municipal de Ciempozuelos, en ese momento sr. Cecilio García, la información correspondiente a la localidad en lo referente a la Pieza 4 de la Causa: ***"Checas y asesinatos por los milicianos"***.

Los items solicitados ya los hemos visto es la copia del oficio; eran:

1.- Si en la localidad ha funcionado alguna checa, comité de salud pública u otro órgano que haya podido ejercer represión.

2.- Emplazamiento de la checa, de existir, o lugar donde se cometieron los asesinatos.

3.- Nombre del responsable de la checa, así como demás nombres del comité, con su filiación, e indicación de paradero actual y si se les ha seguido causa judicial ya.

4.- Tiempo que funcionó la checa o comité.

5.- Relación de todas las autoridades locales en el tiempo de dominación.

6.- Relación de la checa, de haber, con otras checas.

7.- Nombre de la personas asesinadas por el comité.

8.- Atentados a la propiedad y otros desmanes realizados por el comité.

9.- Actos destacados de especial crueldad.

10.- Mujeres que de forma activa hayan participado en los desmanes del comité.

El oficio indicaba que, para corroborar la veracidad de lo descrito, el Juez Municipal debía incorporar testimonio de tres personas de "*plena solvencia moral*" y se exigía cumpliento cuidadoso y urgente de las instrucciones. Las tres personas de reconocida solvencia moral elegidas por el Juez fueron: sr. Amalio Martín Rodríguez, sr. Eugenio Díaz Gutiérrez y sr. Vicente Martínez Jurado (alguno de ellos había estado encausado por tenencia ilícita de armas y juzgado en Getafe).

Estas personas, moralmente líderes de la localidad, al parecer, se limitaban a estampar su firma en un breve texto que les ponían delante, que decía: "*En Ciempozuelos a 18 de julio de 1941, ante el sr. Juez Munipal y el Secretario, comparece don Fulano de Tal, casado y natural y residente en esta villa, y que juramentado en forma y examinado los escritos expuestos por la Alcaldía, Guardia Civil y Jefe local de las F.E.T y las J.O.N.S., que es cierto cuanto en los mismos se indica ya que todo ello lo he conocido. Así lo digo y ratifico con mi firma, al sr. Juez*". Figura como Juez suplente el sr. Cecilio García.

El texto es practicamente igual para los tres, naturalmente. No cabe matización alguna. Hay que poner la firma al pie sin mayor aspaviento o rubor.

En cada pueblo venian obligados a emitir informe, el alcalde, el jefe de Falange y el comandante de puesto de la guardia civil; en muchos casos son calcados, o varía dos frases.

El informe del comandante de puesto de la Guardia Civil era este. (transcripción literal):

En cumplimiento a cuanto se interesa en escrito de la respetable y superior Autoridad de V. de fecha 1º del actual por interesarlo así el sr. Fiscal de la Causa General de Madrid y tomados cuantos antecedentes existen en esta misma localidad, no se tiene noticias de haber funcionado checa alguna y sí un Comité que luego fue reemplazado por otro y que indudablemente durante su funcionamiento se dedicó a la represión, siendo su emplazamiento o local empleado por el mismo como domicilio entre otros el que ocupa actualmente el Ayuntamiento; los detenidos o presos cuyas detenciones se ordenaban por los citados Comités eran recluidos en prisión en el Depósito Municipal de esta Villa, Salón Teatro e Iglesia Parroquial; los asesinatos efectuados y llevados a cabo en personas de ideología derechista cuya relación se dirá despues, eran llevados a cabo en distintos lugares pues un grupo de ellos compuesto de nueve personas fueron asesinadas en el sitio conocido por "La Cuesta de la Reina" término municipal de Seseña, provincia de Toledo; otro grupo de ocho lo fue en la carretera de Toledo, término de Parla de esta provincia y el resto, siempre uno a uno lo fue dentro del término de esta Villa.

El primer Comité que funcionó en esta Villa estaba compuesto por los individuos siguientes: Felipe García Mingo (a) "Romanero", Martín Rodríguez González (a) "Triunfa", Evaristo Díaz Carbajal (a) "Tom", Eriberto Díaz Lazareno (en el informe del Ayuntamiento figura con el apodo de "Tiriti"), Francisco Tejeiro Hernández (a) "El Bote", Alfonso González Carbajal (a) "Magüela", José Trompeta Díez (a) "Chaqueto", Vicente Sánchez Rodríguez (a) "Satanás", Lázaro Rodríguez Rodríguez (a) "Prim", Emeterio de la Fuente (a) "El del Molino del Rey", Agapito Martínez Sánchez (a) "El Rejo", Manuel Cabadas Heras (a) "Chinchonete", Juan Fraga Ruíz, Antonio López Martín (a) "El Caga", Julian Ancos Riquelme (a) "El Peliguso", Juan Rodríguez Rodríguez (a) "Cazuelo", Lorenzo Durán Magaña (a) "Maño", Eugenio Polo Gallego (a) "Torero", Estanislao Aranda Alcalde (a) "Cualito"(en el informe del Ayuntamiento figura con el apodo de "Trini"), Juan Hernández Hernández, Vicente Revuelta Trompeta (en el informe del Ayuntamiento figura con el apodo de "Nuvilitas"), Pablo Blanco Berrios (a) "Magalón", Francisco Martínez Díaz (a) "Pitillo", Juan Hernández Márquez, Nicasio Amores Añover, Ignacio Maroto Rodríguez, José Maroto Rodríguez, Román Amores Añover (a) "Moreno", Tolentino García Hernández (a) "Lebrel" (en el informe del Ayuntamiento aparece con el apodo "Tole") y Ángel García Hernández (en el informe del Ayuntamiento aparece con el apodo de "El Artillero"), *todos ellos pertenecientes a la UGT y Casa del Pueblo de esta Villa, a todos les fueron presentadas denuncias en virtud de las cuales se les seguirá sumario por el sr. Juez Militar Permanente de Causas de la plaza de Getafe, pues aquella superior Autoridad le fueron remitidas las Instruidas contra los mismos, si bien se desconoce el paradero, suponiendo se encuentran huidos en Francia, Eugenio Polo Gallego (a) "Torero", Estanislao Aranda Alcaide (a) "Cualito" y Juan Hernández Márquez que fue el Presidente del ya mentado primer Comité.*

El segundo Comité Revolucionario estaba compuesto por Ángel Lazareno Saez (en el informe del Ayuntamiento aparece con el apodo de "Puches") *como Presidente del mismo y como miembros Paulino García García (a) "Ojitos", este Secretario, Tomás Sánchez Rodríguez* (en el informe del Ayuntamiento aparece con el apodo "Pavasa"), *Joaquín Tejeiro Hernández (a) "Bote"* (en el informe del Ayuntamiento aparece como "Bola"), *Manuel Revuelta Pedraza, Vicente Pascual Trompeta (a) "El Avi", José Maroto Sánchez y Donato Delgado González, a los que tambien como con los del anterior Comité se les presentaron denuncias y tramitaron diligencias remitiendolas como antes se dice al Juez Militar de la Plaza de Getafe fuera de los que se dicen estan huidos, a todos ellos, o se les ha condenado en Consejos de Guerra o estan pendientes de este fallo militar en las cárceles de Getafe, Madrid y otras.*

Las relaciones entre estos Comités y el Ayuntamiento Rojo que funcionó en esta Villa fueron cordialísimas pues en sesión de este Ayuntamiento de ocho de agosto de 1936 fue acordado el conceder a los Comités y Milicias el incautarse de todos los aperos, caballerías y enseres de labranza de todas las personas desafectas a la causa roja, cosa que hicieron con creces y que sería interminable e imposible de numerar una por una de las tantas fechorías y rapiñas que al amparo del incautamiento de los enseres de labranza se hacían en muebles, ropas , alhajas, etc., etc.

Componían este Ayuntamiento Lucio Revuelta Fernández como Alcalde, ya fallecido, Tomás García Lucio como Teniente de Alcalde, Venancio Manzanares Hernández, Tomás Gutiérrez Gallego (a) "El Tuerto", José Torres Moya, Gaspar García Isabel y Félix Pachón Santos, ya fallecido (fusilado el 6 de febrero'37 nada más entrar las tropas franquistas), *cuya filiación política es la misma que la de los anteriores y a los que también se les ha seguido causas en las mismas condiciones ya enumeradas anteriormente.*

Se ignora qué relación podrían tener estos Comités con los de Madrid o de otros pueblos, aunque se ve por los desmanes cometidos que las ordenes eran las mismas de unos y de otros.

Las personas asesinadas en esta localidad por los Comités o en nombre de estos son: Leoncio Rodríguez del Valle de 26 años, jornalero, don Ginés Hidalgo Campos de 36 años sacerdote, don Juan Manuel Navarrete de 70 años sacerdote, don Clemente de la Torre Gutiérrez de 37 años propietario, Pedro Martín Rajado de 47 años albañil, José Polo de 27 aós jornalero, don Julio Pardo Pernía de 65 años sacerdote, don Pablo Chomón Pardo de 21 años seminarista, Ángel Crespo Gómez-Acevo de 17 años estudiante, Juan Antonio Sariñana Rodríguez de 20 años Sacristán, Cándido Sánchez Cezón de 23 años albañil, Celestino de la Torre Gutiérrez de 28 años labrador, Miguel Martín Maroto de 39 años jornalero, Eusebio Carrera Bernia de 35 años jornalero, Miguel Bernia Carrera de 23 años jornalero, Félix Sedeño de la Torre de 23 años herrero, don José López Rodríguez de 39 años propietario, Román López Trompeta de 49 años jornalero, Jesús Carreras Cuevas de 72 años administrador, Francisco Román Mora de 34 años industrial, don Antonio Díaz del Moral de 62 años propietario, Felipe García Martín de 65 años pastor, Bernardino Alonso Ramos de 28 años escribiente, Tomás Griñón García de 66 años albañil, Antonio Griñón Trompeta de 37 años albañil, Baldomero Díez Alonso de 51 años propietario, Eugenio Cruzado Iglesias de 43 años sepulturero, José Aranda Peinado de 51 años albañil, Agustín Martínez Aguado de 58 años administrador, Isaac Dominguez Torremocha de 57 años guarnicionero, Anastasio Carbajal Martín de 48 años empleado, Antonio Rodríguez Rodríguez de 32 años propietario, María Revuelta Rodríguez de 58 años, Fray Flabio Argueso de 56 años, Fray Francisco Arias de 45 años, Fray Jacinto Yuelos de 22 años, estos hermanos de la Orden de San Juan de Dios, Arturo Gubertoret García de 44 años,, Antonio Serrano Gutiérrez de 28 años, Antonio del Amor Fernández y Francisco Maiquez Rosero de 27 años, estos últimos empleados del manicomo de varones de esta localidad.

Los atentados a la propiedad como antes se dijo innumerables, pues con que una persona no hubiera votado a las izquierdas era suficiente para que se le registrase y saquease su domicilio por miembros de estos comités o milicianos mandados por ellos.

Los actos probados de ensañamiento ocurridos en esta Villa durante el dominio Rojo son: La horrible muerte que llevó Don Antonio Díaz del Moral al cual llevaron al encerradero de reses bravas de Don Joaquín López de Letona y una vez allí le soltaron un toro bravo el cual le corneo horriblemente, como no fue muerto en el acto fue llevado atado en el porta-maletas de un automóvil, colgándole despues de una oliva y tirándole varios tiros hasta que terminó por fallecer, durante la lucha de esta infeliz víctima con la muerte después de corneado en el encerradero le cortaron las orejas, haciéndole beber agua descompuesta del Caz; todos los individuos que intervinieron en este hecho reprobable están denunciados sufriendo una condena y otros pendientes de fallo.

Las mujeres de ideales izquierdistas de esta localidad no participaron directamente en los desmanes de la Checa puesto que no existió, pero sí contribuyeron a otros desmanes como los de destrucción, profanación y quema de lugares e imágenes sagradas e incitaron a los hombres al crimen y destrucción.

De todas ellas y casos que se conocen concretos se han instruído diligencias con la remisión de las detenidas al Sr. Juez Militar de la Plaza de Getafe, unas sufren condena y otras estan pendientes de Consejo de Guerra.

Lo que tengo el honor de comunicar a V. a los efectos correspondientes que se interesan.

Dios guarde a V. muchoa años. Ciempozuelos 8 de julio de 1941. El Comandante del Puesto. (Firma: parece José Mª Cernuda). Dirigido al pie de página al Sr. Juez Municipal de Ciempozuelos.

El informe de respuesta al Fiscal de la Causa General, por parte del Ayuntamiento *Nacional*, lleva fecha de 17 de julio de ese mismo año 1941. Lo firma como Alcalde el sr. Raimundo de Oro.

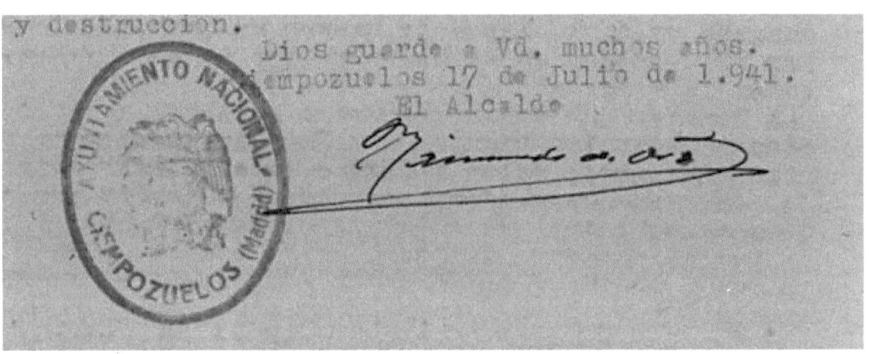

Es idéntico al emitido por la guardia civil, quizá mejor estructurado, sin duda por ser gente más "administrativa" los redactores. Contestan punto por punto al requerimiento fiscal:

1.- En el punto primero igualmente se expresa que no existió checa alguna en la localidad, sí Comités.

2.- En este punto detallan más los emplazamientos de los *Comités del Frente Popular*, así los llaman, y no "revolucionarios" como la guardia civil. Expresa que la sede del Comité varía conforme pasa el tiempo, o utilizan varias sedes:

 - En la Casa del Pueblo, sita en calle Queipo de Llano núm. 2.
 - En el propio edificio del Ayuntamiento.

- En la casa propiedad de don Joaquín López de Letona en c/ San Sebastián núm. 3.
- En las afueras (zona de la estación de ferrocarril) en el local conocido como "Cantina de Ramos".
- Casa de don José González Pinto en Paseo de la Estación núm. 4.

Igualmente se indica que "*funcionó durante un breve lapso de tiempo un Tribunal Popular que utilizó el Salón Teatro*" en la Plaza núm. 6.
Para las detenciones, indica el informe, se usaron los edificios del propio Ayuntamiento, el Depósito Municipal (carcel local), el Salón Teatro y la iglesia parroquial. Indican, así mismo, que los asesinatos se cometieron en los términos municipales de Villaverde, Parla, Valdemoro y algunos en el pueblo.

3.- El funcionamiento de los Comités fue desde el día 18 de julio de 1936 hasta el día 6 de febrero de 1937, fecha en que Ciempozuelos "*fue liberado por el Ejército Nacional*".

4.- Relata la composición de los Comités, rectificando o ampliando algún mote o alias de algunas personas, en relación a lo descrito por la guardia civil.

5.- Explica el informe, en el mismo tenor y mismas palabras que otros informes, que la relación de los Comités y el Ayuntamiento y sus cargos fue plena como demuestra, y vuelven a citar el hecho, de que en sesión del día 8 de agosto de 1936 se aprobó la incautación de bienes de personas de derechas.

6.- Sin cuestionarse en el punto anterior que esas medidas de incautación venían impuestas por directrices de Madrid, se vuelve a indicar en este punto que se ignora la relación de los Comités locales con otros de Madrid u otras localidades, pero suponen que las órdenes eran las mismas.

7.- Se relaciona la lista personas asesinadas. En este caso, figuran dos fallecidos más que en la lista confeccionada por la guardia civil; en aquella había cuarenta nombres y en la lista del Ayuntamiento hay dos más: Bernardo Alonso Santamaría y Rafael Díaz del Moral. ¿?.

8.- En la descripción de hechos ocurridos con especial ensañamiento, aparte del caso del sr. Antonio Díaz del Moral, que se narra en todos los informes igual, aparecen dos casos más: el del sr. Francisco Román Mora, asesinado en el término de Valdemoro y al que se le extirparon los testículos, y el caso del fraile Jacinto Hoyuelos que, según dicen, fue colgado en el puente del ferrocarril sirviendo como blanco para los disparos de milicianos.

9.- El punto nueve, sobre la participacón de las mujeres, tiene la misma redacción en todos los informes.

El informe de respuesta al Fiscal de la Causa General, por parte de la Jefatura Local de la Falange, lleva la misma fecha que el del Ayuntamiento: 17 de julio de ese mismo año 1941. Lo firma Por Autorización el sr. J. Martínez (parece poner la firma). El Jefe de Falange era el sr. Isidro Benito.

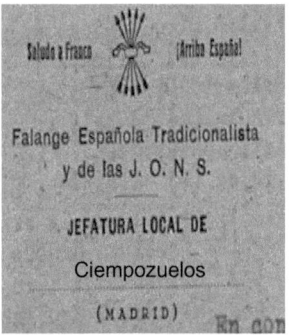

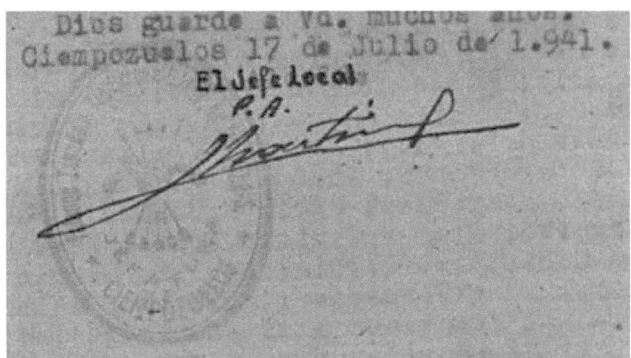

El informe es igual, punto por punto, al redactado por el Ayuntamiento. Se deduce que la alcaldía pudo decir a Falange que lo copiara íntegro, si veía dificultades de entendimiento o redacción.

El aparato represor

Los campos de concentración

En el imaginario colectivo global se ha identificado el horror de la Guerra Civil al salvaje bombardeo del pueblo de Gernika en pleno día de mercado. Quizá al bombardeo persistente sobre la población civil en la ciudad de Madrid. Pero hubo muchos Guernicas: la matanza de la plaza de toros de Badajoz, el ametrallamiento de la columna civil que huía de Málaga (la *Desbandá*), la matanza final en el puerto de Alicante; en territorio republicano la matanza inverosímil de presos en Paracuellos; y se puede asociar el horror también, a nombres que dan escalofríos, como Albatera, con un campo pensado para mil presos donde llegó a haber casi 20.000, o al campo de Castuera, verdadero campo de exterminio donde médicos nazis hicieron experimentos con personas ya en 1937 y 1938, algo de lo que luego se harían maestros; o el campo de Miranda de Ebro... tantos y tantos.

Para que no se pudiera decir, sobre todo en el exterior, que la Dictadura se erigía y perduraba sobre la extrema violencia, se tendió a infravalorarla: se decía que la violencia fascista era *necesaria*, *sanadora* y *justificada*. Y así se lo bendecía tambien la santa madre Iglesia para la que todo era una lucha "*entre la Ciudad de Dios y los Sin Dios, una lucha contra la anti España*". Mensajes mentirosos, muchas veces repetidos, que ahora calificaríamos de "trumpianos".

Con la Victoria no llegó la paz: el estado de guerra se mantuvo hasta 1948 para poder hacer una limpia a sus anchas. Tiempo para la actuación de los Tribunales Militares con sus "sumarísimos de urgencia"; para el Tribunal de Responsabilidades Políticas, tantas veces citado, expropiando a vencidos y haciendo caja para los vecedores; para la Causa General, abierta en 1940, nunca visto un enjuiciamiento global, sin garantías, solo a base de informes de parte y delaciones; para el Tribunal de Represión de la Masonería y el Comunismo, para la Ley de Seguridad Interior (1941) o la de Represión del Bandidaje y Terrorismo (1947), creada para poder matar a los maquis y sus entornos familiares con mayor facilidad.

Todo ello **instauró una verdadera cultura del silencio que duró décadas**. Miedo a no obedecer porque tu situación podía empeorar dentro del campo, o podían enviarte a otro más criminal; miedo a hablar, los presos o las familias, cuidándose de las delaciones y de la nutrida red de confidentes, que lo eran para obtener privilegios; miedo a que a tu familia, en el pueblo, o en la cárcel, se le pudiera agravar la pena por algo que hicieras o dijeras. Solo a partir de los años sesenta podría hablarse solo de miedo; antes era pavor.

La exclusión masiva de los vencidos fue un paradigma fundamental y fundacional del régimen fascista: ésta tuvo en los Campos de Concentración la cristalización más inmediata. Internamiento, hacinamiento, clasificación, depuración y reevangelización se dieron la mano en los campos para hacer saber a los prisioneros, a los disidentes, su verdadero lugar en la Nueva España. Unos campos que, en el cada vez más despejado camino hacia la victoria, desde 1938, supusieron para los prisioneros de guerra, para los "rojos", el primer eslabón en la larga cadena de la derrota. Sin Convenciones de Ginebra o mandatos de la ONU mediante[62].

Según iba el ejército faccioso dominando territorios, se iban abriendo campos. Con la caída de Avilés el 21 de septiembre de 1937 desaparecía el Frente Norte y comenzaban a aparecer campos: Santoña, Palacio de la Magdalena, Laredo, Castro-Urdiales, Cedeira, Ferrol, Muros, Jaca, Haro, Valencia de Don Juan, Llanes, Celorio, Gijón, Avilés, Candás, Oviedo, etc. De ese frente norte pasaron por los campos 75.000 prisioneros, que después de pasar por las Comisiones de Clasificación, solo sacó un 2% con posibles delitos de sangre, un 15% de dudosos, 22% de desafectos y un 55% de afectos a la causa. Parece mucho adicto, pero el miedo obliga... En general, de esa "exquisita" clasificación, solía salir un 30-35% de desafectos dudosos, que eran los que primero nutrían a los Batallones de Trabajadores, en retaguardia, donde trabajaban, no molestaban y era más fácil su control.

En nuestro entorno más inmediato de la localidad de Ciempozuelos, también tuvimos campos: **el campo de Aranjuez**, donde se utilizó el Convento de San Pascual en la calle del Rey. Puesto en funcionamiento nada más acabar la guerra, usaron los presos para trabajar en la reconstrucción del Alcázar de Toledo o prestar cuadrillas a la empresa INDRA, que tenía base en la villa. Estando allí preso **Ramón Rubial**, del PSOE, se casó con su novia Emilia Cachorro. Luego se utilizó como cárcel de mujeres durante un tiempo[63].

Otro campo en las proximidades fue el de **Perales-Chinchón-Tielmes**, de difícil ubicación en estos momentos, en medio del secano, no más allá de un amplio terreno con alambradas y vigilancia. Creado en 1939, estuvo funcionando los meses de marzo y abril de ese año. Tuvo, como otros cientos, carácter provisional

---

[62] Rodrigo Sánchez, Javier (2006) *"Cautivos"*. Ed. Crítica. Barcelona.
[63] WEB *La Casa Negra*, de índole cultural e histórica de Aranjuez

y llegó a tener alrededor de 3.500 prisioneros. Hay un dicho de Chinchón, que no me resito a reseñar, de aquellos momentos finales de la guerra (1939): *"En marzo, el que no estire la pata estirará el brazo".* Clarividente.

Hubo otro campo de concentración provisional en **Pinto**, creado a finales de marzo de 1939 y cuya ubicación desconocemos, aunque se presume en la zona norte, hacia el Cerro de los Ángeles, pues aparecieron varias fosas comunes; se sabe que se hizo cargo del mismo el I Cuerpo de Ejército.

Tal como hemos reseñado de la zona norte, pasaba en los demás frentes. En noviembre de 1936 ya había campos en Andalucía para regular el tremendo número de prisioneros capturados (descontados los que se fusilaba en el mismo momento de la captura, que eran muchos).

En los momentos más críticos (1940) llegó a haber 500 Campos, 104 estables. Se puede decir que fue el criminal **Queipo** quién, a principios de 1937, urgió al mando supremo de Burgos, un criterio para la clasificación y catalogación de los prisioneros y de los presentados (pasados del bando contrario).

Poco después, el 11 de marzo de 1937, se publica la Orden General de Clasificación de Prisioneros y Presentados, centralizando el control en la **Inspección de Campos de Concentración de Prisioneros**, ICCP[64]. Y la orden surte efecto pronto, homogeneizando en todos los territorios los criterios de clasificación; a finales de 1937 hay ya 107.000 prisioneros de guerra sometidos a la orden, y reclasificados: aprox. el 25% se fusilan, el 25% se reinsertan en el bando franquista y son enviados al frente y el 50% restante queda pendiente: más de la mitad son desafectos dudosos cuyo destino inmediato será el trabajo esclavo y los demás, alrededor de un 20%, seguirá en campos de concentración y/o cárceles a la espera de juicio militar[65]. A esos más de cien mil presos, en época tan tempana, se sumarían decenas de miles más, pues cada toma de un territorio suponía un nuevo aluvión de prisioneros. Por tanto, aparte de los Batallones para el trabajo forzado, sí hubo que tener muchos campos con carácter provisional.
De hecho, a principios de 1939 se dio la orden de abrir numerosos campos ante la caída inminente de Cataluña: campos en Barbastro, Lérida, Cervera, Horta, Manresa, Cánem. Incluso se trasladaron algunos miles a campos en Andalucía. El

---

[64] Desde el inicio se puso al frente al coronel Luis Martín Pinillos y Blanco de Bustamante (1877-1956), que el golpe cogió en Cádiz; militar de carrera africanista, luego fue Gobernador Militar de Cáceres.
[65] Rodrigo Sánchez, Javier. op. cit.

9 de febrero de 1939 Franco controlaba toda la frontera con Francia y había capturado ya a más de 116.000 republicanos en esa zona (aparte de los 220.000 huídos al país vecino semanas antes).

La ofensiva final de marzo del 39, desarrollada en medio de un caos en la parte gubernamental, obligó a abrir más campos. **España era un inmenso Campo de Concentración**. En abril de 1939 habían pasado ya por cárceles o campos 300.000 prisioneros (que se iban clasificando, etc.), pero a partir de ese momento entraron otros 200.000 republicanos.

Las propias cifras oficiales del ejército hablan de 500.000 prisioneros en 1939; los cálculos de los historiadores especializados hablan de **entre setecientos mil y un millón los que pasaron por cárceles y campos** en los primeros momentos (marzo-octubre de 1939). No está mal, no. Para que algunos autores se nieguen a tildar de genocida al régimen fascista de Franco.

Igualmente, cada toma de una ciudad, un pueblo, o un territorio, suponía una sangría tremenda de fusilamientos, al menos hasta mediados de 1937. A partir de ese momento, serían las Auditorías de Guerra las que se encargaran de poner en pie todo el aparato judicial. Hay que decir sin embargo, que mientras el sistema de Campos se creaba y consolidaba, la autoridad militar no hizo nada más que presionar a sus propios hombres del Servicio Jurídico Militar, para que aquél invento del consejo de guerra sumarísimo urgente despegara y se pudiera mostrar a la población, a través de sus fallos, la necesaria "*ejemplaridad en la acción*". Imaginemos a un comandante jurídico que recibía presiones de su general... así fueron los consejos de guerra, absolutamente un teatrillo jurídico.

La primera Comisión de Clasificación estuvo, por lógica, en Burgos, por ello la ICCP se estrenó con el campo de Miranda de Ebro; luego comenzaron a utilizar colegios y seminarios, como los jesuitas de Orduña, los Paules de Munguia, etc. Los colegios fueron un recurso clásico en adelante.

Alguno de los campos pasaría a la historiografía por su "especialización": eliminación física y experimentación médica en Castuera; eliminación ideológica San Pedro de Cardeña; tortura cotidiana, "la parrilla", fusilamientos diarios a la hora del desayuno, sacas constantes de falangistas, disparos indiscriminados desde las torres de vigilancia en Albatera[66] o San Juan de Mozarrífar; según qué mandos hubiera en unos u otros. En general, en todos, la humillación cotidiana.

---

[66] El Jefe del Campo de Albatera decía: "Por cada preso que se escape, fusilaré a diez... convertiré este campo en un cementerio si es menester". Y así lo hacía.

106

Como se ha señalado, hasta 1948 no decayó oficialmente el Estado de Guerra, por tanto la saña. La violencia franquista no era reactiva, era preventiva, no era coyuntural sino estructural. El régimen basó sus cimientos en su omnimodo poder, regado en sangre, exlusión y humillación. Es lo que **Vallejo Nágera** llamaba "*factor emoción*", henchido en una superioridad moral que le llevaba a medir los cráneos de los rojos para demostrar hasta su inferioridad física. Las calamidades se resumen bien en la frase que el Director de la Modelo de Barcelona dijo al preso Isidro Castellón, cuando éste quiso preguntar algo: "*Cáyese, es usted la diezmillonésima parte de una mierda*".

Luego veremos algo más de los campos y las cárceles, en los capítulos correspondientes a mis distintos familiares.

A cualquier interesado, recomendamos el libro ya citado de Carlos Hernández de Miguel, sobre los campos de concentración en la España de posguerra.

El trabajo esclavo

En este tema también está mi familia en primer plano: Pepe, mi padre, estuvo en Destacamentos Penales en Cuelgamuros y El Escorial; mi abuelo José en la Base Aérea de Getafe, y en Cuelgamuros, en la reconstrucción de una presa; el tio Nicasio en varios Batallones Disciplinarios de Soldados Trabajadores; el tio abuelo Ignacio, muerto en la propia prisión de Getafe, en la Base aérea, con su hermano. Contaremos algo en sus capítulos respectivos.

Al castigo lo llamaron derecho

Fue con la dictadura franquista cuando se puso en marcha el mayor sistema de esclavitud laboral de la Historia de España. No era un sistema aislado, pues **el trabajo forzado formaba parte de un entramado represivo global** con el que se pretendía aniquilar, en unos casos, en otros expropiar, en todos humillar y silenciar. Porque los fusilamientos, encarcelamientos, violaciones y trabajos forzados, son todas ellas diferentes facetas de la política de un régimen que hizo de la violencia y el terror, sus principales herramientas políticas.

Violencia sin parangón, cuantitativo ni cualitativo, con la represión que hubo en la retaguardia republicana los primeros meses del golpe.

Tal es el entramado que hay que hablar, en realidad, de "universo carcelario" para referirnos a la magnitud, variedad y alcance de ese sistema represivo. Veamos los distintos sistemas o modos del trabajo esclavo, y el número de presos[67].

Año	1937	1938	1939	1940	1941	1942	1943	1944	1945
BB.TT. Batallones Trabaj.	34.143	40.690	90.000	90.000					
S. Redención de Penas			12.781	16.771	18.835	23.610	27.884	26.518	17.162
BDST BDST-P				47.000	47.800	46.380	4.800	4.780	4.700

(Cuadro) - Datos del autor Mendiola, procedentes de las Memorias del Patronato de Rendención de Penas por el Trabajo (luego Patronato Ntra. Sra. de la Merced) y de la Dirección G. Prisiones.

Tipología de unidades en el trabajo esclavo.

El Nuevo Estado fascista se valió del trabajo forzado a través de un amplio entramado, diseñado principalmente por el Patronato, comenzando antes del final de la guerra y que duró muchos años, en algunos casos hasta mediados de los cincuenta, y más allá.
Eran los:

Batallones de Trabajadores **BBTT**
Batallones Disciplinarios de Soldados Trabajadores **BDST**
Batallones Disciplinarios de Soldados Trabajadores Penados **BDSTP**
Colonias Penitenciarias Militarizadas **CPM**
Destacamentos Penales **DP**
Talleres Penitenciarios **TP**
Destinos en cárceles

Salvo los Destinos, que no era otra cosa que la utilización de presos en los distintos servicios de la propia cárcel, desde el mantenimiento hasta la administración, el resto de figuras tuvieron un único y común objetivo, la puesta a disposición de

---

[67] Mendiola Gonzalo, Fernando (2007). *"Los trabajos forzados en la dictadura franquista"*. Ed. Txalaparta. Tafalla (Navarra).

mano de obra forzada, barata, para su utilización por parte de municipios, diputaciones, ministerios, Iglesia, Falange y de las empresas constructoras, en general.

Para encasillar a cada preso en un lugar, se hizo una clasificación, muy básica, pero que con pequeños retoques perduró en el tiempo. Era esta:

- Prisioneros que se manifestaban adictos al nuevo Régimen, y así era avalado desde sus lugares de orígen: eran puestos en libertad y/o incorporados al ejército franquista.

- Prisioneros que, aunque ellos podían decir que fueron a la guerra obligados, desde sus pueblos informaban que existía duda sobre su filiación política, o que se les había visto en algún mítin de izquierdas, etc.: eran calificados como "**desafectos dudosos**" y eran enviados, normalmente, a Batallones de Trabajadores.

- Prisioneros "peligrosos", que habían tenido notoria militancia izquierdista, o cargos en los comités populares, o eran oficiales del Ejército Popular (mi padre cumplía los tres requisitos): eran declarados "**desafectos**" y se mantenían en campos de concentración o cárceles a la espera de sus consejos de guerra sumarísimos. En caso de obtener la libertad condicional, su destino era normalmente Destacamentos Penales de trabajo.

Al tiempo, también había una diferencia en los trabajos, según donde estuviera situado el Batallón de trabajo: los próximos al frente eran para rehacer fortificaciones y zapar trincheras; los que no estaban ya tan cerca del conflico, para industria militar y fábricas. También se denota una diferenciación según periodo: al principio y en el medio plazo se usó el trabajo de los presos esclavos en obras hidráulicas, reforestación, minas y talleres; a más largo plazo se destinó su trabajo a carreteras, ferrocarriles y reconstrucción de edificios oficiales. Repetiremos hasta la saciedad que la Convención de Ginebra de 1929 prohibía el trabajo forzado de los prisioneros de guerra, pero Franco decía que "*esta Convención no es aplicable a una guerra civil, pues aunque "rojos", han sido llamados a filas nuevamente por la Nación*".

Dependientes de la estructura de la ICCP – Inspección de Campos

La estructuras de trabajo forzado que vemos a continuación, dependieron de la Inspección de Campos de Concentración de Prisioneros ICCP (carácter militar pleno), hasta 1946.

BB.TT. Batallones de trabajadores.

Creados en plena guerra, desde 1937, y disueltos a finales de 1940, los BBTT nacen para aliviar la sobrepoblación de cárceles y campos de concentración en general; se nutrían de lo que se denominaba "desafectos dudosos" es decir, gente del bando republicano que, aunque no tuviera ni denuncias ni condenas, se utilizaron para la construcción de fortificaciones y reconstrucción de todo tipo de infraestructuras. Es, por tanto, una reclusión y un castigo extra penal (pues no hay condena judicial) orientada a la explotación de esa mano de obra gratuita, que podía ser militar o civil (mi abuelo **José**, por ejemplo, en Cuelgamuros, él era civil).

El primero de los Batallones sirvió para levantar un monumento: el 3 de junio de 1937 se estrella[68] el avión que llevaba al general **Mola**, el cerebro golpista, en la localidad burgalesa de Alcocero (treinta minutos después de conocerse la noticia del accidente, desaparecen los diarios personales que el general guardaba en su Cuartel General de Vitoria y en el Gobierno Militar de Pamplona. Esos documentos atesoraban información sensible, que su viuda, Consuelo Bascón, convencida de que la muerte de su marido ha sido un asesinato, quiere guardar para proteger su vida y la de su familia).

Franco rápidamente dispuso que un batallón de presos levantara un monumento a Mola, precisamente en un lugar donde se venía fusilando a los rojos de la zona.

Inmediatamente, los otros dos primeros Batallones dispuestos, fueron para reforestar las Hurdes y para reiniciar la explotación de las minas de hierro de Vizcaya. Dependientes de la autoridad militar, Guardia Civil o ejército, el régimen interno estaba a cargo de funcionarios de prisiones.

---

[68] Guerra Viscarret, Pello (2024) *"El diario de Mola"*. Ed. Pamiela. Navarra.

BDST

A partir de 1940, acabada la guerra, los BBTT desaparecen como tales y se libera a un gran número de sus integrantes, por ejemplo al primo de mi padre, Juan Maroto, en principio clasificaco como dudoso y enviado a un BDST en Cádiz. Los BBTT se reconvierten en **BDST Batallones Disciplinarios de Soldados Trabajadores**, donde van todos los soldados que están presos y han sido clasificados como desafectos dudosos, o los jóvenes nacidos entre 1915 y 1920, desafectos, a los que se les obligará a hacer el servicio militar del Nuevo Estado, sin que compute el tiempo de guerra. Están presos, pero siguen sin tener cargos en contra.
Los BDST se disuelven a finales de 1942, quedando exclusivamente los BDST**Penados** (con los que ya tienen alguna pena firme impuesta).

Por poner un ejemplo, mi tío **Nicasio**, sargento en una compañía de artillería, salió al final de la guerra por Port Bou a Francia; después de unos meses mal viviendo allí, esquivando el típico campo de regugiados con que les obsequió el Régimen de Vichy, acabó volviendo a España, pues no tenía cargos pendientes. Pero nada más pisar suelo patrio, en Ciempozuelos, la Junta Local de Clasificación lo etiquetó como desafecto y fue enviado a un BDST, donde pasó un año. Cuando es puesto en libertad condicional, al ser de las quintas entre 1915-1920 y no computar su tiempo en el frente, fue obligado a hacer la "**mili de Franco**", de varios años y en lugares penosos (Tetuán, El Malik, etc.). Había que servir al Nuevo Estado, lo anterior no computaba. Había que seguir humillando al vencido.

En total fueron algo más de 50.000 jóvenes, que ya habían estado en Batallones, los que tuvieron que "repetir" mili de forma obligada.

BDSTP

Ya en 1941, cuando los Juzgados Militares dictan sentencias a cientos cada día, se constituyen los **BDSTP** Batallones Disciplinarios de Soldados Trabajadores **Penados** (ya con alguna pena proveniente de sus consejos de guerra). Estuvieron en funcionamiento, al menos, hasta 1946 (decayeron mucho con el Decreto de 9 de octubre de 1945 por el que se concedía indulto a todos los condenados por delito de rebelión y otros, cometidos hasta 1º de abril de 1939.

Todos estos Batallones tenían al frente a un Comandante del Ejército, que mandaba a 600 presos, organizados y divididos en compañías.

Dependientes del Patronato de Redención de Penas por el Trabajo

El otro sistema de organización y aprovechamiento del trabajo esclavo, que se había creado en 1938, es el del **Patronato de Redención de Penas por el Trabajo** (un poco más tarde denominado Patronado de Ntra. Sra. De la Merced). Se crea con el siguiente lema: "***La disciplina de un cuartel, la seriedad de un banco y la caridad de un convento***". Cómo se ve que el autor de la frase no había trabajado en un banco i.

Por él pasaron miles de presas y presos que tenían penas no muy elevadas y que realizaron multitud de trabajos. Alcanzó su punto álgido en 1943 con casi 30.000 presos trabajando.
Al contrario que el ICCP, **el Patronato sí cedió presos en forma de alquiler**, en condiciones ventajosas, a múltiples empresas.

Con los años fue decayendo hasta que el organismo es eliminado con la reforma del código penal de **1995**. Sí, de 1995.

Colonias Penitenciarias Militarizadas

Abastecían de reclusos todas las obras de los distintos departamentos ministeriales y otros organismos del Régimen, como el **Instituto Nacional de la Vivienda** en manos de Falange. También a las **empresas que habían sido declaradas como concesionarias** de servicios del Estado (carreteras, ferrocarriles, etc.) declarados de utilidad nacional. Eran trabajos de urgente necesidad, como reconstruir barrios o hacer vivienda barata, todo ello siempre en el ámbito de la obra pública.

Las Colonias son dirigidas por mandos del ejército y tienen estructura compleja, divididos en Agrupaciones y Batallones. La dirección técnica correspondía al Ministerio de Obras Públicas; a su vez el INV contrataba a arquitectos, muchos de ellos de reconocido prestigio ya entonces, como en el futuro. Duraron hasta 1960, aunque ya con reclusos sociales y comunes.

A mediados de 1943, las **Agrupaciones**, aquellas que tienen **5.000 presos** o más, que están plena actividad, son: Canal del Bajo Guadalquivir, Canal de Montijo o Bajo Guadiana, Canal del Bajo Alberche y Presa de Cazalegas, Canal de Rosarito, Canal de Añover de Tajo, Real Acequia del Jarama, Academia de

Infanteria de Toledo, Ferrocarriles de Calanda-Andorra-Teruel, y algunas otras. Siempre trabajos que a las empresas no parecía interesar.

En 1957, **Carrero Blanco** dice por carta al presidente del INI (al inicio llamado INA Instituto Nacional de Autarquía), refiriéndose a las Colonias: "*Ya sabe, un organismo ejecutor del Estado, para obras sin concurso, que hace todo lo que no interesa a los contratistas privados*"[69].

El SCPM, Servicio de Colonias Penales Militarizadas, se disolvió en octubre de **1960**. (Aunque algunos autores no vean genocidio en el franquismo fascista, una de las características esenciales, es la perduración del castigo en el tiempo).

Dirección General de Regiones Devastadas

Dirigida por el Ministerio de Obras públicas, utilizan mano de obra reclusa igualmente. Su actividad se dirige a la reconstrucción de edificaciones bélicas y, luego, a pueblos que han quedado prácticamente borrados del mapa (como Titulcia, en Madrid).

Destacamentos Penales

Los DP se configuraban como la concesión de un número determinado de presos a un organismo o empresa, para trabajos concretos. Se cedían 200 reclusos a una Diputación, por ejemplo, para realizar un nuevo Hospital Provincial; o a una empresa constructora. Son famosos algunos, que adquirían el nombre de la constructora, como el **Destacamento Banús**, con fama de ser uno de los más duros, o el **Destacamento San José** (otra constructora), o por la actividad que realizan, como el **Destacamento Penal Ferroviario**.

Las empresas ponían el listón muy alto respecto de los presos a recibir: que fueran fuertes, jóvenes, si era posible casados y, sobre todo, que estuvieran testados y alcanzaran una alta cualificación profesional (no querían un carretero haciendo hormigón armado, o revistiendo de piedra el Alcázar, por ejemplo). Se sabe que el propio **Juan Banús** comprobaba el "material", tocando los biceps o la espalda de algún preso, para su devolución o cambio de tajo. Un testimonio de un preso en el penal de Ocaña dice: "*me abrió la boca y me miró los dientes como si fuera una mula*".

---

[69] Antonio López, V. op.cit.

Mi padre, Pepe, estuvo en el Destacamento Banús, en distintos trabajos en Cuelgamuros y El Escorial; entre ellos la construcción del viaducto y carretera de acceso al monumento. Y es curioso cómo funciona el síndrome de Estocolmo: mi padre nunca tuvo manía a Banús, al contrario, hablaba de él como "don" José Banús. Es cierto que este conspícuo personaje ejercía también un cierto populismo en sus visitas a las obras y claro, si el día que iba de visita había rancho especial, o regalaba un paquete de tabaco a los presos, la memoria selectiva es lo que hace, que quede el mejor de los recuerdos en una etapa de sus vidas en que habría muy pocos momentos agradables.

En el caso de estos destacamentos de empresa, era esta la que pagaba el jornal íntegro del trabajador recluso, recibiendo éste el 25% del mismo; el resto se lo quedaba Hacienda (alguna vez algún intermediario?). Aún así, tenía más cuenta estar en uno de estos destacamentos que en un batallón normal, se sacaba algo más de sueldo[70]. Se usaron para todo: cementos Porland en Toledo, celulosa Sniace en Reinosa, cementos Asland en Córdoba, Azucareras en Zamora, Babcok Wilkok en Bilbao, Experiencias Industriales en Aranjuez, construcción del Parque Móvil de Ministerios, del Hospital Militar (luego Gómez Ulla), central de la guardia civil en Guzmán el Bueno, arreglo de masías y cortijos de grandes fincas... hasta una orquesta creada por el coronel **Saénz de Buruaga** para tocar en fiestas e inauguraciones (como en el propio Valle de los Caídos).

El último destacamento penal se clausuró en **1970**. Sí, no me he equivocado, en 1970. Su momento álgido fue la década de los cuarenta, principalmente hasta 1946-47; luego decayeron y comenzaron a utilizar el trabajo del preso común.

Talleres penitenciarios y Destinos

El primer taller penitenciario se crea en la cárcel de Alcalá de Henares, en abril de 1939. Fue el ejemplo para otros cientos de ellos.
En los TP se fabricaba, desde muebles, a los uniformes del ejército o la propia indumentaria carcelaria de los reclusos; y muchas otras cosas sugeridas por empresas locales y que luego ellos comercializaban en la calle.

---

[70] Los Batallones eran para la "reconstrucción y la grandeza nacional", pero también servían a algunos otros intereses; por ejemplo, para construir chalets en la zona del Barrio del Pilar. De ello se encargó el Destacamento Penal con sede en Mirasierra. Allí sí era posible sacarse un jornal bueno, aunque solo fuera por mantener la discreción.

114

Durante, al menos, diez años de negra autarquía, nutrieron al mercado de muchas mercancías: bragas y ropa interior, además de uniformes (cárcel de Ventas), los crucifijos de todas las escuelas y edificios oficiales (Alcalá de Henares), maletas, bolsas y mochilas (Ocaña), platos, cubiertos y ollas (El Dueso), hasta carcásas de madera para los aparatos de radio (Celular de Barcelona).

Los **Destinos**, era el trabajo en el interior de la cárcel: desde lavanderías a oficinas.

Distintas denominaciones para designar lo mismo, el trabajo forzado o esclavo de los enemigos vencidos y de los clasificados como *desafectos* al Régimen; ninguno de ellos dueño de su trabajo, ni de su vida.

A diferencia de los jefes nazis juzgados en Nüremberg por la esclavitud, ninguno de los responsables militares o políticos franquistas del sistema de trabajo forzado, ha sido nunca reprobado, ni antes, ni durante, ni después de la Dictadura. Es algo que está pendiente, como tantas cosas. Igualmente las empresas alemanas que se beneficiaron del trabajo esclavo debieron pedir públicamente perdón, además de constituir un fondo (al 50% con el Estado) para indemnizar a las víctimas o sus familias. En España, comenzando por la Iglesia, las empresas beneficiarias no han abierto la boca[71]. Y hablamos de corporaciones como Dragados y Construcciones (hoy ACS), Entrecanales y Távora (Acciona), Infraestructuras Ferroviarias (Adif), Huarte (hoy OHL), y apellidos tan ilustres como Villar Mir, Entrecanales, Ferre, etc. Gente que estuvo en el momento idóneo en el lado del vencedor, no del pueblo y la democracia: Oriol, Urquijo, March, Ybarra, Arteche, Gamazo, Ussía, Güell, Aguirre Gonzalo, Mariscal de Gante, Arias Salgado, Koplovich.. y tantos y tantos.

Por eso la amnistía de 1978; por eso tener al poder judicial "en nómina".

---

[71] Rodrigo, Javier. Op. cit.

Marco legal de la esclavitud

El trabajo como castigo aparece desde el primer momento del golpe en muchas zonas de la retaguardia franquista. Se obligó a familiares de fusilados a trabajar en casas y tierras de las nuevas autoridades locales, principalmente mujeres y jovencitos no movilizados, a los que al dolor de la pérdida de su familiar, se unía la humillación de trabajar para la autoridad fascista que, en la mayor parte de los casos, eran los que habían sentenciado la muerte con sus denuncias, informes o delaciones.

Cuando el ejército franquista avanza, y Extremadura y Andalucía Occidental es el ejemplo palmario con su Columna de la Muerte (Yagüe), se van capturando prisioneros que son directamente fusilados en cualquier cuneta, o encarcelados en campos de concentración improvisados, a la espera de órdenes sobre su futuro. Política de tierra quemada e institución del terror que tan bién supo plasmar Queipo de Llano. Desde el primer momento el ejército rebelde va utilizando también el trabajo de los prisioneros, esencialmente en tareas de fortificación y zapa de trincheras, muchas de ellas abiertas en pleno frente, al albur del fuego cruzado de unos y otros. También para levantar los primeros campos de concentración se utiliza la mano de obra de los prisioneros.
En esos inicios no hay la más mínima cobertura legal para ello.

La primera cobertura legal viene en mayo de 1937, cuando se dicta en Salamanca un Decreto (281 – 28/05/1937) sobre el trabajo de los prisioneros no comunes, es decir, los políticos, a los que se denomina "**presos rojos**". Un poco después se crea un organismo para la clasificación y posterior utilización de los prisioneros capturados. Es el Patronato. En cualquier caso, es necesario reseñar que el trabajo forzado, aparte la humillación y el beneficio económico, fue realmente una ampliación de pena, pues todos (los no encausados penalmente) cumplieron una media de dos años más de "guerra", a través del trabajo esclavo.

El Patronato: el INEM de Franco.

Aunque ya se ha hablado algo del Patronato, su envergadura merece unos párrafos más.
Franco y sus asesores, siguieron los pasos de nazis y fascistas, en relación a los campos de trabajo forzado. Y crearon (7 octubre 1937) aquella especie de INEM que era el **Patronato Central para la Redención de Penas por el**

Trabajo que ya, a finales de 1939, cuenta con 90.000 presos, clasificados por oficios, distribuidos en 24 industrias y en decenas de Campos, Batallones, Destacamentos, Colonias o alquilados a empresas. Todo previamente clasificado y catalogado en lo que se denominó **Fichero Fisiotécnico**, que actualizaba datos constantemente, y al que contribuyen eficazmente los Tribunales Militares, que con sus rápidos juicios sin garantía alguna, nutren al Patronato de mano de obra diariamente.

La idea del Patronato, del fichero y del sistema de trabajo forzado en general, se atribuye al jesuita **José Antonio Pérez del Pulgar**, quien sabedor de cómo se las gastaba el generalísimo, después de configurar el fichero base, cedió la autoría a Franco. En cualquier caso el jesuíta había publicado en enero de 1939 un panfleto fascista de 50 páginas, donde exponía la filosofía del Patronato y que no era, desde luego, nada piadosa, pues se expone que es necesario el castigo a quién ha hecho mal, por eso pide que trabajen para reparar todo lo destruido por su provocación[72].

Oficina del Fichero Fisiotécnico. En la fotografía se ve al P. Pérez del Pulgar.

Esclavizar al vencido ha sido una constante en la historia; desde Egipto, Grecia y Roma, hasta España cuyo rey Carlos V explotaba las minas, entre ellas

---

[72] Pérez del Pulgar, J.A. (1939). "*La solución que España da al problema de sus presos políticos*". Publicaciones Redención. Valladolid.

117

las de Almadén, a través de Reales Cárceles de Forzados. Durante la propia guerra la República estableció algunos campos que, en cualquier caso, no pasaban de utilizar al prisionero en trabajos de fortificaciones y trincheras. Pero el sistema franquista batió todos los records: 114 campos estables, con los provisionales llegaron a 500 en los inicios y donde trabajaron a lo largo de esos años unos 500.000 presos[73].

Todo comenzó, como se ha anticipado, en mayo de 1937, cuando ya los golpistas acumulaban un gran número de prisioneros. Para encauzar la masificación, en los inicios de la posguerra, la Inspección de Campos de Concentración, crea una red de establecimientos, de todo tipo, para dichos presos rojos (cárceles, seminarios, conventos, hospitales, recintos en la mitad del campo...). A los presos se les clasifica y los que tienen alguna denuncia o acusación son internados en cárceles o campos; el resto son destinados a los Batallones de Trabajadores. En 1938 funcionaban ya casi 50 batallones con más de 40.000 hombres. Uno de los primeros lo sitúan, una vez tomada Bilbao, en las minas de hierro de la zona. En realidad, todos los destinados a Batallones, que no tenían ninguna pena que redimir, bien podrían haber sido amnistiados en esos momentos iniciales, dado que carecían de antecedentes o acusación criminal en su contra. Pero toparon con Franco, que consideraba la amnistía como una "*blandeguería liberal*"[74].

Desde el primer momento, no obstante, en su afán de dar visos de legalidad, se estableció que cada preso cobrara 2 pesetas al día, de las cuales 1,50 se le retenía para pagar su manutención y él recibía 50 céntimos (el salario medio en ese momento estaba en 14 pesetas día). O sea, para tabaco y nada más.

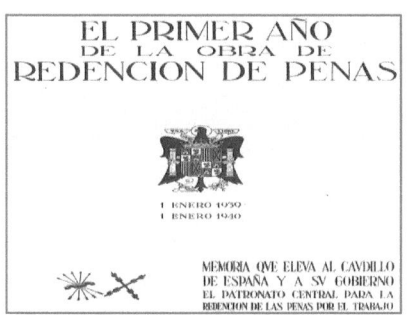

---

[73] Rodrigo, Javier (2006). "*Los campos de concentración franquistas*". Revista Hispania Nova. Madrid

[74] Lafuente, Isaías. Op. cit.

El sistema adoptado por el Patronato, en realidad, no dejaba de ser otro engaño a las víctimas, pues el preso no firmaba ningún "contrato", únicamente se establecía que el Patronato "*podrá proponer al gobierno la condonación de condena a favor de reclusos que hayan trabajado con suficiente rendimiento*". Todo en el aire: podrá proponer…, suficiente rendimiento…, cuál es el óptimo para ellos. En general se adoptó el criterio de un día de condena por día trabajado. Solo, en alguno de los años cuarenta, con la superpoblación reclusa tan tremenda, se llegó a canjear hasta 3 días de condena por un día trabajado.

Para funcionar en todo el territorio, el Patronato contaba con una **Junta Local** en cada pueblo donde hubiera presos con castigo de trabajo forzado. La Junta la conformaba el alcalde o un delegado suyo (siempre falangista), el cura párroco y una "*mujer de espíritu caritativo*" (sic), casi siempre de **Acción Católica**. La Junta recibía el dinero de los jornales del preso y se lo entregaba a su familia; hecho que posibilitaba a la "autoridad local" a presionar para que fueran a la iglesia, fueran adictos, etc. Es decir, un chantaje más para que se "*avengan al necesario reciclaje hacia el Nuevo Estado*".

El sistema fue afinando el aprovechamiento del trabajo esclavo, dando la posibilidad a Ayuntamientos y Diputaciones de utilización de esa mano de obra. Igualmente se ofrece a empresarios de la zona donde esté el Batallón el acceso a esa "plantilla" barata. Las empresas lo demandaban, es cierto, ya que en ciertas zonas urbanas no había trabajadores; los jornales se pagaban directamente a la Jefatura del Servicio Nacional de Prisiones, que hacía llegar al Patronato la parte que correspondía al preso, ingresando el resto en Hacienda o Banco de España. Todo parecía muy bien diseñado, pero hubo mucho fraude y enriquecimientos ilegítimos sobre el sudor de los presos.

Para que el preso ganara algo de dinero más, se permitía, en realidad se exigía, la realización de horas extraordinarias, pues había mucho tajo. Por eso lo normal es que el preso realizara 10 horas al día, los siete días de la semana (solo paraban si había alguna misa de campaña, alguna visita, alguna fiesta de patrón o patrona). Las horas extraordinarias las cobraba el preso de forma íntegra. Por tanto, un preso percibía 0,50 pesetas día de su jornal y a eso sumaba el importe de las horas extras; si era casado recibía por la mujer 2 pesetas más; y si tenía hijos menores de 15 años, 1 pesetas más por cada uno. Como podemos imaginar, la mayor parte de los presos se esforzaban por hacer el mayor número de horas, para enviar a casa la mayor cantidad posible y minorar la miseria de la familia.

Un ejemplo: el profesor **Francisco Moreno Gómez**, un especialista en la represión, principalmente en Andalucía[75], ha estudiado bien el tema: un cautivo con mujer y un hijo, tenía un jornal de 14 pesetas (1941) si trabajaba para una empresa privada; 0,50 pta para el preso, 3 pta para su familia, 1,40 pta retenidas para su manutención y 9,10 pta (el 65% del jornal) las **ingresaba el Patronato en una cuenta cifrada en el Banco de España, de la que era titular Luis Carrero Blanco**, Subsecretario de la Presidencia, conforme ha podido documentar también el catedrático de Historia Económica de la U. Pablo de Olavide de Sevilla, **Antonio Miguel Bernal**. Pura trasparencia.

Ese sobre esfuerzo, junto con lo escueto del rancho, la falta de médicos[76] y la insalubridad de los barracones, supuso un enorme aumento de la mortalidad. Muchos miles dejaron su vida haciendo túneles, puentes, vías y pantanos, a mayor gloria del Caudillo.

Se conoce que a finales de 1940 había en las cárceles y campos de concentración entre 280.000-300.000 presos políticos. Era insostenible ese número y los asesores recomendaban a Franco ir vaciando penales e ir engrosando las distintas unidades de trabajado forzado, que se habían puesto a disposición de organismos y empresas. El encargado, el Patronato, funcionaba como un reloj suizo: que había un indulto de los presos que tenían penas mínimas, el Patronato reclamaba se le enviaran los que tenían penas entre 3 y 6 años. Si había una excarcelación de parte de estos, se solicitaba a Prisiones que enviara a Batallones o Destacamentos a los presos que tuvieran penas hasta 12 años. Luego hasta 20 años.

Ya en 1944, como parte de los efectivos iban obteniendo su libertad condicional, comenzó a formarse destacamentos con presos comunes. De tal forma, se modificó el Código Penal y se incorporó (art. 100) la posibilidad de que el preso común pudiera acceder a la redención de pena a través del trabajo. Casi todos se apuntaban, claro. Al principio, 1944-1945, no se juntó en Batallones a presos comunes con políticos; al final de los cuarenta trabajaron juntos. El sistema estaba

---

[75] Moreno Gómez, Francisco. (2000) *"1936: el genocidio franquista en Córdoba"*. Ed. Contrastes. Madrid.

[76] La mayoría de las ocasiones, los médicos de los Batallones o Destacamentos, eran presos también. El médico de Cuelgamuros era don Carlos Mingote Eguiagaray, afiliado a Izquierda Republicana y que cumplió 5 años de campo y cárcel. Cuando se le otorga la libertad condicional en 1943, pide quedarse en el Valle, porque reconoce que allí sigue haciendo mucha falta. Impresionante. Qué pena que murió un año después, en 1944, por las propias condiciones del sitio.

engrasado y funcionando y no se podía detener. Porque, también, el sistema del trabajo forzado se había diseñado para ser rentable, tanto por la obra pública en sí que genera, como por los ingresos que obtiene, de presos y empresas, la Hacienda. Principalmente de las empresas, claro, muy interesadas permanentemente en la "cesión" de esa mano de obra cualificada y barata. Algunas veces ponen condiciones, como que los trabajadores que se les entregue sean casados, pues los "*presos casados ponen mucho mayor interés en el trabajo*"[77].

Importancia económica del trabajo esclavo

Ya se ha comentado que la guerra no terminó aquel famoso 1 de abril. Al contrario, seguía en dos frentes: uno el de la identificación, persecución y eliminación física o civil del contrario; el otro, la miseria, la penuria, el hambre, porque no había nada para comer y ciudades y pueblos, en buena medida, eran una escombrera. Pero para el primero que no había acabado la guerra era para el propio **Franco**; decía en Radio Nacional, en Burgos (23/09/1939): "*Españoles, Alerta ¡¡ España sigue en guerra contra todo enemigo del interior o del exterior*". Y erigía todo un aparato represor basado en dos principios antijurídicos: la arbitrariedad y la retroactividad.

Sí, **España era un solar con escombros**, en realidad. Los datos que ha recogido **Isaías Lafuente** sobre la destrucción material, son aterradores: 200 pueblos borrados del mapa (más de 60% destruido); 250.000 viviendas, en todos los lugares, reducidas a polvo; el 50% de la red de ferrocarriles, y su material móvil y las carreteras, fuera de servicio; solamente en Cataluña más de 1.400 puentes volados; la flota comercial hundida (más de 225.000 TM en el fondo).

A la destrucción material se añadía, quizá con mayor incidencia, la humana: 4 millones de personas quedaron sin casa (se juntaban en un piso varias familias, viviendo mucha gente bajo el mismo techo en difíciles condiciones de salubridad;

---

[77] Lafuente, Isaías. Op. cit. Tal es así que en 1940 hay 2.000 casamientos de presos, con mujeres o hombres del exterior, buscando los beneficios colaterales (permisos, mayor paga…). Naturalmente bodas como Dios manda, por la iglesia, con su cura; es decir, una reconducción moral en la que Máximo Cuervo, D. G de Prisiones hacía mucho hincapié, siguiendo la frase de Franco: "*En España o se es católico o no se es nada*".

se realquilaban habitaciones donde se metían otros tantos); en 1940 el valor de la Peseta era justo la mitad que en 1936; La Renta Nacional retrocedió al nivel del año 1914; el consumo era escaso, porque no había nada, pero lo poco que se encontraba era a precios desorbitados, con tasas del 20-30% de inflación.

Además, había que pagar la ayuda a los "amigos" alemanes e italianos: 1.200 y 600 millones, respectivamente, en peseta oro. O en vidas, mandando soldados a morir a las estepas rusas (División Azul y otras unidades) o en "productores", a trabajar en las fábricas alemanas de armamento. Franco firmó un acuerdo con la Alemania Nazi el 21/8/1941, por el que de inmediato envió 10.500 "operarios" de los 100.000 a los que se comprometía. Solo la evolución de la guerra mundial evitó que esa cifra se cumpliera, aunque fue inevitable que los nazis utilizaran a 40.000 españoles en Francia, en distintas tareas, y enviaran a otros 12.000 a campos de concentración y/o exterminio[78]. Casi todo el salario de los que llegaron, salvo una mínima parte para los gastos básicos del "productor", se ingresaba en bancos alemanes, a cuenta de la deuda. Y hay que reseñar que los alemanes fueron implacables con estos pobres "emigrantes forzosos" porque la más mínima indisciplina o protesta la acallaba con algún fusilamiento.

Por otra parte, la situación del abastecimiento era penosa. El 14 de mayo de 1939 se establece la Cartilla de Racionamiento (que dura hasta junio de 1952) en un intento de que llegue un poco de lo que hay a todos. La primera consecuencia fue el acaparamiento de productos por parte de algunos, sacando parte del producto en el mercado negro a precios superiores. Aquello enriqueció a unos pocos y no calmó las hambres de las gentes.

¿ Quién había para trabajar ? A esa situación material hay que añadir la sangría humana: 500.000 muertos en la contienda, 150.000 fusilados (200.000 en todo el periodo 1939-1945)[79], 280.000 en cárceles, y casi 300.000 en el exilio. En buena parte jóvenes, en edad de trabajar y, en muchos casos, la mano de obra más cualificada.

Se activan hasta 500 campos/cárceles para esos "enemigos"; como no caben, liberan a todos los presos comunes que se declaren "adictos". Se teje una auténtica maraña de leyes para que todo aquel ciudadano que hubiera apoyado,

---

[78] Rodríguez Jiménez, José Luis (1998) *"Extrema derecha y neofascismo en Europa y América"*. Ed. Península. Barcelona.
[79] Antonio López, Vicente (2013) *"Esclavos del franquismo. Trabajos forzados"*. Autopublicación. Madrid.

votado, luchado, simpatizado con la República, sea señalado, encarcelado, llevado ante el pelotón de fusilamiento, o encarcelado, y desposeído de sus bienes. Así lo hacen con la Ley de Responsabilidades Políticas, aprobada en febrero de 1939 (antes de acabada oficialmente la guerra), y tiene carácter retroactivo, hasta octubre de 1934: afectaba a personas e instituciones (gremios, sindicatos, partidos). Para los vencedores fue un auténtico botín de guerra, para algunos indecentes de Falange y otras organizaciones, la fortuna. No obstante, para otras muchas personas, fue aún peor, porque **les desposeyeron de lo único que tenían, el oficio**: cientos de catedráticos, miles de maestros, médicos, funcionarios, algunos jueces, fueron expulsados de sus puestos, condenados a la miseria moral. A esa ley se sumaba, como se ha indicado más atrás, la de la Represión de la Masonería y el Comunismo (01/03/1940), la Ley para la Seguridad del Estado (29/03/1941) y tantas otras. Una criminalización global.

Pero, el régimen fascista nunca ocultó, desde el principio, con los Batallones de Trabajadores, el aprovechamiento económico del trabajo forzado; lo recoge incluso su Reglamento (art. 2); y es difícil que no fuera así, cuando toda la política de los primeros años estuvo basada en criterios militaristas y belicistas. Y hay que reseñar que, sin el trabajo de esas decenas de miles de trabajadores forzados, dedicados a la reconstrucción de ciudades e infraestructuras, el balance económico del Nuevo Estado hubiera sido aún peor. Porque la política económica fue un desastre. Por un lado los gastos de guerra y la deuda contraída con los otros regímenes fascistas para poder triunfar, más las cárceles y el exilio, habían dejado los centros de trabajo semivacíos, igualmente los campos, las minas o las fábricas, sumiéndose la población en el hambre y la pobreza, a pesar de haber tenido unos niveles de destrucción mucho menores que sus aliados del eje.

El sector donde más incidencia tuvo la mano de obra cautiva fue el de las infraestructuras de transporte; se abrieron pistas y carreteras, nuevos pasos en el Pirineo, se trabajó mucho en zonas estratégicas para los vencedores, como el Campo de Gibraltar, Baleares, Canarias y el norte de África; no se olvidaron de miles de puentes en todo el Estado, o de los puertos marítimos destruidos por su propia flota en la contienda.

En el ámbito ferroviario citar los Destacamentos Penales Ferroviarios que abrieron doble vía en tramos importantes, en el valle del Ebro y valle del Jalón, en Galicia, País Vasco o la línea Madrid-Irún[80].

---

[80] Es curioso pensar que el primer ferrocarril de España se realizó en la isla de Cuba, de La Habana hasta Bejucal, en 1837, y se realizó con mano de obra esclava también.

Se hicieron muchos tramos, como la desviación del tramo La Robla a Valmaseda para la construcción del pantano del Ebro; el ferrocarril de Zamora a Orense entre 1940 y 1943, desde La Puebla de Sanabria, con el famoso túnel del Padornelo, ferrocarril luego continuado hasta La Coruña (1952-1956); ferrocarril Santander al Mediterráneo (1942-1945) iniciado en la Dictadura de Primo de Rivera y que funcionaba en parte desde 1930, pero no llegaba a Calatayud, como era el propósito; el ferrocarril de Tudela-Veguín a Lugo (1947-1956); el de Pedernales a Bermeo (1953-1958) cuyos destacamentos, ya que estaban, ampliaron y modernizaron el puerto de la localidad; o el ferrocarril de Navacerrada a Cotos, realizado por el Destacamento de Las Rozas, interrupido varias veces, e inaugurado por fin en octubre de 1964.

Pero, entre 1941 y 1957 la línea Madrid-Burgos-Irún fue la estrella. Se utilizaron hasta 8 Destacamentos Penales Ferroviarios, instalados en Colmenar Viejo, Miraflores, Valdemanco, Chamartín, Chozas de la Sierra, Argante, Bustarviejo y Fuecarral. Los años de más actividad 1945-46; a partir de 1949 casi todos con presos comunes[81]

También se repararon los aeropuertos, algunos de nueva factura, como Labacolla (Santiago), Ablitas (Navarra) o Llanera (Asturias).

Otro de los sectores destacados fue la construcción: reparación de núcleos de población, como Gernika o Belchite; incluso se les obligó a levantar cárceles nuevas, como Nanclares de la Oca, o la Modelo en Madrid.

Claro está, canales y pantanos; el más famoso el **Canal del Bajo Guadalquivir**, conocido como el Canal de los Presos, quizá la obra mas importante de cuantas se hicieron, realizada con más de 10.000 presos. El canal, de 160 kilómetros de longitud, posibilitó la conversión de secano a regadío de 60.000 hectáreas y supuso cuadruplicar el valor de las tierras como tal, y además aumentar el beneficio por la tipología de cultivo que ahora admitía el regadío. Las familias terratenientes, más ricas a partir de ahí, eran las de siempre: familia Ybarra, familia Benjumea, marquéses de Urquijo, duquesa de Aracena... Y además esquivaron las cuotas de cooparticipación y hasta los recibos del agua, pues no se han encontrado datos de que hasta 1986 se les pasara la factura[82]. Increíble.

---

[81] Quintero Maqua, Alicia (2009) *"El trabajo durante el primer franquismo: Destacamentos Penales en la construcción del ferrocarril Madrid-Burgos-Irún"*. Ed. Unv. Complutense. Madrid.

[82] Del Rio, Ángel, y VV.AA. (2004) *"El Canal de los Presos 1940-1962"*. Ed. Crítica. Barcelona

El Canal de los Presos merece algún párrafo más. Fue la obra más importante realizada por presos, al inicio, luego por todo tipo de brigadas de trabajadores. Cuando finalizó la obra el Ministerio de Obras Públicas había realizado un desembolso de 2.800 millones de pesetas. Se creó un campo de concentración específico, "La Corchuela"; luego otros dos campos más, dada la envergadura: "El Arenoso" (Los Palacios) y "Los Merinales" (Dos Hermanas).

A partir de 1947-48 se incrementó el número de trabajadores no penados, civiles. Y muchos de los prisioneros cuando conseguían la condicional (los "libertos"), se quedaban allí trabajando, asentando a las familias en los pueblos de la zona.

Algunas de las empresas creadas ad hoc para la obra, pertenecían a militares en activo. Como la empresa "Tomás Valiente García", que pertenecía a un mando del cuerpo de ingenieros, que ocupó a muchos de aquellos libertos que tenían experiencia ya. Funcionó hasta 1966.

En 1957 seguía en pleno funcionamiento en el bajo Guadalquivir la 1ª Agrupación del Servicio de Colonias Penales Militarizadas en obras hidráulicas. En 1958, del total de efectivos, solo seguían 20 presos políticos de la guerra. Fíjense en los años transcurridos.

Cuando comenzo a disolverse el SCPM, los activos se traspasaron a la empresa AUXINI del INI.[83]

En cuanto a los pantanos, como sabemos todos, una auténtica obsesión del dictador, ya en 1941 se inició el primero, el pantano del Generalísimo, actualmente de **Benagéber**. Poco después el de Entrepeñas, la presa del Alberche, Riosequillo (1946-1952), presa de Revenga en Segovia (1947-48), y un largo etcétera.

Las minas no quedaron olvidadas pues ya desde 1937 se puso en marcha, como se ha dicho, la utilización de presos en las minas de hierro de Vizcaya, bajo la petición de la Cámara Minera Vasca, muy activa en el alquiler de trabajadores

---

[83] Gutiérrez Molina, José Luis (2003) *"El Canal de los Presos del Bajo Guadalquivir (1940-1964)"*. Capítulo del libro *"Una inmensa prisión"* coord. Carme Molinero. Ed. Crítica. Barcelona

presos, correspondiendo con múltiples "donaciones" económicas al Régimen y sus autoridades. También en las minas de Almadén, Peñarroya y otras.

Igualmente, cientos de fábricas y talleres fueron beneficiados con ese "alquiler" indigno en unas condiciones mucho más ventajosas que las del mercado laboral, por pobres que estas fueran. Y no olvidemos los talleres penitenciarios.

Todo este entramado generó muchos beneficios, dado que la mano de obra era prácticamente gratis. A ello agregaríamos que numerosas familias de presos no recibían ni su teórica parte, sin saber en qué recodo del camino se quedaban los jornales del cautivo. El sistema de esclavitud laboral también favoreció el enriquecimiento ilícito de muchas personas en los órganos de poder, o de los propios jefes de los Batallones, encargados de su gestión, desviando buena parte de los víveres hacia el mercado negro, para su venta a precios desorbitados, siempre a costa del hambre de los prisioneros.

Resumiento el tema económico, Isaías Lafuente, en su libro ya citado, evalúa en 150.000 MILLONES de pesetas el valor del trabajo de los prisioneros forzados. Evaluación muy rigurosa.

La función social y política del trabajo esclavo

También el Reglamento de Batallones recogía que otra finalidad del trabajo forzado era la "***corrección del prisionero***", es decir la "*adquisición del hábito de la profunda disciplina... como base indispensable para su adaptación al medio ambiente de la Nueva España*". Olé. "*Sois las mulas de la nueva España*" gritaban algunos oficiales a los presos. Pero esa finalidad correctora que teóricamente incluía lecturas, seguimiento espiritual, tareas intelectuales, en realidad estuvo siempre ausente, siendo el castigo y el terror las verdaderas herramientas pedagógicas, ello acompañado de la obligación de la misa dominical y algunas esporádicas "confesiones obligatorias".

Esa retórica correccionista se cebó, sin embargo, en las **mujeres**, a las que sí, en cada villa, pueblo o ciudad se ató en corto. El Patronato incluso publicaba una revista llamada Redención, de distribución obligatoria en determinados ámbitos, a modo de apostolado.

Lo que sí tuvo presente la autoridad franquista, es que ese trabajo debía servir como ejemplo para todos: los presos de numerosos Batallones eran obligados a pasar por plazas y calles de los pueblos cercanos a su enclave. Contra lo que se pueda pensar, los pueblos que tenían trabajadores cautivos en su término, se veían afectados muy negativamente, por la llegada de multitud de nuevas autoridades, militares, falangistas, que tenían a la población en jaque y a sus pies, acordándonos especialmente de las mozas jóvenes de los mismos. Parte del terror también.

Construcción de vivienda social por la mano de obra forzada.

Durante los años 40, distintas familias políticas que lideraban el Régimen, intentan ocupar la mayoría de los espacios políticos y sociales. Falange pone especial énfasis en el campo de la arquitectura y la vivienda social, principalmente en Madrid, la ciudad más devastada después de tres años de contínuos bombardeos.

Desde 1939 Madrid comienza a crecer de forma masiva y desordenada, principalmente por la inmigración del campo, huyendo de la miseria. La dimensión del problema hace que varios organismos (Ayuntamiento, varios Ministerios y la Falange) aboguen por la reconstrucción de la ciudad, al tiempo que luchan entre ellos por el reparto de poder. No en vano es mucho lo que hay que hacer y, dentro de las escaseces presupuestarias, hay que realizar una gran inversión. Durante los cuarenta se invirtió bastante, pero será en los cincuenta cuando ya se da participación a la empresa privada, aumentan los presupuestos y se crea, en 1957, el **Ministerio de la Vivienda**, pues hasta ese momento se ha trabajado exclusivamente con el INV (Instituto Nacional de la Vivienda).

Hay que reseñar que **Falange**, dentro de esas "fuerzas vivas", fue quien más se opuso a la construcción en bloque, para rentas bajas, en los arrabales de la ciudad, pues en su ideario "*había que superar la lucha de clases*" y no se podían hacer guetos para *productores* exclusivamente. Entre otras cosas porque la concentración obrera también generaba ciertos recelos, por ser caldo de cultivo de las ideologías izquierdistas. Por otra parte, el ideal de Falange, en la que Franco había impuesto como líder al *cuñadísimo* **Serrano Súñer**, era la creación del Estado plenamente falangista, sin más instituciones que la del partido único. Sin embargo, en 1941 hay un claro enfrentamiento entre facciones del Régimen, principalmente Monárquicos e Iglesia en contra de esa ocupación total del espacio político por la Falange. Esas tensiones obligaron a Franco a sustituir a Serrano Súñer por José Luis Arrese, mucho más sumiso. Divergencias que continuaron en años posteriores, porque tanto Iglesia como Monárquicos preferían que la política económica la dirigiera directamente Franco y sus ministros, que tener de forma hegemónica a Falange también en la economía y la Hacienda Pública[84].

Sin embargo, en el área concreta de la reconstrucción y de la creación de vivienda social, Falange continuó con su liderazgo y su visión de cómo había de ser la ciudad y sus barrios. Para Falange, y es algo que suena a progresista, la vivienda social debía estar incardinada por toda la ciudad, buscando una cierta armonía de clases en los barrios. No pensaba así el sector próximo al capital, para el que la ciudad debía tener esa "división natural", viviendo en el centro mejor dotado la élite y la masa obrera en la periferia, si es posible junto a las zonas y polígonos industriales en las que tienen que servir. Aunque Falange pareciera a la izquierda de otros grupos, no era así, pues se afanó en la derogación de cualquier vestigio legislativo de la República en cuando a promoción de vivienda social, casas baratas, y se puso como objetivo hacerlo todo ellos, pues generar cooperativas, asociaciones o mutualidades que participaran en los proyectos suponía, para el falangismo, puro socialismo[85].

---

[84] López Díaz, Jesús (2003) "*Vivienda social y Falange. Ideario y construcción en la década de los 40*". Revista Scripta Nova. Barcelona.
[85] Lasso de la Vega, Miguel (2002) "*Política de vivienda en Madrid 1939-1959*" Ed. Univ Navarra.

En Madrid, al menos, en la primera época, prevaleció el criterio falangista y se realizaron distintas Colonias de casas sociales, en varias zonas del entramado urbano: desde las Casas Baratas de Goya (zona Goya), Colonia N. Sra del Carmen (Palomeras), en Puente de Toledo (Marqués de Vadillo y General Ricardos), o en Villaverde, Colonia Marconi, Casas Baratas de Villaverde Alto, etc.

Trabajos en Ciempozuelos

Falange, como hemos indicado, intentó ocupar todos los espacios, desde la juventud y el ocio, pasando por la formación profesional, hasta la construcción de vivienda social o la reconstrucción de zonas concretas de pueblos o ciudades. Se utilizó, siempre que se pudo, mano de obra forzada, pero ésta estuvo más presente en la gran obra pública, amén del mausoleo del dictador.

En la reconstrucción de pueblos que habían sido prácticamente devorados por la contienda, se utilizó otro de los organismos creados por el franquismo, la Dirección General de **Zonas Devastadas**, dependiente del Ministerio de la Gobernación. Junto con la D.G. de Arquitectura, reconstruyó en Madrid, por ejemplo, Aravaca, Brunete, parte de Titulcia, Rivas Vaciamadrid, entre otros. Todo ello, en general, con mano de obra cautiva.

Diario La Mañana de FET y JONS. Domingo 11 de abril de 1943

129

Pero Falange también creó la **Obra Sindical de lucha contra el paro**, que utilizó a miles de trabajadores, de las zonas donde más paro existía, para rehacer cosas en cualquier parte del país. Y aunque el alistamiento en esta Obra era voluntario, lo cierto es que trabajaban de forma militarizada, bajo el mando y supervisión de milicias falangistas.

En Ciempozuelos, la Obra Sindical contra el paro, realizó una especie de prueba piloto, que continuarían otras, porque oficialmente el organismo se creó en julio de 1943 y en Ciempozuelos ya se estableció un campamento de trabajadores en abril de ese año. El campamento se montó con más de veinte tiendas de campaña en la zona conocida como Prado Redondo y contaba con 250 trabajadores.

El fin del trabajo era la restauración de la vega, absolutamente maltrecha, después de haber sido escenario de batallas y bombardeo contínuo, desde Chinchón, desde Titulcia, desde Seseña... Los caminos, caceras y canales estaban destrozados y la vega era el único recurso económico del pueblo y, lógicamente, los terratenientes locales también ejercieron su propia presión. Según las noticias de los periódicos del momento, hablan de trabajadores "mineros", se supone que procedentes de alguna cuenca minera con exceso de trabajadores, pero no detallán si de León o Asturias.

Como se puede apreciar por las fotos (hay muchas más en el archivo fotográfico de la Comunidad de Madrid), la Falange en pleno se desplazaba a estos eventos; eran momentos en que seguía copando la mayor parte de la actividad del Régimen. Por otra parte, viendo a los trabajadores, cómo les pasan revista y les dan el rancho, no se distancia mucho de la realidad en los Batallones de Trabajadores.

Fotos campamento Ciempozuelos de la Obra Sindical. Abril 1943. A. Com. Madrid.

A esa inauguración, que por ser prueba piloto concitó mucha expectación, solo faltó por acudir el Ministro, o el mismo Franco. Estuvo Esteban Pérez, Subsecretario de Trabajo, Carlos Ruiz, Gobernador Civil de Madrid y Jefe Provincial del Movimiento, Javier Sáenz de Buruaga, Gobernador Militar, y Fernando Sanz Orrio, Tradicionalista (JONS), Delegado Nacional de Sindicatos, entre otros "camaradas" del pueblo.

Un ejemplo: el Mausoléo fascista del Valle de Cuelgamuros.

El monumento, o complejo, del Valle de los Caídos, era la auténtica obsesión del genocida Franco que hasta eligió personalmente el lugar, en una visita a la zona con su amigo de armas Moscardó. Él fue también, dada su impaciencia, el que decidió mandar a Cuelgamuros a presos políticos[86] y el que el día 1 de abril de 1940 encendió personalmente la mecha del primer barreno que explotó en las obras, ante una extensa comitiva de generales y representantes de la Alemania Nazi y la Italia y el Portugal fascistas[87].

Los presos llegan en mayo de 1943 cuando ya Franco ha dado muestras evidentes de impaciencia porque la obra no evoluciona; unos 400. La cifra permanente de presos en la obra oscilará entre 400 y 500; hasta 1959 pasarán por la obra más de 8.500 prisioneros políticos. Se forman tres grandes destacamentos de presos y se asignan a las tres empresas concesionarias: el primero a la empresa **San Román**, filial de Agroman, que horada para construir la cripta; el segundo a la empresa **Molán** encargada de construir el monasterio; el tercero, dedicado a la construcción de la carretera, puentes y accesos, a los hermanos José y Juan **Banús**. La cruz solo se afronta cuando ya casi no hay presos en Cuelgamuros.
Los presos, aparte de la cripta, monasterio y accesos, construyeron las casas de los empleados, funcionarios, sus propios pabellones y los chalés para los directivos.

Al inicio, el arquitecto jefe **Muguruza** habla de plazos en torno a un año para levantar la cruz y cinco para tener toda la obra prácticamente finalizada; pero como le ocurriera al propio Franco con la guerra, que él había previsto como una guerra de acción rápida, la obra tardaría en culminarse veinte años. De hecho, el último preso político sale del Valle el 24 de febrero de 1950; era **Miguel Rodríguez Gutiérrez**, que había sido dirigente de las JSU, que ha estado allí durante 8 años, los últimos en las oficinas de la empresa Molán. Luego la obra continuaría con "libertos", presos comunes y trabajadores libres de las empresas, hasta 1959.

---

[86] Llegó a haber hasta 141 Destacamentos en la obra. En 1949 quedaban 14 en funcionamiento. El trabajo continuó hasta 1959.
[87] Tal como cuenta Lafuente, en ese primer día de obra había un capataz, procedente de Murcia, llamado Benito Rabal, padre del actor Paco Rabal, que junto a otras decenas de murcianos habían sido contratados en los pueblos de aquella región.

Desde hace unos años, de mano de la Secretaria de Estado de Memoria Histórica, se han realizado excavaciones (CSIC) en la zona y se ha sabido un poco más de cómo vivían los presos, y los que no lo eran; se han encontrado los restos de los pabellones de los forzados, de los pabellones de los trabajadores libres, de las viviendas de los trabajadores de Patrimonio y del propio chalet del arquitecto jefe Pedro Muguruza; todo un entramado con embalse de agua, lavaderos, polvorines, etc. Pero lo más dramático, lo que realmente pone los pelos de punta, son las chabolas, de muy distinto signo, todas mínimas, hechas con alguna piedra, palos y chapas metálicas, de unos 9 metros cuadrados, donde vivían muchas familias de los presos. Despojados de su casa, con el marido o el hijo en Cuelgamuros, odiados en sus pueblos, muchas familias decidieron crear una especie de poblado chabolista a un kilómetro escaso de sus familiares, para verlos, para estar más cerca de ellos. Casi todas habitadas por mujeres, en algún caso con niños pequeños; es tremendo el ejemplo de dignidad y resiliencia de las familias empujadas a vivir en condiciones infrahumanas, pero que se empeñaron en convertir aquellas minúsculas chozas en algo parecido a un hogar y, sobre todo, manifestar a su familiar que allí estaban ellos, padeciendo con él su suerte. Lo mismo, en mayor número, ocurrió en los alrededores del Canal de los Presos, en Andalucía.

De la diferencia en la habitabilidad de unos y otros da muestra la facturación posterior de la obra: los barracones para albergar a los cientos y cientos de presos tuvo un coste de 620.000 pesetas mientras las casas para los funcionarios (Patrimonio, prisiones, etc.) tuvo un coste de 20 millones de pesetas.

No corría la misma suerte que los reos el arquitecto, que de las primeras cosas que ordenó fue la construcción de un chalet para cuando iba a inspeccionar las obras. Pedro Muguruza era éste, un señor que jugó varios años en el Atlético de Madrid, pero al que se le conoce por sus obras en plena Gran Vía, como el Palacio de la Prensa o el edificio Coliseum; el arquitecto de cabecera de Franco, con muy buena relación con el generalísimo, que reformó, con su discípulo Diego Méndez el Palacio del Pardo como residencia habitual del general. Un fascista del Elgóibar que reconstruyó la Ciudad Universitaria, fue Director General de Arquitectura, Consejero Nacional del Movimiento y Procurador. Lo que quiso, porque fue la figura de la arquitectura franquista hasta que murió en 1952.

Hay que decir que con la enfermedad de Muguruza y el acceso a la jefatura de Diego Méndez, éste va proponiendo el cambio de presos por personal libre, pues tenía otra filosofía respecto de ese trabajo. Bien es cierto, que buena parte de los presos que obtenían la libertad condicional pedían autorización para quedarse en la obra, son los *libertos* a los que nos hemos referido en ocasiones. Preferían seguir trabajando en el Valle que volver a sus pueblos, donde no serían bien recibidos[88]. Otros, sin embargo, no querían ni oir hablar del monumento; era el caso de mi padre que no volvió a Cuelgamuros hasta 1983, acompañándonos en una excursión a mi novia y a mí. Algo parecido contaba en sus memorias Gregorio Peces Barba del Brío (padre del que fuera Presidente del Congreso) que estuvo allí trabajando como preso y que era incapaz de mirar hacia la sierra por no ver la cruz.

Franco, obseso del monumento, había pensado en enterrar allí a "sus" muertos. Allí se metería a sus caídos. En 1946 Carrero Blanco, Subsecretario de la Presidencia, elabora una orden por la que amplia el plazo para enterrar allí "*los restos de los caídos en nuestra Guerra de Liberación, tanto si perecieron en el frente como si cayeron ejecutados por las hordas marxistas*". Solo se hablaba de un bando, del suyo, del bueno.

El traslado de cuerpos al Valle es lento. Nadie mueve ficha en ninguna parte del país. Las fosas están en su sitio, semiolvidadas y nadie quiere verlas, menos abrirlas y rememorar. En 1957 entran las prisas pero, después de tantas ansiedades, no existía un *ambiente* propicio para la inauguración del monumento. Hasta el general **Francisco Franco Salgado-Araujo**, primo y secretario personal del dictador durante muchos años, escribía en 1957: "*En España no hay ambiente para ese monumento, pues aunque dure el miedo a otra guerra civil, gran parte de la población tiende a olvidar; no creo que ni blancos ni rojos quieran ver a sus deudos en esa cripta; y si solo se mete a los blancos, eso será una señal de eterna división*"[89].

Se emiten órdenes, circulares: hay que hacer listados de fosas. El 23 de mayo de 1958 se cursa circular a los Gobernadores para localizar definitivamente los enterramientos, requiriéndose de todos, alcaldes, párrocos, guardia civil, se pongan manos a la obra. En realidad, a esas alturas, casi nadie quiere oir del tema, pero les instan a ello. En casi todos los casos se omite recabar la opinión y autorización de los familiares de los enterrados, de si quieren que los cuerpos vayan a ir a parar a Cuelgamuros. Por si había duda en que la idea de reconciliación era falsa en los dirigentes, se hacía hincapié en esas circulares en que todos los que fueran susceptibles de ser trasladados al Valle debían ser de nacionalidad española y de religión católica, con lo que se excluía, de un plumazo,

---

[88] Seguían trabajando en la obra a razón de 10 horas diarias con un jornal de 15,25 pesetas al día, lo que antes ganaban en una semana haciendo 2 horas extras diarias.

[89] Franco Salgado-Araujo, Francisco (2005) "*Mis conversaciones privadas con Franco*". Ed. Planeta. Barcelona

a miles de agnósticos, ateos, o a los miembros de las Brigadas Internacionales, por ejemplo.

Pasado el tiempo, a la vista de que seguía habiendo cientos de incómodas fosas comunes en sitios muy inconvenientes, se ordenó el traslado masivo de cuerpos. Y, en 1959, vislumbrando la inauguración, Franco da la orden de trasladar al Valle de los Caídos, sin ser informadas las familias, más de 34.000 cuerpos procedentes de distintos cementerios y fosas repartidas por toda España, una de ellas en **Ciempozuelos**. De ese total, 12.500 no fueron identificados, ni antes ni durante el traslado. El Valle se convirtió en la fosa común más grande del mundo y España es el segundo pais con más desaparecidos, solo por detrás de Camboya. En ese traslado masivo, de muertos ya de ambos bandos, no fue ajena la visita del presidente de Estados Unidos, **Eisenhower**, que vino a España el 21 de diciembre de 1959 y al que Franco quería demostrar que aquello era un monumento de conciliación o apertura.

Visto "el empuje" al tema que hay en el país, el gobierno tiene que crear una Comisión que se haga cargo, de forma centralizada, del asunto. Esa Comisión, el 31 de octubre de 1958, da instrucciones a los Gobernadores para exhumar ya los cuerpos, "*identificados o no*" de las distintas fosas censadas. En febrero de 1959, a dos meses escasos de la inauguración oficial del Valle, se dan nuevas órdenes de culminar las exhumaciones. Todos los gastos los cubriría el Patronato de la Fundación del Valle, excepto los de aquellos que las familias no hubieran dado permiso de traslado, que debían tener todo dispuesto para llevarse los restos de su familiar desde la fosa al cementerio que eligieran. Todo un paripé, pues nadie podía identificar los restos de un familiar en un montón de huesos. Patético e hiriente.

Al final, allí se trasladaron restos, sin listado alguno, todos amontonados y mezclados. Después de los primeros y apresurados traslados para la inauguración, durante veinte años se siguieron mandando restos desde casi toda España. Se enviaron restos hasta el año 1983, en concreto los restos de Juan Álvarez, alcalde de Villafranca del Penedés, fusilado en aquellos infaustos días. Increíble, verdad. Según el último censo del Ministerio de Justicia hay enterradas 33.833 personas, 21.423 identificadas y 12.410 sin identificar. Pero eso es el censo oficial. La profesora Queralt, historiadora experta en el asunto, estima que hay restos de unas 50.000 personas.

El primero en entrar oficialmente en la cripta, no podía de ser de otra manera, fue José Antonio **Primo de Rivera**, trasladado a la Basílica el día 31 de marzo de 1959 (un día antes de la inauguración). Su cuerpo había llegado al Monasterio de

San Lorenzo en noviembre de 1939, después de aquél famoso recorrido desde Alicante; recorrido que fue guionizado y rodado como "Trayecto y Ceremonial" por José Luis Sáenz de Heredia, primo carnal de José Antonio. La llegada y enterramiento del líder falangista en la cripta fue grabada, aparte del susodicho, por cuatro periodistas de **NODO** y tres del diario ARRIBA, órgano de Falange. Y luego, Franco, dictó que le enterraran allí. El victimario, el asesino junto a sus víctimas. Qué más podía ofender a los vencidos, cómo les podía pisotear más. Solo un sicópata asesino en serie puede pergeñar eso. Y la Iglesia, en contra del derecho canónico, enterrándolo en una Basílica.

El día 1 de abril de 1959, enterrado ya José Antonio, Franco inauguraba oficialmente el monumento en el que tanto empeño había puesto, y tanta sangre había costado. Entró en la Basílica bajo palio; tardaría, desgraciadamente para España, 16 años en ocupar "su" fosa.

El Valle es una obra perfectamente inútil, de difícil justificación, más allá del valor que pudiera tener para el dictador, un sátrapa genocida. Se había construído con un país exhausto, empobrecido y muerto de hambre, que miraba de reojo las obras, sin entender nada. El Valle puede ser símbolo de muchas cosas; como dice Lafuente, también del "*sucio matrimonio entre Iglesia y Dictadura*". Aquello era un monumento para los caídos, es decir, para una sola parte de los muertos.

Hay que decir que el tema de los presos y del trabajo forzado no ha interesado a buena parte de nuestra sociedad y dirigentes políticos. **Pablo Casado**, cuyo abuelo materno era de UGT y armado con un fusil defendió del golpe la Diputación de Palencia (fue a la cárcel condenado a perpétua, y la parte de derechas de la familia consiguió su indulto) decía que él "*no gastaría un solo euro para desenterrar a Franco*". El propio **Alfonso Guerra**, todo poderoso vicepresidente del Gobierno socialista, afirmaba que "*no me gusta hablar de Franco porque ya hizo sufrir mucho como para estar todo el día hablando de eso*".

En 2002 Izquierda Unida presentó una proposición de ley sobre el tema del trabajo esclavo; todas las fuerzas votaron una "Declaración" de repulsa, pero no se tramitó nada y menos hablar de indemnizaciones. En 2011, la explotación de los presos solo mereció un artículo en la Ley de Memoria; se decía que se iba a confeccionar un censo de las obras levantadas por los presos... Hasta hoy nada.

En el tema del trabajo esclavo, el trato a los vencidos fue aún más hiriente: se les obligó a reconstruir lo destruido, se les apartó durante años de sus familias, con la consecuencia de una mayor probreza en ellas; se les explotó laboralmente, pagándoles realmente cantidades de esclavo, cediéndolos a empresas privadas;

se les humilló. Una vez más. Y fueron esclavos literalmente, en la mejor definición académica del término: *"que carece de libertad y derechos por estar sometido a la voluntad y dominio de otra persona que es su dueña"*[90]. Así era.

Cada vez que me acuerdo que la excursión de los institutos de secundaria al Valle era de carácter obligatorio, me llevan los demonios. Y me acuerdo de la mía y del profesor de religión, a su vez **párroco, don Pedro**, que alguna ironía me soltó en el viaje que, naturalmente, yo no comprendí porque era un crío; pero sí recuerdo las risitas de algún otro profesor, y de un cierto ambiente plomizo.

Algunas personas que allí trabajaron (aparte de mi padre y mi abuelo, claro) que merecen un recuerdo.

Coronel **Eduardo Sáez de Aranaz**; militar de la misma promoción que Franco, había sido elegido por éste para dar clases en la Academia Militar de Zaragoza. Su defecto, que no se sumó al golpe. Trabajó varios años en el Valle, en el destacamento San Román. En las múltiples visitas de Franco a las obras, lo veía claramente por allí y nunca tuvo un gesto, un saludo.

Alejandro Sánchez Cabezudo, Teniente Coronel. Tampoco se sumó al golpe. Trabajaría varios años y sería escribiente de aparejadores.

Gonzalo de Córdoba, comandante republicano; sería el maestro de los hijos de los funcionarios.

Ángel Lausín, médico republicano. Cuando le llegó la libertad condicional pidió quedarse en el campo para poder seguir atendiendo a sus "pacientes" enfermos de las explosiones, sobre todo de la cripta, y del polvo del granito, mal con más retardo. Todo un ejemplo republicano. Otro.

---

[90] Lafuente, Isaías. (2018) "Esclavos por la patria. Un antídoto contra el olvido de la historia". Editorial Planeta. Barcelona.

El trabajo de las mujeres presas

Fueron muchos miles las mujeres comprometidas con el proyecto que significaba la Segunda República, de libertad e igualdad, que pagaron por ello, acabando en aquella "industria de transformación de existencias" que fue la cárcel franquista. En el mejor de los casos, porque hubo ejecuciones sumarias de mujeres a cientos.

A esas mujeres, políticamente comprometidas, se unían muchísimos miles más, sin bagaje reivindicativo alguno, que pasaron por las cárceles fascistas por el simple hecho de ser madre, esposa, hermana o hija de rojo y utilizadas como verdaderas rehénes ante sus familiares huídos o presos.

En general, estas mujeres, habían desoído las doctrinas joseantonianas sobre que la mujer debía estar "fuera de talleres y fábricas"; su papel debía ser subalterno, desarrollado en el ámbito doméstico, como esposas o madres. Todas estas mujeres de tenor progresista pagarían caro la osadía de querer estudiar y trabajar, y sufrieron una estigmatización contínua y la humillación: cabezas rapadas, tomas de aceite de ricino, siempre en escarnio público. Muchas veces castigaban a los rojos en el cuerpo y vida de sus mujeres. Una especie de doble castigo, por rojas y por ser mujeres.

Para la forma de ver el mundo de los fascistas, esas mujeres eran auténticas degeneradas, por eso se les purgaba, para simbólicamente arrancarles ese mal del feminismo laico y emancipador. La represión contra la mujer era como una profilaxis para depurar el cuerpo social[91].

Naturalmente, ese castigo se hacía bien patente en las cárceles de mujeres, donde tuvieron que sufrir especialmente por sus rasgos diferenciadores respecto los hombres: pasaban el embarazo y daban a luz dentro de la cárcel; tenían unas condiciones higiénicas pésimas, que las monjas y funcionarias agravaban negando los más elementales productos de higiene femenina. Todo ello comportó trastornos biológicos bien notorios, como el adelanto de la menopausia, nuevo motivo de humillación.

A ello había que añadir el adoctrinamiento ideológico constante, en un mundo carcelario controlado y dirigido por órdenes como las Hijas del Buen Pastor, Hijas

---

[91] Hernández Holgado, Fernando (2016) *"Esclavas del franquismo"*. Ed. Asociación por la Cultura y la Memoria. Tafalla (Navarra).

de la Caridad, Oblatas... Para todas ellas, para la Iglesia, la mujer debía ser "*una esposa y madre ejemplar*".

Otra variante diferenciadora respecto al hombre era el distinto régimen laboral que procedía de la misma consideración de la presa, como rea común. A las mujeres de izquierda, por muy políticas que fueran y aunque hubieran sido sentenciadas por delitos contra la seguridad del Estado, **se las consideró estadísticamente como presas comunes**. Y ellas se negaban, reivindicaban con orgullo la naturaleza política de su privación de libertad. Y cuando protestaban, lo que recibían como respuesta era un traslado de centro, eran enviadas a otra cárcel; así, desmovilizaban a la presa y, de paso, si había creado algún grupo o célula, lo desarticulaban.

Aún así, las presas republicanas se organizaron constantemente dentro de la cárcel: desde pequeñas fiestas los días señalados, como 14 de abril o 1 de mayo, a hacer una comuna de autoayuda: todas las que recibían paquetes los ponían en común para poder repartir y ayudar a otras compañeras que no recibían nada, porque simplemente no tenían a nadie fuera que les pudiera enviar comida o ropa. Era el caso de mi abuela **Antolina**, en Ventas. Eran tremendas estas mujeres: es conocido que en el taller de confección de la cárcel de Ventas, donde las presas fabricaban uniformes para el ejército franquista, por cada diez uniformes confeccionados para el ejército, salía uno para la guerrilla, a base de sisar retales. Los hacían, los escondían y los sacaban a la calle ii[92]

No obstante, el tema más macabro que tuvieron que sufrir las presas políticas en la cárcel, era cuando parían en prisión y tenían que sacar adelante una criatura, en aquellas condiciones, sin comida suficiente, sin higiene. Y solo los tres primeros años, porque luego se llevaban a las criaturas y no volvían a verlas. Merecerá un espacio concreto hablar de estos **niños robados**.

En cuanto al trabajo, la mujer no dejó de ser otro elemento de la explotación laboral que reportaba beneficios al Estado y a los empresarios allegados. Todo ello, como hemos visto, bajo la supervisión del Patronato; un engaño y un chantaje, porque bajo aquél mísero salario percibido, había todo un sistema de control y explotación. Además, no todas las presas podían redimir pena mediante el trabajo; había un primer filtrado de donde solo salían con el placet, las que tenían penas cortas y las que se habían acogido a cursos de alfabetización

---

[92] La primera prenda la cosían delante de la funcionaria y ésta calculaba el tiempo, la tela y el hilo que se necesitaba; luego se iba y ya las presas solas, hacían de una capa varios sayos.

y adoctrinamiento religioso. Además, era necesario el informe positivo de las "autoridades" de la cárcel, médico, maestro, madre superiora y capellán. Solo entonces podían aspirar a una faena, sobre todo en los talleres textiles, los más numerosos en los centros penitenciarios.

A diferencia de los hombres, las mujeres nunca salieron de las cárceles por motivo laboral; lo que hubiera que fabricar, se hacía allí, en los talleres y en los destinos (portería, paquetería, cocina, etc.). Es de señalar que las reclusas, aparte de las horas obligadas de trabajo en el taller, hacían unas horas más, de forma que pudieran confeccionar algunas prendas para vender en el exterior y aliviar a sus familias con lo conseguido. Las monjas hacían un poco la vista gorda, salvo los domingos claro, porque en muchas ocasiones tenían que pedir algunos favores a las reas: por ejemplo, hacer alguna labor delicada para familias pudientes de la ciudad, como mantelerias, trajes de novia, juegos de cama, etc.

Hambre de muchos, fortuna de pocos:
Franco, mediocre y millonario.

Cuando hablabas con personas que habían vivido la guerra, no combatientes sino paisanos que intentaron hacer una vida normal, recordaban los bombardeos y las sirenas quizá como lo más llamativo pero, a continuación, el recuerdo que tienen marcado en la memoria es el del hambre. Sobre todo en el periodo de 1939 hasta 1952, con 1946 como año más crudo de esa devastación.

El hambre no era solo consecuencia directa de la guerra, sino de la política seguida, en los años iniciales, por el régimen asesino: la autarquía. Cierto es que el abandono del campo y la industría por parte de los que luchaban, propició la escasez; también contribuyó lo que el régimen llamaba la "pertinaz sequía", ni más ni menos que un periodo de lluvia escasa que ahora los meteorólogos explicarían como una predominancia del fenómeno del niño (por otra parte, la estadísitica demuestra que ese período fue de una pluviosidad absolutamente normal). Pero como ya se ha dicho, y reincidimos, por ser tema muy desconocido en general, la principal causa del hambre fue el **endeudamiento de Franco con sus aliados del Eje**.

El fascismo habló, hasta la saciedad, del "oro de Moscú", que no era sino el pago del gobierno legítimo por el material militar que recibió, pero cayó todo lo que el Régimen hubo de pagar a las potencias del Eje. El pago humano, como la División Azul y otras, ya vimos que era solo una pequeña parte, lo importante es que todos los alimentos que aquí se producían, y los bienes de consumo, así como minerales, salían a diario con dirección sobre todo a Alemania, en vez de alimentar al desnutrido pueblo español. Durante esos años de hambruna **1939-1952**, hay desacuerdo en las estadísticas respecto del número de muertos consecuencia directa del hambre: los números más moderados hablan de 200.000 muertos, otras más realistas de **400.000 fallecidos de hambre** o a consecuencia del agravamiento de enfermedades por la falta del alimento necesario[93].

Nuestras personas mayores nos contaban que en aquellos años no se veían los gatos en las calles españolas. La gente recogía en el campo yerba, hinojo, espárragos, borrajas de cardo, setas, aceitunas de acebuche, lagartos, bellotas, remolacha, mazorcas, ratas de rio y perros, sí perros. Se hacían tortillas sin huevo ligando lo blanco de la monda de la naranja, tostado, con un poco de agua y

---

[93] Toca, María (2024) *"Hambre y fortunas, cara y cruz de la misma moneda"*. Rev. La Pájara Pinta. Santander.

harina. Se cocía la monda de la patata, el troncho del repollo. El pan blanco no se conocía y se consumía un amasijo de centeno y maíz. Conseguir un arenque o un trozo de bacalao era una proeza. Se ponían mondas de patata y hojas de mazorca a secar, luego se trituraban, y valía como liadura para fumar.

Al otro lado de la sociedad, los estómagos ricos o situados en posición de acceso al privilegio del estraperlo, conocían el pan blanco, la carne y el pescado fresco, además del café y el alcohol. Incluso medicamentos esenciales, como la penicilina, solo se encontraban dependiendo quién fueras.

Decía el **embajador británico** en Madrid, en 1941, en uno de sus informes: "*se ve a la gente morir de hambre en las calles*". Y lo certificaba este hombre, **Sir Samuel Hoare**, un ferviente anticomunista que había sido Ministro del Interior en Gran Bretaña, y que tanto mal hizo a España; miedoso ante la URSS, abogó por no ser duros con los regímenes fascistas del Eje, e incluso convenció a los norteamericanos de que no intervinieran en España, pues si bien era una dictadura, con Franco se mantendría más estable que con regímenes democráticos inciertos, y dado que había que seguir controlando el Estrecho y las comunicaciones por la zona, al margen de criterios ideológicos, la dictadura era esencial para esa tarea[94]. Realpolitik perturbadora.

Cuando comenzó la guerra el gobierno de centro izquierda de Leon Blum, en Francia, acordó ayudar con armas al gobierno legítimo; pero inmediatamente el gobierno tory de Gran Bretaña forzó la política de la "no injerencia". El primer ministro Stanley Baldwin fijó la posición: "*Los ingleses odiamos el fascismo, pero también detestamos el bolchevismo. Así que, si España es un país en el que fascistas y bolcheviques pueden matarse unos a otros, ello redundará en beneficio de la humanidad*"[95].

La malnutrición propició el desarrollo de enfermedades terribles, como la difteria, el paludismo exantemático y el tifus. Junto a la falta de alimento, la falta de higiene era inevitable al carecerse de lo esencial, jabón, legía... pues todo se

---

[94] Collado Seidel, Carlos (2010) *"El embajador que salvó a Franco"*. Temas de Debate. Rev. Sistema en serie *"Franco y la II Guerra Mundial"*. Madrid

[95] Preston, Paul (2024) *"Perfidious Albion: Britain and Spanish Civil War"*. Ed. Clapton Press. Londres.

mandaba a Alemania. El pago de la deuda y el envío de todo lo que se producía a sus aliados, fueron origen indudable de la miseria y el hambre. Pero a ello se sumó la política de la **Autarquía**. Franco y los falangistas copiaron de sus amigos nazis la política del férreo control económico, en el intento de hacer un país autosuficiente sin recurrir a las importaciones. Además no había dinero en caja, o sea, era imposible importar.

Desde la cúspide del régimen se obligaba a producir determinados productos o alimentos, pagando a los productores precios irrisorios; ello obligaba a los productores agrarios a ocultar buena parte de la producción para dirigirla al mercado negro. Es decir, **los falangistas hacían la misma política que los comunistas soviéticos**, dirigiendo y controlando la producción, obligando al desvío de mercancía al mercado negro, que producía mayores beneficios. Y la población sin alimentar.

Las promesas de Franco de "*ni un hogar sin pan y lumbre*" eran absolutas mentiras. El cuñadísimo **Súñer** era más realista al decir: "*si fuera preciso, diríamos contentos, no tenemos pan pero tenemos patria, que vale mucho más*" (él sí tenía de todo). Consuelo ideológico que no llena la barriga. El racionamiento, iniciado en mayo de 1939, establecía una **ración tipo para un hombre adulto**, al que debía llegar, al menos: 400 gr diarios de pan, 250 gr de patata, 100 gr de legumbre seca, 10 gr de café, 30 gr de azúcar, 125 gr de carne, 25 gr de tocino, 75 gr de bacalao, 200 gr de pescado fresco y 5 decilitros de aceite.

Una familia de Entrevías, Madrid. 1946. (foto EFE)

145

Esas cantidades nunca llegaban a cada uno. La ración para mujeres y mayores de 61 años debía ser el 80% de la citada ración; los niños, de 0 a 14 años, el 60% de la ración. Hay que decir que, cuando el citado embajador ofrecía ese informe a Churchill, era porque en las inmensas colas de estómagos vacios ante cualquier centro de abastecimiento, a veces había muertos en el suelo por la inanición. Pero el racionamiento no fue más que una fantasía organizativa del régimen que pensaba que podía regular todo, hasta las calorías. Pero ni en sus mejores sueños la población tenía acceso a esa ración tan bien detallada por los dirigentes del gobierno.

El hambre era tal, que hasta mandos falangistas (prov. de Córdoba, por ejemplo) enviaban partes de emergencia: "*en las últimas semanas han muerto 32 personas en Pueblonuevo, 17 en Bélmez, 23 en Peñarroya, 8 al día en Benalcázar...*".

Quisieron poner orden en el mercado y crearon la Fiscalía de Tasas, sin resultado; luego, en 1941, la Junta Superior de Precios, que intentó no se fuera la comida básica al mercado negro. Nulo el resultado, porque igual que se perseguía al contrario político con saña, **casi el cien por cien de los que trapicheaban, eran de la cuerda del régimen**. Y no se podía ir contra los "camaradas".

La gente recurría, inevitablemente, al ingenio. No hace falta recordar el refrán, verdad. Y se hacían comidas con lo más inverosimil: sopa de calandracas (trozos de galleta), de tomate, de ajo, de cebolla, de berro; agua de higo; gazpachos, como el extremeño, andaluz, de poleo, ajoblanco, ajo-molinero, de ababoles (amapolas), de "fatigas". Migas de todas las maneras como los gazpachos; patatas a las mil formas, si es que había: a lo pobre, nuevas, viejas, hervidas, a la "tristeza", ensalada de patata; los arroces, casi un lujo: arroz de Franco o "por cojones"; potaje de muelas (almortas); torta de pan a la sartén[96]. A quién interese la cocina económica puede surmergirse en las recetas de la misería con el libro abajo referenciado.

Pensemos en un país donde había **27 millones de cartillas de racionamiento**. La picaresca era tremenda. Porque, además, la corrupción era generalizada, y a escala. Abajo el trapicheo era de bienes de consumo, en las alturas el tráfico era de licencias de importación y exportación de bienes protegidos, es decir, en exclusiva para unos pocos, con unas ganancias estratosféricas.

---

[96] Conde, David y Lorenzo, Mariano (2023) "*Las recetas del hambre. La comida de los años de la posguerra*". Ed. Crítica. Barcelona.

Porque si algo caracterizó el franquismo de posguerra fue la **complacencia del régimen con la corrupción**, desde las altas esferas hasta niveles mínimos, o de barrio y pueblo. Porque Franco siempre, o prácticamente siempre, miró para otra parte. Igual que se había enriquecido él en plena sangría del pueblo español, entendía que los que le habían financiado tanto el golpe como a él personalmente, y sus amigos, y la dirigencia falangista, y la familia Franco,... debían tener bula para labrarse considerables fortunas dinerarias e inmobiliarias, aunque eso sí, en la calle se seguía persiguiendo a todo aquél que robara en el campo o un trozo de pan en la tahona.

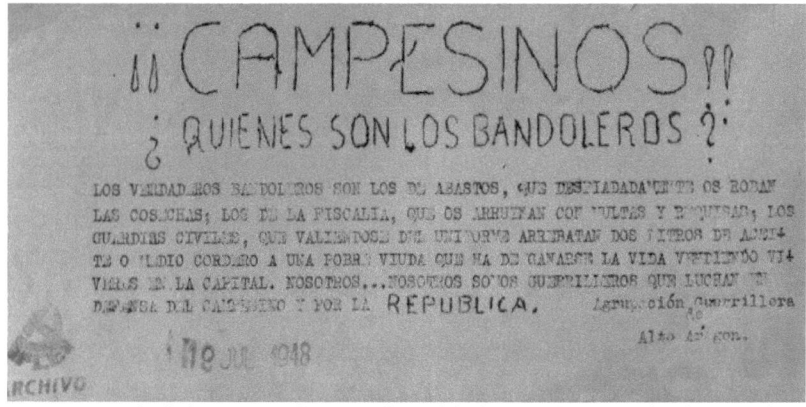

Propaganda de la Agrupación Guerrillera del Alto Aragón. 1948. (archivo PCE)

Para algunos estudiosos del periodo, hubo tres momentos de potencial peligro para el régimen de Franco[97], en la posguerra inicial: en 1942 con el desembarco de los aliados en el norte de África, que bien pudo saltar a la península; en 1943-44 cuando parte del generalato (los sobornados por Churchill a través de Juan March) presionaron al generalísimo para que realizara una restauración monárquica; y en 1945-46 con el final de la guerra mundial y la victoria aliada. Pero todos los momentos de tensión los salvaba Franco, de la misma forma, aumentando la represión para dar a entender quién mandaba realmente.

El hambre también generó una coyuntura de posible rebelión, por el hartazgo de la población ante "*la carestía de la vida*", en el periodo 1948 a

---

[97] Cazorla Sánchez, Antonio (2000) "*Las políticas de la Victoria*". Ed. Marcial Pons. Madrid (Cazorla es catedrático de Historia de Europa en la Univ. De Ontario).

147

1951, pues trabajaban y no les daba ni para comida. El salario diario de un trabajador agrario en el campo era de 14 pesetas, el de un albañil, en Madrid, de 19 pesetas. Con eso y los precios del estraperlo, no se podía tener una dieta que les permitiera reponer su organismo del trabajo diario.

El hambre en el periodo 1939-42 se podía entender, si acaso, por las consecuencias de la guerra, pero el gran pico de hambruna de 1946 era ya más difícil de explicar. Y en los años 1948-51 aún menos entendible, cuando se veía a las clases altas y medias urbanas, adictas al régimen, que no pasaban fatiga alguna.

Hasta el economista jefe del Ministerio, Higinio **Paris Eguilaz**, absolutamente nacionalista y partidario de la Autarquía, presentaba informes en los que señalaba la posibilidad de conflictividad social por el descontento continuado, y creciente desde 1946, de la hambienta población. Los párrocos hacían llegar a sus diócesis quejas del mismo tenor. Hasta mandos falangistas no pudieron sustraerse a las quejas, pues se ponía en duda uno de sus eslóganes más notorios, el de la "Justicia Social".

Decía **Gerald Brenan** en 1949, que la situación en España era "*prerrevolucionaria, muy parecida a la existente en Rusia antes de la Revolución*". Y con esa mezcla de sorna andaluza y británica, decía don Gerardo: "*Franco es un gran hombre, está enseñando a los españoles a vivir sin comer*"[98].

La situación de carencia y hambre llegó a inquietar a los servicios de inteligencia norteamericanos. En informe[99] de la CIA de 1948 se recogía que España estaba hambrienta, sin gasolina, sin armamento moderno y con un poder militar muy leve. Añadían que: "*los trabajadores esperaban a los aliados, como no ha sucedido, se echan en manos del Partido Comunista, única formación disciplinada capaz de ofrecer alternativas, no lejanas a lo que significa Rusia*". La CIA hablaba de "economía vacilante", de situación crítica y de posibilidad de golpe, nunca de levantamiento popular, pues el pueblo estaba exhausto.

Era un tiempo en que, ante el hartazgo de la población, las familias del régimen aprovechaban para ajustar cuentas entre sí. Los monárquicos contra la Falange y su predominio en todos los niveles de la administración; la Iglesia, igualmente, reivindicando para ella, en exclusiva, toda la política social del

---

[98] Brenan, Gerald (1985) "*La faz de España*". Ed. Plaza Janés. Barcelona.
[99] Santiago Díaz, Gregorio (2023) "*Franquismo patógeno. Hambruna, enfermedad y miseria en la población española 1939-1953*". Ed. Universidad de Granada.

gobierno; la banca añorando una liberalización, sugiriendo cambios en el gobierno...

El año 1951 fue un año de huelgas, aunque parezca mentira, pues la represión fascista seguía en todo lo alto; pero el precario movimiento obrero no podía más. Era algo que venía avisando la inteligencia USA: así, en Barcelona se produjo la gran huelga del sector del tranvía; en abril pararon más de 200.000 trabajadores en el País Vasco; incluso elementos católicos de la HOAC se adhirieron a paros y manifestaciones. Evidentemente Franco hizo lo que mejor sabía hacer, reprimir a todo el que se movía. Pero esas, y otras muchas huelgas, inesperadas para muchos del régimen, pusieron en alerta a los sectores privilegiados de la economía: una cosa era oir hablar de "duelos de salón" en pro, o no, de una restauración monárquica, y otra era una posibilidad de revueltas sociales. La "economía" no quería inestabilidades.

Ante los informes de la CIA, de posible rearme del obrerismo, y que la situación de España estaba clara para los aliados (se la dejaría consumirse políticamente con su dictadura), **Estados Unidos comenzó a mover fichas** de forma rápida. Ya en 1950 se habían restablecido las relaciones diplomáticas. Y ese mismo año de 1951, ante la situación social, se le otorgó a Franco un crédito de 62,5 millones de dólares para alimentos. Comenzaba así, sin solución de continuidad, la ayuda del amigo americano[100]. No sin "sugerencias" de cambio en la orietación económica de los gobiernos del régimen.

Sugerencias que, si se quería seguir teniendo ayuda, había que atender: en 1951 Franco hizo una amplia remodelación ministerial, con miembros y medidas de corte liberalizador. Ello abría el canal crediticio por parte de los americanos que, en 1952, posibilitaba la eliminación de las cartillas de racionamiento.

En 1953 se firmaban los "Pactos de Madrid" entre USA y España, iniciándose una nueva etapa, más ligada la política a las "recomendaciones" americanas, cerrándose, por otra parte, esa brecha de oportunidad de cambio, o rebelión, que supuso el hambre y la carencia del periodo 1948-51.

Pero sigamos el orden argumental del capítulo. Mientras unos pasaban hambre, otros hacían fortuna. Y dijímos que **Franco se enriqueció** en medio de las carencias del pueblo. Sí. No es cierto el mantra fascista sobre la honradez del

---

[100] Todos recordamos la película de Berlanga, con guion de Juan Antonio Bardem y Mihura, del año 1953.

dictador. En 1935 Franco era Jefe del Estado Mayor del Ejército con un sueldo anual de 35.000 pta; equivalente a unos 74.000€ de 2023.

En 1940, se estableció él mismo, como Jefe de Estado, un sueldo anual de 50.000 pta. Pero ese año, solo cuatro después del golpe de Estado, Franco tenía ya una **cuenta corriente en el Banco de España con un equivalente a 388 Millones de Euros** actuales. Como bien dice el historiador Ángel Viñas, con los ingresos "legales" de Franco, no se puede llegar jamás a ese saldo en cuenta[101]. El historiador Paul Preston abunda más y compara el expolio franquista con el expolio nazi; pero afirma que es tarde, pues casi todo se vendió, quedan cuatro cosas, como el Pazo famoso que la familia Franco se niega a devolver.

Se conoce por Viñas y otros autores, que la Compañía Telefónica Nacional de España **CTNE** puso en su presupuesto, desde el inicio de la posguerra, una partida como "***donativo mensual***" a favor de Franco del equivalente a **11.000 euros** actuales. ¿Algún día se descubrirán más donativos mensuales a su excelencia de otras grandes compañías del país? No tengo la más mínima duda. Pero, cómo en tan breve tiempo se puede generar una fortuna de ese tenor. La respuesta es que Franco, desde el principio, engañó a todo el mundo.

En octubre de 1936 se decide en Salamanca (corporación municipal, asociaciones empresariales) hacer un monumento a Franco, recaudándose 600.000 pta; la Cámara provincial de Comercio añade otras 300.000 pta al propósito; casi un millón. Pero Franco dice que no es momento, que ya dirá cuando, pero que el dinero se lo den a él. Y lo mete en una cuenta corriente en el Banco de España de Salamanca (Viñas).

Pero esas suscripciones de "apoyo" se extienden por todo el territorio. Los terratenientes, empresarios, banqueros, son generosos en las aportaciones de las "**suscripciones nacionalistas para la Gloriosa Cruzada de Liberación**". En enero de 1937 todas las cuentas donde se va recopilando el dinero se fusionan en una sola **cuenta corriente en el Banco de España de Salamanca, denominada "Suscripción Nacional a disposición del General Francisco Franco Bahamonde"**. Su saldo a 31 de diciembre de 1939 era de 10 millones de pta; busque un calculador histórico de peseta-euro y verá cómo 11 millones de 1939 son varios cientos de millones de euros actuales

Pero es que el generalito aprovechaba todo. El dictador brasileño **Getulio Vargas**, admirador de la "valentía" de Franco, le regaló (quizá a España, no solo

---

[101] Viñas, Ángel (2015) *"La otra cara del Caudillo"*. Ed. Crítica. Barcelona.

a él) 600.000 kilos del mejor café. Se encargó de su administración y venta la Comisaría de Abastecimientos y Transportes. Ello supuso un ingreso a la cuenta del caudillo de otros **7,5 millones de pesetas**. Suma y sigue.

Franco tuvo siempre tres vías de financiación personal: las cuentas de las suscripciones y donaciones, como la del café; la vía de su autoasignación de una partida presupuestaria personal en tres rúbricas de los presupuestos del Estado (**triple sueldo**): como Jefe de Estado, como Jefe de los Ejércitos, y en la partida de la Presidencia del Gobierno (Viñas). Aprendió pronto a saber autofinanciarse del erario: en 1947 se puso un sueldo de 123.700 euros al año (en equivalencia): 70.000 de sueldo, 7.000 de quinquenios y 46.720 por cruces pensionadas.
No contamos regalos y antojos, propios y de su señora esposa. Paul Preston cifra en más de 24 millones de euros los caprichos: joyas, antigüedades, tapices, muebles del Patrimonio[102].

En marzo de 1938 **Pedro Barrié de la Maza**, un millonario coruñés, decide regalar a Franco el **Pazo de Meirás**, del que disfrutaba él hasta ese momento. Para ello "recauda", con ayuda de Falange, el dinero para que se lo compren (es decir, lo regala, previa indemnización). Como a Carmen Polo lo de las propiedades le va mucho, aceptan. En agradecimiento, al citado señor Barrié lo nombran **Conde de Fenosa** y le otorgan la distribución, en exclusiva, de la electricidad en toda Galicia. Y le tocan con la varita mágica, además, porque en 1958 el Conde de Fenosa tiene problemas de liquidez pero, ese año, le toca el gordo de la lotería nacional (seis de las siete series vendidas en Ferrol) y puede salir de su crisis. Cosas que ocurren.

Recien acabada la guerra, **José María de Palacio**, Conde de las Almenas, tiene a bien regalar a su excelencia una casa magnífica en el término de Torrelodones, denominada el **Canto del Pico**. Entiende que si Hitler tiene una casa de recreo denominada "Nido del Águila", Franco debe tener algo similar.

La caudilla consorte instó a que su marido instituyera un día a la semana para recibir a gentes de bien que querían agradecer en persona que les hubiera librado de las hordas rojas. Llegó a haber dos días en semana para estas visitas, según épocas. Es incalculable las joyas, cuadros, cerámicas y objetos de arte, que allí pudieron llegar.

Otro ejemplo de lo pobres que han sido: en 1988 el presidente del gobierno era **Felipe González** y su sueldo oficial era de 8,2 millones de pesetas al año; en los

---

[102] Preston, Paul (2019) *"Un pueblo traicionado"*. Ed. Debate. Barcelona.

presupuestos de ese año figuraba una partida para la viuda del caudillo por importe de 12,6 millones, un 50% más que el presidente del ejecutivo. En plena democracia ya (o no tan plena). Y eso por no hablar de las especulaciones inmobiliarias de **Martínez Bordiú**[103], cuyo padrino era el cerebro económico de la casa, **José María Sanchiz Sancho**, un individuo sin escrúpulos que colaboró y guardó dinero de los nazis.

Se estima que la herencia de **Carmen Franco**, hija del dictador, a su muerte, era de unos 600 Millones de euros en España. Recordamos todos como fue parada en Barajas, cuando iba a Suiza con maletas llenas de joyas y oro. Las cuentas suizas jamás han sido fiscalizadas. Si se ha conocido cómo los terrenos de Arroyomolinos que luego se convirtieron en Xnadú, eran de la familia Franco, al igual que edificios de apartamentos de Málaga y Marbella, Puerto Banús, la Casa Cornide en Coruña, la finca Valdefuentes, también en Arroyomolinos, edificios como el de Hermanos Bécquer, varios aparcamientos en la capital, etc., etc., además de pertenecer a los consejos de Meliá, Marsans, El Corte Inglés, Construcciones y Contratas, y otras, de las que anualmente recibían sueldos como consejeros.

También los Franco supieron gratificar a los que le habían ayudado: al clero con la enseñanza y su presupuesto prácticamente íntegro a cargo del Estado; y a los que pusieron el dinero, como Juan March y otros, metiéndolos en todo tipo de juntas y consejos de administración y otorgando áreas de negocio en exclusividad.

El capital anterior a la guerra se había posicionado claramente en contra de la República por dos motivos básicamente: el miedo a una especie de revolución bolchevique que les dejara, literalmente, sin propiedades; y por la Reforma Agraria, y en este caso, casi únicamente, porque los terratenientes, la nobleza agraria, seguía en el XIX, no había evolucionado hacia un agrarismo más moderno, más capitalista; preferían seguir con el caciquismo y las prácticas señoriales, casi hasta el derecho de pernada.

Otra forma de gratificar a las empresas, como hemos visto, fue con el trabajo esclavo de decenas de miles de presos políticos. Debe quedar claro que "**la historia de España durante el siglo XX es también la historia de un enriquecimiento perpetrado en condiciones excepcionales**"[104].

---

[103] María Toca (Rev. La Pajarera) aporta el dato de que Martínez Bordiú, en los sesenta, cobraba dos millones de pesetas mensuales, como titular de los hospitales La Paz y Ramón y Caja, y jefe en Sanitas e Incosol (Marbella).

[104] Sánchez Soler, Mariano (2021) "*Los ricos de Franco*". Ed. Roca. Barcelona.

El poder fascista y el dinero recorrieron juntos, unidos, beneficiándose mutuamente, todo el periodo de autarquía.

En 1959 se establece el Plan de Estabilización, de manos de los tecnócratas del Opus Déi. Ya en 1957 Carrero había propiciado la entrada de Ullastres, Navarro Rubio, López Rodó y otros (aconsejado por los norteamericanos). El Plan consiste en: un nuevo cambio peseta–dólar, la liberalización del mercado y la entrada en el FMI para el acceso a crédito, fundamentalmente. La escuela liberal clásica, en realidad. Y así llegaría el "milagro español" de los años sesenta: muchas horas de trabajo a precio ridículo y emigración masiva de trabajadores al extranjero (que enviaron jugosas remesas). Ah, con el milagro comenzó también la puerta giratoria: hasta 43 ministros de Franco fueron altos ejecutivos en las empresas y en la banca.

El franquismo siempre favoreció a los grandes grupos económicos y sus posiciones de monopolio. Sucedió con el sector bancario y el denominado *statu quo*, consolidado por la ley de 1962 (Ley de Bases de Ordenación del Crédito y la Banca) que tan bien le vino a Franco personalmente y a muchos de sus ministros que ocuparon los más altos cargos de los Consejos bancarios: Fernando María Castiella, Barrera de Irimo, José García Hernández, Pío Cabanillas, Gregorio López-Bravo, Federico Silva Muñoz, vinculados a Banesto, Vizcaya, Bilbao, Central, Atlántico, Popular y Santander. Lo mismo ocurría con las eléctricas, Hidroeléctrica, Sevillana, Fenosa, Aguas de Barcelona y otras. Todo concentrado, todo controlado, todos ellos en sus direcciones ejecutivas. El crédito y los réditos, por tanto, para toda la élite franquista que, además, desde los Consejos de Ministros ayudaban con una política de bajísima presión fiscal.

Con estas premisas, el desarrollo económico de los años sesenta se distribuyó de manera muy desigual. La diferencia en las rentas familiares entre privilegiados y humildes alcanzó diferencias astronómicas; al final de la dictadura el 1% de las rentas absorbía más del 50% de lo que recibían las rentas más bajas. La participación de la renta salarial nunca superó el 49% de la renta nacional. Y, además, el crecimiento se distribuyó geográficamente de forma muy desigual: Cataluña y Madrid las beneficiadas, junto a País Vasco. Las Castillas, Andalucía, Extremadura y Aragón bajaron muchos peldaños, no solo en lo económico, sino en el valor del recurso humano; la emigración interior comenzó a dejar a media España vacía: la población más joven se fue a las grandes ciudades. Y aunque se quiso paliar con planes, muy propagandísticos, como el Plan Badajoz, el Plan Jaén y los Polos de desarrollo, el resultado del conjunto de medidas fue absolutamente irrelevante: en 1973, veinte años después de iniciado el Plan Jaén, emigraban 25.000 jienenses al año. Pura propaganda.

El país crecía porque tenía que crecer en ausencia de conflicto, de forma inexorable, pero no porque el régimen, aparte de enriquecerse los dirigentes, supiera a qué estaba jugando, más allá de poner en bandeja de plata a las élites sociales su política económica. El gobierno seguía manteniendo el Servicio Nacional del Trigo, absolutamente de mentalidad autárquica; o el Instituto Nacional de Industria, que como hemos comentado se inició con el nombre de Instituto Nacional de Autarquía: el INI no sirvió más que para ser un hospital de empresas; empresas privadas mal gestionadas que entraban en dificultades eran compradas por el INI, pagando justiprecios elevados a sus propietarios y socializando las pérdidas entre todos los españoles. Uno de los casos más sonados es el de la creación de Hulleras del Norte S.A., HUNOSA, ya a finales del franquismo, en 1967. Los propietarios se hicieron millonarios y los españoles pagaron a escote las pérdidas. El INI sí sirvió, muy bien, además, a la clase dirigente franquista (militares, políticos, empresarios, hasta nobles) que fueron bien cobijados en los consejos de administración de las empresas estatales. En realidad, *la permanencia de Franco en el poder se comprende solo porque nunca se equivocó a la hora de tomar decisiones en favor de las fuerzas y clases que le habían aupado al poder y le sostuvieron posteriormente*[105].

Al contrario que para las élites fascistas, la permanencia de Franco en el poder resultó enormemente lesiva para España: el rechazo de la **CEE** a admitir como socio a nuestro país fue letal. Que España se quedara relegada de todos los proyectos de integración y cooperación puso muy nervioso a parte del empresariado. Y sucedió con el Tratado de Roma y la creación de la CEE que, como la zorra y las uvas, Franco denostaba y menospreciaba; en 1961 decía: "*ahora se habla mucho del Mercado Común, pero es un asunto muy grave y hay que verlo con cautela, pues un desliz puede ser gravísimo para nuestra economía*". Evidentemente nunca admitiría que le daba miedo la democracia de esos países y que, además, **eran los otros los que no lo aceptaban en su Club**. Como tantas veces, su primo y colaborador Franco Salgado Araujo, lo clarificaba: "*al Caudillo le preocupa el Mercado Común, al que tiene terror*".

En 1962, Alberto Ullastres, embajador ante CECA y CEE, **solicitaba formalmente el ingreso. La solicitud de Franco fue despachada con la peor de las respuestas: ni se contestó**; se daba por supuesto que el régimen político español, dictatorial y genocida en sus primeras décadas, no tenía el placet de ninguno de los miembros. Franco nunca aceptó que él era el obstáculo. En

---

[105] Barciela, Carlos (2023) "*Con Franco vivíamos mejor. Pompa y circunstancia de cuarenta años de dictadura*". Los libros de la Catarata. Madrid

1964 volvía a su habitual lenguaje victimista y anti político: "*España hubiese entrado si no fuese por la actitud de alguna nación perteneciente a él, como Bélgica, sin duda por exigirlo así los socialistas de Spaak*"[106]. Hay veces, como resalta el profesor Carlos Barciela, que no se termina de entender si Franco era extremadamente sutil en sus planteamientos propagandísticos o pasmosamente simple.

Trascurriría una década, 1970, para que la CEE firmara con España un acuerdo preferencial. Acuerdo, naturalmente, vestido por el régimen (López Rodó) como si realmente hubiésemos entrado en el Mercado Común. Siempre vendieron muy bien sus políticas, la verdad.

Pensemos, por un momento, que Franco hubiese sido realmente un patriota y, después del exterminio que hizo, hubiese dado un paso al lado y dejado el poder antes de 1957. Imaginemos que España, ya con un gobierno civil y "medio" democrático, hubiera podido ser, no ya miembro de la CEE, sino socio fundador, con las enormes ventajas que ello suponía. ¿Cuál hubiera sido el crecimiento español en ese caso? ¿Cuánto costó a los españoles la permanencia de Franco en el poder?

La muletilla de los fascistas de que Franco trajo prosperidad, aunque se pasara en algunos momentos concretos de autoritarismo, es falsa. **Franco no solo NO fue la mano sabia que desarrolló España, sino que por sus desvariadas ideas económicas y por el carácter dictatorial y corrupto de su régimen, privó al país, de manera reiterada, de mejores oportunidades. El caudillo fue una auténtica losa, un enorme peso muerto para el desarrollo económico de España** (Barciela).

Contemplado todo el periodo del fascismo franquista, desde el comienzo, el régimen supuso un grave trauma, también en el aspecto económico (el social y humano es indiscutido). En su fase de auge frenó las posibilidades que ofrecía la economía europea y mundial que marchaba a toda máquina, y en su periodo final el régimen dejó múltiples problemas económicos que debieron resolverse ya por los gobiernos democráticos, con enormes costes económicos y sociales (reconversiones salvajes).

---

[106] **Paul Henri Spaak** era el líder socialdemócrata belga; un socialista de baja intensidad, pues fue Secretario General de CECA y luego de la OTAN, creador de BENELUX, Coordinador del Plan Marshall, pero muy consecuente con la necesidad que había, después de tantas guerras, de consolidar un club de países plenamente democráticos.

Es curioso como los hagiógrafos franquistas, y él mismo, fueron creando una especie de personaje modélico: el general más joven, se enfrentó a Hitler, no metió a España en la guerra mundial, "Centinela de Occidente", hombre enviado por Dios (gracias Iglesia Católica por vuestro trabajo: llegaron a hablar de subirlo a los altaresii). Le compararon con César, con Viriato... Todos los que tenemos cierta edad sabemos que eso se decía y pensaba en algunos ambientes. Todas, absolutas memeces; todo eso era fruto de la propaganda franquista, una enorme máquina de manipulación y mentiras que funcionó a pleno rendimiento durante la Dictadura.

Lo cierto es que Franco tuvo una formación extraordinariamente limitada. Estudió con muy mediocre aprovechamiento en la Academia de Infantería de donde salió Alférez con el número 251 de 312. Por lo demás, era la Academia de Infantería, no la de Artillería o la de Ingenieros, mucho más exigentes intelectualmente. Su meteórica carrera tuvo que ver con el africanismo que reinaba en el Ejército, más que por méritos propios o formación militar sólida (incluso ingenieros y artilleros estaban en contra de cómo se ascendía en infantería por lo que denominaban "acciones de guerra" en el Rif). No se tiene ninguna noticia de que dedicara tiempo al estudio y se sabe por las memorias de otros militares coetáneos de su estancamiento formativo y teórico.

Tampoco se le conoce una inclinación por la literatura, la filosofía o la economía. Nunca citó a ningún autor en sus discursos. Contrariamente a lo que predicaba para los demás: disciplina y obediencia, se distinguió por sus constantes reclamaciones y petición de distinciones que elevó hasta el propio rey. Entre el personal del Palacio Real se ganó la fama de ser el militar que con más frecuencia y desparpajo lo visitaba, siempre en busca de reconocimientos. Sin embargo, cuando cayó su amigo Alfonso XIII no hizo ni un gesto en su favor, ni siquiera le mostró su afecto personal en aquellos momentos; ni agua al monarca.

Simplemente, cuando los altos mandos tenían todo bien atado, se sublevó contra la legalidad republicana y dirigió una cruel guerra civil donde al otro bando lo llamaba la anti España, siendo esa la otra mitad de los españoles, a los que muchas veces dijo había que exterminar. Por si no era suficiente mantuvo un desaforado régimen represivo durante una larguísima posguerra. Él se consideraba un gran estratega; Hitler decía de Franco que era una persona incapaz de dirigir una guerra moderna.

Lo de que era el general más joven de España, de Europa, desde Napoleón, otra mentira más de sus hagiógrafos turiferarios[107]. Cuántas veces lo hemos oído, verdad. Pues no. Sin salir de España hay tres militares que llegaron al generalato a edades más tempranas que el "Caudillo": Francisco de Paula María de la Trinidad Borbón y Castellví, que murió en 1942 y que accedió al generalato a los 25 años y 4 meses; Narciso Fuentes Sanchís, nombrado Mariscal por la Reina regente María Cristina y Brigadier por Alfonso XII, general a los 27 años y 7 meses; y José Sánchez Gómez, fallecido en 1901, general a los 31 años y 2 meses. El *generalísimo*, Francisco Paulino Hermenegildo Teódulo Franco Bahamonde, el susodicho, fue general a los 33 años y 2 meses.

Franco es un bluf en todos los aspectos; bueno, menos en uno, en el de genocida torturador de su propio pueblo. Se decía que era austero y que despreciaba el lujo. No es cierto, toleró y se aprovechó el primero de la corrupción y acumuló una enorme fortuna. Se dedicó a una vida regalada, dedicada a la caza, la pesca y el golf; ah, y a ver corridas de toros por la televisión; y toda clase de programas. Un ministro suyo, que sería director de la TV, decía de él que "*es un gran televidente*" como mérito. Ese era realmente Franco, un mediocre que se mantuvo en el poder por serlo, eso sí, controlando un aparato represivo, policial y militar, que mantuvo el terror en las vidas de sus conciudadanos.

Caudillo

En 1949 se acuña la moneda de peseta con la leyenda "*Francisco Franco Caudillo de España por la gracia de Dios*". La anterior moneda que se había acuñado en Burgos en 1937 había incluído el lema falangista "**España, Una, Grande y Triunfal**". Para desconsuelo de los camisas azules, en los inicios de los años cuarenta se adoptó la nueva denominación de Caudillo, en buena medida por la influencia del Eje, donde sus líderes, mesiánicos, eran conocidos como *Duce* y *Führer*. Con el concepto Caudillo se inicia el culto al líder en tanto que caudillo significa, esencialmente, dictador político de orígen, generalmente, militar. Es el inicio de ese culto a la

---

[107] Medina Sanabria, Pedro (2014) "*Jóvenes generales españoles*". Blog Memoria de Canarias.
(Los turiferarios eran los encargados de llevar los incensarios)

personalidad, tan de aquellos tiempos, que evidenciaba la acumulación de poderes en sus manos; el 1 de octubre de 1936 fue nombrado en Burgos, Jefe del Gobierno del Estado y Generalísimo de los tres Ejércitos; a partir de ahí, todos los 1 de octubre serían el Día del Caudillo. Esa fecha, junto al 18 de julio, serían los ejes de futuras celebraciones, eventos, nombramientos, etc. Igualmente, se acuño la fórmula de *"Una Patria, un Estado, un Caudillo"*, que no era sino la traslación del *"Ein Volk, ein Reich, ein Führer"* nazi.

No estuvo ajeno a estas nomenclaturas, más lo contrario, Francisco Javier Conde, un abogado filósofo, al que la República había becado la ampliación de estudios en Alemania, y que abrazaría el nazismo con ansiedad.

A partir de aquellos momentos el término Caudillo sería aplicado en todo y a todas horas, en referencia a Franco. Y los politólogos del régimen se encargarían de rellenar el concepto, con ocurrencias mil. Diferenciaron el caudillaje de España, de las situaciones alemana e italiana, sobre todo a partir de su derrota, evidentemente. El caudillaje español estaba "imbuido del espíritu del pueblo"; el Caudillo era "el intérprete de la tradición", el "custodio supremo de la comunidad de valores"; diría Conde que era un "Héroe hecho Padre"[108].

En la búsqueda de esa especificidad ibérica triunfó la fórmula "Caudillo de España por la gracia de Dios"; se alejaba el término de las connotaciones fascistas y se metía de lleno en lo canónico. Ello agradó mucho a la iglesia, pues siempre dijo que la guerra fue la "última Cruzada" y concedía, así, legitimidad divina al dictador; de paso, Franco entró a formar parte, como Caudillo", de esa dimensión transcendental en la que ya estaban Santiago Matamoros, Fernándo el Católico o Fernán González, mítico fundador de Castilla.

El término Caudillo triunfó plenamente en las dos primera décadas de la dictadura, porque recordaba la guerra y a su líder en esa Cruzada, dando legitimidad constante a la Victoria. A partir de los primeros años sesenta fue perdiendo fuelle el término, en favor del más funcional Jefe de Estado

---

[108] Alares, Gustavo. (2024) *"Caudillo"*. Revista Conversación sobre Historia. Un. Zaragoza.

aludiendo, además, a su faceta de "gestor técnico eficiente". En 1964, coincidiendo con los 25 años de Paz, la película documental "Franco ese hombre", intentaba la humanización de ese Caudillo, presentándolo como un *pater patriae*, benévolo pero severo.

El Caudillo, hay que reconocerlo, fue muy persistente en nuestras vidas. No sería hasta enero de 1997, veintidós años después de su muerte y dicecinueve tras la aprobación de la Constitución democrática, que se retiraron aquellas infames monedas que nos recordaban que había sido Caudillo por la gracia de Dios.

Niños desaparecidos

Tal vez alguién se pregunte qué pinta hablar de niños robados o perdidos en un texto dedicado a la represión franquista. Solo enunciar la frase da pista de que **el robo de niños fue una faceta más del complejo entramado inquisitorial del régimen fascista de Franco**.

Sí, se puede hablar de una tipología de presos, ignorados hasta no hace mucho, de los que poco se ha hablado: los niños, víctimas inocentes que vivían en las cárceles por el simple hecho se ser hijos de rojos/as.

El régimen dejó constancia escrita de casi todas sus barbaridades, pero algunos de sus herederos intentaron apresuradamente borrar y quemar todo tipo de documentación comprometida. Es el caso de **Rodolfo Martín Villa**, ministro de la Gobernación con Adolfo Suárez (antes de Sindicatos y Trabajo con Arías Navarro) quien en 1977 ordenó destruir los archivos centrales de Falange Española, en Barcelona, y de muchas de las prisiones y campos. Y lo que no se quemó pasó a manos de entes privados y fundaciones como la F. Francisco Franco y otras. Es una pena que la Transición política que tuvimos, amnésica con la memoria, prostituyera el concepto "reconciliación", tergiversando su significado y negando el derecho a conocer nuestra historia. Pues bien, a pesar de esa voluntad de los fascistas de última hora, ha llegado hasta nosotros suficiente documentación para saber lo que Falange, la Iglesia y el conjunto de conjurados fascistas realizaron, en sus ámbitos, en relación a los presos y presas, y sus **hijos inocentes**. Hasta crear un Servicio Exterior que devolviera a España a los niños evacuados, porque los progenitores no eran aptos para su educación, según ellos,

161

y para deshacer la voluntad de la República de que esos niños crecieran en entornos de valores democráticos.

Son los **niños perdidos del franquismo**: perdidos porque muchos murieron en trenes de mercancía que, conducidos como ganado, les trasladaba de campos a cárceles; perdidos porque buen número murió de hambre, frío y enfermedad en los propios penales junto a sus madres; perdidos porque ya en posguerra, fueron hurtados a los padres y entregados a cualquiera.

Un solo ejemplo de cual era la situación de estos pequeños: cuando a mediados de abril de 1939 se decide vaciar el campo de los Almendros (en las afueras de la ciudad de Alicante, hoy entrada por Av de Dénia) se meten en vagones de ganado, repletos de estiercol, a 30 mujeres con 30 niños en cada uno, con destino final Madrid y sus cárceles y con una simple lata de sardinas y una ración de agua. El convoy, con cientos de mujeres y pequeños, tarda en llegar a Madrid siete días. Cuando, en Atocha, se abren las puertas de los vagones, los guardias civiles quedan horrorizados: el hedor es insuperable porque muchas mujeres y más de la mitad de los niños habían muerto por el camino. Y aquél no era un convoy solitario; decenas de convoyes como ese cruzaban España de lado a lado. Nada parecía una cosa terrible para los ganadores; solo una consecuencia de la Victoria.

Y si no morían en un viaje, lo hacían en prisión; la masificación carcelaria contribuyó a que miles de niños murieran de inanición y disentería: "*todos los días veías por el suelo de la enfermería (Ventas) los cadáveres de 15 o 20 niños, muertos de meningitis y pura hambre. Los chiquillos enfermaban y morían; sí, morían con la misma facilidad con que nosotras matábamos a los piojos*".[109]

La deshumanización llegaba a unos extremos insoportables, que ahora consideraríamos del llamado cuarto mundo. Por ejemplo, cuando una presa rechazaba "hacer un favor" a un guardia o funcionario, en muchas ocasiones este se vengaba sobre la marcha matándo a su hijo, estampándole contra una pared. En las ocasiones en que una mujer era conducida a Comisaría para ser interrogada, se la llevaba con su hijo, que presenciaba el interrogatorio, la tortura y la violación, en su caso (la comisaría de Núñez de Balboa se distinguió en este sentido). Más: cuando una rea tenía sentencia de pena de muerte y se descubría que estaba embarazada, se esperaba a que diera a luz. Luego, 48 horas después, exactamente, se la ponía frente al piquete. Son solo algunos ejemplos de lo que nuestros padres, madres, abuelos, abuelas, vivieron.

---

[109] Cuevas, Tomasa (1985) "*Cárcel de mujeres*". Vol. II. Ed. Sirocco. Barcelona

Para los vencedores esas cosas eran puro trámite. De hecho, las presas políticas no estaban ni registradas como tales, solo como delincuentes comunes. En 1946, cuando los aliados vencieron, el régimen se vio obligado a publicar, a través del Ministerio de Justicia, los datos referidos a los presos políticos: y solo publicaron los referidos a la población carcelaria masculina. Las luchadoras ni siquiera figuraban.

La base "intelectual" de este comportamiento.

Una vez más me veo obligado a escribir sobre un auténtico nazi sicópata llamado **Antonio Vallejo Nágera**. El 23 de agosto de 1938 **Franco** enviaba un telegrama postal al Jefe de la Inspección de Campos, Luis Martín Pinillos. El destinatario último, el comandante Vallejo Nágera: "*En contestación a su escrito del 10 del actual proponiendo la creación de un Gabinete de Investigaciones Psicológicas cuya finalidad es estudiar las raices biopsíquicas del marxismo, manifiesto mi autorización a la propuesta... los gastos serán sufragados por los generales de la Inspección de Campos... y puede contar con cuantos medios humanos necesite... si algún médico se negase a colaborar, podrá ser militarizado si se considera necesario...*".

Franco solo había tardado 10 días en contestar la petición del Jefe de los Servicios Psiquiátricos del Ejército. En octubre de ese mismo año 1938, el propio Vallejo firmaba en la revista "Semana Médica Española" los primeros resultados, bajo el título de "***Psiquismo del fanático marxista***". La etapa del Gabinete fue, para Vallejo, una especie de culminación profesional, un edén.

Antonio Vallejo estudio medicina en Valladolid y en 1910 ingresó en el Cuerpo de Sanidad Militar. En 1918, de la mano de su tío Vallejo Lobón, médico y catedrático, fue nombrado Agregado Militar en la Embajada española en Berlín. No había acabado la Primera Guerra Mundial; allí, además de aprender el alemán, visitó hospitales, manicomios y se centró, sobre todo, en el tratamiento de los prisioneros en cárceles y campos de concentración alemanes.

No era un médico cualquiera, era brillante. Los psicópatas suelen ser muy inteligentes. En 1922 asciende a comandante y en 1928 ingresa en la Academia Nacional de Medicina; en 1929 es nombrado director del **Hospital Militar de Ciempozuelos**, sin duda un puesto muy codiciado en en el sector. Allí acabará siendo el director de todo el complejo psiquiátrico hasta su jubilación en los años cincuenta.

En 1933 figuraba en la Enciclopedia Espasa, un índice de su popularidad.

Su pensamiento era puramente reaccionario, muy ligado a la línea editorial de la revista Acción Española, la de referencia de la derecha y extrema derecha. En 1936 ya había redactado el libro "***Eugenesia de la Hispanidad y regeneración de la raza***" donde muestra ya su corpus teórico. La raza es la Hispanidad, que no es una lengua o una cultura, es un sentimiento espiritual diferencial, de pertenencia; un sentimiento que liga estrechamente al sentido, la acción y los objetivos del Movimiento Nacional que, según él, se crea para recuperar los valores de la Hispanidad, en peligro de extinción.

Vallejo cree que la degeneración no estriba en algún gen malvado (no era genetista), sino en factores externos que deterioran a la persona débil (ambientalista). Los males, estima, nacen en el siglo XIV con la conversión de los judios. Conversión falsa y de conveniencia pues el "*judio converso siguió odiando la civilización cristiana*". Y prosiguió a lo lardo de los siglos: "*aparentemente integrado, con apellidos engañosos, planificó la maldad, la disgregación, la difusión de la impiedad... y luego del materialismo y el marxismo*". Lo tenía meridianamente claro. Esos defectos que otorga a los judios, dice encontrarlos profundamente arraigados en los prisioneros estudiados por el Gabinete.

No entiende cómo el proletariado puede quejarse de mala alimentación, o de las pésimas condiciones laborales pues esto, lo único que indica, es un resentimiento por ser fracasados socialmente, alistándose en la primera causa que les llega con el rótulo de "igualdad". Las izquierdas se aprovechan de los que no saben triunfar en la sociedad. Ese será un argumento central de la derecha, de ayer y de hoy. Y se basa en el filósofo alemán Nietzsche: "***agradezcamos a Nietzsche la resurección de las ideas espartanas acerca del exterminio de los inferiores orgánicos y psíquicos, de los que llama "parásitos sociales"***".[110]

---

[110] Nietzsche odiaba profundamente la secularización que trajo a la sociedad la filosofía de la Ilustración. Pensaba que todo el mundo tiene posibilidades de llegar a lo más alto de la escala social si trabaja duro y vence la inmadurez. Hay que decir que Nietzsche era

En base a esta ideología excluyente de Vallejo, para el que "*si uno no trabaja es porque no quiere*", sin más matiz sociológico, y negando base genética alguna en las conductas, él propone como único camino la "*represión*" de esas conductas infantiles y degeneradas. Y dentro de esa represión, Vallejo alertaba de que **a los niños no se les podía dejar crecer en esos** "*ambientes y creencias democráticas y republicanas, pues esos factores ambientales conducen a la degeneración del biotipo*".[111]

Ya tenemos los cimientos intelectuales del robo de niños. Principios que se encargó personalmente de transmitir a los funcionarios de prisiones, pues se incorporó al programa de formación de la D.G. de Prisiones, dando los cursos y sus lecciones "magistrales" en la Clínica Psiquiátrica Militar de **Ciempozuelos.**

Hay que decir que la enajenación mental de este señor no fue transitoria. Su hipótesis de que la fealdad física correspondía con los complejos de resentimiento social y que un cuerpo equilibrado y la belleza física corresponden a la nobleza y la inteligencia de la aristocracia, le llevó a dedicar un capítulo de su libro a "**La sonrisa de Franco**". Vallejo comparaba las características físicas de **Azaña** o **Negrín** en relación a las de Franco y éste, naturalmente, salía victorioso pues "*su sonrisa equilibrada atrae a los seguidores del bien*". Hay gente que no supo salir del armario, evidentemente, y toda su frustración sexual la volcó en hacer el mal al prójimo.

Los estudios de Vallejo en el famoso Gabinete, se centraron en los combatientes internacionales, los presos políticos marxistas, las presas rojas y los combatientes nacionalistas vascos y catalanes. Es una enumeración, en realidad, de sus obsesiones primarias (junto al sexo): extranjeros, mujeres, nacionalismo y marxismo.

Como suele suceder en este tipo de estudios, él tenía los resultados prefijados para demostrar:

-   La inferioridad mental de los partidarios de la igualdad.

-   La perversidad de los regímenes democráticos que promocionan a los fracasados a partir de políticas públicas subvencionadoras.

---

hijo de un Pastor luterano muy acomodado, pues estaba a sueldo directo del Duque de Sajonia, y jamás tuvo dificultad alguna para estudiar y ascender en esa escala social.

[111] Vallejo llega a proponer la creación de una nueva Inquisición, modernizada y adaptada al siglo XX, pero igual de rígida y austera.

- La brutalidad del fanatismo izquierdista.

- La correspondencia física entre fealdad e inferioridad moral y maldad.

Por supuesto, teniendo claras las conclusiones, también tenía claro el tratamiento: esa **inferioridad moral y mental había de combatirse con el adoctrinamiento religioso y patriótico a los adultos, y la segregación del ambiente familiar nocivo para los niños**.

Especial prejuicio tenía Vallejo con la mujer, a la que consideraba con mayor perversión moral y sexual que el varón, y con inmensa capacidad para ser cruel. Lo que ocurre es que los resultados de sus test con las mujeres de la prisión de Málaga no salieron, para su sorpresa, cien por cien como él esperaba; se encontró con un alto porcentaje de mujeres que provenían de clases medias acomodadas, con estudios y cultura por encima de la media, con vidas laborales en el sector terciario (oficinas, escuelas, comercio), con escritoras... En fin, un error de cálculo, pues él pensaba siempre en una especie de lúmpen proletariado iletrado y salvaje.

Pero le daba lo mismo: sus conclusiones eran las buenas. Y su filosofía se llevó a las cárceles a través de funcionarios y funcionarias torturadoras (como la famosa **Topete** en la cárcel de Ventas y la Cárcel de Madres lactántes) y las damas del **Auxilio Social**, amén de las órdenes religiosas femeninas, monjas realmente depravadas y degeneradas.

Todo ese cuerpo teórico disparatado y cruel venía a tener reflejo en la normativa. Ya en marzo de 1940 (30 de marzo) el Mº de Justicia lanza la Orden que otorga a las presas el "derecho" de tener a sus hijos, para la crianza y lactancia, hasta la edad de 3 años. Parece un derecho, pero está advirtiendo de que cuando lo tenga criado, de sobrevivir en aquellas condiciones, se les iba a quitar la criatura. Y se comenzó inmediatamente el desalojo de los hijos de los presos, su trasiego a otras cárceles o Centros religiosos bajo la figura del "**Destacamento Hospicio**". Todo bajo la supervisión de la D.G de Prisiones, cuyos directores, en esos momentos, fueron **Esteban Bilbao Eguía** y luego **Eduardo Aunós Pérez**.

Ninguno de esos miles de niños nacidos o criados en las cárceles había sido registrado en los Registros de Entrada de los centros penitenciarios. La ausencia registral, evidentemente, no se debía a una negligencia burocrática, sino a un deseo de ocultación del hecho, para posterior "direccionamiento arbitrario" de los pequeños.

166

El destino primero más habitual, era llevar a los niños a la red de centros asistenciales de la Falange y de la Iglesia. El régimen no escondía demasiado esa apropiación: el propio **Patronato de la Merced**, tantas veces aludido, publicaba en sus revistas artículos que hablaban de que "***miles de niños han sido arrancados de la miseria material y moral de sus progenitores y van acercándose al Nuevo Estado y su protección***".

Monjas de La Merced con hijos de presas

El resultado es que en 1942, hasta donde se ha podido ver en archivos, había 9.500 niños arrancados de brazos de sus madres; en 1943 ya eran 12.042 niños (más del 60% niñas, preferidas de las monjas). El propio Mº de Justicia creó ese año de 1943 el **Patronato de San Pablo**, para la gestión de todo lo que tuviera que ver con "*los hijos de los reclusos rojos*"[112]. Era todo un proyecto fascista de reeducación masiva con los más débiles, los hijos de los perdedores que no tuvieron posibilidad alguna de defensa. Esa reeducación llevó a miles de niñas, ya en seminarios y escuelas religiosas, a no querer saber nada de sus progenitores biológicos, al haberles sido inculcado a fuego que "***sus padres eran unos criminales***"; "***he renunciado a padre y madre, prefiero tomar los hábitos***", decía una de las novicias.[113]

---

[112] Vinyes, R. Armengou, M. Belis, R. (2002) "*Los niños perdidos del franquismo*". RBA. Barcelona.
[113] García, Consuelo (1983) "*Las cárceles de Soledad Real*". Ed. Alfaguara. Barcelona.

En noviembre (23) de 1940 se había emitido un **Decreto**, por el se concedía la tutela de los menores al Estado. Ello, aparte de arbitrario, era necesario para ultimar sus planes. El art. 1 otorgaba la tutela al Estado de todos los menores de 18 años y el art. 3 **posibilitaba que el cuidado y guardia del menor pudiera ser llevado a cabo por personas de reconocida moralidad**. Consumado el robo, por tanto.

El proceso juridico para afianzar "esta labor" continuó en 1941 con la Ley (4/12/1941) por la cual se permitía inscribir en el Registro Civil a todos estos niños, bajo los criterios que marcaran los Tribunales de Menores; ello abrió la puerta al **cambio de nombre de los hijos** de los presos, fusilados y exiliados, el inicio de las adopciones irregulares y el **camuflaje** total del pequeño para dificultar, si era el caso, la búsqueda por parte de los auténticos progenitores o sus familiares.

La documentación del menor era alterada (partidas de nacimiento, de haberlas) para impedir que los padres pudieran seguir el rastro. Y si esas personas, de moralidad intachable, tenían alguna duda en el proceso de adopción, la Iglesia les asesoraba. El capellán de la Casa Cuna de Sevilla (Juan Gardío) enviaba una octavilla a su feligresía: "***os aclaro las indicaciones de la Superiora y de la Diputación... no digáis ni una palabra... si queréis que la niña no aparezca con vestigio alguno... en el Palacio Arzobispal se arreglarán los documentos de la prohijación***"[114].

Persecución en el extranjero.

La obsesión por los "niños de la República" fue tal, principalmente en Falange, que los buscaron en el extranjero. Cuando el avance alemán en Rusia, durante la Segunda Guerra Mundial, hubo situaciones en las que algunas Colonias de niños españoles evacuados, tuvieron que huir hacia el Cáucaso para alejarse del frente. En agosto de 1942 una de esas Colonias fue capturada (solo una parte), por un destacamento nazi; más de veinte niñas y adolescentes fueron conducidas a Berlín. En enero de 1943 fueron enviadas a Madrid, con uniforme de Falange. La prensa del Movimiento hizo un gran despliegue sobre ese "retorno".

---

[114] Vinyes, R. Armengou, M. Belis, R. Op. cit.

Un informe del Servicio Exterior de Falange Española, aseguraba haber tenido acceso a la documentación sobre las colonias infantiles republicanas: había 11.771 niños repartidos principalmente en Francia y Méjico, a los que la Falange buscó de forma denodada. En ocasiones con éxito, pero siempre por entregas del ejército alemán que avisaba al gobierno español.

A partir de 1943 la Falange comenzó a encontrarse con un obstáculo, tal vez inesperado para ellos, la negativa de los padres a firmar las peticiones oficiales de retorno, sin la cual ningún país aceptaba el proceso legal de repatriación. Por otra parte, las familias de acogida, en Francia, Bélgica, México o Guatemala, conocedoras de que el retorno era un infierno donde los padres de esas criaturas habían sido maltratados, comenzaban a poner todo tipo de trabas. Ello llevó a Falange a utilizar "**medios extraordinarios**", a veces esperpénticos, para la repatriación forzada de los niños: "*algún policía sobornado nos ha resuelto el caso... obtenido el menor, es conducido lo más próximo a la frontera, o a algún buque español, o hasta nuestra zona en Marruecos, entregándolo a nuestro delegado, que ya comunica a Madrid la llegada del menor repatriado*"[115].

No les importaban los niños. Para el Régimen era una faceta más de su universo represivo. Se fusilaba al padre; la madre era conducida a una prisión, con sus niños, si los tenía; luego se los quitaban, como forma suprema de crueldad. Qué cosa peor se puede hacer a unos padres que quitarles, robarles los hijos. Cuando se habla de genocidio franquista es porque lo fue, y quizá de los más graves de la historia humana. En conjunto se estima en 50.000 niños los que la autoridad republicana evacuó a distintos países, para ponerlos a salvo de la guerra. A Rusia llegaron 7.000 niños, de los cuales fueron repatriados en 1956 el número de 2.622 menores (de esos, solicitaron la vuelta a la URSS unos 500).

Avanzado el tiempo, las monjas continuaron con el sistema, pero las madres ya no era presas políticas o esposas de rojos, aunque las víctimas seguían perteneciendo a la clase social de los "vencidos": matrimonios humildes con varios hijos, madres solteras con entornos que propiaciaban el robo del bebé, hijos de jóvenes de correccionales, etc[116].

---

[115] Archivo de F.E Servicio Exterior, recogido por Vinyes, R. Armengou, M. Belis, R. Op. cit.

[116] Duva, Jesús. Junquera, Natalia. (2011) *"Vidas robadas"*. Editorial Aguilar. Madrid.

Correccionales para insurrectas

La mujer fue una obsesión permanente para el régimen fascista de Franco. La connivencia con la Iglesia Católica, ese **nacionalcatolicismo**, fusionó el ánsia política (principalmente de Falange) por el control de la mujer, con la depravada mirada religiosa hacia la mujer, a la que concebía como objeto de deseo, por tanto de pecado, obsesionados por la sexualidad y su control. Control, control... Por un lado la mujer había de ser patriota, a ser posible de la Sección Femenina, buena esposa, reproductora y, por otro, casta y sumisa al marido. La sexualidad como eje central de la femeneidad: ser pura y llegar virgen al matrimonio; ser, en el hogar, la fuente de placer para el marido; socialmente, tener hijos para engrandecer al régimen. La Iglesia y Vallejo Nágera, cuánto dañoi.

Y todo ese control se canalizó a través del **Patronato de Protección de la Mujer**. Su primer antecedente data de 1902 con la creación del Real Patronato para la Represión de la Trata, presidido por la Infanta María Isabel de Borbón. En 1931 la Segunda República pasa sus competencias a la Central de Protección de la Mujer; en 1935 se abolió la prostitución (gobierno derechista) y las funciones de la Comisión pasaron al Consejo Superior de Protección de Menores. Apenas funcionó por la irrupción del fascismo.

En la parte franquista, ya en 1937, a instancias de Mercedes Sanz Bachiller[117] (viuda de Onésimo Redondo) se crea el Servicio Social de forma obligatoria, pues "*se necesitan todas las manos*", y que afectará a todas las mujeres entre 17 y 35 años.
El 6 de noviembre de 1941, dependiente del Ministerio de Justicia, nace el Patronato de Protección de la Mujer con el fin de "***dignificar la moral, apartarlas del vicio y educarlas con arreglo a la religión católica***". Como presidenta se colocaba a Carmen Polo de Franco. A su lado, la cúpula de la institución: el Obispo de Madrid-Alcalá, la delegada de la Sección Femenina de FET-JONS, la presidenta de Acción Católica, delegado del Patronado de la Merced de Redención de Penas, y representantes de los gremios médico, psiquiatras y dentistas. Todos estos son los que iban a velar por la dignidad de la mujer pues,

---

[117] Sanz Bachiller, que se había criado en un internado, será una de las fundadoras del Auxilio Social.

decían, *"el gobierno Nacional del Nuevo Estado se encontró con las instituciones en ruina moral... por el laicismo y desenfreno marxista"*[118].

Se iniciaba, viendo la declaración de principios, una época muy dura para cualquier mujer que se saliera del rancio prototipo de la Iglesia y el régimen: madre de familia, dedicada a sus labores, a la crianza de los hijos y sumisa al marido. Si eras mujer joven, te gustaba salir, tener inquietudes, más si estas eran progresistas, o te quedabas embarazada siendo soltera (qué escándaloii) ya sabías que te ibas a topar con el Patronato y uno de sus reformatorios, donde trabajarías gratis, fregarías el suelo de mármol de rodillas, te infra alimentaban y, si parías, no volverías a ver a la criatura.

Solamente los años 1944 y 1945, fueron internadas en este tipo de "institución" 39.960 jóvenes mujeres[119]. Internadas para el **"mejoramiento moral de las costumbres en base al engrandecimiento de la Patria"**. Eufemismo que significaba: control de métodos abortivos, de la homosexualidad femenina, incestos, violaciones en la casa, estupefacientes, vigilancia de bailes y cines, y de matrimonios inapropiados... Como se ve todo alrededor de la mujer, que era, siguiendo las enseñanzas de Nágera, un ser mucho más peligroso que el hombre. Como se ve no se cita la prostitución, que se considera asumible, un mal menor (había que dejar a los señores un márgen para aliviar sus necesidades).

El espectro de edad de las chicas era entre los 16 y los 21 años, en general, pero el Patronato, que tenía la tutela legal de las ingresadas, gobernaba sobre ellas hasta los 25 años de edad. Las jóvenes llegaban al Patronato, por varias vías: normalmente, a partir de decisiones judiciales de los Tribunales de Menores, pero también a petición de los padres de la chica (intervenciones particulares); entrega de la niña a un centro por ser muy pobre la familia, como si fuera un colegio de beneficiencia; también por detenciones policiales o por informe de las **Celadoras** del Patronato[120].

Para pertenecer al cuerpo de Celadoras había que ser mayor de 30 años, creyente, adicta al régimen y pasar una oposición con temas de moral, psicología y legislación social. Sus funciones: señalar a jóvenes que vieran o creyeran

---

[118] Momito, Andrea (2024) *"Las lesbianas eran vigiladas a sangre y fuego"*. Rev. Público. Madrid

[119] Datos de 2008 del Juzgado de Instrucción n.º 5 de la Audiencia Nacional cuyo Juez era Baltasar Garzón.

[120] Guillén Lorente, Carmen (2018) *"El Patronato de Protección de la Mujer: prostitución, moralidad e intervención durante el franquismo"*. Tesis. Universidad Pública de Murcia.

desvariadas; vigilar a las que estaban en semilibertad y acompañar en los traslados de las internas. A partir de los años 70, las celadoras fueron sustituídas por las "**Visitadoras Sociales**", mujeres muy religiosas de moral contrastada.

Dirigentes del Patronato en su fundación.

El funcionamiento a nivel estatal era regido por la Junta Nacional, que se descargaba territorialmente en las Juntas Provinciales del Patronato. En 1952 hubo cambios legislativos y se ampliaron las funciones, lo que conllevó un aumento enorme de los ingresos en los correcionales. En 1961 se crearon los **C.O.C.**, Centros de Observación y Clasificación: una Celadora daba parte a la policía sobre una muchacha, la detenían y la llevaban al COC; allí era reconocida para ver si era virgen o no (si estaba *entera*, en su argot); si estaba embarazada era llevada al centro de **Peñagrande** (Peñagorda lo llamaban las internas) que ejercía de maternidad de las descarriadas; si era problemática, a otros centros de reeducación, dirigidos todos por congregaciones de religiosas; si presentaba síntomas de trastorno de conducta grandes, o era una chica "rebelde", o se había escapado antes... era conducida al **Psiquiátrico de mujeres de Ciempozuelos** (el verdadero temor de las chicas era acabar allí), también regido por monjas del Sagrado Corazón de Jesús (Hospitalarias).
El COC central en Madrid estaba en la calle Arturo Soria (zona discreta) y era regentado por Trinitarias.

Las monjas, en todos los testimonios de las mujeres que pasaron por estos centros, aparecen como las malas de la película, muy malas. El trato era vejatorio con contínuas frases de "*cachorras sin domesticar*", "*habéis matado a Jesús*", "*pecadoras*", "*viciosas*" (sobre todo si eran lesbianas). Un testimonio[121] de una de las chicas que estuvo en multitud de centros (Gallarta y Palencia entre otros) recuerda las reglas del centro: "P*rimera: os enseñaremos a alejar la tentación para estar en continuo estado de gracia. Segunda: Haremos de vosotras unas mujeres de provecho; Tercera: las señoritas no deben cruzar las piernas*" (irrisório si no fuera tan penoso). Luego las sacaban al patio a cantar el **Cara al Sol** y, por supuesto, al entrar en las aulas se saludaba a la monja con "***Arriba España, hermanaii***". Hay que decir que **Fátima** (nacida en 1962), la joven que cuenta esto, fue internada por sus padres: su padre enviudó y se casó con una señora del régimen, una fascista de la Sección Femenina de Bilbao; esta madrastra no aguantaba a la chavala y convenció al padre para que fuera internada en un centro del Patronato, en Gallarta.

Sí, la verdad es que las monjas no salen bien paradas en los recuerdos de estas mujeres. Cuenta **Mariaje López**[122], que estuvo interna en las **Oblatas** del Santísimo Redentor, en el centro que tenían en Carabanchel, Palacio de Eugenia de Montijo: "*salí totalmente destruída como persona; el adoctrinamiento religioso y político era brutal, era un adoctrinamiento para que fuésemos esclavas del marido, de nuestros hermanos y de la sociedad al completo; perfectas franquistas y perfectas cristianas, católicas y apostólicas. **Se te hacía un lavado de cerebro total**"* (estuvo de 1964 a 1970).

El centro de las Oblatas en Carabanchel tuvo un sospechoso incendio, al parecer, en 1969 y la congregación se trasladó a unos edificos modernos en las proximidades. Allí siguen "atendiendo" a jóvenes víctimas de trata. Estas monjas, que ya no visten hábito, y que van a marchas del 8M, obligaban a las niñas a vestir un babi gris y unas alpargatas, en sentido de perfecta despersonalización, a fregar suelos y escaleras de rodillas y a trabajar en la confección de trajes para niños, en lo que se puede denominar, también, de trabajo esclavo. Yo mismo, en el instituto de secundaria, he sido compañero de algunas de estas chicas de las Oblatas del centro de Ciempozuelos, la casa madre de la congregación fundada por un Obispo dimisionario, José María Benito Serra y una noble, Antonia de Oviedo, institutriz de María Cristina de Borbón y duquesa consorte (D. de Riansares). Qué pena no haber sabido, entonces, algunas de estas cosas y haber confraternizado más con aquellas compañeras del batín gris.

---

[121] Díez, Fátima (2023) *"La gravedad de las lágrimas"*. Autoedición.
[122] López, María Jesús (2018) *"Por caridad"*. MAR Editor. Madrid.

En 1965 había 41.355 mujeres jóvenes en los distintos centros del Patronato, según la historiadora Cármen Guillén.

Palacio Eugenia de Montijo. Carabanchel. Sede del centro de las Oblatas en Carabanchel

Son muchas las congregaciones de religiosas que vivieron y se financiaron del Patronato: Cruzadas Evangélicas, Trinitarias, Terciarias, Oblatas, Adoratrices, Hospitalarias del Sagrado Corazón. Pero encontrar datos es muy difícil; las congregaciones son herméticas y se ha destruído mucho; el archivo central de la Junta Nacional del Patronato sufrió una devastadora inundación; algunos archivos de las Juntas Provinciales han tenido incendios; algunos de los centros, como el de las Oblatas, también. Mucho siniestro, verdad[123].

Curiosamente, algunas de estas órdenes, han sido premiadas por su labor (i): en 2005 las Hijas de la Caridad de San Vicente de Paúl, obtuvieron el pemio Príncipe de Asturias a la Concordia. Recordemos que una de sus más conspícuas monjas, sor María Gómez Valbuena, fue encausada posteriormente en un proceso por **robo de niños**; antes había sido represora y "educadora de mujeres rojas" en la cárcel. También, en 2015, las Adoratrices, congregación creada por una Vizcondesa, recibieron el Premio a los Derechos Humanos Rey de España. Tremendo el dolor, en esos momentos, de todas las mujeres que pasaron por sus internados. Y, mientras, las víctimas aún se niegan a hablar; muchas de ellas no

---

[123] Escolar, Ignacio (2009) *"Los archivos quemados del franquismo"*. Escolar.net (El principal era el Archivo Central del Movimiento, que se concentraba en Barcelona y que ordenó quemar Martín Villa).

lo han contado posteriormente ni a sus maridos e hijos; el miedo, más bien pavor, se lleva en el alma. **Y todas estas víctimas, sin reconocer por el Estado, sin recibir reparación alguna**. Habría que recordar que, aunque no tengan muertas en las cunetas, pasaron un verdadero infierno, del cual muchas escaparon por medio del suicidio.

Lo de no poder hablar y denunciar, no es el caso de **Consuelo García del Cid**, que está dedicando su vida a denunciar esos maltratos, mediante una serie de libros muy bien documentados. Consuelo nació en Barcelona en 1958 en el seno de una familia burguesa bien posicionada, perteneciente al Opus. La chica les salió rana a los papás, pues manifestaba claramente opiniones de izquierda. Cuando, en marzo de 1974, es asesinado el activista anarquista **Salvador Puig Antich**, mediante el tremendo método del garrote vil, Consuelo fue una de los jóvenes que llenó las calles de Barcelona en protesta por el asesinato, uno más de Franco. Detenida en una de esas protestas, su santa familia se conjuró de que eso no volvería a pasar. Consuelo narra cómo un día, estando en su casa, llegó el médico de la familia, también del Opus, que procedió a "vacunarla" de no se qué. Ya no recuerda nada más; se despertó en Madrid en un centro del Patronato, lejos de casa, siguiendo esa política de dispersión geográfica que tanto gustaba a la institución. Por favor, lean alguno de los libros que esta valiente mujer ha publicado[124].

Consuelo García del Cid cuenta tremendas historias en las que, desgraciadamente, sale mi pueblo y el psiquiátrico de mujeres de Ciempozuelos. Narra muchos casos; veremos alguna muestra pues, al final, se parecen en el resultado:

Una chica de 18 años ingresa en el reformatorio del Pilar; después de evaluación psicológica se explica que: "*tiene una inteligencia superior a la media... una gran capacidad deductiva... grandes dotes artísticas y gusto por la estética... El elevado nivel de inteligencia, su manera de ver la realidad, no cual es... hace presumir que será muy difícil su adaptación social...* **hay que extender certificado de enferma psíquica**". Así se hace y es conducida a Ciempozuelos con la siguiente carta: "*ha estado en este reformatorio dos veces, fugándose en la primera ocasión; problemas de identificación con sus padres... actitudes histeroides; pseudointento de suicidio.... Consideramos oportuno su traslado al Hospital Psiquiátrico de Ciempozuelos*". Y lo visan dos médicos i.

---

[124] García del Cid Guerra, Consuelo (2021) "*Las insurrectas del Patronato de Protección de la Mujer*". Ed. Anantes. Sevilla.

176

La mayoría de los informes hablan de débiles mentales (no en el caso anterior), de oligofrénicas, de histéricas. Pero aunque son así catalogadas, no se las envía a Ciempozuelos porque, en general, no son problemáticas y hace falta la mano de obra en los distintos talleres. **Las que acaban en Ciempozuelos son las rebeldes, las que los centros no saben qué hacer con ellas**, las que se escapan, las difíciles, las que ya "*se considera que necesita de tratamiento farmacológico*", muletilla que aparece en muchos informes. Había que doparlas, y para eso estaba el psiquiátrico: terapias convulsivas y electroshock, medicamentos anuladores de la personalidad y la actividad, terapias ocupacionales, en su caso.

De Ciempozuelos se habla en todos los centros de España como un destino final sin posible regreso. Ninguna volvía de Ciempozuelos. Quien mejor ha descrito la situación que se vivía en el ***Pabellón de las Patronatas*** es **Guillermo Rendueles**, psiquiátra que trabajó unos años en Ciempozuelos muy cerca de estas chicas con problemas[125].

Habla Rendueles del "horror institucional", de todas aquellas chicas que, por orden judicial del Patronato, ingresaban en el Manicomio y que la legislación preveía que debían continuar ingresadas hasta que su "enfermedad mental" se curase. El Patronato era una especie de institución parapolicial de defensa de la moralidad femenina: entre sus funciones la de informar al gobierno sobre el estado de moralidad de cada municipio a través de los prebostes de las Juntas Provinciales y ese confuso voluntariado de activistas patrióticas y de los sectores femeninos de la Falange.

Asegura Rendueles, que lejos de la hipótesis del buen pueblo español resistente al franquismo, los españoles llegaron a interiorizar esa ideología moralizadora de lo femenino y que "***el reclutamiento de las patronatas nos descubre con nitidez ese proceso de amor al amo que logró la dictadura***". Solo desde ese punto se puede enteder la delación constante, que los padres pideran el ingreso de sus hijas o que el conjunto de la sociedad hablara de escándalo cuando una joven quedaba embarazada, y se la denunciara. Son causa de denuncia los métodos abortivos de las criadas y la incapacidad de los padres para llevar a sus hijas por el buen camino. Un totum revolutum de imposibilidad familiar para el cuidado, derrota de la capacidad educativa e interiorización de la vergüenza coexisten en las denuncias y solicitud de auxilio al Patronato.

---

[125] Rendueles Olmedo, Guillermo (2007) "*Las patronatas del manicomio de Ciempozuelos*". Dentro del libro "*Narraciones sobre violencia de género*". Editorial Virus. Barcelona.

En el Manicomio de Ciempozuelos había un pabellón para las "patronatas" que contenía los bajos fondos, a pesar de que se les pusiera habitación individual para "evitar contagios" entre ellas. Aquél apelativo de patronata significaba un insulto: puta, perversa sexual, viciosa, hija de familia degenerada; pero nadie eludía su pronunciación. Por eso, para las monjas, el culmen de su trabajo, la chica modelo, es la que llegaba como patronata, incorporaba los "valores de la casa" e incluso, en su punto más álgido, expresaba vocación religiosa.

Pero, en realidad, el motivo real de las llegadas a Ciempozuelos y su etiquetado psiquiátrico, eran precisamente actos de desorden institucional: peleas con otras pacientes, agresiones a religiosas, autoagresiones, robos pequeños; *todo ello era reconvertido en síntomas psiquiátricos de alteración de la personalidad*.

Las monjas-enfermeras, tenían la convicción de que aquellas chicas eran irrecuperables, hecho que se traslucía en sus continuas sonrisas irónicas cada vez que hablaban los psiquiátras de laborterapia u otros métodos de rehabilitación. Por eso, las monjas prescribían, por su cuenta, con cierta habitualidad, la incomunicación de la chica o incluso el encadenamiento dentro de su habitación. Se les iba la mano, porque lo habitual es que llegaran chicas "incorregibles", incapaces de aguantar la escuela o el catecismo, pasadas por varios centros y cuyo fin era la fuga en el primer momento que pudiera.

Muchas de estas chicas se fugaban y, como no tenían realmente dónde ir, volvían a casa de los padres. Estos, aguantaban unos días, pero al menor desliz volvían las palizas a la menor y llamaban a la Guardia Civil y la benemérita les conducía nuevamente al frenopático. Narran muchas de ellas que era, quizá, el peor momento de sus estancias, cuando veían reingresar, de mano de los guardias, a una compañera. Se le hundía el mundo. Por otra parte, la historiadora Tatiana Romero, experta en represión corporal sobre las mujeres, escribe: "***sí, sabemos que, al menos en el primer franquismo, todas las mujeres eran violadas por la Guardia Civil, antes de ser puestas a disposición del Juzgado de Menores, cárcel o psiquiátrico***"[126].

Yo personalmente he visto fugarse del manicomio a varias de estas "patronatas". Vivía frente a una de las tapias del psiquiátrico, quizá por donde era más baja por el interior, y saltaban y echaban a correr como gamos. Algún vecino se encargaba de avisar a la "Portería" o entrada y control del sanatorio, de donde rápidamente salía un comando de varias monjas jóvenes que, arremangándose los hábitos, corrían tanto o más que la fugada. Pocas veces tenían éxito. Salvo en esa ocasión,

---

[126] Romero, Tatiana (2024) *"Represión corporal sobre las mujeres en las dictaduras"*. Rev. Público

en que el propio Dr. Rendueles ayudó a una chica a escapar (lo cuenta él en el texto que hemos reseñado: venía al hospital desde Madrid, donde había estado en unas protestas por la ejecución de Puig Antich; venía harto de franquismo y se le ocurrió protestar a su manera, dando la libertad a una de las muchachas).

Las relaciones entre el Patronato y el Manicomio de Ciempozuelos eran muy fluidas. Entre 1940 y 1972 fue director médico el Dr. Narciso Rodríguez Pino[127], que era a la vez jefe de servicio en la Mutual del Clero Español y psiquiatra asesor del Patronato de la Mujer: todo quedaba en casa. Dentro de la institución, ni médicos ni cuidadores, las que ejercían el poder real eran las monjas; de ellas dependía la cotidianidad de la institución; ganar o perder prebendas mínimas (poder llamar por teléfono a la familia, conservar una caja de fotos y recuerdos, o pasar seis horas pelando patatas en la cocina) dependía de la monja respectiva. Incluso, había muchas chicas que no se apuntaban a nuevos métodos (charlas, docudramas...) de los psiquiatras bien intencionados, si veían que la monja había puesto morro de que aquello no le gustaba.

Instituciones grises, que maltraban a la gente, en una España en Blanco y Negro. El franquismo lo subsumió todo, hasta el trato correcional de menores; nada parecía importante, solo mantener el orden y que nadie respirase más fuerte de lo debido.

Estas chicas que sufrieron al Patronato que teóricamente las debía "proteger", son víctimas también del fascismo franquista y el conglomerado institucional que nos aplastó demasiado tiempo, haciéndonos un pueblo sumiso y denunciante, en muchos casos.

---

[127] El Dr. Rodríguez Pino formó parte del Tribunal que otorgó la primera Cátedra de Psiquiatría en España al infausto Vallejo Nágera, en competencia con López Ibor.

Familias masacradas (La mía)

Penosísimo (penalísimo) árbol familiar

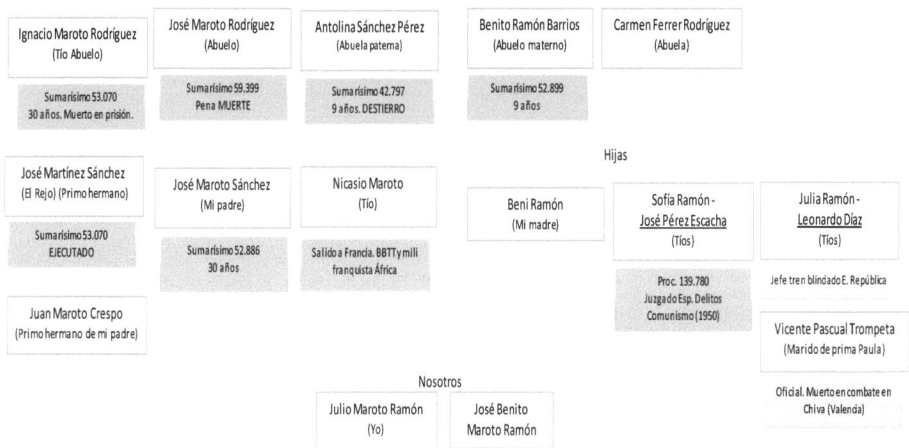

Y aunque no figuren en el árbol, hay más familires que sufrieron:

Parientes por parte de mi padre: José Martínez Sánchez, primo, fusilado; Agapito Martínez Sánchez, cárcel; Juan Maroto Gutiérrez, cárcel; Balbino Sánchez, sin datos.

Parientes por parte de mi madre: Claudio Bernardo Barrios, cárcel; Agustín Barrios Ortíz, muerto en un campo nazi; Pablo Blanco Barrios, cárcel; Anastasio Barrios Amores, muerto en la cárcel; Bonifacio Barrios Pascual, muerto en la cárcel; Vicente Pascual Trompeta, marido de la nuestra prima Paula Rodríguez Barrios, muerto en el Hospital de Campaña del XVI Cuerpo de Ejército, en Valencia; caído en combate, en Chiva, donde protegía un aeródromo. Coincidió en múltiples frentes y situaciones con mi padre, en el Frente de Levante, sobre todo, pues la 217 BM de Vicente anduvo muy a la par que la 216 BM de Pepe, ya desde su creación en Daimiel una, en Valdepeñas la otra.

181

Quizá, viendo este pequeño árbol familiar, donde la mitad, o más, estuvo en la cárcel por ser de izquierdas, quede validado el título de este libro: famílías masacradas.

Cuando hablamos de familias masacradas, no nos referimos a entelequias difusas, sino a realidades, en este caso de nuestro ámbito familiar. Buena parte de la familia pasó por campos de concentración, batallones de trabajo esclavo y cárceles. Ninguno optó, curiosamente, por el exilio. Su pertenencia al pueblo de Ciempozuelos parece genética, inquebrantable, firmada a fuego.

Fueron machacados en su pueblo, pero a él volvieron una y otra vez, unos y otras. Para muchos de nosotros, de generaciones posteriores, tal vez más habituadas a la movilidad geográfica, nos parece que ese sentido de pertenencia al pueblo donde nacieron es atávico. Algo, tanto del pueblo, el entorno como la llamada de sus ancestros, les impidió salir e ir a buscar mejor vida y más libertad en otros confines. Algo, realmente, increíble para mí.
Por eso, sin ser exhaustivos, veremos algo sobre ese imán llamado Ciempozuelos.

El nacimiento de Ciempozuelos y el apellido MAROTO

Me van a permitir una licencia e irme varios siglos atrás, en modo *fláshbak*, para contar cómo nació Ciempozuelos y cómo apareció en este pueblo el primer **Maroto**. No en signo de ego por el apellido, sino en el deseo de conocer los orígenes de todos nosotros, los habitantes del pueblo.

El área geográfica del actual Ciempozuelos ha estado habitada desde la Prehistoria. Así lo demuestran todo tipo de hallazgos, desde huesos a herramientas líticas y luego cerámica de uso doméstico o funerario, como el afamado vaso campaniforme, encontrado frente al cerro Castillejo en 1894 durante la obra de construcción de la carretera de Seseña a San Martín de la Vega. Se trataría de poblaciones nómadas que periódicamente pasaban temporadas en nuestra tierra.

Restos abundantes hablan de la posterior presencia de los romanos, teniendo a Titulcia como centro. Profusos restos entre los que llega a destacar un monumento dedicado a **Sexto Prisco**, un senador romano que vivió a caballo del siglo I al II, amigo de Plínio el Joven y que, después de haber sido Proconsul en tierras de Ásia, recalaría en nuestra vega. Es el momento en que el asentamiento romano se conocía como **Ischadia**, no se sabe bien si por haber muchos romanos procedentes de la isla de Ischia o por la existencia de numerosas higueras, tomando el nombre de la acepción griega "*tierra árida de higueras*" que se decía de la misma forma[128].

Poco se sabe del periodo visigodo. La descomposición del Imperio Romano en el siglo IV abre nuestra tierra a poblaciones bárbaras, siendo los visigodos los predominantes en la zona (ante otros pueblos como Suevos, Alanos, Bizantinos...) y los que se asentarían sobre tierras y casas de labor anteriormente romanas. Sin gran presencia, según parece, y dentro de una economía agraria prácticamente de subsistencia.

En este mundo visigodo, la muerte del rey **Witiza** en el año 710, abrió una guerra civil entre la nobleza, por la sucesión en la corona; de una parte los partidarios de continuar con la dinastía, de otra los partidarios de **Roderico**, más conocido como Don Rodrigo. Los enemigos de Rodrigo pidieron ayuda, a través del señor de Ceuta, a los árabes omeyas del norte de África, que acudieron prestos. Rodrigo

---

[128] Sánchez, Francisco A. (2004) *"Ciempozuelos paso a paso. Guía ilustrada"*. Edición del Ayto. de Ciempozuelos.

se enfrentó a las tropas árabes en julio del año 711, a las orillas del rio Guadalete, y según las crónicas perdió la batalla y la vida, a manos de las huestes del general **Tariq ibn Ziyad**. La derrota propició la caída del Estado visigodo y la progresiva y rápida toma de la península por los omeyas.

Sobre el año 720 se piensa que, en el sitio actual de Ciempozuelos, ya existía un asentamiento musulmán poco numeroso, quizá de varias familias; pero no en la Vega sino en la cota actual del pueblo, a resguardo de las contínuas avenidas de los rios que nos atraviesan. Puede ser la época, según los estudios realizados[129], en que se comenzó a construir el trazado de lo que conocemos como minas, que no es otra cosa que el encauzamiento de las aguas subterráneas para su aprovechamiento en el riego de los huertos existentes. Porque Ciempozuelos no tiene agua propia, pero la recibe. Estamos en el declive de toda la meseta de La Sagra (madrileña) y el desnivel juega a nuestro favor. La altitud media del pueblo es de 567 metros, y la de Griñón 671 m., Torrejón de la Calzada 630 m., Valdemoro 615 m., Torrejón de Velasco 605 metros. Esa diferencia de nivel, que no es mucha sirve, sin embargo, para que el agua se filtre y vaya resbalando tranquilamente hasta niveles freáticos contíguos al pueblo: es el caso de "Los Pocillos", la "Fuente de Palomero", "Buzanca" o el propio Arroyo de San Cosme, que discurre de Norte a Sureste de la población. Incluso, desde donde comienzan las conocidas como Minas, al oeste de la población, hasta el nivel de la estación de ferrocarril, hay 100 metros de desnivel. Caída que aprovecharían los musulmanes para recoger aguas y llevarlas, por canales subterráneos, hacia donde parece estaba la mayoría de "Los Huertos", al sureste. La pega es que es un agua, por las tierras de piedra de yeso que atraviesa, muy dura y poco apta para ser bebida.

La configuración de la red de minas o canales subterráneos de Ciempozuelos es idéntica al conocido sistema de Qanats[130] (canales) del mundo musulmán, ampliamente conocido en Asia Menor y norte de África, incluso en otras zonas de

---

[129] Barrios Martín, Joaquín (Dtor. del Departamento de Prehistoria de la U. Autónoma de Madrid) Núñez Herrero, Mario, y Murillo Fragero, José (ambos investigadores arqueológicos de ARQA SL) (2004) *"Estudios y catalogación del antiguo sistema de abastecimiento hidráulico de Ciempozuelos. Origen y transformación de las minas o galerías subterráneas"*. Ed. Ayto. de Ciempozuelos.

[130] Qanats: del árabe, canal. Canal subterráneo para la captación de agua que es conducida o a un aljibe o se da salida al exterior; es el caso de Ciempozuelos, donde al final las aguas se juntan con las del Arroyo San Cosme. La técnica es originaria de Persia, donde se usaba profusamente en el siglo I.

España; en el mismo Madrid hay muchas corrientes subterráneas canalizadas. El sistema se realizaría a lo largo de décadas y décadas, sobre todo aprovechando las épocas de tranquilidad bélica en la zona. La única exigencia técnica que tiene el sistema, aparte de analizar caídas y ver por donde se quiere llevar, es la realización de numerosos pozos, a lo largo de su recorrido, que sirven tanto para la extracción de agua como para la bajada a las galerias para su limpieza periódica, desatasque y registro o ampliación con otros ramales de galeria. Con los siglos, y aprovechando todo el sistema, se construyeron bodegas junto al recorrido de algunas de estas minas, en un aprovechamiento mutuo: coger agua para lavar tinajas y poder echar la resultante al circuito.

Es muy posible que la población fuera creciendo, en algún momento tanto, alrededor de esta abundancia de agua y huerta, que algún autor (Francisco A. Sánchez) habla del inicio del uso de cuevas (de la Barrera, del Prado, del Consuelo) en periodo musulmán, excavadas en los cerros yesíferos del lugar.
Iniciamos la Baja Edad Media en plena lucha, que duraría siglos, entre musulmanes y cristianos; unos por defender lo conquistado, otros por ir recuperando lo que entendían como arrebatado. En lo que afecta a nuestra zona geográfica, el rey de León, **Alfonso VI** (1040-1109), apodado el Bravo, tomó el castillo de **Oreja** (en el término de Ontígola) en 1083; estaba en manos musulmanas y era plaza clave pues permitía controlar las zonas de las vegas del Tajuña, Jarama y Tajo y era parapeto para Toledo. Caída Oreja, un año después Alfonso VI tomó la Taifa de Toledo y marcó, de alguna manera, la frontera del Tajo como nueva frontera cristiana.

La pérdida de Toledo forzó a los reinos del sur a pedir ayuda a sus correligionarios del norte de África. Así aparecen en nuestra historia los **Almorávides**, gente austera y dura y expertos guerreros; a su frente **Yusuf ibn Tasfin** que en 1086 ya estaba expandido por todo el sur de la península.

El enfrentamiento directo entre Alfonso VI (en representación de Castilla, León, Asturias y Toledo) y Yusuf, era inevitable, pues en ese momento la forma de medir la potencia de cada bando y, por tanto, su dominio político y geográfico, era en base a grandes choques bélicos. Tal hecho sucedió en los alrededores de la ciudad de Badajoz; los almorávides reforzados por tropas de Al-Mutamid, rey de Sevilla, de Al-Mutawakkil, rey de Badajoz, y de Abd-Allah, rey de Granada. Los cristianos con más de 14 escuadrones de caballeria, financiados por obispados y condados, con refuerzos del reino de Aragón y desde Valencia con tropas de Alvar Fáñez. Cayeron derrotados los almorávides en primera instancia; los cristianos, ensañados, persiguieron a los musulmanes con intención de saquear y tomar prisioneros. Pero acabaron disgregándose en esa persecución y los almorávides se reagruparon y envolvieron al cuerpo principal del ejército de Alfonso VI, que tuvo que huir dirección norte, hasta Coria. El escarmiento a las tropas cristinas fue tremendo; del tenor de la euforia musulmana que, gracias a Yusuf, resucitaba la idea de Al-Andalus y el espíritu de la Yihad (guerra santa). Era octubre de 1086. Los almorávides se hacen con el control de prácticamente todas las Taifas; mientras, los cristianos se centran en la zona oriental de la península, consiguiendo reconquistar Valencia, Murcia y posicionarse cerca de Granada.

En las inmediaciones de lo que sería nuestro pueblo, reaparecen los musulmanes, en este toma y daca, dominando Uclés (1108) y reconquistando el castillo de Oreja (1113), con dominio de todo el territorio circundante. Con base en Oreja, los almorávides lanzaban ataques incluso contra lo que luego llamaremos Madrid. Esta situación se mantiene hasta que los cristianos consiguen tomar la plaza de Alcalá (de Henares) y con esa base volver a plantearse la conquista de Oreja (1139). Con esa posición consolidada, dominando desde el Henares hasta el Tajo, es el momento de tomarse en serio el repoblamiento de las tierras al sur de Magerit. Aunque hay que decir que, como terreno fronterizo, estas tierras del sur de Madrid seguirán siendo peligrosas por las razias frecuentes de los musulmanes; ello hace que en las vegas prácticamente no haya sino caseríos aislados o alquerías[131], destruidas o abandonadas, de poco en poco.

Las tierras de las vegas pertenecen a Toledo pero esta ciudad no las puede defender, bastante tiene con controlar el territorio más cercano a la ciudad del Tajo. En 1190 el rey castellalo leonés es **Alfonso VIII** (nieto de Alfonso VI) y viendo que esas vegas parecen "no queridas" por Toledo, concede a la ciudad de Segovia las tierras que riegan Tajuña y Jarama. Es lo que se conocería como el Sexmo[132] de Valdemoro o Val del Moro, uno más en los que se dividía administrativamente el dominio segoviano; sexmo al que estaría adscrito el futuro Ciempozuelos, aunque en ese momento ni Valdemoro ni Ciempozuelos existen como tales.

Los litigios entre Segovia y el Concejo de Madrid serán contínuos, sobre todo a partir de que a Segovia se le otorgan sexmos no colindantes con la ciudad, como es el caso del sexmo de Casarrubios (Aldea del Fresno, Brunete...) y el de Valdemoro. Este será muy denostado por la villa de Pinto, perteneciente a Madrid, de tal manera que el rey **Fernando III** (El Santo) ha de sacar un documento real

---

[131] Alquería, palabra árabe, hace referencia a un caserío o pequeña comunidad rural agrícola, de varias familias, normalmente.

[132] Sexmo: es una división administrativa castellana durante el Antiguo Régimen; en principio, como la palabra indica, un territorio se dividía en seis partes, un sexmo; pero Segovia tuvo 12 Sexmos, dos de ellos no colindantes con la propia Segovia.

en 1239, delimitando exactamente la frontera entre Segovia y Madrid, es decir entre Pinto y Valdemoro, perteneciendo a este Gozquez, San Martín y Ciempozuelos (simples asentamientos diminutos, hasta esos momentos).

La permanente guerra entre cristianos y musulmanes continua, en ese incansable enfrentamiento por ver quien dominaba los territorios, y sus riquezas. Los almorávides pierden vigor a partir de la pérdida de la Taifa de Zaragoza. Pero un nuevo movimiento musulmán, el **Almohade**, conquista los dominios almorávides en el norte de África; sobre 1140 cruzan el estrecho y se hacen con el dominio, una tras otra, de la Taifa de Sevilla, Badajoz y Granada. Es la nueva pesadilla de los ejércitos cristianos.

Sin embargo, después de más de sesenta años de dominio en el sur, los almohades sufrirían una gran derrota en 1212 en las Navas de Tolosa, que marcaría el inicio de su declive. La derrota dio alas a la ofensiva cristiana; la Corona de Aragón conquista Baleares y en 1238 Valencia, completando "la parte que les tocaba" en el reparto hecho entre coronas. No mucho después los cristianos tomarían posiciones ya en el valle del Guadalquivir.

Naturalmente, quienes financiaban las campañas, la Nobleza, los Obispados, las Órdenes Militares, pedían contraprestaciones y estas se realizaban mediante repartición de territorios por parte de la corona, para que esos financiadores pudieran asentar colonos en sus nuevos territorios, e ir cobrando los diezmos correspondientes.

Ya hemos visto como en 1190 Alfonso VIII reconoce a Segovia como titular del Sexmo de Valdemoro; y se mencionan asentamientos, muchos desaparecidos, otros que han continuado, como Carabaña, Valdilecha, Orusco... y Valdemoro como cabeza del sexmo.

El primer documento, que yo conozca, que hace referencia al lugar geográfico de lo que luego sería Ciempozuelos, es de **1302**, y recoge la partición de las tierras de vega en cuatro Cuadrillas[133]: *Siete Pozuelos y las Chozas* (siete entendido como "sitio" de pozos), la segunda *El Casar*, la tercera *San Martin* con *Vallecas y Ribacorza* (Riba Corça, por haber corzos), y la cuarta la de *Espartinas* (luego San Juan de las Salinas de Espartinas). Y se citan ya nombres de lugares topográficos, algunos de los cuales han llegado a nuestros días: *matagallegos*,

---

[133] Cuadrilla: división administrativa que agrupa a varios lugares, sitios o aldeas. Normalmente un territorio se divide en cuatro.

cabezuela, espartinas... y algunos lugares pre existentes como Bayona o Chinchón.

Superada la grave crisis sanitaria de la peste de 1348, que dejó estas tierras prácticamente desiertas, comienza Segovia a repartir tierras a sus **Quiñoneros**. Los Quiñoneros eran miembros de la pequeña burguesía segoviana que, además ocasionalmente, formaban un cuerpo armado, con sus escuderos y servidores, que actuaba ante las razias musulmanas y como cuerpo de seguridad en muchas parroquias de la ciudad. El quiñonero recibía el **Quiñón**, una porción de tierra en usufructo, de dimensión variable, según de qué Cuadrilla se tratara. Igualmente recibía ciertos derechos de pesca, caza y cría de colmenas. El problema de los quiñones es que sus titulares no aparecían por el lugar, subarrendaban el quiñón a las gentes que había en los lugares, mientras ellos seguían su reposada vida en Segovia. Es decir, como sistema de repoblamiento y nueva colonización, el reparto de quiñones fue un fracaso total[134]. Incluso algunas Cuadrillas se disuelven, ante la falta de población: Espartinas se integró en Ciempozuelos y El Casar se repartió entre Valdemoro, Ciempozuelos y San Martín.

El caso es que, con el tiempo, los quiñoneros comenzaron a pedir permiso al rey para vender o traspasar su quiñón, que la mayoría ni conocía y del que había percibido una renta estando en Segovia. Normalmente, los compradores eran los propios Concejos de vecinos del lugar, que como vivían en el sitio, estaban interesados en el mantenimiento de la tierra.

El Rey **Enrique IV** quiso acabar con ese estado de cosas y cambió las reglas del juego. Y comenzó a nombrar a Quiñoneros de confianza como **mandatarios del propio rey** para llevar a cabo la repoblación. En nuestro caso nombró a **Fernán González de Pina** para hacerse cargo de Ciempozuelos, San Martín y Vallequillas. Con el compromiso de que los quiñones o tierras ocupadas serían realmente trabajadas, se colaboraría con los vecinos existentes y se llegaría a un mínimo de 150 vecinos permanentes en dos años. Y así lo hizo: Ciempozuelos estaba prácticamente despoblado en 1450 y pasó a tener 174 vecinos en 1480. Nuevos vecinos que se recogen en un documento de ese año, de Francisco González de Sevilla (Escribano Mayor de Rentas), dirigido al rey y dando cuenta, uno a uno, de los lugares por donde se habían distribuído los nuevos pobladores[135]. Y aquí llegamos al primer Maroto que repobló el nuevo *Çient*

---

[134] González, Federico (1997) *"San Martin de la Vega en la Edad Media"*. Ed. Ayto. San Martín de la Vega.

[135] Escriba Copa, Miguel Ángel (2008) *"Saliendo a la luz. Origen y fundación de Ciempozuelos"*. Ed. Alfasur. Pinto.

Posuelos, asentado ya desde aquél momento. Con Maroto, tantos otros apellidos que han perdurado hasta hoy en el pueblo:

Francisco Maroto	*Bartolomé González del*
Pero Muños Pintado	*Moral*
Pero Aguado	*Juan Ortega*
Martín Carrasco	*Alonso Blanco*
Juan Carrero	*Bartolomé de la Fuente*
	Alfonso Ayuso
Hasta 174	

Luego ya conocemos que los Reyes Católicos quisieron premiar al Marqués de Moya, Alcaíde de Segovia, **Juan Fernández de Cabrera**, nombrándolo Conde de Chinchón y dotándolo de 1.200 vasallos, entre los que se encontraban los de nuestro pueblo; situación que continuo hasta la eliminación de los Mayorazgos, en 1812.

Mi padre: José Maroto Sánchez.

Pepe, mi padre, nació el 24 de abril de 1916, en Ciempozuelos. Sí Tauro. No creo en las cartas astrales, pero viendo personajes nacidos en esos días, parece haber rasgos muy comunes: gente cabezota, decidida y de temperamento muy, muy fuerte. No hay más que ver algunos ejemplos: la británica Isabel II, Pérez Galdós, Camilo J. Cela o el mismo Hitler. Tela. Muy cabezones, sí.

Hijo, en línea paterna, de José Maroto Rodríguez, nieto de Matías Maroto y María Rodríguez; viznieto de Gregorio Maroto Griñón.
Hijo, en línea materna, de Antolina Sánchez Pérez, nieto de Nicasia Pérez y Aniceto Sánchez.
Toda gente humilde que, si acaso, desde el visabuelo Gregorio, Alarife o Maestro de Obras, que llegó a ser Recaudador de Tributos y Juez Municipal en 1877, fue acrecentando la humildad, al menos la económica.

El alcalde del momento era Ángel Crespo, propietario, cacique y alcalde sempiterno. Curiosamente, el mismo que le vio nacer luego fue denunciante esencial en los procesos y consejos de guerra posteriores a 1939. El pueblo tenía 5.400 habitantes, era un poblachón grande para la época. De los más grandes. Madrid capital tenía en ese momento 700.000 mil habitantes.

1916 Localidad	Habitantes
Aranjuez	12.500
Colmenar Oreja	6.100
Ciempozuelos	5.400
Chinchón	5.200
Getafe	5.100
Arganda	4.600
Valdemoro	3.350
Pinto	2.800
San Martín Vega	1.600
Seseña	1.400
Parla	1.350
Torrejón de Velasco	1.300
Ocaña	900

Titulcia de Bayona	600
Torrejón Calzada	180

INE. Censos históricos de población (desde 1842).

En ese abril de 1916 el contexto local, nacional e internacional no era nada bueno en general. Inestabilidad en los gobiernos y guerras, muchas guerras y matanzas. No sé si eso puede condicionar a una persona, quizá a toda una generación. Porque los que se pelearon y mataron entre sí de 1936 a 1939, nacieron veinte o veinticinco años antes ya rodeados de guerra y muerte.

En el **ámbito mundial** se estaban produciendo las mayores sangrías bélicas de la historia: las grandes batallas de la Primera Guerra Mundial, con números que hielan la sangre; como aquella primera batalla de aniquilamiento del siglo XX, la **batalla de Verdún**. A principios de siglo, Schlieffen, jefe del Estado Mayor alemán, diseñó un plan para un eventual conflicto armado en dos frentes, contra Francia por un lado y con Rusia, con una estrategia basada en una guerra de agresión que implicara la rápida y fulminante derrota inicial de Francia para luego concentrarse laboriosamente en el frente ruso. Pero el desarrollo de la Gran Guerra, desde 1914, demostró que Francia no era vencible en tan poco tiempo y que la guerra derivaba en un conflicto convencional de trincheras, con frentes estáticos.

La otra variante estratégica alemana caso de guerra, debía de ser el aniquilamiento, es decir, combatir para exterminar una parte considerable de la población enemiga, no solo a los combatientes. A partir de la aceptación de esa idea, la noción de aniquilamiento triunfó incluso en la política; **no valía con vencer, había que masacrar** al enemigo para que tardara décadas en levantarse; esa concepción hará, en adelante, muy difícil operar por debajo de los estándares del exterminio. Asumida la estrategia propuesta por el Estado Mayor al Kaiser Guillermo II, en 1915, se entra en una nueva fase: la **guerra de aniquilamiento**, con el exterminio parcial y el desarme completo del ejército enemigo. Y de toda aquella población civil capaz de portar armas y luchar. El lugar que se eligió para ejecutar esta estrategia fue Verdún.

La Batalla de Verdún tuvo lugar en el nordeste de Francia desde finales de febrero hasta diciembre de 1916 y fue la más larga de la Primera Guerra Mundial, además de ser la segunda más sangrienta, después de la Batalla del Somme. Y es que el ataque sobre Verdún no fue diseñado para ganar territorio sino forzar a las tropas francesas a pelear por razones de autoestima nacional; el objetivo era abrir una herida gigante en el ejército francés para poder así desangrarlo por medio de la muerte de decenas de miles de soldados. Esto significó un cambio radical en la historia de la guerra. Cambio de paradigma del que algunos militares españoles, como **Francisco Franco**, tomarían buena nota y utilizarían en la guerra de España de 1936. Por mucho que en este caso el mando alemán se equivocara en el cálculo: se esperaba una relación de 5 a 2 en perjuicio de los franceses, pero al final del enfrentamiento, en los campos de Verdún, el número de muertos franceses fue de 363.000 y de 336.000 el de alemanes.

Se radicalizó, pues, el concepto de guerra de aniquilamiento que pasó a ser de **guerra total**. La guerra pasó a ser una lucha por la supervivencia entre pueblos, con aristas ideológicas, culturales y raciales.

En el caso de nuestra guerra civil de índole absolutamente cultural e ideológica. El atento observador de la realidad de su tiempo, **Sigmund Freud**, el padre del Psicoanálisis, logró captar el vínculo existente entre la batalla de aniquilamiento, Verdún, y el avance del nazismo en los años treinta: "*no puedes entender la Alemania de hoy si no sabes algo de Verdún y lo que representa*". Una vez que la lucha deja de ser solamente entre ejércitos para convertirse en una que enfrenta pueblos conservando el concepto de exterminio físico, el resultado difícilmente pueda ser otro distinto al de una masacre o un genocidio[136].

Líderes independentistas firmando la Declaración de Independencia Irlanda. 24 abril 1916.

---

[136] Pontoriero, Esteban. (2019). "*La sangrienta batalla de Verdún o el surgimiento de las guerras de aniquilación*". Buenos Aires. G. Infobae.

Pero si parte de lo más crítico de Verdún pasó en ese mes de abril de 1916, justamente el día que nacía Pepe, el 24 de abril, se producía en Irlanda el **Alzamiento del lunes de Pascua** (*Easter Rising*) contra la autoridad del Reino Unido, liderado por Patrick Pearse, James Connolly y Joseph Plunkett; el más conocido intento de tomar el control del país por parte de los republicanos irlandeses para lograr la independencia.

No hace falta decir que la rebelión fue reprimida muy duramente después de seis días de enfrentamientos, aunque realmente consiguió sus objetivos: elevar al primer plano europeo la cuestión de la independencia de Irlanda, que seis años más tarde se materializaría definitivamente (1922). Aunque fracturó al movimiento irlandés entre independentistas republicanos y nacionalistas pro autonomía. Unos 3.000 sospechosos fueron arrestados y los 15 cabecillas (incluidos los siete firmantes de la declaración de independencia) fueron ejecutados los primeros días de mayo. Entre ellos se contaba, mortalmente herido, Connolly, que fue fusilado atado a una silla, incapaz de mantenerse erguido. El Reino Unido nunca se anduvo con titubeos.

Pero quizá, en ese abril de 1916, uno de los hechos que más conmocionaron al mundo, fue el genocidio armenio. En el contexto de guerra europea, al que se suman movimientos de descolonización, **Turquía** vence a las potencias coloniales y obliga a Francia y Reino Unido a firmar, en mayo de 1916, los conocidos como **Acuerdos Sykes – Picot**, los nombres de los secretarios de exteriores de las potencias; a partir de ahí, aparte del nacimiento de la Turquía moderna, surgirán nuevos Estados desgajados de esa potencia regional, como Siria e Irak. Y, desgraciadamente, la **matanza de armenios** por parte de los *jóvenes turcos*, que castigaron a este pueblo por haber procurado ayuda a las potencias en busca de su independencia. Hasta 1917 el genocidio alcanzó a 2,1 millones de armenios.

Abril 1916. Armenios colgados por fuerzas otomanas. (AFP-El País)

En esos días de abril de 1916 Albert Einstein acababa de publicar su Teoría de la Relatividad, pero el mundo estaba en uno de los periodos más dramáticos de su historia.

En España, no exenta de conmociones, se estaba algo mejor pues logró mantenerse neutral en la Gran Guerra lo que, al menos, evitó el derramamiento de sangre de los mozos españoles. Unos días antes de nacer Pepe, el 9 de abril, se habían celebrado elecciones generales: 409 diputados elegidos, de los que 203 eran del Partido Liberal de Romanones. El Partido Liberal-Conservador, de Eduardo Dato, quedó segundo con 88 diputados. También se presentó una Conjunción Republicano-Socialista, donde se reunían los diferentes grupos republicanos y el PSOE; no la Unión Federal y los radicales de Lerroux, que iban aún unidos en la Coalición Republicano-Radical. Como se ve, una gran atomización política, sobre todo dentro de los progresistas. Qué raro.

Los catalanistas consiguieron 15 diputados, entre regionalistas (LLiga–13) e independentistas (Bloc y Republicanos, 2). Recojo este dato para ver que el tema catalán está presente en nuestras vidas desde hace mucho, no es cosa de los malos catalanes de ahora. El quiz es la no asunción de la plurinacionalidad del Estado por las derechas y parte de la socialdemocracia; quizá algún día estemos todos a gusto dentro del mismo traje.

En cualquier caso, el gobierno Romanones no duraría ni un año. Eran gobiernos efímeros que saltaban por los aires ante cualquier presión de los poderes fácticos de siempre. En este caso por el descontento de parte de los mandos del Ejército ante la arbitrariedad de los nombramientos y la necesidad de incrementar los salarios. El movimiento fraguaría en las denominadas **Juntas de Defensa** que, desde una óptica puramente gremialista, querían influir directamente en el Gobierno.

También, en agosto, se produciría una de las primeras grandes movilizaciones obreras: la **Huelga General Revolucionaria**. La bonanza económica y de producción de 1914-1916 había producido una gran inflación porque todo lo que se producía se exportaba, por necesidad de los países contendientes en la Gran Guerra. Los salarios se quedaron muy atrás respecto los precios y cundió el descontento. La Huelga General fue organizada por la UGT y el PSOE. Daniel Anguiano, Julián Besteiro y Largo Caballero fueron sus principales ideólogos. En algún territorio, puntualmente, fue apoyada por la CNT. Se paralizó la industria, el transporte, las cuencas mineras y las grandes ciudades, constituyendo un gran éxito.

Poco después, en la primavera de 1918, habría nuevas elecciones.

Pero se estaba, aparentemente, algo más tranquilo que en el resto de Europa: ese día 24 de abril de 1916 se celebraba, en distintos centros y universidades, el tercer centenario de la muerte de Cervantes; también el pueblo iba a los toros, al teatro o a los grandes almacenes. Anuncios de la prensa de esa fecha:

La señorita de Trevélez, de Carlos Arniches

Duelo en la cumbre del toreo.

En nuestro pueblo, las elecciones de abril de 1916 acababan de producirse cuando nació Pepe. Las mesas electorales en Ciempozuelos estuvieron compuestas por estos señores:

Distrito de Soledad. Sección única.
Presidente, D. Joaquín López Molina. Suplente, Antonio E. Franco Rodríguez.
Adjuntos: D. Benigno Hernández Martínez y D. Eugenio Blanco San José.
Suplentes: D. Andrés Barriguete Hernández y D. Felipe Román García.

Distrito de Consuelo. Sección única
Presidente, D. Cipriano Rivera Fernández. Suplente, D Joaquín Paró Díaz
Adjuntos: D. Graciano Hernández Griñón y D. Leonardo Sedeño García.
Suplentes: D. Prudencio Amos de Oro y D. León Gutiérrez Barrio.

Pero sería en el periodo republicano, cuando la vida del pueblo tiene más "dinamismo", a veces, demasiado.

Cronología breve del periodo republicano.

A veces o, casi siempre, nos perdemos con las cronologías del periodo; hemos considerado oportuno insertar una guía de la época de vigencia de la Segunda República, al que poder acudir cuando la memoria o la orientación nos fallan.

1930

Pacto de San Sebastián, acuerdo político celebrado el 17 de agosto de 1930 en San Sebastián para un acercamiento entre las fuerzas republicanas con el objetivo de acabar con el reinado de Alfonso XIII. En mayo ya se había concretado un acuerdo entre la Alianza Republicana (encabezada por Manuel Azaña) y el Partido Republicano Radical Socialista (liderado por Marcelino Domingo).

Junto a estos partidos asistirían a título personal los socialistas Indalecio Prieto y Fernando de los Ríos, así como Felipe Sánchez Román y Eduardo Ortega y Gasset. El consenso se fraguó con el reconocimiento de las reivindicaciones autonómicas básicas de la izquierda catalana. La conformación de un frente para la construcción de un régimen democrático estuvo, desde un principio, vinculada a cambios en la configuración territorial del Estado a partir de la cual se reconociese la singularidad y demandas de los nacionalismos y regionalismos periféricos. Todos estuvieron de acuerdo en constituir un movimiento insurreccional antimonárquico que permitiese la instauración de la tan añorada república. Los planes de una insurrección se frustrarían ante la precipitación y escasa coordinación de las fuerzas antimonárquicas. La proclamación de la II República, lejos de las intenciones iniciales de sus defensores, acabaría siguiendo el camino de las urnas en las elecciones municipales del 12 de abril de 1931.

1931

El 10 de febrero de 1931, el periódico El Sol publica el manifiesto fundacional de la Agrupación al Servicio de la República, movimiento político creado por José Ortega y Gasset, Gregorio Marañón y Ramón Pérez de Ayala. El 14 de febrero tuvo lugar su primer acto público en el Teatro Juan Bravo de Segovia, bajo la presidencia del poeta Antonio Machado. El día siguiente, 15 de febrero, el jefe del Gobierno, el general Berenguer, presentó su dimisión. La ASR no fue creada con la intención de ser un partido, sino un grupo de unión de intelectuales y profesionales interesados en construir un nuevo Estado. El 15 de noviembre de 1930, Ortega había publicado un artículo en El Sol titulado "El error Berenguer", en el que concluía, frente a la crisis del régimen de la Restauración y de la Dictadura del general Miguel Primo de Rivera: "¡Españoles, vuestro Estado no existe! ¡Reconstruidlo! Delenda est Monarchia" (la Monarquía debe ser destruida).

Esquerra Republicana de Catalunya (ERC), partido representante del nacionalismo catalán de izquierda, nació en 1931, pocos días antes de la proclamación de la II República. Del 17 al 19 de marzo de 1931, tuvo lugar en Barcelona la Conferència d'Esquerres. En ella decidieron unirse en una coalición electoral que se presentaría a las inminentes elecciones municipales del mes siguiente Partit Republicà Català (fundado en 1917 por Lluís Companys y Marcelino Domingo), Estat Català (creado en 1922 por Francesc Macià) y el grupo encabezado por el semanario político L'Opinió. Propugnaban el reconocimiento de la nacionalidad de Cataluña, la federación de esta con los otros pueblos de la península Ibérica y un programa que favoreciera la socialización de la riqueza. Tras las elecciones municipales de abril de 1931, y el advenimiento de la II República, fue la fuerza política hegemónica de Cataluña.

El 12 de abril de 1931 tienen lugar las elecciones municipales. Tras la caída de la Dictadura de Primo de Rivera y el fracaso de la Dictablanda del general Berenguer, el rey Alfonso XIII decidió nombrar en febrero de 1931 al almirante Juan Bautista Aznar para que presidiera un gobierno de "concentración monárquica". Este convocó elecciones municipales, en lugar de generales, para el 12 de abril de 1931. Lo que se elegían eran unos ochenta mil concejales en todos los ayuntamientos de España, pero lo que estaba en juego era la continuidad de la propia Monarquía de la Restauración. Las candidaturas republicanas consiguieron la mayoría en cuarenta y una capitales de provincia, hecho determinante para el advenimiento del nuevo gobierno, ya que las grandes ciudades estaban menos afectadas por el caciquismo y los pucherazos. Tres días después Alfonso XIII marcha al exilio en Roma. Se proclama la Segunda República, con Niceto Alcalá Zamora como presidente y Manuel Azaña como jefe de gobierno.

El 14 de abril de 1931, Niceto Alcalá Zamora pasa a presidir el primer gobierno provisional de la II República después del triunfo de las candidaturas republicanas en las elecciones municipales de abril de 1931. Se forma un gobierno provisional con representantes de todos los partidos firmantes del Pacto de San Sebastián, presidido por el ex monárquico Niceto Alcalá Zamora. Su misión fue convocar a Cortes Constituyentes.

El 14 de abril de 1931, Francesc Macià, líder de Esquerra Republicana de Catalunya (ERC), proclamó en Barcelona la República Catalana. El Pacto de San Sebastián firmado por republicanos y catalanistas de izquierdas, en agosto de 1930, al que más tarde se unieron los socialistas, preveía atender las reivindicaciones golpistas catalanas. En las elecciones municipales de abril de 1931 la conservadora Lliga Regionalista perdió la hegemonía que hasta entonces había ostentado que pasó a Esquerra Republicana de Cataluña, cuyo líder Francesc Macià, proclamó la República Catalana. Macià aceptó rebajar sus pretensiones a cambio del restablecimiento de la Generalidad de Cataluña, cuya presidencia ostentaría él mismo, y de que las futuras Cortes Constituyentes aprobaran el Estatuto de Autonomía que se elaborara en Cataluña.

El 28 de junio de 1931: Las elecciones generales a Cortes Constituyentes dieron el triunfo a los socialistas (Partido Socialista Obrero Español, PSOE) con 116 diputados y a pequeños partidos republicanos (radicalsocialistas, Acción Republicana), encargados de formar un nuevo gabinete presidido por Niceto Alcalá Zamora.

En octubre de 1931, se fundan las Juntas de Ofensiva Nacional-Sindicalista (JONS), movimiento político de extrema derecha fundado por Ramiro Ledesma Ramos y por Onésimo Redondo. Aspiraba a la formación de un estado nacionalsindicalista de orientación fascista. Golpistas y totalitarias, antimarxistas y antiliberales, las JONS adoptaron como emblemas el yugo y las flechas, que tomaron de los Reyes Católicos, la bandera rojinegra y el lema '¡España, una, grande y libre!'.

Después de las elecciones municipales del 12 de abril de 1931, Manuel Azaña se convirtió en ministro de la Guerra en el gobierno provisional presidido por Niceto Alcalá Zamora. Desde ese cargo, que desempeñó entre el 14 de abril y septiembre de 1933, acometió una reforma militar que le atrajo la animadversión de numerosos miembros del Ejército. Fue elegido diputado en las tres legislaturas del régimen republicano. Destacó en las Cortes (Parlamento) por su oratoria, que aunaba, en buena síntesis, contenido y forma.
A mediados de octubre, dimite Alcalá Zamora por no estar de acuerdo con el debate del texto constitucional sobre la cuestión religiosa y fue sustituido por Manuel Azaña. Por sus orígenes y trayectoria, Alcalá Zamora siempre había sido sospechoso para la izquierda.

El 21 de octubre de 1931, el gobierno provisional de la II República Española, es decir, las Cortes Constituyentes de la Segunda República Española, aprobó en breve espacio de tiempo su Ley de Defensa de la República para dotar al Gobierno Provisional de un instrumento de excepción al margen de los tribunales de justicia para actuar contra los que cometieran "actos de agresión contra la República". Al ser una ley que contradecía los derechos fundamentales reconocidos y garantizados en la Constitución de 1931 se la incluyó expresamente en la disposición transitoria segunda para que pudiera seguir vigente mientras continuaran reunidas las Cortes Constituyentes, "si antes no la derogan éstas expresamente". Hasta su derogación el 29 de agosto de 1933, tras aprobarse la Ley de Orden Público de 28 julio de 1933, esta ley de excepción fue "la norma fundamental en la configuración del régimen jurídico de las libertades públicas durante casi dos años de régimen republicano".

El 9 de diciembre de 1931, el gobierno inicia una política reformista y las Cortes aprueban una Constitución republicana, inspirada en la de la República de Weimar alemana y constituyó el eje político de la II República. Supuso el principal intento de crear un Estado verdaderamente democrático en España hasta los logros de la transición iniciada a la muerte de Franco en 1975.
La Constitución de 1931 definía España como una "República de trabajadores de toda clase" y hacía una encendida defensa de la democracia representativa y de las libertades (soberanía popular, sufragio universal masculino y femenino, aconfesionalidad del Estado, derechos individuales y sociales). El ajuste de competencias en cuanto a las relaciones entre la Iglesia y el Estado acabó por ser una grave equivocación política, y sirvió de piedra angular de una orquestada campaña en contra del régimen tachado de anticlerical y revanchista. La reforma agraria orientada a un cambio profundo en la estructura de la propiedad de la tierra (latifundismo y absentismo de los propietarios que dejaban grandes extensiones sin labrar frente a lo cual había jornaleros sin tierra y sin trabajo) obtuvo escasos resultados debido a su burocratización.

En diciembre de 1931, mes en que se aprobaba la Constitución, Niceto Alcalá Zamora fue elegido por las Cortes primer presidente de la República. Durante su mandato constitucional pretendió actuar, sin éxito, como un mediador neutral entre los dirigentes republicanos y socialistas, de un lado, y los líderes de los partidos representativos de la derecha democrática, del otro.

El 16 de diciembre de 1931, el recién elegido Presidente de la República, Alcalá-Zamora, vuelve a encargar la formación de un gobierno de coalición republicano-socialista a Manuel Azaña.

El 20 de diciembre, la Federación de Trabajadores de la Tierra convoca una manifestación pacífica para pedir trabajo. En el pequeño pueblo extremeño de Castilblanco, la Guardia Civil impide la manifestación sin disparar contra la muchedumbre como de costumbre. La Federación, en respuesta, convoca una huelga general de dos días. Se convocan más manifestaciones, y el alcalde envía a un grupo de guardias civiles a la Casa del Pueblo para negociar. Un grupo de mujeres empieza a increparles, por lo que uno de los guardias dispara un tiro disuasorio. Acto seguido, un grupo de gente se abalanza sobre ellos y los lincha. La opinión pública y la clase política se estremecen y los cabecillas del linchamiento son condenados a cadena perpetua.

1932

El 5 de enero de 1932: Al igual que a finales de diciembre, los campesinos y la Guardia Civil se enfrentan en Arnedo, La Rioja. Los guardias, al contrario que en Castilblanco, abren fuego indiscriminado sobre un grupo de campesinos que acudía a una negociación con los patronos, matando a cuatro mujeres y un niño e hiriendo a dieciséis personas. La opinión pública vuelve a escandalizarse y el suceso provocará la destitución al cabo de un mes del director general de la Guardia Civil, José Sanjurjo, y su sustitución por Miguel Cabanellas.

El 10 de enero de 1932 tiene lugar un mitin carlista. A la salida del mismo, algunos afiliados se encaran con jóvenes socialistas que habían acudido a hacer una contramanifestación y abren fuego, matando a tres personas e hiriendo a un número indeterminado, además de a un guardia civil. La investigación descubrió que algunos disparos habían provenido del convento de las Madres Reparadoras, por lo que se procedió a su clausura. Además, el colegio del Sagrado Corazón, fue multado cuando en un registro se encontró en su interior un alijo de armas.

El 24 de enero de 1932 el Gobierno, aplicando el Artículo 26 de la Constitución, ordena disolver la Compañía de Jesús y confiscar todos sus bienes en España incluyendo sus inversiones en la Telefónica y en las compañías de electricidad y transportes, pero resulta difícil seguir su entramado de empresas pantalla. El decreto supone la exclaustración de los jesuitas que regentaban instituciones docentes, lo que conlleva diferentes consecuencias para los centros: algunos como la Universidad de Comillas lograron mantener su actividad, pero otros tuvieron que cesar. En algunos casos estos centros pasaron a ser propiedad del Estado, por lo que sus títulos por fin recibieron el reconocimiento oficial que no habían tenido durante la Monarquía. En otros casos los jesuitas siguieron dirigiéndolos como si se tratase de cualquier empresa privada, y la propiedad de algunas residencias se descubrió que hacía años que recaía en los propios habitantes a pesar de que la Compañía figuraba como titular.

El 30 de enero de 1932, para sustituir a los cuerpos urbanos de policía se crea la Guardia de Asalto. En meses sucesivos se le irá dotando de personal y medios para hacer frente a las huelgas esporádicas y a los enfrentamientos entre bandas callejeras.

El 24 de febrero de 1932 se aprueba la Ley de Divorcio. Si bien la medida no supuso un aluvión de divorcios, sí corrieron ríos de tinta con los divorcios de algunas personas destacadas, como Constancia de la Mora Maura, nieta del conservador Antonio Maura. La influyente Iglesia Católica consideró las medidas tomadas por el Gobierno de Azaña como actos ilegales y ofensivos.

En marzo de 1932 se decide pasar a la reserva a todos aquellos generales que no reciban un nombramiento en el plazo de seis meses. Con esta medida se pretende, por un lado, adelgazar el cuerpo de oficiales, y por otro forzar el retiro de generales que puedan suponer un riesgo para el sistema democrático. Entre los afectados se cuentan Emilio Mola y Millán Astray.

En abril de 1932 un enfrentamiento entre socialistas y carlistas en Pamplona se salda con dos fallecidos y ocho heridos por arma de fuego. La violencia política esporádica y las huelgas o conatos de huelga, no obstante, no ponían en peligro la estabilidad del gobierno.

El 13 de mayo de 1932 se crea el Cuerpo Auxiliar Subalterno del Ejército (CASE) con la intención de regularizar la situación de los empleados civiles del Ejército tales como conserjes, mecanógrafos, mecánicos o delineantes.

El 27 de junio de 1932: Incidente de Carabanchel. Los generales Villegas, Caballero y Goded movilizan hacia Carabanchel a tres regimientos de infantería de la guarnición de Madrid en el marco de unas prácticas militares con cadetes. Tras una serie de discursos críticos con la política del Gobierno y apelando a la tradicional visión intervencionista del Ejército en la vida civil, Goded termina su discurso con un Viva España... y nada más, omitiendo a propósito el ¡Viva la República!, que por ley está obligado a pronunciar. Acto seguido, el teniente coronel Julio Mangada, de conocidas ideas liberales, le afea su actitud, a lo que Goded responde mandándole arrestar. Se sabe públicamente que algunos generales y altos rangos del ejército como Villegas y Goded son monárquicos y se les cree envueltos en conspiraciones antirrepublicanas, por lo que Azaña aprovecha el incidente para relevar de sus puestos a los principales implicados.

El 10 de agosto de 1932: Golpe de estado fracasado del general Sanjurjo (La Sanjurjada). Alarmada por la política reformista republicana, la derecha va a contraatacar y es el general Sanjurjo el que da el primer golpe de Estado (la Sanjurjada), que fue desbaratado. Sanjurjo es detenido en Huelva, cuando intentaba huir a Portugal. Juzgado y condenado a muerte, el Presidente de la República le conmuta la pena por cadena perpetua. El siguiente gobierno derechista se encargaría luego de amnistiarlo. Entre los detenidos como organizadores del Golpe se encuentran otros altos mandos como Goded, Cavalcanti y Barrera, hasta un total de 145 colaboradores.

El 9 de septiembre de 1932: Aprobación del Estatuto catalán en el Parlamento. Tras el Golpe de Estado fallido del mes anterior, la mayoría de los intervinientes coinciden en que enzarzarse en luchas intestinas por cuestiones menores pone en peligro la estabilidad de la República. Desde la aprobación del Estatuto en referéndum, los partidos habían polemizado largamente sobre la cuestión catalana, su papel dentro del Estado y la organización territorial de la naciente República, y las discusiones se hallaban en punto muerto tras más de un año de reuniones, plenos y ruido mediático. Sin embargo, el Golpe de Estado de Sanjurjo hizo consciente a la clase política de que existían cierto número de personas bien situadas decididas a acabar con el sistema y a instaurar una dictadura o restaurar la monarquía.

El 9 de septiembre de 1932, la República proclama la Ley de Reforma Agraria, uno de los proyectos más ambiciosos de la Segunda República porque pretendía resolver un problema histórico: la tremenda desigualdad social que existía en la mitad sur de España pues junto a los latifundios propiedad de unos miles de familias, casi dos millones de jornaleros sin tierras vivían en condiciones miserables. Para resolver el problema se decidió la expropiación con indemnización de una parte de los latifundios que serían entregados en pequeños lotes de tierra a los jornaleros. Sin embargo, por diversas razones, la reforma no consiguió satisfacer las expectativas que los jornaleros habían puesto en ella.

El 15 de septiembre de 1932 la República concede a Cataluña un estatuto de autonomía que establecía la Generalitat, presidida por Francesc Macià. Posteriormente se anunció la elaboración de otro estatuto de autonomía para el País Vasco. Cataluña es la primera comunidad en disfrutar la nueva vía descentralizadora. El País Vasco hubo de aguardar al estallido de la Guerra Civil y Galicia no llegó a ver refrendada por las Cortes la aprobación plebiscitaria de su Estatuto llevada a cabo el 28 de junio de 1936.

En septiembre de 1932: A lo largo del mes, se crea el Instituto de Reforma Agraria (IRA) para el inventario y expropiación. Azaña continúa realizando reformas en el Ejército: se crean un Cuerpo de Trenes y se aumenta el presupuesto para aviación. Se reducen las academias de especialistas de cinco a dos y establece como requisito que todos los aspirantes a oficial deberán estudiar un determinado número de horas de artes liberales a nivel universitario. Además, los tribunales militares dejan de tener jurisdicción propia y son subordinados a los tribunales civiles. Las dos primeras medidas son aplaudidas por el estamento militar, pero las demás medidas, decretadas con la motivación de acercar al ejército a la sociedad civil y acabar con su sentimiento de independencia y superioridad sobre los sucesivos gobiernos, son recibidas por lo general con frialdad.

La Segunda República se ve hostigada por dos frentes: La derecha y la izquierda más radical. En 1931 ya se habían producido enfrentamientos sangrientos en numerosas poblaciones. A lo largo de 1932, se suceden las huelgas en el campo y en Cataluña. A comienzos de 1933, hubo un intento de revolución anarquista. En Casas Viejas (Cádiz), los anarquistas ofrecieron resistencia y fueron violentamente reprimidos. Esta violenta represión obligó al gobierno a dimitir.

Tras la dimisión del gobierno, se formaron dos gobiernos más con partidos de centro con la misión de convocar nuevas elecciones.

| **1933** |

El 8 de enero de 1933: Levantamiento anarquista a nivel nacional (la llamada Revolución de Enero de 1933). Anarquistas de toda la geografía española se rebelan con el objetivo de instaurar el comunismo libertario. Varios ayuntamientos de provincias son incendiados y en Barcelona los obreros y la policía se enfrentan, dejando un balance de 37 muertos y 300 heridos en tres días. En algunos lugares como Valencia o Sevilla se declara el Estado de Guerra y se procede a la clausura de los sindicatos obreros.

El 11 de enero de 1933 tienen lugar los sucesos de Casas Viejas, que copan las portadas de los diarios. La Guardia de Asalto se enfrenta a los campesinos en Casas Viejas, Cádiz, y conmina a rendirse al cabecilla de la rebelión en el pueblo, que se encuentra encerrado en su casa. Ante la negativa, los agentes abren fuego matando a todos los habitantes de la casa y, a continuación, prenden fuego al lugar. Al mismo tiempo, un pelotón de la Guardia de Asalto fusila de manera irregular a catorce prisioneros, y ante el revuelo su oficial al mando, el capitán Rojas, afirma recibir órdenes directas de Manuel Azaña, y le atribuye la frase «Los tiros, a la barriga». No obstante, Azaña negó haber dado esa clase de orden y tras la investigación nunca se pudo demostrar su implicación en los hechos. Alejandro Lerroux presenta una moción de censura, pero la retira a la vista de las conclusiones. Varios diputados de diferentes partidos se ponen en contacto con Azaña para proponerle una Dictadura como medio para acabar con la inestabilidad social.

En enero de 1933, los monárquicos fundan Renovación Española bajo José Calvo Sotelo. El 4 de marzo de 1933, un grupo de católicos moderados funda la Confederación Española de Derechas Autónomas (CEDA) utilizando la Acción Popular como núcleo, si bien desde su nacimiento el nuevo partido aglutina también a los carlistas y a alfonsinos. Son más partidarios de una monarquía tradicional que de una al estilo de la italiana.

En marzo de 1933 se crea la Confederación Española de Derechas Autónomas (CEDA), liderada por José María Gil Robles con el objetivo de lograr un cambio de rumbo en la orientación política republicana. Los partidos de derechas se habían presentado divididos a las elecciones de 1931. Ahora ven la necesidad de unirse.

El 23 de abril de 1933: Elecciones municipales. Por primera vez en la Historia de España, las mujeres pueden votar en unas elecciones. Su incorporación en masa a la vida electoral tiene los resultados que se esperaban, puesto que era también la primera ocasión en la que se presentaban candidatos republicanos en cientos de municipios rurales. La sociedad rural, mucho más conservadora que la urbana, hace que el número de concejales monárquicos o de extrema derecha supere la barrera de los 4.000 a nivel nacional, frente a los algo más de 7.500 que se declaran republicanos.

El 18 de mayo de 1933: La ley de Congregaciones convierte en propiedades públicas todos los bienes de la Iglesia, no solo los templos, sino también los bienes muebles.

El 28 de julio de 1933, se aprueba la Ley de Orden Público y queda derogada la Ley de Defensa de la República, del 21 de octubre de 1931, aprobada por las Cortes Constituyentes y que fue "la norma fundamental en la configuración del régimen jurídico de las libertades públicas durante casi dos años de régimen republicano".

En julio de 1933: Pastoral del Papa Pío XI. El Papa aconseja a los católicos españoles acatar a los poderes civiles, sin renunciar a enviar a sus hijos a escuelas de tradición católica.

El 4 de agosto de 1933: La Ley de Defensa de la República de 1931 es derogada. Poco tiempo después, el Gobierno de Azaña caería y Alcalá-Zamora le encargaría formar gobierno a Alejandro Lerroux.

En septiembre de 1933: Elecciones para el Tribunal de Garantías Constitucionales. El Tribunal, votado principalmente por los concejales electos en las Municipales de abril, es copado por los conservadores, que conquistan el 70% de los puestos. Algunos de los miembros electos son Juan March, entonces en la cárcel por contrabando y José Calvo Sotelo, monárquico, ex-ministro de Primo de Rivera y en el destierro en el momento de ser elegido.

El 9 de octubre de 1933: Ante la imposibilidad de Lerroux de alcanzar una mayoría que garantice la gobernabilidad, se disuelven las Cortes y se convocan nuevas elecciones.

El 29 de octubre de 1933: Fundación de Falange Española por José Antonio Primo de Rivera. A pesar de las simpatías que su fundador levanta entre los universitarios por su juventud, Falange rechaza presentarse a las elecciones generales. José Antonio rechaza toda idea que tenga que ver con sentarse en un Parlamento de forma expeditiva.

En noviembre, se celebran elecciones generales, que dan el triunfo a la derecha de la CEDA y a los monárquicos, lo que puso de relieve el acierto de la derecha al agruparse bajo las siglas comunes de la Confederación Española de Derechas Autónomas (CEDA) para hacer frente al paquete de medidas reformadoras de los republicanos.

La CEDA obtuvo la victoria, pero no así la mayoría absoluta que le hubiera permitido formar gobierno. Aunque la coalición derechista CEDA era el grupo más numeroso, el presidente Alcalá Zamora encargó el gobierno a Alejandro Lerroux, líder del Partido Radical, por ser el partido político individual con más diputados En 1931 las izquierdas habían obtenido 263 escaños, la derecha solo 44 y el centro 110. Ahora la izquierda solo conseguía 99 escaños frente a los 217 de la derecha y los 156 del centro.

El 19 de noviembre de 1933: Elecciones generales en las que la conservadora Confederación Española de Derechas Autónomas (CEDA), liderada por José María Gil-Robles, gana gracias al voto masivo de las mujeres, de los agrarios y de los sectores de la clase media urbana apolíticos pero católicos, además de por la abstención de los anarquistas. En segunda posición quedan los radicales de Alejandro Lerroux, principales beneficiados de la ruptura de la Conjunción Republicano-Socialista. Fueron las primeras elecciones en la Historia de España en las que pudieron votar las mujeres. Al igual que en la primera legislatura, los partidos ganadores quedan sobrerrepresentados en el Parlamento debido a las normas electorales. Los resultados del resto de partidos apenas varían con respecto a los de dos años antes.

Aunque la coalición derechista CEDA era el grupo más numeroso en las nuevas Cortes, el presidente Alcalá Zamora dio la presidencia del Consejo a Alejandro Lerroux, líder del Partido Radical, por ser el partido político individual con más diputados y por temor a una radicalización de la izquierda, que veía en la CEDA de Gil Robles un grupo fascistoide. La coalición de derechas CEDA apoyó desde fuera del gobierno un programa de reforma de las reformas del periodo izquierdista: Reforma de la Constitución con la creación de un Senado, derogación de las leyes anticlericales, reforma de la reforma agraria, reducción de las autonomías regionales, amnistía a los implicados en el golpe de Estado del general Sanjurjo.

La principal preocupación del bienio liderado por cedistas y radicales (del Partido Radical) estribó en el desmantelamiento de la obra reformista precedente, considerada en términos sociales y religiosos nefasta para los intereses de España.

Se funda la Falange Española (FE), partido político que tres años después proporcionó las bases ideológicas originales al régimen dictatorial del general Francisco Franco.

1934

El 4 de marzo de 1934, ante su escaso alcance, las JONS se fusionaron con Falange Española, de José Antonio Primo de Rivera, formando así Falange Española de las JONS, bajo el liderazgo inicial de Ledesma, Redondo y Primo de Rivera. La nueva formación tomó de la Falange su escudo (el emblemático yugo y las flechas de los Reyes Católicos) y su bandera (tres franjas verticales negra-rojanegra, colores asimismo del anarquismo). El inicio de la Guerra Civil en julio de 1936 supuso su vinculación directa con las fuerzas sublevadas encabezadas poco después por el general Francisco Franco. En 1936, Redondo murió en el frente segoviano, en tanto que Ledesma y Primo de Rivera fueron fusilados por los republicanos.

El clima de crispación social había aumentado, las huelgas se sucedían, los atentados terroristas no cesaban y los patronos contrataban pistoleros. La derechización de la República y el ascenso de los fascistas provocan una radicalización de la izquierda. Se impone la tesis de Largo Caballero en el PSOE (Partido Socialista Obrero Español, fundado en 1879): hay que romper con los partidos de centro y con los radicales para formar un amplio frente de izquierdas. Se prepara un amplio movimiento revolucionario que no llegó a cuajar. No tuvo el apoyo de los anarquistas de la CNT, aunque sí de la Generalitat de Cataluña. Solo en Asturias hubo una verdadera revolución social.

El 4 de octubre, son nombrados ministros tres miembros de la Confederación Española de Derechas Autónomas (CEDA) en el gobierno presidido por Alejandro Lerroux.

Esto provocó la Revolución de Octubre (1934) que se oponía a que los gobiernos radicales rectificaran la obra reformista de los gobiernos anteriores de izquierdas.

En octubre, los socialistas convocan una huelga general. Asturias y Cataluña fueron los núcleos más importantes del movimiento. En Asturias adquirió un cariz revolucionario, llegando los insurrectos a asumir funciones básicas del Estado. La Alianza Obrera dirigió el movimiento que culminó con el dominio de casi toda la ciudad de Oviedo. La rebelión fue aplastada con una campaña militar dirigida desde Madrid por el general Franco, como asesor del ministro de la Guerra, y llevada a cabo con el ejército de Marruecos al mando del general López Ochoa. Esta operación militar fue un anticipo de lo que sería dos años más tarde la Guerra Civil.

El 6 de octubre, Lluís Companys, presidente de la Generalitat de Catalunya y uno de los máximos representantes del nacionalismo catalán de izquierda, proclamó el Estat Català dentro de la República Federal española. Los dirigentes golpistas desconfiaban de la Alianza Obrera, que no fue armada y, además, la anarcosindicalista Confederación Nacional del Trabajo (CNT) no se sumó al movimiento, lo cual facilitó la represión de los insurrectos a manos de las tropas del general Domingo Batet: el 7 de octubre el gobierno de la Generalitat era detenido y se suspendía el Estatuto de Autonomía catalán.

1935

El 6 de mayo de 1935, Gil Robles, líder de la coalición derechista CEDA, fue nombrado ministro de la Guerra y se rodea de los militares más conspiradores: Francisco Franco y Emilio Mola.

En septiembre de 1935, estalla un escándalo financiero, conocido como el del "estraperlo" (fue un juego de azar autorizado a personas privadas que previamente habían sobornado a políticos, sobre todo del partido del Partido Radical de Lerroux). El escándalo trascendió a la opinión pública y que supuso un mes más tarde la definitiva salida del gobierno de Alejandro Lerroux. El Partido Radical de Lerroux se hundió en las elecciones de febrero de 1936, que supusieron el triunfo del Frente Popular.

Diciembre de 1935: Una nueva disolución de las Cortes posibilitó la convocación de las elecciones de febrero de 1936 con el triunfo de las izquierdas coaligadas para esta ocasión en el unificado Frente Popular, amén de la sustitución de Alcalá Zamora en la presidencia de la República por Azaña mediada la primavera.

1936

El 15 de enero de 1936, se suscribió el Frente Popular. Tras la Revolución de Octubre de 1934, el ex presidente del gobierno español Manuel Azaña intentó recuperar la unidad de la izquierda. Azaña era consciente de que para triunfar en las elecciones había que crear un gran frente de izquierdas, pues el sistema electoral privilegiaba a las mayorías.

En un principio los republicanos se oponían a pactar con los comunistas. Formaban parte del mismo el Partido Socialista Obrero Español (PSOE), el Partido Comunista de España (PCE), la Unión General de Trabajadores (UGT), el Partido Obrero de Unificación Marxista (POUM), el Partido Sindicalista, las Juventudes Socialistas, la Unión Republicana y el propio partido de Azaña (Izquierda Republicana), así como las formaciones políticas izquierdistas del ámbito catalán.

En febrero de 1936, la agrupación antifascista Frente Popular gana las elecciones y Manuel Azaña vuelve a dirigir el gobierno. El porcentaje de votos fue de 34,3 % para la izquierda y 33,2 % para la derecha. La diferencia no era muy grande, pero el sistema electoral premió a los partidos del Frente Popular que se presentaron en coalición.
La FE de las JONS no obtuvo ningún escaño. El gobierno surgido de esos comicios la declaró ilegal y sus principales líderes, entre ellos el propio José Antonio, fueron encarcelados. Desde la cárcel, Primo de Rivera ordenó a sus seguidores la participación en el "alzamiento" que trajo consigo en julio de ese año el estallido de la Guerra Civil.

Abril de 1936: las Cortes surgidas del triunfo electoral del Frente Popular dos meses antes destituyen al presidente de la República, Niceto Alcalá Zamora, por haber infringido un precepto constitucional (el que reducía a tres el número de veces que el presidente podía suspender el Parlamento en un solo mandato). Alcalá Zamora dimite como presidente y le sucede Manuel Azaña.

En la noche del 12 al 13 de julio de 1936 fue asesinado José Calvo Sotelo a manos de un grupo incontrolado de la Guardia de Asalto como represalia por el homicidio de un teniente de esa institución por fuerzas de extrema derecha. Calvo Sotelo tenía una relación ideológica con el pensamiento antidemocrático y ultranacionalista de Charles Maurras. Fue un significado defensor de las actitudes antiparlamentarias contrarias al ejercicio democrático. Este asesinato se convirtió en el chispazo que pocos días después dará lugar al inicio de la Guerra Civil, cuyo origen real sería la rebelión militar que desde hacía meses él mismo estaba contribuyendo a organizar.
Las ocupaciones de tierras, sobre todo en la mitad sur de la Península, así como la aceleración de la reforma agraria contribuyeron a aumentar la tensión. Hasta julio de 1935 se habían repartido más tierras que en todo el periodo anterior.

El 17 de julio, el general Francisco Franco y los jefes del ejército de Melilla se levantan contra el gobierno del Frente Popular. El levantamiento es secundado en el protectorado de Marruecos, Canarias, Castilla, León, Álava, Galicia y algunas zonas de Andalucía y Aragón. El Frente Popular tiene que enfrentarse al intento de golpe de Estado fascista que desencadena la Guerra Civil (1931-1936). Al revisionismo anterior, los dirigentes frente contrapusieron la agilización de la reforma agraria mediante la legalización de las ocupaciones de fincas y un intento de arbitraje entre las reivindicaciones extremas populares y la oposición derechista.

El periplo político de Pepe durante la República.

Los partidos políticos en el Madrid de los años treinta

Los Republicanos. La organización partidaria en Madrid era similar a la del resto del Estado[137]: había tres organizaciones republicanas destacadas: el **Partido Radical** de Alejandro Lerroux, que desde el radicalismo inicial fue pasando a posiciones claramente de derechas, buscando representar a la burguesía conservadora no monárquica. Era el partido más extendido y en 1934, año de su gran expansión, tenía 29 comités locales en Madrid, entre ellos el de **Ciempozuelos**, organizado en torno a gentes de la derecha tradicional del pueblo y cuya puesta en funcionamiento, y apertura de sede, conllevó desórdenes públicos y tiroteos, ante la estupefacción de los ciudadanos de que los "*antiguos*", tal como les llamaban en el pueblo, los que defendieron la Dictadura de Primo, ahora fuesen republicanos de toda la vida.

El **Partido Radical Socialista**, de Marcelino Domingo, y la **Acción Republicana**, de Manuel Azaña que, en 1934, ante el gobierno derechista del bienio negro, se medio fusionaron en **Izquierda Republicana**. Sería esta la opción que mejor representaba el reformismo republicano: Estado laico y reformas sociales. Se cifra en 3.500 los afiliados del PRS y de 5.000 los de IR en 1935[138]. Mi abuelo Benito sería de IR.

La Derecha. Los partidos de derecha estaban encabezados por **Acción Popular** que luego pasó a ser **CEDA** Confederación Española de Derechas Autónomas; en el año 1935 contaba con alrededor de 9.000 afiliados en Madrid, pero aumentó mucho hacia el 36, contando con

---

[137] Souto Kustrín, Sandra (2004). "*Y ¿Madrid? ¿Qué hace Madrid?*". Ediciones Siglo XXI. Madrid

[138] Álvarez Junco, José. (2012). "*El emperador del paralelo: Lerroux y la demagogia populista*". RBA. Barcelona.

organizaciones y representación en todos los barrios y pueblos de la provincia.

La derecha alfonsina se reagrupó en torno a **Renovación Española**, pero nunca llegó a contar más que con unos cientos de afiliados y solo en la capital.

En estos años surgen en España, como en resto de Europa, los partidos fascistas. La **FE de las JONS** que en 1934 unió a Falange Española y a las Juntas de Ofensiva Nacional-Sindicalistas, siempre pequeños en número (hasta la guerra), pero con buena presencia en Madrid ciudad y en Valladolid y de ideario absolutamente fascista y filo nazi.

La Izquierda. En la izquierda el **PSOE** era en 1931 el único partido realmente moderno existente en el país. Creció muchísimo en afiliación con la República; en 1931 tenía 1.354 afiliados, en 1934 rondaba los 6.000 y en 1936 pasaba ya de los 10.000 en todo Madrid. Contaba con 40 agrupaciones, entre ellas, al sur, la de Getafe, Pinto, Aranjuez y **Ciempozuelos**. El mayor porcentaje de su afiliación procedía del funcionariado y de los empleados cualifcados[139]. La coordinación la realizaba a través de la Federación Provincial Socialista, posterior FSM, dirigida en esos años previos a la guerra por Rafael Henche y Carlos Rubiera. A su lado caminaba la **FJSE** Federación de Juventudes Socialistas de España que llegó a tener 3.000 afiliados y que tenía organización, en el sur, en Aranjuez.

A la izquierda del PSOE solo había pequeños partidos, como el **PCE**, casi recién nacido, si bien creció en el periodo republicano, siendo a partir de 1936 cuando realmente se convierte en el referente de la izquierda. Hasta 1936 estuvo en torno a 700 afiliados, más los 500 de la **UJCE** Unión de Juventudes Comunistas de España, que tenía organización en Pinto y Arganda. Luego vendría la fusión de ambas organizacios juveniles, del PSOE y el PCE, en las **Juventudes Socialistas Unificadas**, de gran trascendencia, de orientación comunista y con Santiago Carrillo como líder.

---

[139] Tuñón de Lara, Manuel. (1972) *"El movimiento obrero en la historia de España"*. Ed. Taurus. Madrid

> Había muchos grupos más, combativos todos, pero muy fragmentados y minúsculos. Como la **ICE** Izquierda Comunista de España (de Andreu Nin) o el **BOC** Bloque Obrero y Campesino (de J. Maurín). Ambos fusionados en el **POUM**, Partido Obrero de Unificación Marxista.

El 14 de abril de 1931, día de proclamación de la Segunda República, mi padre aún no había cumplido los 15 años. El día que se incorporó al Ejército Popular, principios de marzo de 1937, todavía no tenía los 21, edad de su leva obligatoria. Es decir, estamos hablando de un joven al que, como a tantos otros, le atropelló la historia de forma vertiginosa. Y, aunque la vida era mucho más dura que hoy, sobre todo en las familias jornaleras, el hablar de trayectorias políticas en esas edades, parece un tanto excesivo.

Pepe fue a la escuela, pero solo cumpliendo lo que ahora llamaríamos educación primaria, más o menos hasta los diez u once años; a partir de ahí "a trabajar". Sí, era lo normal en las familias trabajadoras: el que era albañil se llevaba al crío a que lo echara una mano arrimando masa, el que era agricultor se bajaba a sus vástagos al campo, siempre había tareas que por maña o fuerza podían asumir. Solo los hijos de los adinerados propietarios podían estudiar. La gente no valora ahora, parece, el acceso a la enseñanza pública de calidad, en fin.

Lo que sí sabemos es que Pepe, a pesar de que ya desde esos diez u once años, como tantísimos, iba a ganar unas perras con la trilla en la era, o en el campo en épocas de patata o vendimia, o con su padre en el tajo, parece que siguió con un cierto interés por seguir recibiendo lección. Y en eso vino bien doña Margarita (creo recordar que era su nombre), una maestra jubilada que también, como tantas, daba clases particulares para poder complementar la exigua pensión del magisterio. "*El día que ibas, llevabas la cartilla, el cuaderno, un lapicero y una perra gorda en la mano; ella ponía el taburete y la pizarra*", recuerdo que me decía. El caso es que fue a clase todo lo que pudo (la señorita Margarita debía tener amplios horarios, prácticamente de tarde-noche), había interés en seguir aprendiendo. Allí, con aquella maestra, aprendió a escribir a máquina, un poco al menos. Este hecho le vino bien con el tiempo, como veremos, pues cuando formó parte del Comité del Frente Popular, en 1936, su labor fue básicamente de escribiente, librándose de otras tareas quizá más ingratas.

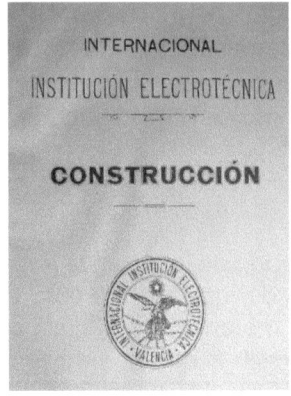

Entre las cosas que hizo Pepe para formarse, fue seguir cursos por correspondencia, un sistema relativamente nuevo en España, no así en EE.UU. y muchos países de Europa. Concretamente diversos cursos sobre construcción, que servirían con el tiempo para obtener la certificación, y cartilla correspondiente de Maestro de Obras.

En España fue introducido este método de enseñanza en 1903 por el ingeniero valenciano Julio Cervera, inscrito en la Internacional I. Electrotécnica, que daría en España y América Latina cientos de cursos de electricidad, mecánica, topografía, construcción, etc.

Con esos catorce, a punto de los quince años, sería testigo de las elecciones municipales del 12 de abril de 1931. Y de su repetición el 31 de mayo, pues las elecciones de abril fueron impugnadas por las izquierdas, y repetidas (en media España) el último día de mayo, cuando el país había abrazado ya la República[140]. En Ciempozuelos ganaría holgadamente la conjunción republicano-socialista, siendo el maestro **Santos Oliete** el **primer alcalde constitucional de signo republicano**.

La victoria de las izquierdas venía alimentada, además de la propia proclamación de la República, por la gran indignación que anidaba en la población por haber tenido que repetir la elección, y en este caso concreto del pueblo, por una gran concentración obrera habida el día 1 de mayo en Ciempozuelos, con representantes sindicales y gentes de toda la comarca; eso animó mucho al voto. Y llegaba la victoria después de salvar mil y un boicot por parte de los caciques del pueblo, que hasta los teatros o salas de reuniones procuraron vetar al uso de las formaciones republicanas.

Aunque no participara Pepe, suponemos estaría al tanto de lo ocurrido el 23 de agosto de ese año 1931. La derecha ciempozueleña inauguró el Centro Radical, sede del partido de Lerroux en la localidad; disturbios, tiros... se iniciaba una época de progresiva polarización política; los de derechas se hacían más de

---

[140] Para ver buena parte de los hechos ocurridos en el periodo 1931-1936 en Ciempozuelos, recomiendo leer el opúsculo mío: Maroto, Julio (2023) *"Apuntes sobre historia local: Ciempozuelos"*. Amazon.

derechas, acabando en el fascismo; los de izquierdas, más radicales cada vez pues, no podían creer que para una vez que ganaban en las urnas, el bloque conservador y la iglesia boicoteara todo cambio hacia la modernidad. Lo vivían en sus carnes y en su sed: parece que hubo sabotaje por parte de elementos de derecha a las conducciones de agua potable, que desde Griñón surtían al pueblo; hechos que obligó a alcalde, junto a diputados republicanos, a visitar al Ministro de la Gobernación (28 agosto), en busca de protección y mejoras en los suministros. Lo normal era ver, en la Fuente Ventura Rodríguez, colas larguísimas de cántaros a la espera de que llegara el agua unas pocas horas (la verdad es que yo también he vivido de crío esa "*era de las carretillas con cántaros*", en los años sesenta, y más...).

Sí participaría Pepe, por ser acontecimiento donde estuvo prácticamente todo el pueblo, el día de la fiesta local, domingo 13 de septiembre de 1931, cuando una delegación de políticos del Partido Radical Socialista y Partido Socialista, encabezada por la diputada **Victoria Kent**, fueron descubriendo las placas con los nuevos nombres de las calles del pueblo: Avenida 14 de abril, Nicolás Salmerón, Joaquín Costa, Fermín Galán... mientras la banda de música del Regimiento de Aranjuez amenizaba el recorrido con pasodobles, y el himno de Riego, claro.

Es época de desasosiego, también, en el ámbito empresarial y laboral. La primera empresa del pueblo, quizá la única, exceptuando una pequeña transformadora de malta de cebada, parece que quiere irse de la localidad. Nos referimos al sanatorio psiquiátrico de San José. Son momentos en que el superior de la casa, Llop, ofrece en venta el manicomio a la Diputación de Madrid por muchos millones de pesetas. No se sabe si los frailes están haciendo presión a la Diputación para que se eleve el importe que paga por cada residente o es que están "inquietos" porque, de repente, el pueblo se ha vuelto izquierdoso.

Hablamos de mayor polarización política; esta acabaría de asentarse con las **elecciones de 1933** (19 de noviembre primera vuelta, 3 de diciembre segunda vuelta) que ganaría la derecha, la CEDA, seguida del populista Lerroux, y con Falange sacando su primer diputado. En Ciempozuelos, como en todas partes, la extrema derecha se había movilizado al máximo; tanto, que se ve a muchos de sus componentes alardeando de tener armas o, directamente, luciéndolas por la calle.

El escrito que vemos más abajo, del alcalde de Ciempozuelos, firmado por **Tomás Gutiérrez** como tal, del día 2 de diciembre de 1933, un día antes de la segunda vuelta electoral, y que dirige al Juez de Instrucción de Getafe, pone de manifiesto lo dicho: la voluntad de las derechas de influir en el voto, si es necesario portando armas a la vista de la gente.

El juzgado pide que se le envíen de inmediato, mediante la guardia civil, a los detenidos poseedores de armas.

TELEGRAMA OFICIAL

Juez Instruccion
a
Juez Municipal

CIEMPOZUELOS.

Proceda inmediatamente poner disposicion este Juzgado Instructor, por Guardia Civil, detenidos comunicados Vicente Martinez Jurado y Celestino de la Torre Gutierrez.

A CONSTITUCIONAL
DE
EMPOZUELOS

Tengo el honor de participar a V. que por el Cabo de Serenos de este Municipio Casimiro Vera de Oro, han sido puestos a mi disposicion los jovenes Celestino de la Torre Gutierrez, Felix Sedeño de la Torre, Miguel Bernia Carrera, Rafael Costa Sanchez, Angel Ortega Sanchez, Leonardo Sedeño Hernandez, Francisco Bayona Ormeña, Vicente Martinez Jurado, Teofilo Diez Cerceño y José Sanchez Aparicio, al mismo tiempo que dos armas de fuego y una navaja ocupados a los mismos, los cuales en la noche pasada del uno al dos del corriente, patrullaban por las calles de la localidad, en union de otros que no pudieron detener, al pretender por los serenos averiguar sus

Alguna de estas personas, figuran en el listado de fallecidos en agosto de 1936, muertos a manos de elementos de la izquierda radical. La significación extrema y militante no suele tener buena consecuencia. Es lo que ocurría con el Juez Municipal, señor Antonio Díez del Moral, siempre inmerso en algún litigio, personal o político. En lo personal, acusado de expropiaciones indebidas, inmatriculaciones impropias, falsificación de cuadros, impago de deudas…; en lo político, como elemento destacado de la ultra derecha, siempre atento a prohibir actos sindicales, reuniones políticas o perseguir a miembros de la izquierda ante cualquier acontecimiento. Este señor murió de forma trágica, torturado por sus contrarios, en los fatídicos días siguientes al golpe de Estado fascista.

En el barrio ideológico contrario, sucedían cosas parecidas; los elementos más radicalizados, aunque más pobres y sin recursos, se las ingeniaban igualmente para hacerse con armas.

La carátula de arriba, pertenece a un sumario judicial seguido en la Audiencia Provincial de Madrid, contra unos ciudadanos de Ciempozuelos, por tenencia ilícita de armas y atentado a la autoridad (contra el Juez Municipal, señor Díez del Moral, al que tirotearon su casa, en la Fuente). Había una retroalimentación de odios permanente y bastante efectiva.

Buena parte de los nombres que vemos en el dossier judicial, serían fusilados o ejecutados a garrote en cuanto Franco firmó su último parte de guerra.

La tensión se palpaba en el ambiente y era bastante fácil saltar por cualquier cosa. Por ejemplo, cuando las gentes de izquierda oyeron que iba a parar en la estación del pueblo un expreso lleno de "*antiguos*" (fachas), de las juventudes de la CEDA, procedente de Cartagena y Murcia, con destino a El Escorial (22/04/34 - iban a una concentración ultra), se situaban en los andenes a insultar a los viajeros y, entonces se escapaba un tiro desde el tren, que era respondido desde abajo con otros, y llegaba la guardia civil, y se sumaba al tiroteo...

Luego, en la estación de Atocha, la policía registró y cacheó a los viajeros de ese tren, incautando decenas de armas en su poder. La gente radical, poco a poco, se iba armando como podía.

Lamentablemente esa es una de las imágenes que quedan de época republicana, y no la de los nuevos derechos laborales, las nuevas escuelas, los institutos construidos, el momento álgido de literatura y ciencia... es una pena, la verdad.

en las carreteras

Entre cinco individuos que pretendían subir al tren, los viajeros que iban en éste y la Guardia civil se entabló un tiroteo en la estación de Ciempozuelos y resultaron dos heridos graves

A las nueve y veinte de la mañana se recibió un telegrama en la Dirección de Seguridad dando cuenta de haber ocurrido una colisión en la estación de Ciempozuelos, y a consecuencia de la cual habían resultado dos heridos. Por noticias posteriores se sabe que a la llegada a dicha estación del tren correo de Cartagena, y en los pocos minutos que allí tiene de parada, cinco individuos intentaron subir al convoy, a lo que se ne-

Esa concentración de las Juventudes de Acción Popular, el 22 de abril de 1934, en las Proximidades del Monasterio del Escorial, congregó cerca de 20.000 personas. José Antonio **Primo de Rivera** la calificó como un «*espectáculo fascista*». Una premonición, pues en el 36, ante lo que creían tibieza de Gil Robres, 15.000 de estos miembros se pasaron directamente a Falange Española. En pleno apogeo de la CEDA, Gil-Robles eligió a Lisardo Doval, conocido oficial de la Guardia Civil, para el adiestramiento militar de sus escuadrones de las JAP; su uniforme era la camisa Verde, e imitaban el saludo fascista. En el momento del golpe fascista, contaban con más de 12.000 integrantes. No obstante, para los partidos de derechas los que en realidad se estaban militarizando eran las izquierdas.

Juventudes de Acción Popular (CEDA) en El Escorial. Foto Agencia EFE-Web-Alamy.com

JUVENTUDES DE ACCIÓN POPULAR

J. A. P.

MILICIAS VOLUNTARIAS

Nuevo emblema de las Juventudes de Acción Popular, claramente de corte fascista.

217

Justamente en esas fechas se afilia mi padre, Pepe, a las Juventudes Socialistas. Acababa de cumplir 18 años, y ya podía hacerlo. Malos tiempos para afiliarse a nada; pero parece que lo tenía claro.

Él, y las organizaciones obreras en general: para estas, el partido de Gil Robles era claramente fascista (recordemos que todo el mundo estaba muy influenciado por las cosas que pasaban en Italia en esas fechas, donde Mussolini hacía de las suyas; también se tenían noticias de sucesos en Austria, donde los fascistas, los nazis austriacos, en consonancia con los alemanes, estaban dando golpes continuamente). Por eso, cuando la CEDA llegó al gobierno, las izquierdas temieron la inmediata implantación de un régimen fascista.

Dentro de las organizaciones obreras, sobre todo en sus avanzadillas ideológicas, comenzó a rumiarse la idea de que ante el fascismo solo había una solución, la revolución social. Hay que tener en cuenta que, por ejemplo, en el PSOE, la colaboración continua con los partidos burgueses republicanos había ido creando entre sus bases un cierto malestar. Cuando en septiembre'33 el presidente **Alcalá Zamora** encargó a Lerroux formar gobierno (del 12/9 al 9/10/33), los afiliados más de izquierda, sobre todo las Juventudes Socialistas, estallaron de indignación y comenzaron a hablar ya de revolución: "*ni democracia burguesa ni dictadura burguesa, dictadura del proletariado*".

Cuando los gobiernos lerrouxistas, apoyados o directamente dirigidos políticamente por la CEDA, comenzaron a cumplir con su programa de absoluta contrarreforma social, las bases obreras estallaron. Y no solo las bases, dirigentes como **Largo Caballero**, que había sido inspirador de buena parte de la legislación laboral y social del primer bienio, comenzó a hablar, de forma aún dispersa, de la revolución de 1917 y de una necesaria revolución social... Quizá influido, o presionado, por las propias Juventudes, mucho más radicales que sus mayores.

Porque, además, hay que poner en su contexto socio-económico la situación: después del crac de 1929 vino la subsiguiente crisis económica a escala mundial; así llegó, desgraciadamente, el régimen republicano al gobierno, envuelto en una severa crisis económica. Imaginemos en ese contexto, el Madrid de los años treinta: una capital que recibía de forma continua un aluvión de personas venidas de todas partes de la nación, principalmente del medio agrario, sin cualificación y para las cuales no era válida la estructura y práctica sindical de la UGT y las organizaciones de la izquierda tradicional. En ese maremágnum, la CNT hizo mucha clientela ansiosa de mejoras, dentro de una acción sindical más sencilla y que llegaba mejor: la acción directa. Ello obligó a espabilar a la tradicional izquierda socialista y, en gran medida, a radicalizarse también.

De hecho, ya en marzo de 1934, comenzaron las **Alianzas Obreras**, la unión heterodoxa de organizaciones de izquierda, desde la UGT, a Izquierda Comunista, pasando por el PSOE y buena parte de CNT; buscaban una mayor potencia de acción ante el gobierno derechista. La conflictividad creció: en 1933 hubo, en todo el año, 27 huelgas en Madrid, pero en el primer semestre de 1934 se contabilizaron 37 paros generales: metalúrgicos, camareros, construcción, madera… y cambios claros en la forma de organizar el paro, del Comité Sindical **se pasó al Comité de Huelga** como director del conflicto.

Antes que llegue octubre'34 hay ya un notable incremento de las acciones violentas en las calles de Madrid, sobre todo enfrentamientos con falangistas que habían creado sus grupos de acción, las conocidas como **escuadras**. Entre enero y agosto de 1934 hubo en Madrid 470 detenidos, menores de 21 años, por altercados, y se registraron 31 heridos y 13 muertos en los mismos (4 falangistas, 5 de organizaciones socialistas, resto sin afiliar o inscribir), principalmente pertenecientes a ámbitos universitarios contrarios, FUE y SEU. El gobierno **Samper** (del PRR de Lerroux) intentó la prohibición de la circulación de grupos y cualquier manifestación, a partir de las 8 de la tarde, sin ningún resultado.

En uno de esos enfrentamientos violentos con falangistas murió un dirigente de las Juventudes Comunistas, el 29 de agosto. Dos días después se celebró el entierro multitudinario que, a la postre, supondría un primer acercamiento de las Juventudes Socialistas y las Comunistas. De hecho, el 14 de septiembre, realizaron un acto conjunto masivo: por las J. Socialistas habló su secretario, **Santiago Carrillo**, por las J. Comunistas el getafeño **Trifón Medrano**, secretario general. Acabada la concentración hubo desfile de militantes uniformados… La escalada estaba servida.

En Madrid todo el mundo, progresista, tenía la sensación que con las gentes de la CEDA había llegado el fascismo. Y llegó octubre'34 y el día 5 se decretó la **Huelga General Pacífica**, que todos conocemos que en Asturias tuvo un escenario muy especial y no tan pacífico. Pero en Madrid pasaron cosas también; aparte de la capital, se organizaron comités de huelga en los pueblos de Barajas, Alcalá de Henares, Aranjuez, Colmenar Viejo, **Ciempozuelos**, Chamartín de la Rosa, Cercedilla, los dos Carabancheles, Getafe… que pararon las distintas localidades.

El día 6 continuó la huelga; todo el sector público estaba parado (Correos, Hacienda…); no hubo pan y el ejército hizo panes en sus cuarteles de intendencia. El Gobernador civil, Javier Morata (PRR), amenazó a los funcionarios con la expulsión si no se reintegraban de inmediato.

Pero la huelga continuó el día 7. El Ayuntamiento de Madrid, de mayoría republicana progresista, fue suspendido y el alcalde, **Pedro Rico** (Unión Republicana) separado del puesto. El general jefe de la Primera División, **Cabanellas**, declaró el estado de guerra y publicó un bando amenazante que, entre otras cosas, obligaba a los taxistas a ponerse en servicio. Dos días después se sustituyeron a los concejales y se nombró a un militar como jefe de los servicios municipales.

La gente aguantó todo lo que pudo. El día 10 de octubre los miembros de las Juventudes de los partidos de derechas, los de Acción Popular, Renovación Española y Partido Agrario, se ofrecieron voluntarios para realizar los servicios municipales, desde la distribución de alimentos, la limpieza viaria, el mantenimiento del gas ciudad o la conducción de autobuses y metro, sin funcionar hasta ese momento. Lo hicieron, en todo caso, escoltados por la guardia de asalto. Esta **acción de esquiroles pesará mucho en la consciencia colectiva de los obreros en adelante**. Ese mismo día 10 el Gobierno declaró la huelga como ilegal, lo que podía suponer, como mínimo el despido, y hasta cárcel para los que la secundasen.

El día 11 de octubre, pues, se retornó prácticamente a la normalidad.

Las consecuencias de la huelga de octubre de 1934 en Madrid, serán catastróficas para las gentes de la izquierda: más de 2.000 detenidos, más de 8.000 despidos en las empresas, 400 taxistas se quedaron sin licencia, suspensión de todo tipo de ayuda o subvención a entidades sociales (de mujeres, obreras, de ayuda mutua…). Amén de registros en casas del pueblo y otras sedes y la requisa de armas y documentación. Algunas agrupaciones socialistas llegaron a quemar o esconder sus archivos y listados de militantes (qué recuerdos del 23-F de 1981 en Ciempozuelos, lo mismo).

La debilidad posterior de los republicanos progresistas, de todos los partidos, tardará en restablecerse; se tardará un año en comenzar a ensayar las "conjunciones republicano-socialistas" en distintas ciudades y pueblos. Luego, en las elecciones de 1936 traerán la victoria a los progresistas, bajo la denominación Frente Popular.

Ya hemos visto como los gobiernos de derechas acuden a la policía, sobre todo al ejército, para resolver los problemas políticos que crean y a los que no saben dar solución (algo similar en Valencia 2024 después de la DANA, nombrando vicepresidente a un teniente general); para ellos el ejército es siempre "salvador".

En Ciempozuelos, los dos primeros días, los más duros de huelga, del 5 al 7, paró muchísima gente, y buena parte de los establecimientos: comestibles, banca, talleres, carpinterías y, claro, la construcción; también los cocineros y muchos cuidadores de los manicomios. Como toda incidencia, parece que se "cayó" la estatua de un santo desde lo alto de la torre de la iglesia de las monjas. También parece que la actuación de la guardia civil, durante el período de huelga, fue bastante intimidatoria, siempre al servicio de la patronal y los propietarios de tierras. Como en todos sitios, por otra parte.

Una de las consecuencias de las huelgas y movilizaciones de octubre de 1934, fue la suspensión de todos los ayuntamientos de izquierda, en todos los pueblos de la nación. Así pasó en Ciempozuelos, donde el ayuntamiento progresista fue disuelto, por orden gubernamental, y se situó al señor **Clemente de la Torre** como alcalde, representante de la derecha, de los propietarios.

Una de las primeras acciones de estos ayuntamientos impuestos, fue la de prohibir o poner trabas a la difusión de la prensa de izquierdas. Así sucedió en Ciempozuelos; respuesta de las gentes de izquierda, bajar a la estación a la hora en que el tren correo dejaba los periódicos, y quemar la prensa de derechas, la única autorizada a llegar. Y esto un día y otro. Y luego llegaba la guardia civil, y algún día se escapaba un tiro. Y si no, bajaban los elementos de derechas y algún falangista valeroso, acompañando a los civiles, y ese día se escapaban varios.

221

En ese contexto de tirantez y enfrentamiento, llega 1936. Y mi padre, como miembro de la dirección de las Juventudes Socialistas en el pueblo, al final es cooptado para formar parte del segundo Comité del Frente Popular. Con ello, parte de su sentencia carcelaria quedará escrita, pues ser de un Comité estuvo penado, después de la contienda, cualquiera que hubiera sido tu comportamiento.

El mundo sindical del momento republicano en Madrid.

La principal fuerza obrera organizada era la **UGT**, que además creció enormemente desde el inicio del periodo republicano a través, sobre todo, de la **Federación de Trabajadores de la Tierra**, por las ánsias existentes de reforma agraria.

La UGT tenía múltiples organizaciones y federaciones locales. No existían, sin embargo, ejecutivas locales o provincial, deficiencia para la coordinación que intentaba paliar la Junta Administrativa de la **Casa del Pueblo de Madrid**. Solo a nivel nacional existía un Comité Ejecutivo, que en Madrid contaba con más preeminencia, al estar su sede en la capital. La relación con su hermano el PSOE siempre fue controvertida y conflictiva; la participación del PSOE en los gobiernos del momento (postura deendida por Besteiro) fue quizá el elemento de friccíon más notable: en todo caso UGT siempre fue mucho más reformista que su partido de referencia.

Sectores importantes de la afiliación de UGT en Madrid era el Sindicato de Obreros **Metalúrgicos**, con más de 7.000 inscritos, destacando la Sección de Getafe por tener en el pueblo las construcciones aeronáuticas; el Sindicato de **Artes Blancas** (o Alimentación), con presencia en Aranjuez, Chincón, Getafe y Pinto; el Sindicato Nacional de **Ferroviarios** con casi 300 afiliados en Aranjuez (nudo ferroviario); el Sindicato de la **Madera**, el de **Artes Gráficas**, la Federación Nacional de Camareros o el Sindicato de **Banca y Bolsa**, que llegó a tener 3.000 afiiados en Madrid y que tenía secciones locales en Aranjuez, Getafe, Arganda o **Ciempozuelos**. Evidentemente la Federación de Trabajadores de la **Tierra**, con muchos asociados en Villaconejos y **Ciempozuelos**. Una de las federaciones más importantes era la de Construcción, en un Madrid que construía por todas partes (Metro, Canal, Ministerios, calles, barrios,…).

Había, además, pequeños sindicatos de Oficio o Empresa, que se asociaban a la UGT, como fue el caso de la Sociedad de Obreros del Manicomio de **Ciempozuelos**, o la Sociedad de Empelados de Hospitales, de Carabanchel Bajo.

En paralelo navegaba la **CNT**, bastante poderosa en algunas ciudades, por ejemplo Madrid. Se organizaba en torno a un Sindicato local o de ramo. Uno por cada rama de la producción. La Federación Local de Sindicatos Únicos **FLSU de Madrid**, englobaba y coordinaba toda la provincia. Orgánicamente, en cuanto a toma de decisiones, operaba alrededor de la asamblea (lo cual hacía más lenta la decisión), no como UGT que era más partidario del referendum entre afiliados.

En 1933 se realizó un censo electoral para la participación en la elección de Jurados Mixtos. La afiliación en Madrid era de 134.426 obreros sindicados. Dado que CNT no participaba del proceso, al ser contraria a la colaboración en la elección de Jurados, se deduce que casi toda la afiliación pertenecía a la UGT; excepto, quizá, unos pocos miles de las Asociaciones Católicas y de la Federación Tabaquera (independiente).

El **sindicalismo comunista** se limitó, al principio, a intentar tener grupos afines tanto dentro de CNT como, sobre todo, en UGT, pero ya en 1932 tuvo que crear su "alternativa" en forma de la **CGTU Confederación General del Trabajo Unitaria** que, en realidad solo funcionaría donde las agrupaciones del PCE eran potentes. En Madrid llegaron a tener 20.000 afiliados.

Con poca representación se movió el sindicalismo católito, como la **Federación Local de Sindicatos Profesionales y Obreros Católicos**, que en 1935 pasará a formar parte de la **Confederación Española de Sindicatos Obreros CESO**, que tuvo bastante peso en aquellos pueblos donde los caciques no dejaron al campesino sindicarse en otros, como en Valdelaguna, Perales de Tajuña o Villarejo de Salvanés.

Sobre los Comités y sus acciones.

Los Comités no son una exclusiva del periodo inmediato al golpe de Estado de 1936; en Ciempozuelos tampoco. En octubre de 1934, como sabemos, estalló la denominada como "**Revolución de Asturias**", un movimiento obrero armado en contra de la derechización extrema del gobierno de Lerroux, que había dado paso a ministros de la CEDA. La reacción del gobierno de derecha, ante el movimiento revolucionario, fue inmediata. El mismo 4 de octubre de 1934 el ministro de la Gobernación, Eloy Vaquero Cantillo, del PRR lerrouxiano, decretó la disolución de los Ayuntamientos de izquierda, en toda España. Fueron momentos muy convulsos, en los que se unieron los amagos de golpe militar (Queipo, Sanjurjo, Yagüe...) con otros movimientos, en sentido contrario, como la proclamación del **Estat Catalá** el 6 de octubre'34 por parte de **Lluís Companys** (Estado Catalán dentro de la República Española); movimiento nacionalista en contra de la progresiva derechización del poder republicano, que iba a inclinarse por el recorte de competencias en los territorios históricos. Movimiento, por otra parte, rápidamente sojuzgado, pues el 14 de diciembre el gobierno central disolvió el gobierno de la Generalitat y lo sustituyó por un denominado Consejo de la Generalidad, al frente del cual se situaba un Gobernador General de Cataluña.

Los republicanos tardaron en reaccionar ante esa disolución de los ayuntamientos legítimos, pero lo hicieron; ya desde inicios de 1935 todos los partidos republicanos del centro a la izquierda acordaron crear **Comités Republicanos Locales**, en las distintas poblaciones. En **Ciempozuelos** el Comité Republicano se conformó el día 24 de mayo'35 y estaba compuesto por las siguientes personas: Clemente Ortiz, Tomás Gutiérrez, Tomás García, Manuel Trompeta, Gaspar García, Lucio Revuelta, José Pomés, Félix Pachón y Venancio Manzanares[141].

En cuanto al momento de julio'36, hay que decir que, en la totalidad de los núcleos urbanos de la España fiel, la que no fue inmediatamente subyugada, se constituyeron **Comités**, llamados de distintas maneras según los sitios, siendo las más usuales Comité del Frente Popular, Comité de Guerra, Comité

---

[141] Tal como informaba el diario LA LIBERTAD en su edición del 25 de mayo de 1935, en un artículo que llevaba como titular: "*Por la Unión de los Republicanos*".

225

Revolucionario, Comité de Salud Pública, Comité de Sangre, Comité de Abastecimiento, Comité de Control y otros[142].

Lo normal es que se constituyera un Comité en la capital de provincia (Madrid y las grandes ciudades tuvieron características distintas) del cual pilotaban o estaban bajo su influencia los locales. En la mayor parte de los sitios fueron la respuesta a la desaparición del poder central (provincial o estatal), que se personificaba en las distintas unidades de la Guardia Civil, Carabineros, Guardia de Asalto y otros órganos de la policía.

Imaginemos un pueblo cualquiera, de cierta entidad, de los que tienen cuartel de la guardia civil, donde se conoce la tendencia de los guardias, proclives al golpe. ¿Qué va a hacer ese pueblo?, pues constituir un poder coercitivo que se enfrente, anule o minore al que tiene en contra. Permítaseme la licencia en la comparativa: el 23 de febrero de 1981, el alcalde de Ciempozuelos, Joaquín Tejeiro Martino, militante entonces del PCE, desde su despacho, rodeado de colaboradores, levantó el teléfono y llamó al sargento de la guardia civil del puesto y le espetó: "*bueno, fulano* (dijo el nombre, pero no lo recuerdo), *¿tú estás con los de dentro del Congreso o con los de fuera, con la Constitución?*"[143]. Yo no oí la respuesta, pero quedó claro con la llamada, que se transmitía que los demócratas estábamos expectantes y no íbamos a consentir un atropello.

Pues eso es lo mismo que se hizo en el 36 (valga la traslación temporal). Sabiendo que, la denominada como fuerza pública, no estaban con la Constitución y la República, había que disponer de una "fuerza de orden, control y vigilancia". Y eso es lo que hacía el Comité, en principio.

Lógicamente, para mantener el orden, las fuerzas leales a la República, partidos, sindicatos... constituían un "Comité de Salud Pública" o del Frente Popular el cual, como primera medida inevitable, organizaba una *milicia ciudadana* con el número que se pudiera de personas aptas y, si era factible, armadas. Cierto es, con cuatro escopetas viejas de caza, siendo una de las primeras acciones la de registrar y desarmar a los derechistas.

---

[142] López López, Francisco Manuel (2021) *"La paz no nace cuando la guerra termina. Guerra civil y represión en Roquetas de Mar (Almería) 1936-1945"*. Edual. Universidad de Almería.

[143] A esas horas ya se sabía en Ciempozuelos, que los más *"echados pa alante"* del fascismo local, se habían personado en el cuartel a ofrecer sus servicios, por si la cosa triunfaba. La historia no se repite, pero casi.

Los Comités funcionaban en paralelo, pero coordinadamente, con la corporación municipal. En muchos casos, concejales de izquierdas estaban también en el Comité, así como dirigentes de asociaciones o agrupaciones obreras, campesinas y de gremios del pueblo.

Como hemos indicado, la primera medida era siempre, por indicaciones superiores, y por lógica, desarmar a los derechistas desafectos y la requisa de radios y máquinas de escribir. Para ello, no había otra, se realizaban registros domiciliarios. La siguiente "obsesión" de los comités fue la de asegurar el abastecimiento, ante lo que se presumía una rápida carencia de productos y alimentos, que podía llevar a parte de la población a acciones más directas, actuando por su cuenta y requisando en casa de los ricos.

A partir de esos momentos, el abastecimiento que entraba en la localidad, se centralizaba en algún almacén controlado. En Ciempozuelos hubo uno, si no me equivoco, en el edificio donde luego ha estado toda la vida el estanco de *La Fuente*, en la Plaza Ventura Rodríguez; por cierto, en una ocasión, una especie de *comando anarquista*, fusil en mano, redujo la guardia de los milicianos que custodiaban y se llevó buena parte de los alimentos almacenados[144]. El caos y las escaseces se acrecentaban. Sería ya noviembre o diciembre de 1936, y la escasez y el estar en plena línea de frente, fue provocando un goteo continuo de gente que abandonaba la localidad, hacia Madrid o a otros pueblos. O se les evacuaba directamente, como mi madre, a Villarrobledo, en Albacete.

Igualmente, los Comités establecieron patrullas, con las pocas armas que se poseían, cuya finalidad, en todos los sitios, era mantener el orden, sobre todo por la noche y controlar los accesos a la población. Aunque la intención (en Ciempozuelos, en este caso), era mantener el pueblo un tanto aislado de los tumultos y actuaciones que se oía triunfaban en Madrid, lo cierto es que era intento fallido pues, desde la capital llegaban con frecuencia camionetas con milicianos, de uno u otro signo, animando a la gente a hacer cosas bastante descabelladas. Y hubo un periodo muy convulso, de julio a octubre, donde las

---

[144] Testimonio oral de un vecino A.D.T.

autoridades locales no podían contener algunas "euforias" revanchistas. Luego la historia, que la escribe el vencedor, recuerda lo que quiere, pero no todo. Fueron momentos en los que también, mucha gente leal con la República, acogió y escondió en su casa, o sacó del pueblo como pudo, a cientos de personas de derechas para evitar fueran atropelladas. Esos nunca fueron citados por la Causa General.

Otro tanto pasaba con las requisas, que parecía cosa de vendetta. A principios de septiembre de 1936, la autoridad republicana solicitó a los alcaldes un informe sobre qué disponibilidades industriales y de transporte existían en la localidad. Cuando se habla de industria, se referían a la existencia de telares, fundiciones, máquinas de confección de calzado, guarnicionería, mobiliario, químicas y metalúrgicas, etc. Y cuando se habla de transporte, valía todo pues de todo se necesitaba: camiones, coches, motos, remolques, tractores, caballos... Por eso se intensificaron en los pueblos los registros y las requisas en fincas y haciendas, pero lejos de registros por capricho de apropiación.

Y todo esto se hace por gente del campo, jornaleros, obreros, albañiles, oficinistas, que hacen guardias sin percibir una peseta por ello. Eso propició que, en muchos lugares, más pronto que tarde, la gente volviera a sus tajos, por la simple razón de que tenían que ganar algún jornal para comer.

En algunos pueblos (sobre todo de Andalucía, donde la gente no tenía ni reserva para la compra de dos días), el Comité y el Ayuntamiento constitucional pusieron un jornal diario a los miembros de las milicias y a todos los que estaban trabajando, en las distintas funciones. Para sufragar el coste, se exigió a los grandes propietarios y personas más ricas, una "contribución especial temporal". Lo que no se podía era defender la República y pasar hambre (los precios subieron muchísimo ante la escasez).

Un ejemplo, en un pueblo concreto.

Un libro autobiográfico de **Alonso Barrena**[145], un trabajador del campo de Ahillones, en Badajoz, cuenta lo que pasó el 18 de julio en su pueblo, la reacción, la creación del Comité, etc. **Ahillones**, situado entre Llerena y Azuaga, tenía en 1936 unos 4.000 habitantes; era un pueblo de la Campiña Sur de Badajoz, absolutamente agrario, con las tierras en propiedad de una docena de hacendados; el pueblo había sido fundado o repoblado en la "reconquista", por gentes procedentes de Segovia, concretamente de la zona de Ayllón, de ahí su nombre. A que nos suena todo un poco... parece que habláramos de Ciempozuelos. Efectivamente el paralelismo es notorio, número de habitantes, economía agraria, origen de sus gentes, represión posterior...

Hablando de Comités, nos permitimos extraer dos o tres páginas de los recuerdos de Alonso Baena porque, como fotografías fijas, son explicativas de lo ocurrido en miles de pueblos de España aquel infausto día de verano de 1936.

Dice Alonso: "*el 18 de julio quizá tuvo una única virtud, que ni antes de ese día ni posteriormente volvió a darse: consistió en que, a pesar de la desorientación del pueblo, todos los trabajadores de izquierdas, sin distinción de partidos ni sindicatos, formaron un frente único que los dirigentes no habían conseguido jamás con sus arengas... El día 18 de julio yo estuve trabajando en el campo, segando a jornal a Antonio Ronger, un pequeño labrador del pueblo con poca tierra. Cuando llegué al pueblo cené en casa, me fui a ver a la novia, con la que estaba hasta las 11 de la noche momento en que, por costumbre, me pasaba por la Casa del Pueblo y hablaba con los compañeros de las Juventudes, o leía la prensa del día. No llevaba allí ni media hora cuando llegó el médico, señor Cabanillas. Este hombre, de alto prestigio y socialista, era el alma de la Casa del Pueblo. El médico tenía radio en casa (solo la tenían cuatro adinerados) y acababa de escuchar que había estallado una sublevación contra la República. Vino corriendo al local a comunicar el hecho y a transmitir las instrucciones que el Gobierno daba constantemente por Radio Madrid. Dada la hora, las 11,30 de la noche más o menos, no éramos más de quince los que allí nos encontrábamos. Nos juntamos con el camarada médico que nos amplió la información: el ejército se había sublevado en Canarias, Marruecos y la mayoría de las capitales de España. Igualmente, nos contó las primeras ordenes que daba el Gobierno por la*

---

[145] Baena Moreno, Alonso (2018) "*Alonso Barrena, 1907-1997. Notas y comentarios de Rafael Navas Bohórquez*". Ed. Centro de Estudios Extremeños. Diputación de Badajoz.

emisora: todos los partidos republicanos y obreros, y los sindicatos, así como las fuerzas del orden y unidades del ejército que continuaran leales, deberían tomar las armas que tuvieran a su alcance y lanzarse contra las fuerzas reaccionarias.

*Acordamos ir, de inmediato, a buscar al resto de compañeros y que todos trajeran las armas que pudieran tener o a las que acceder. Era ya la una de la madrugada y estábamos en la **Casa del Pueblo** todos los integrantes de la Directiva de UGT, del partido y de las Juventudes, el alcalde, también socialista, y más de sesenta compañeros de ambas organizaciones. Total, más de 100 personas. Las armas que se habían reunido entre esas cien personas eran 5 escopetas, 2 de ellas de pistón, de esas de avancarga, y no más de diez cartuchos; también juntamos una pistola y un revólver de tambor, de cinco tiros, pero no más de diez balas útiles. Algunos llevaron navajas grandes, uno llegó con un sable oxidado, de un antepasado, y otros con bastones y porras de madera.*

Se organizaron dos grupos, con las armas que parecían funcionar, y se decidió ir al Sindicato Agrario, o Casino, pues allí se reunían los terratenientes, y tenían más radios y armas, y temíamos que nos jugasen la partida. El Casino tenía dos puertas, y cada grupo se encargó de una; por la principal fue la Directiva y el alcalde, los jóvenes por detrás. Cuando entraron encontraron a unas veinte personas, aparentemente oyendo la radio. Se desalojó el local y el alcalde lo clausuró temporalmente. No tuvimos ni la picardía de cachear a los allí presentes al salir, pues seguro que llevaban más armas que entre todos nosotros juntos. Nos volvimos a reunir en la C. del Pueblo, donde el camarada médico nos contaba las órdenes gubernamentales, dadas constantemente por Radio Madrid, que allí llegaba bien. Entre ellas, la de ir a los domicilios de los principales capitalistas y elementos destacados de derechas, y proceder a su detención, antes que ellos nos detuvieran a nosotros.

*El día 19 de julio, en reunión conjunta de la Agrupación Socialista y las Juventudes Socialistas, se decidió la creación de un **Comité** que, como indicaban las autoridades republicanas y las organizaciones obreras, organizara la defensa del pueblo y el mantenimiento del orden. Yo, como militante de las Juventudes, fui elegido para organizar las guardias y vigilancias en el entorno del pueblo.*

El mismo día se corrieron las voces de que había dirigentes de derechas y terratenientes detenidos; para algunos trabajadores más radicalizados, aquello era el inicio de la Revolución. Para los derechistas, que oían sus radios con las persianas bajadas, fue el inicio de su atrincheramiento. Para los que estábamos en el Comité un desbordamiento, pues todo el mundo quería información, seguridad, armas, comida... Hubo pronto que constituir otro Comité, más amplio, con más gente preparada. El mencionado camarada médico fue nombrado presidente del Comité.

Este segundo Comité se haría cargo de lo relacionado con el movimiento de personas y tráfico, defensa del pueblo, control de abastecimiento y cumplimiento de las órdenes recibidas de la superioridad. En tanto, el Ayuntamiento seguiría haciéndose cargo de las tareas habituales.

Se nombraron guardias; se hacían turnos de 8 horas; una vez al día el Comité se reunía, normalmente en el Ayuntamiento, y se actualizaban órdenes y se acordaban medidas para las próximas 24 horas. Una de estas primeras medidas fue la requisa de armas, teniendo que ir, domicilio a domicilio, principalmente a las casas de los derechistas conocidos. Se requisaron más de 30 escopetas y no menos de 10 pistolas y se detuvo a unas cuantas personas más por su seguridad, pues los ánimos se caldeaban, que por otra cosa. Hubo muchos casos curiosos, como recibir una pistola con casquillos de otra, lo cual indicaba que el propietario tenía dos, al menos. Nos ocultaban de todo.

Todas las requisas que se hicieron fueron por orden gubernamental, al principio solo armas, luego otras cosas que comenzaban a escasear allí y en otras zonas, como coches, motos, camiones, gasoil claro, y luego ropa, calzado...

Un día estábamos reunidos en el Comité, y nos llegaron mujeres a la Casa del Pueblo, asustadas e indignadas, advirtiendo que un grupo de personas había entrado en la Iglesia y habían derribado santos, vírgenes y altares. Ninguna resolución se tomó en el Comité al respecto, sino que personas enfurecidas descargaron su ira contra personas o cosas que, considerándolas origen de sus males, estaban a su mano. El Comité, únicamente, dio instrucciones de que no desaparecieran cosas de valor y, de hecho, hubo gente que apareció por el local con alguna alhaja y hasta con las monedas del cepillo.

Lo que ocurría es que la gente estaba cada día más enfurecida pues las noticias que llegaban eran más alarmantes por momentos. Queipo dominaba Sevilla, donde había hecho una escabechina, y ya se les habían sumado las tropas moras del África. Se había lanzado la ofensiva hacia Huelva y al norte, hacia Badajoz.

Cada día llegaban al pueblo gentes de otros, que habían salido huyendo, según los facciosos ocupaba las poblaciones. Lo que contaban esas gentes era aterrador, muchas veces menos de lo que habían visto, para no disturbar demasiado a los que les estaban acogiendo. Con esas noticias se encendía más el odio contra los derechistas y, nosotros no pudimos controlar todo, más allá de parar destrozos en la iglesia y algún otro sitio; cuanto peor eran las nefastas noticias provenientes de los pueblos cercanos, más se incrementó la acción directa de las gentes, que optaron por ir a por los líderes derechistas y personas más significadas, fusilando a muchos de ellos. No teníamos tanto poder como parecía; la guardia civil había desaparecido del pueblo el primer día y, aunque solicitábamos refuerzos de las cabeceras de comarca o del Gobierno Civil, todo el mundo andaba de la misma forma.

Pero todo duró poco; el 5 de agosto las tropas moras entraron en nuestro pueblo, y con ellos la barbarie".

Si el lector ha tenido a bien leer esta narración, hecha en primera persona por un campesino joven que perteneció a un Comité, y el desarrollo de acontecimientos en las primeras semanas después del golpe del 18 de julio, **puede trasladar lo sucedido, no solo a Ciempozuelos, sino a cientos y cientos de pueblos** de nuestra geografía. Claro está, con diferencias importantes; no es lo mismo estar situado al sur de Badajoz, que al sur de Madrid ciudad, desde donde en una hora una camioneta de miembros, por ejemplo, de la Brigada del Amanecer llegan, te hacen una razzia, se llevan a una decena de conocidos derechistas y terminan fusilándolos en Villaverde, en Las Carolinas. Con intervención de gente del pueblo, seguramente, siempre hay exaltados, pero meter a todo el Comité es una falacia. Los miembros de los comités eran gente honrada y trabajadora, de izquierdas evidentemente, pero gente seria que quiso mantener un cierto orden donde todo era caos y ausencia de gobierno.

Y nos acordábamos de algunas exageraciones: fuentes de Ciempozuelos, eclesiásticas principalmente, hablaban de un destrozo tremendo en la Iglesia parroquial; los mayores desperfectos fueron realizados por obuses de los bombardeos; el destrozo, absolutamente reprochable, afectó a las imágenes menores del templo.

Los Comités en Madrid.

Como se ha visto, con el golpe faccioso, el Estado como tal, y el Gobierno como su representación, sufrieron un desgaste que trajo la inmediata pérdida de atribuciones, sobre todo en el ámbito coercitivo, es decir, en el ámbito de la justicia y el orden público.

No es que la institución colapsase de la noche a la mañana, pero sí tuvo que luchar por recuperar sus competencias, rápidamente asumidas por todo tipo de organismos, entre ellos los Comités. Todo ello en un contexto de guerra que, aunque se creyó corta al principio, la imposibilidad de las tropas fascistas de tomar la capital, como pensaban, cambio el paradigma hacia una contienda larga, hacia una *guerra total*.

Los sublevados en Madrid contaron con el apoyo del general **Fanjul**, atrincherado en el Cuartel de la Montaña, donde congregó a todo tipo de agrupaciones favorables al golpe: eclesiásticos, falangistas, requetés, guardias civiles, militares y civiles facciosos. La petición popular de armas para reprimir el golpe, no fue satisfecha hasta la llegada de Giral a la presidencia del Consejo, el 19 de julio. Se entregaron armas a los civiles, sabiendo que ello tenía una vertiente negativa, la de la represión y la "justicia popular" en lo que se comenzaron a llamar checas o Comités Revolucionarios.

Desde inicio el gobierno intentó recuperar el control frente a todo este tipo de organismos, que debían plegarse a la disciplina de la autoridad, al tiempo que suponían la primera línea de choque para la defensa de la República. Un encaje de bolillos complejo.

No hace falta recordar la invasión francesa en 1808 y la creación instantánea de las Juntas de Defensa, provinciales, locales… Salvando más de un siglo de diferencia, pasó lo propio en 1936. Con esa variación temporal, la respuesta fue similar; la aparición de los Comités, ante lo inesperado del golpe y el colapso inicial de las instituciones, para intentar mantener el orden republicano.

Aunque los Comités intentaron mantener ese orden, es cierto que los odios acumulados hacia caciques y derechistas, al tiempo que el temor de poder verse en un periodo corto nuevamente represaliados por la "justicia burguesa", les obligó a tomar decisiones para las que, ni estaban preparados ni tenían el asesoramiento adecuado.

La necesidad de parar el golpe, mientras poder obtener más ayuda internacional, aparte de frenar algunas iniciativas de sindicatos y partidos, llevó a la autoridad gubernamental a crear también organismos de dudosa eficacia, como el **Comité Provincial de Investigación Pública**, conocido popularmente como Checa de Bellas Artes, luego de Fomento o como el Comité de Salud Pública. Este nació directamente del impulso de la Dirección General de Seguridad, en la creencia de que así podrían volver a centralizar las tareas de orden público y las labores judiciales. Apariencia de comité popular, pero de la mano de la DGS. Y esa no fue la única iniciativa de la Seguridad oficial.

El Comité Provincial nace el 4 de agosto de 1936 a iniciativa del director general de seguridad, **Manuel Muñoz**, que convoca en el edificio del Círculo de Bellas Artes a todas las organizaciones defensoras de la República, desde la FAI hasta IR. La misión para el Comité era, bajo carné o supervisión de la DGS, registrar domicilios de sospechosos, requisar armas y poner a los quinta columnistas a disposición de la autoridad. Todo ello realizado con exquisita pulcritud legal, de manera que el resto de comités se avinieran a ese tipo de práctica. Además, como la DGS no se fiaba de más de la mitad de la plantilla oficial de la policía, a la que consideraba afecta al golpe, era inevitable tener que conformar algún órgano paralelo que llevara a cabo estas actuaciones.

Con las reticencias típicas de las organizaciones de izquierdas, el Comité acordó la creación de seis **Tribunales Populares**, formado cada uno por tres jueces, de distintas corrientes, trabajando 24 horas al día, en turnos de 8 horas. En dos meses, entre guardias, escribientes, jueces... el Comité contaba con 600 miembros y el Círculo quedó pequeño; se trasladaron a la calle Fomento 9, el 26 de agosto.

Pero, formación tan heterodoxa, no podía dar frutos positivos mucho tiempo; pronto se cometen algunos actos represivos indiscriminados por parte de algunos de sus miembros: todos los miembros del Comité Provincial de Investigación Pública, como hemos dicho, tenían credencial del mismo, y muchos la hicieron valer en otros comités de zona o locales, para actuar contra todo el que hubiera mostrado simpatía por el golpe. En octubre, por ejemplo, sacan de la Prisión de Ventas a 32 prisioneros, entre ellos Ramiro de Maeztu y Ramiro Ledesma, con falsa orden de traslado a la cárcel de Chinchilla, y son fusilados en Aravaca. Alguna saca más de este tipo hubo. Además, sus órdenes de detención no se circunscribían a la ciudad de Madrid, sino a la provincia y también a las de Toledo, Ciudad Real, Cuenca, Ávila, Guadalajara y Segovia.

Hay una ausencia de poder evidente. En esas fechas el Gobierno ha de trasladarse a Valencia y en la capital se crea la **Junta de Defensa de Madrid**. Su Consejero de Orden Público, el líder de la JSU, Santiago Carrillo, ordena la clausura del Comité Provincial y la redistribución de su personal por diversas comisarías, otras fuerzas de seguridad o directamente al frente de guerra.

El CPIP fue un intento fallido de los resortes del Estado para poder recuperar la autoridad perdida. Pero no funcionó; para unos (FAI) se dictaban pocas sentencias de muerte, para otros (Izquierda Republicana) todo aquello era un despropósito. Tal es su fracaso, que la propia DGS, de la mano de Manuel Muñoz, dio impulso a nuevos organismos para intentar poner freno a los desmanes; así, crearon los **Tribunales Populares** (23/08/36), las **Milicias de Vigilancia de la Retaguardia** (diciembre), la **Brigada del Amanecer** y los llamados **Linces de la República**, así como otras, autoformadas, como las **Milicias Populares de Investigación**, al frente de las cuales estaba el dirigente socialista, **Agapito García Atadell**, bajo supervisión del inspector de policía Antonio Lino. Todo ello un auténtico fiasco.

Los Linces de la República, de orientación anarco sindicalista, estaba compuesta por miembros de la DGS y Guardias de Asalto; dirigidos por un teniente profesional, Juan Tomás Esterlich y el capitán de Milicias, Emilio Losada.
La Escuadrilla, Brigada o Patrulla del Amanecer, que con todos estos nombres era conocida, dependía del Comité de Fomento y llega a confundirse, o medio fusionarse, con la Milicias Populares de Investigación que, adscritos a la Brigada de Investigación Criminal de la Policía, estaba mandada por el citado García Atadell. Un grupo sanguinario y ladrón, pues en múltiples ocasiones se quedaban con dinero y joyas de lo que requisaban.

Contamos esto para evidenciar el caos existente entre julio y noviembre de 1936, en un Madrid que intenta frenar a las tropas franquistas que están afuera, y a los fascistas que han quedado dentro y no paran de sabotear. También, porque hay algún testimonio de la presencia de la Brigada del Amanecer en Ciempozuelos. No quita esto que algunos izquierdistas ciempozueleños cometieran algún desmán de sangre, pero también habría que investigar cuantas muertes se comieron sin ser de su mano.

Sobre García Atadell: el cineasta **Luis Buñuel**, residente en Francia, recibió una confidencia de un policía francés de izquierdas, que le advertía que Atadell se iba a fugar a México, con un botín. Lo iba a hacer en barco. Buñuel se lo comunicó a la Embajada de la República en Francia y ésta, a través de otra embajada neutral (Holanda), se lo hizo saber a la autoridad franquista. El barco hizo escala en Santa Cruz de Tenerife; allí fue detenido por la guardia civil. Trasladado a Sevilla, fue ejecutado a garrote vil el 15 de julio de 1937.

Estas "lealtades" republicanas, jamás fueron correspondidas desde el otro bando ¡

Hemos hecho un acercamiento al mundo de los **Comités**, se llamaran como se llamaran, porque el **haber sido miembro de uno de ellos era, prácticamente, garantía de pena de muerte o cadena perpetua**. Y, en realidad, los Comités hicieron lo que pudieron y, casi todos los desmanes más luctuosos, se produjeron al margen de ellos. No se podía contener la rabia de la gente.

Inicio del periplo bélico de Pepe

Previo a ver el desarrollo de la vida militar de mi padre, nos gustaría ver brevemente la caída de Ciempozuelos en manos franquistas, a inicios de febrero de 1936, toda vez que él estuvo en el pueblo todo el tiempo que fue posible (tengamos en cuenta que, sin autoridad gubernamental, los Comités llevaron el día a día en las poblaciones no ocupadas).

La caída de Ciempozuelos en manos fascistas.

No sé exactamente hasta qué día estuvo mi padre en el pueblo. Se sabe que los primeros días de octubre'36 la aviación franquista ya bombardeaba la localidad con sus Junkers 52 alemanes, las "pavas", como se les conocía. Esos bombardeos, que dañaron manicomio y centro de la población, ya convencieron a buena parte de los habitantes a salir del pueblo, principalmente hacia Madrid, San Martín de la Vega y al sureste, hacia Chinchón, Morata de Tajuña, Belmonte de Tajo, también hacia Villarejo de Salvanés, Santa Cruz de la Zarza y Tarancón.

No será hasta el día 25 de octubre'36, en que Seseña es tomado por los franquistas y acuartelan allí a una Bandera de Falangistas, cuando el Comité del Frente Popular de Ciempozuelos ordene la evacuación general. No muchos días después, 4 de noviembre, caen en manos rebeldes Brunete, Leganés, Parla, Pinto y Valdemoro. Ciempozuelos queda absolutamente cercado, excepto por la Vega del Jarama. La carretera nacional de Andalucía establece una especie de línea divisoria entre las fuerzas leales y los golpistas, pues estos dominan ya desde Seseña hasta Villaverde. Con los fascistas en la Cuesta de la Reina y Valdemoro, el único camino norte-sur abierto es la línea férrea, donde operará aún por unas semanas el tren blindado que saliendo desde Aranjuez dispara hacia las fuerzas enemigas atrincheradas ya en Seseña/Cuesta de la Reina.

Por cierto, en ese tren prestó servicio otro familiar mío, el marido de mi tía Julia, **Leonardo Díaz Chueca**, ferroviario de profesión y que, si bien es cierto no tenía adscripción política alguna, cumplió con su deber y las órdenes recibidas. Es una pena no haber encontrado en archivos nada relativo al mencionado tren blindado.

237

A pesar de la orden de evacuación, no todo el mundo sale del pueblo; y de los que se han ido, muchos vuelven en semanas posteriores al ver que la situación no varía y Ciempozuelos sigue sin ser ocupado. Circunstancia esta realmente sorprendente, porque Ciempozuelos está casi sin tropas y los seis kilómetros que lo separan de Valdemoro son perfectamente franqueables. Tengamos en cuenta que los primeros soldados de la 18 Brigada Mixta no llegan al pueblo hasta el 20 de enero de 1937, aproximadamente. Y solo en parte, porque de los 4 batallones que la componen, 2 quedan de descanso en Aranjuez, junto a la 45 BM que manda el teniente coronel Burillo.

En Ciempozuelos[146], la 18 Brigada Mixta se establece en algunos pabellones del psiquiátrico de hombres y se dedica a proteger los alrededores del pueblo, realizando una serie de trincheras en las zonas por las que se presupone pueden ser atacados: en el secano por el paraje de la "*Asomadilla*", los alrededores de la Ermita del Consuelo, olivares de "*Guirlocho*" y en los alrededores del Cementerio[147].

La situación, estrictamente bélica, en esos momentos es la siguiente (muy sucinta porque no es de nuestro interés prioritario la acción de guerra:

Los republicanos tienen su cuartel general en Tarancón; allí está el general **Pozas** con un grueso de fuerzas; en Aranjuez está la 45 BM de **Burillo**; en Ciempozuelos la 18 BM que manda el teniente coronel **Gerardo Sánchez-Monje**; cubriendo San Martín la 23 BM que manda el teniente coronel **Eloy Camino**.

La idea del general **Miaja** era atacar a los sublevados por el Norte de Madrid para despejar la zona pues la artillería estaba a las puertas de la ciudad (pero se encontraron con un ataque previo de los franquistas, en lo que se denominó "*la batalla de la niebla*", en enero'37. Casualidad i?). Por su parte, el general Pozas tenía instrucciones de contratacar desde Seseña y Ciempozuelos, ir hacia Torrejón de Velasco, Torrejón de la Calzada y Parla, llegar a Leganés y aliviar la presión sobre la capital por la zona suroeste. El ataque se debía iniciar a principios de febrero'37, pero unos días de tremendas lluvias retrasaron el plan y los fascistas atacaron antes Ciempozuelos, en plena borrasca, casualidad i?.

---

[146] Martín Duarte, Juan Santiago (2014) "*El ataque a Ciempozuelos. 6 de febrero de 1937*". Autoedición.

[147] VV.AA (2009) "*Restos humanos del Frente del Jarama. Fosas en Ciempozuelos*". Sociedad de Ciencias Aranzadi. San Sebastián-Donostia.

Por su parte, los franquistas tienen en la zona occidental el cuartel general en Navalcarnero; allí está parte del mando de la División Reforzada de Madrid, el general **Orgaz** y bajo él, el general **Varela**, jefe de operaciones. Acumulan 35 batallones, 15 escuadrones, 31 baterías, 8 compañías de zapadores y 2 compañías de carros blindados. Más los servicios auxiliares (sanidad, intendencia, comunicaciones...), algo más de 20.000 hombres. De hecho, el conjunto de la División Reforzada, que depende de la División Orgánica del general **Saliquet**, a finales de enero'37 dispone de 57.829 hombres[148].

Además, una vez tomado Ciempozuelos, y dos días después Vaciamadrid, recibieron más refuerzos: 8.000 portugueses del denominado "**Tercio Viriato**"[149] y 2.000 irlandeses de la auto denominada "**Legión de San Patricio**" (más conocida por sus peleas tabernarias en retaguardia que por acciones guerra, como veremos).

Esos casi 60.000 efectivos, en la zona occidental, se descomponían así: La columna del coronel **Rada**, en la zona de la sierra pobre (Robledo de Chavela); columna del coronel **Sáenz de Buruaga** (zona de Boadilla); columna del coronel **Barrón** (zona de Illescas); columna del coronel **Asensio** (Pinto); columna del coronel **García Escámez** (Valdemoro, Colegio de Guardias Jóvenes). Todas ellas se aproximarán a finales de enero'37 para la gran ofensiva sobre el Jarama. En el cuartel general de la Reforzada, en Navalcarnero, lucirá también el **jefe de la Oficina de Prensa y Propaganda del Cuartel General del Generalísimo**, **Víctor Ruíz Albéniz**, abuelo del conocido político madrileño Alberto Ruíz Gallardón, que surtirá de "noticias" a toda la prensa del sector golpista. Suele firmar como **Tebib Arrumi** (*médico cristiano* en árabe, mote que le pusieron los moros en Marruecos).

El objetivo franquista está claro, Madrid está aislado y solo tiene salida por la carretera de Valencia; hay que tomar Ciempozuelos, luego San Martín, Arganda y la carretera nacional hacia Valencia, donde está el gobierno.

---

[148] Martínez Bande, José Manuel (1984) *"La lucha en torno a Madrid"*. Servicio Histórico Militar. Ed. San Martín. Madrid.

[149] Franco adquirió un compromiso con Salazar a cambio de su apoyo: cuando Portugal lo necesitara el ejército español estaría allí; y estuvo, porque, de forma encubierta, hubo apoyo al Estado Novo en sus guerras coloniales en África.
Tiscar Santiago, María José. (2013) *"Deuda Saldada: Franco, el régimen y la guerra colonial portuguesa."* Espacio, tiempo y Forma. Revista Historia Contemporánea UNED.

El día 6 de febrero

En todo lo relativo a la toma de Ciempozuelos nos guiaremos por lo escrito por Martín Duarte en la obra citada. La División Reforzada es mucho más potente a todo lo que tiene enfrente; y están preparados desde el 23 de enero, solo esperando la orden. Solamente la Columna de García Escámez cuenta con 3.300 hombres, perfectamente armados, y veteranos luchadores: legionarios, regulares, tropa mora; y muy superiores en artillería y cuentan con blindados de la Columna Barrón.

En Ciempozuelos no hay más de 1.500 hombres republicanos, dos Batallones de la 18 BM y tropa auxiliar. Y mal pertrechados, pues carecen hasta de munición suficiente; y sin artillería.

En la fría madrugada del día 6, la tropa golpista inicia el ataque; no llueve en esos momentos, pero ha llovido tanto que el terreno está absolutamente enfangado. Se inicia el ataque: las tropas salen de Valdemoro a las 7 de la mañana; cuando están posicionadas, a las 8 horas, se inicia un potente fuego artillero que pilla desprevenida a la guarnición ciempozueleña. Desde Seseña ataca, por su parte, la tropa falangista.

En otras direcciones, los facciosos van a la toma de los Gózquez y La Marañosa.

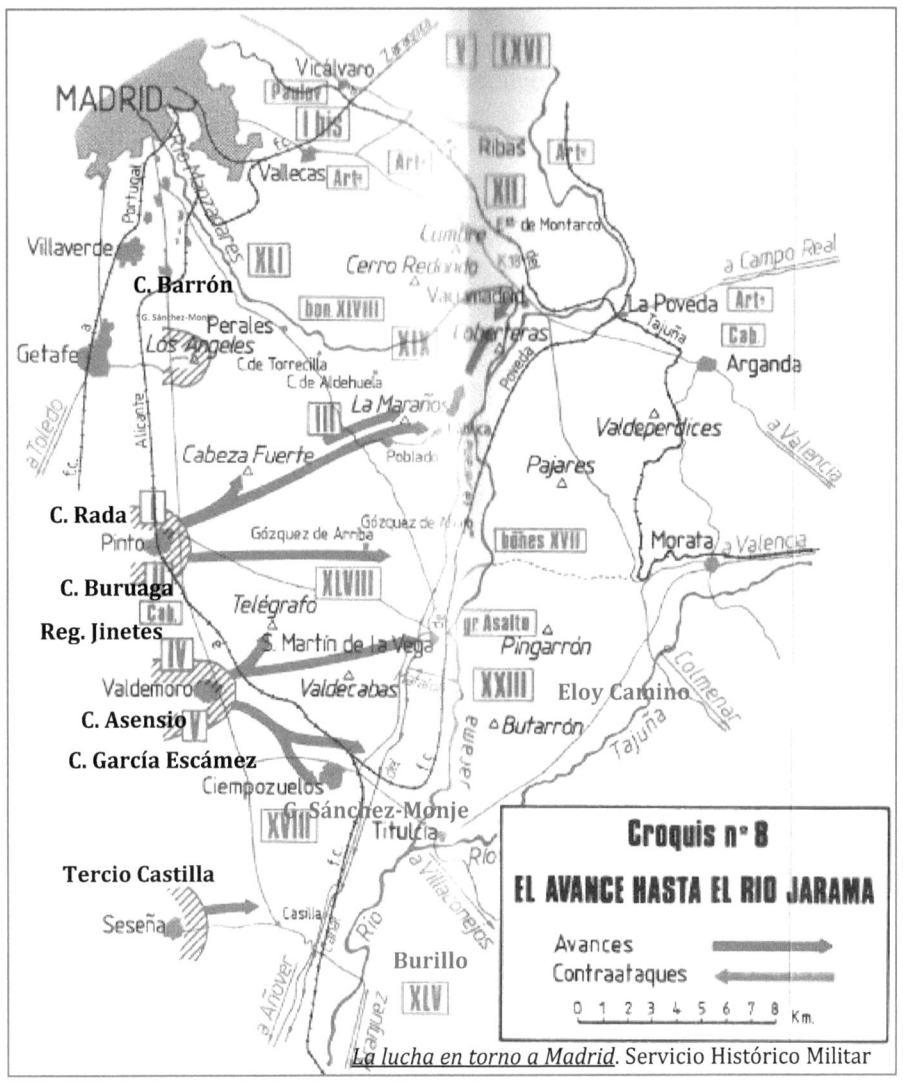

La lucha en torno a Madrid. Servicio Histórico Militar

En Ciempozuelos solo se responde con fuego de fusil y ametralladora, pues parte del material que se iba a usar en el ataque pergeñado por Pozas, sigue embalado en la estación de ferrocarril del pueblo. La munición escasea rápidamente; logran ponerse en contacto con Aranjuez para que envíen refuerzos y munición. No llegará ni una cosa ni la otra. Burillo, en vez de enviar munición desde Aranjuez, ordena que sea llevada desde la guarnición de Alcalá de Henares ¿?. La columna de vehículos que van desde Alcalá, en el cruce de San Martín-Madrid-Chinchón toma la carretera incorrecta y se aleja de Ciempozuelos. Y, además, la tropa franquista tiene mucha información, sabe mucho, sabe perfectamente donde se sitúan las trincheras, de la escasez de material, etc. Los servicios de información han hecho su tarea.

gilante.

Se ha pasado a nuestro campo un seminarista de Ciempozuelos y un muchacho de Falange; su información es de alto interés, sin que nos sea posible avanzar de ella más que la rotunda afirmación de que el problema especial de Madrid es de alimentación y el de evacuación:

Heraldo de Zamora – 4 febrero 1937

Dos días antes del ataque a Ciempozuelos, ha habido fugas de información y varios "pases" a la zona enemiga.

Pero ni eso hacía falta, pues **el mando republicano está trufado de mandos traidores**. Apenas lleva el ataque una hora, cuando el capitán que manda las fuerzas en las trincheras, al menor descuido, se "pasa" hacía las fuerzas atacantes. No le pasa nada, no le roza ni un tiro. Seguramente estaría avisado el enemigo, pues se pasa ante las fuerzas falangistas de la Bandera de Castilla, donde tiene amistades y familiares. Parece una historia del gran Gila, pero no lo es. **El capitán traidor se llama Pedro Sampol Fuster**.

Capitán **Pedro Sampol Fuster**. Militar profesional, también de la Academia de Toledo, como su jefe el teniente coronel Sánchez-Monje, pertenece a una familia de entusiastas falangistas mallorquines. Sus hermanos, Antonio y Joaquín, serán falangistas de la primera hora, anti republicanos acérrimos, laureados en varias ocasiones[150]. Los hermanos han mantenido contacto con el capitán y éste, que en su momento no pudo o no se atrevió a unirse al golpe, lo hace ahora en Ciempozuelos, después de pasar información y sabotear todo lo que ha podido.

Tal es su entusiasmo falangista que dos meses después de traicionar a la Republica, está ya mandando un Centuria en unidades de Falange.

El 25 de abril'37 aparece su nombre en el Boletín del Ministerio de Defensa Nacional, anunciando su baja del Ejército Popular. Pero su carrera militar tampoco es muy gloriosa, llegará a retirarse en 1959 con el grado de teniente coronel. Pero como los vencedores saben retribuir a sus allegados, será nombrado asesor en el Ayuntamiento de Palma de Mallorca, su ciudad de origen, como personal militar con destino civil, perteneciendo al Ministerio de la Gobernación, en el área de seguridad de la ciudad. Se jubilará en septiembre de 1977. Otro traidor bien pagado por Roma.

El tiroteo no es soportado por las trincheras republicanas, pues además están siendo batidos permanentemente por la artillería, y en un par de horas la compañía de **Sampol** se rinde, más viendo el ejemplo de su jefe. Esa rendición será decisiva, pues deja el acceso franco hacia el interior del pueblo. No serán ni las 11,30 de la mañana y las tropas moras y legionarias comienzan a entrar por las eras, hacia la calle de la Oblatas.

---

[150] IXENT.org. Portal de Memoria Histórica de Mallorca.

Desde Aranjuez, en ese interín, se ha enviado con munición al tren blindado; cuando llega a la estación de Ciempozuelos se dan cuenta, qué casualidad, que la munición cargada no es la correcta, no vale para las armas de los defensores del pueblo, no son del mismo calibre i?.

Desorden y traición. Traición y desorden[151]. Ambas, o la simbiosis de las dos palabras, puede definir la situación de las tropas en Ciempozuelos. Aparte de la abrumadora superioridad militar de los franquistas, estos han ganado previamente la batalla de la información, el espionaje y el sabotaje: conocen que no tienen munición suficiente y que la que se pueda allegar seguramente no valdrá[152], que las piezas de artillería menor (obuses) que están en un tren en la estación están inutilizadas, que las baterías de artillería que tienen los republicanos en Titulcia no van a disparar, porque el jefe de la Brigada ha dado permiso al capitán al mando (cap. Gómez), dos días antes (qué casualidadi).

A las 12 de la mañana, y con tropas franquistas entrando en Ciempozuelos, el **teniente coronel Sánchez-Monje**, jefe de la guarnición, decide irse a Titulcia y dirigir desde allí. Se queda en el pueblo, al mando de todo, de lo que queda, el Mayor de Milicias **Francisco Carro**, que sigue pidiendo refuerzos a Aranjuez.

Gerardo Sánchez-Monje Cruz, el teniente coronel traidor, jefe de la 18 BM, era hijo de militar. Su padre, Gerardo Sánchez Monje Llanos, fue Comandante General de Melilla y uno de los generales que declararon ante la Comisión Picasso por el Desastre de Annual, el gran descalabro del ejército español en el Rif. Igualmente fue jefe de alguno de los coroneles que rodearon y atacaron Ciempozuelos.

Sánchez-Monje Cruz era profesional del ejército; estaba destinado en un regimiento de infantería en Cartagena cuando se produjo el golpe de

---

[151] El espionaje y la compra de voluntades para la deserción fue una constante del ejército de Franco. En Brunete pasaría más de lo mismo, en ese caso el traidor sería el capitán Delgado Cros, como demuestra el historiador Ángel Bahamonde (2014) "*Madrid 1939. La conjura del coronel Casado*". Ed. Cátedra. Madrid.

[152] El encargado de llevar munición a Ciempozuelos desde Alcalá de Henares era el capitán Antonio Garijo que, no mucho después sería acusado por Lister de espía franquista. Garijo era amigo del coronel Casado y se puso de su parte para la vergonzosa rendición de la capital a Franco.

Estado de julio'36; parece que, en ese momento, no vio oportunidad de pasarse al bando faccioso.

Había pasado por la Academia de Infantería de Toledo y allí conoció y fue compañero de Sáenz de Buruaga, García Escámez, Rada, igualmente de infantería y de su misma edad; también los conocía a todos ellos de las campañas en Marruecos. Luego, cuando lo mandaron con la 18 BM a defender y mantener Ciempozuelos, tuvo enfrente a estos mandos golpistas y no pudo luchar contra ellos, se riló y se pasó al enemigo.

El mismo día en que García Escámez atacaba el pueblo, a media mañana, Sánchez-Monje se iba a Titulcia, teóricamente a organizar desde allí la resistencia, y para activar unas baterías de artillería allí instaladas. Artillería al mando de un capitán, al que el propio Sánchez-Monje dio permiso un par de días antes, es decir ausente de su puesto, **desactivando así, completamente, la capacidad artillera republicana** en esos primeros momentos. Multitud de datos van confirmando que Sánchez-Monje conocía, al menos, fechas de ataque, y ya había hecho lo posible para que el mismo triunfara.

Sánchez-Monje medio desapareció después de su "gloriosa" actuación en Ciempozuelos; pasó unos meses en la cárcel, pero al final le dejaron irse a Murcia, donde tenía la familia. Sí le juzgaron los vencedores, al acabar la guerra y estuvo preso en Mallorca hasta mayo de 1940. Unos meses. En 1943 solicitó la pensión de militar, cosa que obtuvo un par de años después. Roma tarda en pagar a los traidores, pero acaba abonando los servicios prestados.

Todo esto no significa que la República perdiera la guerra solo a causa de la traición, claro, pero si se tiene en cuenta que la mayor parte de los emboscados y espías estaban más en los Estados Mayores que en el terreno de combate, es verosímil que el daño al Ejército Popular fuera extraordinario. De hecho, **los asesores militares soviéticos tomaron buena nota de tanta deserción y sabotaje**; luego, Stalin, realizaría purgas salvajes en el Ejército Rojo (Ángel Viñas).

245

Pero no creamos, dentro de este maremágnum, que las fuerzas republicanas no lucharon; dejaron la vida en el empeño y aguantaron más de lo humanamente razonable. Y los que sacaron la bandera blanca de rendición, como la compañía del traidor Sampol, fueron igualmente masacrados. Porque la orden del mando era no hacer prisioneros, así de claro. Al puro estilo asesino de Yagüe en Badajoz que, como recordarán, afirmaba haber matado a más de 3.000 personas en la plaza de toros porque tenía que avanzar, y con ellos no podía. Lo mismo pasó en Ciempozuelos, había que aniquilar, lo demás eran rémoras que no podían permitirse en el inicio de un avance hacia el valle del Jarama, que se entendía crucial.

No se habla, en ningún lado, de heridos: tuvieron que matarlos en las mismas trincheras. El número de bajas, sin concretar fidedignamente, pudo estar entre 1.200 a 1.400, de las cuales el ejército franquista solo reconoció como propias 106 bajas.

DE LA LUCHA EN MADRID

Berlín.—El enviado especial del "Berliner Nachtausgabe" al dar cuenta de los combates librados en la población y viñedos de Ciempozuelos, en la provincia de Madrid, dice que un batallón entero de los rojos se refugió durante el avance nacionalista en una bodega subterránea que se extiende por debajo del pueblo, comunicando unas con otras.

Los fugitivos lograron llegar así a la orilla del río. Los nacionalistas los siguieron y los fusilaron por paqueadores.

Diario La Prensa 12 febrero 1937

Esta breve reseña de prensa, alemana, da una pista de que los soldados republicanos pudieron morir como conejos, ametrallados y gaseados dentro de las galerías, minas y bodegas que, desde el noroeste, cruzan buena parte del pueblo. Y parte de los que escaparon, fueron fusilados sobre la marcha. Para Franco el Convenio de Ginebra nunca existió[153].

Sobre las 16,30 horas el pueblo estaba en manos de las tropas moras; comenzaba el pillaje y algo más; algo que siempre hemos oído "*sotto voce*", las violaciones, pero que nadie ha estudiado. Para abrir boca, las tropas fascistas fusilaron, nada más entrar, al concejal socialista señor **Félix Pachón**, parece que en la misma puerta de su casa. No mucho después moría el alcalde constitucional, señor **Lucio Revuelta**. En Ciempozuelos quedaría acantonado el II Tabor del comandante Zamalloa.

La Batalla del Jarama, a partir de la toma de Ciempozuelos, hizo pensar al mando franquista que sus objetivos, de llegar hasta Arganda y cortar la carretera nacional de levante, iba a ser cosa de quince días. Pero la desgraciada toma del pueblo y la masacre que allí se produjo, lo que sí propició fue un cierto escozor en el Ejército Popular que vio claramente que tenía que trabajar más algunos aspectos, como la disciplina y la información.

Franco no ganaría esa batalla, y le dolió mucho, porque supuso un error de cálculo por su parte. Tanto que, al final de la misma, removería de sus puestos a Orgaz y Varela. Nos gustaría se hubiera grabado la reunión de todo el mando, en Ciempozuelos, el día 17 de febrero: los generales Franco, Saliquet, Mola, Orgaz, Varela y el coronel Martín Moreno. Parece que allí se dieron cuenta que no todo iba a ser como Ciempozuelos, una cacería con las cartas marcadas. A finales de febrero Franco comprendió que aquello quedaba en tablas y buscó variantes en su estrategia.

La denominada como Batalla del Jarama será una sangría humana tremenda. Un enfrentamiento donde ambos bandos acumularon miles de combatientes, en choque frontal, trinchera contra trinchera, tipo batalla de Verdún en la Primera Gran Guerra. Un enfrentamiento donde unos veían las caras de los otros, donde se hablaban o se insultaban por las noches; un insulto a la humanidad.

---

[153] Era su forma de ser: es suficientemente conocido que todos los "generalísimos" que podían hacer luz de gas al Caudillo, murieron en circunstancias, digamos, raras: Sanjurjo (20/7/36), Mola (3/6/37), Cabanellas (15/05/38), no iba a tener miramientos con tropas enemigas.

La prensa franquista y la toma de Ciempozuelos.

Hemos de reconocer que leer las crónicas de guerra, las principales las de El Tebib Arrumi (Víctor Ruíz), suponen todo un reto para el estómago y sistema biliar de cualquier persona. Su estilo victorioso, pomposo, destila fascismo en cada palabra y hace la lectura un auténtico trágala. En cuanto tiene de fuente histórica, reproduciremos algunos pasajes relacionados con la batalla del Jarama, en concreto con todo lo relacionado con Ciempozuelos.

Una nueva hazaña[154].
6 de febrero, 1937. Puesto de Mando, Navalcarnero.

Nuestras fuerzas partieron de Pinto, Parla y Valdemoro y consiguieron sus objetivos; La Marañosa, a diez kilómetros, y Ciempozuelos, a solo 5 km. Bajo nuestro fuego quedan más de 15 km. de frente. No queda una pulgada de terreno en poder del enemigo desde el río Jarama a la carretera de Andalucía. Es inexplicable la rapidez de nuestras columnas; a las dos de la tarde ya estaban conseguidos los objetivos.

El enorme botín cogido a los rojos en Ciempozuelos.
9 de febrero, 1937. Puesto de Mando, Navalcarnero.

Vamos conociendo más detalles de la operación de la División Reforzada. Dimos poca importancia a la toma de Ciempozuelos porque la resistencia fue leve. Ello nos hizo pensar que allí no había enemigos, pero no era cierto. Allí han quedado enterrados en el día de hoy, en las propias trincheras que excavaron, más de 400 cadáveres de rojos. Y hay muchos más.

Además, el botín al que me refiero va desde la total documentación de la Brigada número 18, mapas, relaciones de personal, hasta un tren entero, de once vagones, cinco con carne congelada de marca francesa, tres con botes de leche condensada, el resto con armas.

Se explica perfectamente la cuantía y calidad de este botín y el número de muertos tal alto, por el hecho de que fueron sorprendidos de madrugada, en medio de un aguacero y en no más de una hora. Tan grande fue la sorpresa, que

---

[154] Todos los textos pertenecen al periodista, jefe de prensa del Cuartel General de Franco, Víctor Ruíz, que firma como El Tebib Arrumi.
Ruíz Albéniz, Víctor. (1937) *"El Tebib Arrumi y sus crónicas"* Ed. Librería Santarén. Valladolid.

se encontraron los uniformes de muchos en las camas, pues salieron sin vestir… y qué lástima de comida, con el hambre que hay en Madrid.

Recorrido por el frente
11 de febrero, 1937. Navalcarnero.

Hoy he podido recorrer buena parte del frente del Jarama; a muchos puestos hemos tenido que llegar a caballo porque aún no es posible utilizar las pistas por los automóviles.

En este paseo, a cada paso tropezábamos con pruebas de la derrota roja. Porque aun cuando la labor caritativa es la de dar sepultura a los muertos, son tantos los cadáveres de marxistas que han quedado en el campo, que hay tarea para días. Y he de rectificar las cifras que di sobre Ciempozuelos. Tengo en mi mano la relación de rojos que van enterrados en sus mismas trincheras, las que rodeaban parte del pueblo, y dicha relación, a día de hoy once de febrero, sumaba la cifra de 1.306 cadáveres. Está comprobado que han sido totalmente destruidos los Batallones Segundo y Tercero de la 18 BM, que habían concentrado aquí y que debía ser de las fuerzas que atacarían nuestras líneas, en su deseo de llegar desde Seseña a los Carabancheles.

La ofensiva roja se pensaba hacer enseguida, en cuanto mejorase el tiempo, de ahí las armas que tenían empaquetadas en el tren. La decisión de nuestro mando de operar el día 6, en pleno diluvio, ha echado abajo sus planes; primero porque les hemos destrozado sus unidades de ataque; segundo, porque han quedado en nuestro poder las posiciones y vértices de valor estratégico.

Ellos intentan que en Madrid no se conozcan las noticias de nuestras victorias, pero yo repito que estos días hemos tenido alguna de las mayores victorias de cuanto va de guerra. Los mil trescientos seis muertos que yacen en lo que fuera trinchera roja de Ciempozuelos, y hoy es un inmenso cementerio marxista, dan fe de las proporciones del éxito logrado. Luce un sol de primavera por los campos aledaños a Ciempozuelos. Los ríos Jarama y Tajuña bajan ya de nivel. El ímpetu de nuestras tropas sigue su marcha ascendente.

Se han reanudado las operaciones
13 de febrero, 1937. Cuartel General, Navalcarnero.

Se han reanudado las operaciones esta madrugada. Tres columnas, al mando del general Varela, han partido de La Marañosa, Coberteras y Gózquez. La

249

columna de la izquierda es la de Barrón, la del centro la de Sáenz de Buruaga, a la derecha va el coronel Asensio.

Estando en esa zona, hemos parado en San Martín de la Vega y hablado con dos señoras: nos dicen que en el pueblo llegó a haber hasta 2.000 soldados, parece que de alguna Brigada Internacional pero que cuando llegaron las noticias, y algunos heridos, de Ciempozuelos, se largaron del pueblo.

Dios está con nosotros. Tremenda mortandad del ejército rojo.
14 de febrero, 1937. Puesto de Mando, Navalcarnero.

San Martín está consolidado. Se ve que los enemigos no tienen artillería, porque no han realizado ni un solo disparo de batería. La artillería que tienen en los arrabales de Madrid, no se atreven a moverla a otras posiciones. Saben que están perdidos, además porque tenemos más y mejor aviación en el terreno.
En el Sector Arganda se han contabilizado más de 500 cadáveres del enemigo. Estamos ya en el fin, no lo dude el lector. Pobre Madrid ¡.

Nos llega información de los enemigos muertos, en la semana del 6 al 14 de febrero: toma de Ciempozuelos, 1.400; Parque del Oeste, 421; alrededores de Arganda, 539; Usera, 160; Carabanchel, 70; Vértice Valdeperdices, 123. Con nuestros propios ojos hemos contado, en un trincherón de Ciempozuelos que no media más de sesenta metros de largo ¡¡ doscientos cadáveres ¡¡. Todos ellos sucumbidos por la metralla de nuestra artillería o aviación.

Pobre Madrid ¡. Dios está con nosotros ¡.

Información de los rojos
25 de febrero, 1937. Puesto de Mando, Navalcarnero.

Tenemos "pasados" a nuestras filas a todas horas, de forma constante. Y muchos espías voluntarios en el campo rojo, a nuestro favor. Así se explica cómo a veces los puentes que ellos preparan por la noche para ser volados, quedan indemnes, inexplicablemente para los rojos, y los podemos utilizar al día siguiente¡

El lector debe saber que Ruíz no era tonto, y sabía que sus crónicas se leían también en la España leal; por eso las proclamas, incluso las cifras de "rojos" muertos, merecen mejor análisis. Sus escritos son propagandísticos, para desmoralizar al rival y subir la moral propia.

Un episodio curioso. Ridícula batalla en Ciempozuelos: irlandeses contra falangistas [155].

El obispo de Gibraltar, de procedencia irlandesa, monseñor **Fitzgerald**, clamó ante la posibilidad de que los comunistas gobernasen en España e hizo todo lo que estuvo en su mano para generar un movimiento anti republicano en Irlanda; decía. "*se trata del porvenir de la religión, no solo en España, sino en el mundo*". Se le unió, ya en Eire, monseñor **Mac Roy** que escribía: "*España será cristiana como siempre o se convertirá en tierra bolchevique i?*". Al otro lado del Atlántico, en Nueva York, la comunidad irlandesa, orientada por el Cardenal **Heyes** decía: "*los enemigos más sanguinarios de la Iglesia están en España*". Entre todos crearon un clima anti República en el que terminaba apareciendo Franco como una especie de arcángel vengador.

Estas situaciones suelen ser muy bien aprovechadas por la ultraderecha; y fue el caso. El líder fascista **Eoin O'Duffy**, que ya había creado los "*camisas azules*" a imagen de los "camisas pardas" nazis, inició una campaña de recaudación y voluntariado para ir a España a luchar. A finales de 1936 había más de 7.000 voluntarios, entre los cuales se haría una selección. Ofrecidos a Franco y ya en España, se les concentró en Cáceres, donde la Legión se encargó de su entrenamiento.

El 16 de febrero de 1937 el batallón irlandés tuvo su "bautismo de fuego". En los alrededores de Ciempozuelos tuvieron un enfrentamiento de más de una hora, a tiro limpio, con lo que ellos creían ser enemigos; en realidad eran falangistas de los que estaban acantonados en Seseña. El resultado, 13 falangistas y 3 irlandeses muertos.

En marzo atacaron a las fuerzas republicanas por Titulcia, en un intento envolvente; pero fueron rechazados por el Ejército Popular. A finales de abril'37, para desgracia de los republicanos, y con la bendición de Franco, se anunció la repatriación de las fuerzas irlandesas.

A todo esto, el eje de mi relato, mi padre, estaba a punto de incorporarse al III Cuerpo de Ejército de la República, que se formaba en los inicios de marzo en la localidad de Carabaña.

---

[155] Noguera, Jaime (2017) "*La ridícula batalla de Ciempozuelos*". D. Público. Madrid.

El periplo bélico de Pepe.

Tarjeta de identificación de oficiales del Ejército Republicano.

El golpe de los militares fascistas contra el gobierno de la República supuso, en sí mismo, la disolución del ejército. El día 19 de julio, el presidente Azaña no tuvo más remedio que firmar tres decretos: el primero anulaba el estado de guerra establecido por los golpistas en las zonas sublevadas; el segundo, ordenaba la disolución de todas las unidades militares rebeldes; el tercer decreto licenció a las tropas de esas unidades. Teniendo en cuenta que, el "verdadero" ejército era ese, el traidor, que estaba adiestrado y curtido en combate y acostumbrado a matar, y que el "otro", el leal, era escaso y poco operativo, se puede colegir que **la República estaba sin ejército**, en sentido literal.

Y así estuvo, sin una organización a la que se pudiera denominar de tal forma, prácticamente hasta el mes de mayo de 1937, cuando los rebeldes ya tenían casi medio mapa de la península en sus manos.

Al tiempo que el ejército se disolvía, en paralelo se organizaban "milicias" por todos lados, de manos de partidos y sindicatos, como ya conocemos. Por tanto, la colosal labor del gobierno republicano, en esos momentos, consistió en refundar un ejército con lo que quedaba de las fuerzas leales a la democracia, al tiempo que integraba a las milicias populares, que nacían como esporas, con más entusiasmo que efectividad.

Esa obra la realizó, con todos los defectos que se quiera, Largo Caballero, como presidente del Gobierno y Ministro de la Guerra/Defensa Nacional (septiembre 1936 a mayo de 1937). La simbiosis de un ejército democrático y la milicia popular, dio paso al **Ejército Popular** de la República. La orden ministerial de 20 de octubre de 1936, lo dejaba claro: "*a partir de esta fecha quedan suprimidas las comandancias generales de milicias y regimientos que sostienen los diferentes partidos…*". Suponía ello la aparición de una milicia única, subordinada al Gobierno, con disciplina militar y saludo en consonancia.

Como no vamos a detenernos en su complejidad organizativa, solo haremos una aproximación a cómo se organizó ese ejército, al que los analistas militares de Franco no daban más de seis meses de resistencia y, sin embargo, plantó cara a los africanistas y las potencias del Eje durante tres años.

El conjunto de la nueva milicia constitucional se componía de **Ejércitos**, denominados según su posicionamiento geográfico; en mayo de 1937, cuando ya está estructurado con una cierta identidad, el Ejército Popular se divide en: Ejército del Centro, Ejército del Sur, Ejército de Levante, Ejército del Este y Ejército del Norte. La evolución de la contienda, las mermas en capacidades, ayudas y tropas, hace que un año después, en julio de 1938 esté reestructurado así: Grupo de Ejércitos de la Región Central y Grupo de Ejércitos de la Región Oriental (el oeste y el norte se habían perdido hacía tiempo).

Estos Ejércitos, a su vez, están **compuestos de** los denominados como **Cuerpos de Ejército**. Llegó a haber hasta 24 C.E., más otros 3 en el Norte: I Cuerpo de Ejército de Euzkadi, II Cuerpo de Ejército Santanderino y III Cuerpo de Ejército Asturiano.

El C.E. tenía al mando a un coronel o teniente coronel, como mínima graduación; y contaba con un aparato logístico alrededor: Estado Mayor, etc. Un Cuerpo de Ejército agrupaba a 4 **Divisiones** y, cada una de estas, 4 **Brigadas Mixtas**. Teniendo en cuenta que una BM podía tener unos 3.500 hombres y mujeres, el Cuerpo de Ejército movilizaba, aproximadamente, 45.000 efectivos.

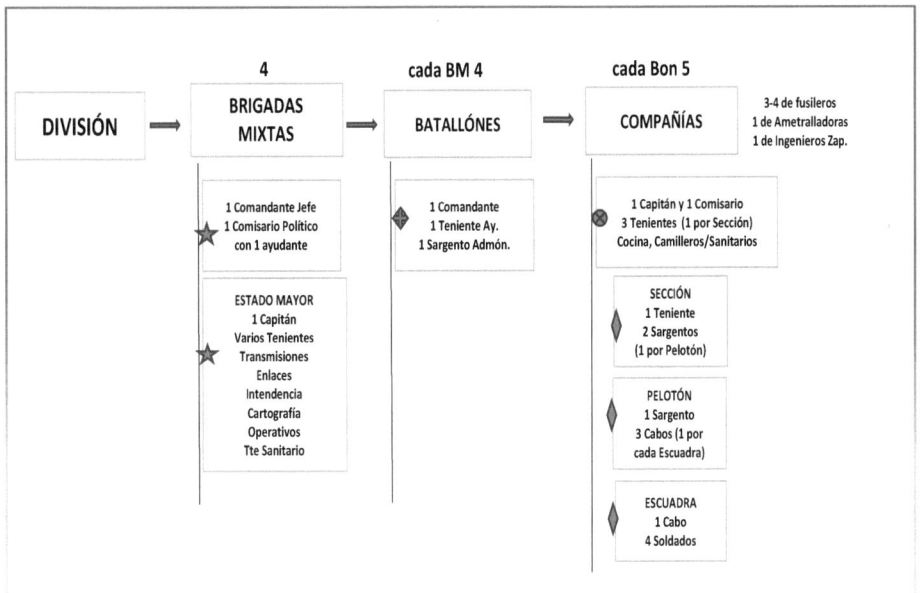

Esquema de la organización básica del ejército republicano. Este esquema no fue estático y vario mucho en el tiempo según posibilidades y efectivos existentes. Elaboración propia.

En esa organización, **la estrella será la Brigada Mixta**, de la que se habla ya a mediados de octubre'36, sin saber nadie exactamente el creador (de entre los miembros del Estado Mayor republicano y los asesores rusos).

La Brigada Mixta[156] se concibe como una unidad autónoma, compuesta de batallones de infantería (fusileros) que serán acompañados de fuerzas de caballería motorizada, artillería ligera de campaña, ingenieros-zapadores, así como transmisiones, intendencia y sanidad. Es decir, lo necesario para combatir, moverse, fortificar o destruir lo fortificado, comer y curarse. Ya había algunos precedentes en el ejército ruso, pero la BM que se crea ahora, para poder operar con éxito en un país de relieve muy diverso, es un poco el colofón de la unidad militar bien diseñada.

La plantilla básica de la BM se fijó en cuatro batallones, cada uno de los cuales tendría 5 compañías, tres de fusileros, una de ametralladoras y un pelotón de morteros; un escuadrón motorizado (de caballería); cuatro baterías de artillería

---

[156] Engel, Carlos (2005) "*Historia de las Brigadas Mixtas del Ejército Popular de la República 1936-1939*". Editorial Almena. Madrid.

ligera de 75 mm y un cañón de 105 mm; una compañía de zapadores; una columna de municionamiento y las unidades de transmisiones, intendencia y sanidad. El conjunto, de estar cubiertos todos los puestos, suponía una plantilla de 150 oficiales y 3.700 hombres.

Esa era, claro, la teoría. Solo las primeras seis BM se pudieron conformar según el esquema óptimo; pero la realidad es que no existían ni armas ni oficiales suficientes para cubrir las necesidades y hubo que prescindir de parte de los servicios, principalmente de la artillería y la caballería mecanizada, lo cual a la larga supondría un gran hándicap en el día a día de la lucha, ante las columnas franquistas, dotadas de más tanques y más artillería (y de aviación, ni hablamos).

Las tres BM iniciales, recién creadas, pudieron salir hacia el frente a mediados de noviembre'36 (cuando Franco ya había conquistado toda Extremadura). La formación de Brigadas continuo, al mejor ritmo posible, y en mayo de 1937 ya se podía hablar de 150 BM con posibilidad de operatividad. A finales de noviembre'36 se completaba la organización que se había diseñado, con la creación de las tres primeras Divisiones. Pero, raramente el organigrama estaba completo, pues el ejército republicano careció de armas y dinero para completar el esquema teórico.

Los jóvenes, que aún no estaban movilizados, se adscribían a la primera Columna que encontraban; así lo hizo mi tío Nicasio, que luego cambio a otra, ideológicamente más acorde. Otros mozos iban a Madrid, donde se habían dispuesto varios centros de reclutamiento de milicias; los más conocidos estaban la calle Torrijos, 68, en la calle Magallanes, junto al centro de la guardia civil (allí se formó el Batallón Lenin), y en la calle Serrano, 46.

Ya hemos visto que mi padre, Pepe, estuvo en Ciempozuelos mientras se pudo estar. Luego, como todo el mundo que era de izquierdas, tuvo que salir a buscar zonas más seguras, pues el pueblo se veía caer en breve en manos franquistas (principios de febrero de 1937). Pepe no estaba movilizado oficialmente, aunque entraba por edad en el año de su llamamiento a filas. Sin embargo, a principios de marzo oyó que se estaba organizando en **Carabaña** una unidad militar y allí se presentó. La unidad era el **III Cuerpo de Ejército** que, efectivamente se organizó en esa localidad cercana a Ciempozuelos, a partir del 4 de marzo. La base era la Agrupación de fuerzas del Tajo-Jarama que mandaba el teniente coronel **Ricardo Burillo**[157]; a dichas fuerzas se les reorganizaba, según el nuevo formato del Ejército Popular, como Cuerpo de Ejército, y se le adscribía al **Ejército**

---

[157] Un cordobés de 45 años en ese momento, policía de profesión que había hecho su carrera en la Guardia de Asalto, y que pertenecía al PCE. Fue fusilado en 1939, al no salir de España como tantos otros mandos.

del Centro. Esta unidad no tendría gran presencia en las principales batallas del Jarama, estando más bien cubriendo la carretera de Valencia y sur de la ciudad de Madrid, y como reserva de tropas que sí participaban directamente en los combates.

En Carabaña, dada la experiencia profesional de Pepe, en la construcción y un cierto nivel cultural, fue incorporado de inmediato al Batallón de Zapadores y a los cursos de teniente que allí mismo, y en otros lugares de la provincia, se habilitaban para la formación de oficiales. Creo, no he podido encontrar confirmación documental, estuvo también en Cercedilla, en una Escuela de Guerra que el Ejército del Centro estableció en el Hotel Aribel[158].

En la localidad de Villalba se daba formación sobre topografía y luego pasaban a Cercedilla donde el currículo era más amplio: geometría, matemáticas, táctica militar, técnicas de combate, tiro, topografía y organización del terreno para el combate, charlas militares para los de la rama militar, charlas políticas para los comisarios.
En Carabaña, cuartel general del III Cuerpo de Ejército, fue ya nombrado teniente dentro del cuerpo de ingenieros zapadores. Aunque esos nombramientos, en tanto no salían en el Boletín, eran provisionales.

Completados los cursos de teniente, en julio de 1937 es dado de baja. Nunca comprenderé este tipo de actuaciones administrativas, pues tan necesitados que estaban de gente, lo procedente era haberle enviado ya a alguna unidad en combate y, sin embargo, causó baja en julio para que el 1 de septiembre se volviera a reincorporar, ya a través del llamamiento de su reemplazo (¿?). El 1 de septiembre ingresa en la Compañía Depósito del Ejército del Centro, en Guadalajara, que era una especie de Cía. de Caja de Reclutas. Allí estará, en expectativa de destino, que se decía, en labores variopintas, hasta que el 12 de noviembre de 1937 sale en el Boletín su nombramiento oficial como teniente de ingenieros.
Un poco burocrático todo, estando en guerra; posiblemente en el bando opuesto había menos papeleo y más pólvora.

Con el nombramiento oficial se incorpora, de forma inmediata, a la compañía de ingenieros de la 216 Brigada Mixta, que se está formando en esos días en Daimiel. Orgánicamente pertenecía la Brigada al XX Cuerpo de Ejército y, dentro del

---

[158] Este hotel, acabada la contienda española, fue lugar de veraneo y ocio de las Juventudes Hitlerianas.

mismo, a la 67 División, cuyo centro de mando se encontraba en Valdepeñas. Como jefe de la 216 BM se nombró al Mayor de milicias Severino Calvo.

Aunque se ha comentado que Largo Caballero unificó las distintas unidades y milicias y creó el Ejército Popular, hay distintas denominaciones en los oficiales, según su procedencia.

Vemos que Severino Calvo era Mayor de Milicias, porque no era militar profesional. Las diferencias:

Oficiales – los que ya eran militares profesionales

Oficiales en Campaña – oficiales que salían como tales de las Escuelas Populares de Guerra

Oficiales de Milicias – sin formación militar previa, procedentes de Milicias Populares ya organizadas.

Dentro de la nueva organización militar, y para suplir las carencias existentes en cuanto a oficialidad, el Ministerio de la Guerra creó en noviembre de 1936 las **Escuelas Populares de Guerra**. En concreto 6 academias militares, que eran:

- Nº. 1   ***Porta-Coeli***, de Intendencia y Servicios.
- Nº. 2   ***Almansa***, de Artillería.
- Nº. 3   ***Paterna***, de Infantería y Caballería.
- Nº. 4   ***Godella***, de Ingenieros, Zapadores y Transmisiones.
- Nº. 5   **Gijón**, Artillería.
- Nº. 6   **Bilbao**, de Infantería.

Según se perdieron territorios, dejaron de funcionar las de Gijón y Bilbao, asumiendo su papel las de Almansa y Paterna.

La República quedó inerme ante el golpe de Estado militar, y nunca nos cansaremos de repetirlo, porque la lucha fue, en adelante, muy desigual. Solo unos ejemplos: la Academia de ingenieros militares estaba en Segovia, pero en esta plaza triunfó el golpe; la Escuela de Zapadores en Retamares, Madrid, inutilizada; y la base aérea de Cuatro Vientos, que formaba los mecánicos del ejército del aire, también quedó inhabilitada desde los primeros combates. Por eso, desde primer momento el Gobierno hubo de crear la academia o Escuela de Guerra de ingenieros en la localidad valenciana de Godella, donde se dio la formación en temas de ingeniería militar, zapadores, mecánica y transmisiones.

Para dirigir esa escuela se pensó en el teniente coronel **Gustavo Montaud**, un militar ilustrado (ingeniero que hablaba cinco idiomas) que era ayudante personal del presidente de la República Alcalá Zamora. Montaud, que al acabar la guerra se exilió en Francia y nunca volvió, puso en marcha la academia de **Godella**, donde se formaron varios miles de militares republicanos, en las distintas materias que impartía: telegrafía, radio, zapadores, construcciones militares, mecánica aérea... Fue un centro de excelencia, según todas las reseñas[159].

En esa Escuela Popular de Guerra de Godella estuvo mi padre, también; cuando estaba en los distintos frentes de Levante, recibió orden de participar en cursos.

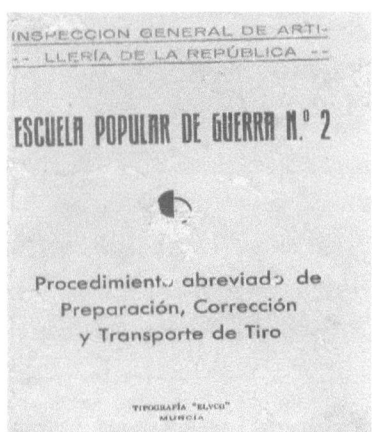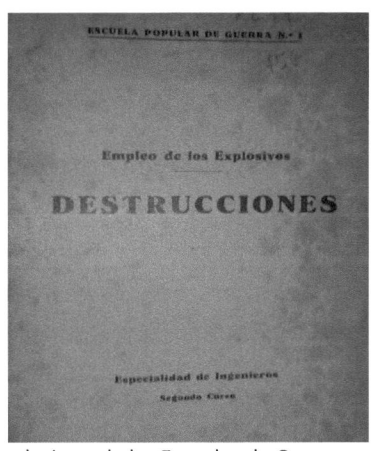

Manual de artilleria y de utilización de explosivos, de las Escuelas de Guerra.

La 216 BM fue enviada al frente del Ebro y participó activamente en la Batalla de Teruel: el enfrentamiento por la toma de la ciudad. El interés del ejército republicano era distraer la atención de los franquistas, y lo consiguió. La idea de Franco, después de conquistar Asturias (sep'37) era ir hacia Guadalajara,

---

[159] El bando franquista también montó algunas escuelas o academias de Alféreces Provisionales, para implementar a sus cuadros: en Burgos, Sevilla, Tenerife, Mallorca y Xauen (Marruecos).

arrasar, y volcarse ya en la toma de Madrid; para ello estaba acumulando todas las tropas que podía en la provincia de Soria. Pero los republicanos se adelantaron, tomando Teruel el 22 de diciembre'37, en el intento de romper las líneas contrarias y aliviar el frente del Norte. Para ello, el coronel **Leopoldo Menéndez López**, concentró allí su Cuerpo de Ejército de Maniobra, luego de Levante.

El Ejército Popular consiguió el objetivo, aunque fuera momentáneamente. Franco suspendió la maniobra de Guadalajara porque perder una capital de provincia, por pequeña que fuera, supuso un tremendo fracaso político y de propaganda para él.

Soldados republicanos a las puertas de Teruel, bajo una ventisca de nieve. Biblioteca Nacional.

La 216 BM participó en esa Batalla de Teruel y fue una de las que entró en la ciudad ese 22 de diciembre. Para los republicanos era un auténtico chute de moral, pues era la primera capital que conseguían ganar. Pero la alegría dura poco en la casa... el éxito duraría 2 meses exactos.

La reacción franquista no se hizo esperar: acumularon tropas en los alrededores de Teruel, y realizaron un doble envolvimiento; el objetivo, sacar de allí las tropas que defendían Teruel y llevarlas en retroceso, hacia el norte, hasta el rio **Alfambra**, momento en que podrían recuperar la ciudad del torico. Y lo consiguieron el día 22 de febrero de 1938, recuperando la ciudad y dando un golpe moral tremendo al ejército republicano.

Y lo hicieron en los dos meses más fríos que recuerda la historia de España. Con las menores temperaturas, hasta los **28º C. bajo cero**, con unas ventiscas tremendas, con un temporal de nieve de dos metros de altura; aquello fue una batalla de desgaste y de muerte. La revista especializada en historia militar **Desperta Ferro**, habla de varios miles de soldados congelados, de ambos bandos. Aquella batalla, aparte de épica, tendría consecuencia en el devenir de la guerra; la República pagó un alto precio por la toma, y luego la defensa de Teruel.

Por nuestra parte podemos corroborar, porque mi padre lo narraba: cuando retrocedieron y se atrincheraron en Alfambra, los oficiales de las compañías, él mismo, recorrían los puestos de vigilancia con botellas de coñac y café, y se encontraban a los centinelas congelados, con la típica "sonrisilla" del muerto por congelación; muchos compañeros, durante muchos días. De su Brigada, de la 84 BM, de la 35 Internacional[160] (próxima a retirarse en verano), etc.

Pero los franquistas habían acumulado allí, para recuperar Teruel, más de 100.000 hombres al mando del general Dávila (3 Cuerpos de Ejército). Y decidieron darles uso; persiguieron a las tropas republicanas, que se habían retirado al denominado Sector Alfambra. La localidad que toma nombre del río Alfambra está a solo 25 km al norte de Teruel. Allí retrocedieron los republicanos intentando hacerse fuertes en los Altos de Celadas y Concud, que dominan el valle. Allí se atrincheró también, la 35 Brigada Internacional, en un contexto climatológico que, incluso, como cuentan las crónicas, obligó a ambos ejércitos a realizar un parón de varios días, pues se congelaban las balas en vuelo. Por si las "pocas" fuerzas de Dávila no podían, se allegó el Cuerpo de Ejército Marroquí, al mando del genocida Yagüe, y el general Aranda con su Cuerpo de Ejército Galicia y otros miles de efectivos y más de 500 cañones de artillería pesada. A ello se sumó, en cuanto el tiempo lo permitía, el constante bombardeo de la Legión Condor y la Brigada Aérea España. Superioridad tal no se había visto hasta entonces.

El resultado es presumible, verdad: un nuevo desastre para el ejército popular, conocido como "*el desastre del Alfambra*": unos 15.000 muertos (entre ambos) y más de 7.000 prisioneros republicanos; la 216 Brigada Mixta, la de mi padre,

---

[160] Es curioso, o no. En agosto de 1938 el Comité Internacional de No Intervención, "obligaba" a los contendientes a retirar del escenario a las tropas no nacionales. La República retiró a las Brigadas Internacionales, que fueron despedidas en Barcelona (2.000 rusos y 35.000 brigadistas). Franco no retiró a nadie: 78.000 italianos, 19.000 alemanes y su aviación, 70.000 marroquís, y varios miles de portugueses, irlandeses…

perdió 944 hombres entre muertos y capturados, incluidos 43 jefes y oficiales; mi progenitor no estaba entre ellos, afortunadamente.

Archivo PCE: frente del Ebro; puente destruido por los zapadores republicanos.

Perdido Teruel, que más que una pequeña ciudad, era un símbolo, el general **Vicente Rojo** pergeñó atacar otros frentes, para seguir distrayendo al ejército franquista y mantenerlo alejado de Madrid. Objetivo: Extremadura. Vicente Rojo y sus continuos bandazos sin sentido.

La 216 BM, con el grueso de la División, fue enviada a Extremadura, incorporándose al VII Cuerpo de Ejército. Allí participó en la batalla denominada "*cierre de la bolsa de Mérida*". Cuando los franquistas tomaron Extremadura, en el caso de Mérida no pudieron alejar a las tropas republicanas muchos kilómetros de la ciudad. Por tanto, existía una cuña de terreno cerca de Mérida en manos republicanas que los franquistas querían tomar definitivamente. Era mediados de marzo de 1938 y mi padre, y otros muchos, que sin solución de continuidad acababan de llegar de Teruel, recibieron permisos, siendo sustituidos por personal de refresco. Comentar que la 216 BM estuvo en todo ese intento de frenar al ejército fascista por Don Benito y Villanueva de la Serena, luego en Pozoblanco, también en ataques para intentar recuperar Talavera de la Reina, pero que todo ese esfuerzo quedó baldío pues en junio'38 el ejército franquista recuperaba todo y además se adentraba en la Comarca de la Jara, ya en la provincia de Toledo. El coronel Burillo fue destituido, siendo la cabeza de turco de este nuevo fiasco.

En cuanto a mi padre, parece que el permiso duró un par de semanas, acaso; porque estando su unidad, la 216 BM en Extremadura, hubo urgencias que cubrir en el frente de Levante y fue requerido a ello. La acumulación de tropas, por parte del ejército faccioso, en Teruel fue tal, que decidieron volcarse en la toma de la otra ciudad símbolo de la República, Valencia. Así, las tropas de Varela y Aranda avanzaron por el Maestrazgo en dirección a la ciudad del Turia, hasta que a mediados de abril'38 quedaron frenados en seco por las tropas republicanas y su línea de defensa XYZ o **Línea Matallana**.

Pepe fue incorporado justo en ese momento, mediados de abril, y temporalmente, a la 209 Brigada Mixta, en el 834 Batallón de ingenieros zapadores, cuyo jefe era el mayor valenciano Vicente Gallart; mientras, los franquistas realizan nuevos intentos de avanzar hacia el sur, pero los republicanos les siguen frenando, en ese momento, en la **Sierra de Espadán**[161].

 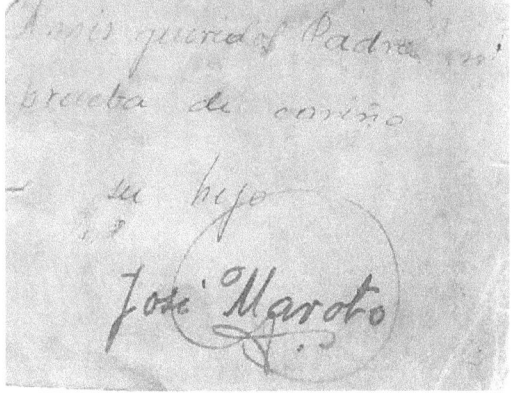

Foto en el frente de Levante, enviada a sus padres. Con uniforme de teniente.
"A mis queridos padres como prueba de cariño, su hijo".

---

[161] La Sierra de Espadán es hoy un Parque Natural. Está al sur de la provincia de Castellón, dentro de las estribaciones del Sistema Ibérico, entre las cuencas de los ríos Palancia y Mijares.

Visto el alto nivel de defensa hacia el sur, el ejército franquista gira al este, y toma Castellón el 14 de junio de 1938, con las tropas del general Aranda, y los continuos bombardeos de la Legión Condor (conocida más bien por el bombardeo de Guernica, pero una auténtica pesadilla para los republicanos durante toda la guerra).

La **Sierra de Espadán**, cuatro siglos atrás, había conocido importantes batallas entre cristianos y reductos musulmanes que se habían echado al monte, peleando más en modo guerrilla que orgánicamente (había una serie de poblaciones moriscas, autorizadas por Jaime I, a vivir allí y mantener sus costumbres, hasta que llegó el emperador Calos V y lo prohibió). En 1938 conoció otro tipo de ejércitos; allí el Ejército Popular había establecido una línea de defensa muy sólida, con trincheras excavadas según la disposición del terreno, nidos de ametralladoras, obuses, etc.; era parte de la **línea XYZ, famosa línea fortificada** que paró al ejército franquista bastantes meses, antes de tomar Valencia.

Distintas fortificaciones de la Línea XYZ, o Línea Matallana. Sector Jérica y Javalambre.

Línea defensiva XYZ, desde Sta. Cruz de Moya (Cuenca) hasta el mar, La Llosa, Almenara.

En esa línea defensiva de la Sierra de Espadán, dentro de la fortificada XYZ, estuvo Pepe un mes, más o menos, hasta el día 12 de mayo, fecha en la que la aviación mató al capitán de su compañía y le hirió a él. Parece que, saliendo ambos del puesto de mando a dar instrucciones por el bombardeo enemigo, explotó una bomba en las proximidades y barrió la zona de acceso al puesto; el capitán murió y a Pepe se le incrustaron esquirlas en cabeza, espalda y una pierna. Fue evacuado y consta como ingresado el día 13 de mayo de 1938 en la Sala 2 cama 24 del Hospital Provincial de Valencia. La anotación de ingreso dice: "*heridas por metralla en cabeza y pierna izquierda*"; y consta como perteneciente a la 209 BM, 834 Batallón.

Me imagino una estancia no muy agradable, aunque sus heridas no fueran de gravedad y estuviera acompañado de su pareja; pensar en que estabas a un metro de tu compañero y jefe, que él cayó redondo y tú te libraste, debe dar pie a muchos pensamientos, conjeturas, pesadillas... Estuvo en el Hospital Provincial hasta el 10 de junio, casi un mes; nada más salir tuvo que incorporarse a la misma compañía, ante la falta de oficialidad existente; y se incorporó como "capitán accidental" de la misma. Debe ser tremendo, ver morir a tu compañero y al mes estar en el mismo sitio donde cayó, sustituyéndole[162]. Cosas de la guerra que hoy imaginamos con los bellos de punta.

---

[162] Normalmente, en cada compañía se hacía un fondo, donde todos, del primero al último, depositaban el equivalente a un día de paga de su nómina del mes, para

265

Después de su andadura por Extremadura, el 14 de julio de 1938 la 216 BM, junto con toda su División, retornó al frente de Levante, a posiciones de la Línea XYZ, pero ahora en el Sector de la **Sierra Manzanera y Javalambre** (en estas sierras habría maquis hasta finales de los cuarenta). A principios de agosto Pepe se reincorporó a su Brigada, la 216, y en ella estuvo hasta el final de la guerra.

En Manzanera – Javalambre también hubo que bregar mucho; la ofensiva franquista era potentísima; cada vez mayor en función de la fuerza declinante de los republicanos. No obstante, en septiembre'38 el ataque para romper las líneas que se realizó por esta parte de las sierras, fue repelido por el Ejército Popular. Los combates afectaron a numerosos pueblos, cuyos nombres yo casi me sabía de memoria, por alguna narración del padre: Albentosa, Alcalá de la Selva, Manzanera, Mora de Rubielos... son algunos de los nombres de poblaciones que, sin haber estado nunca en Teruel, ya me sonaban.

Y, desde luego, los franquistas no pasaron por allí; al contrario, los republicanos contraatacaron por esa zona, y recuperaron, aunque fuera temporalmente, muchas de las poblaciones[163]. Se puede decir, una vez más, que retrasaron las aspiraciones de Franco que, en julio de 1936, esperaba que todo aquello no pasara de ser una escaramuza de tres o cuatro meses. Los facciosos tuvieron que esperar a otra primavera para tomar Valencia. Es cierto que esta línea defensiva, que les desquició, propició mayor presión sobre Barcelona, y más bombardeos de la Legión Condor, que desde su base de Mallorca masacró el puerto de Alicante, el de Gandía, el de Cartagena, y más, como el mismo mercado central de la ciudad de Alicante; marca de la casa "Legión Condor" que gustaba de matar civiles en los mercados.

La **216 BM**, con el resto de unidades militares republicanas, **se auto disolvió en marzo de 1939**, y sus efectivos quedaron en Valencia y alrededores, huérfanos de unidad y lucha, a la espera de lo que todo el mundo temía, la entrada de las tropas franquistas en la ciudad. Casi tres años de lucha, muchos compañeros caídos en combate y, lo peor, el sueño de una España democrática frustrado.

---

familiares de muertos o lisiados. Siempre creyeron que no iban a terminar como terminaron.

[163] Blas Vicente, Marco (2010) *"La Batalla de Javalambre"*. Ed. Ayuntamiento de Manzanera.

El periplo judicial de Pepe.

Los procedimientos de la Justicia franquista

En las próximas páginas vamos a tener que hablar mucho, otra vez, de la Justicia del primer franquismo. Y, aunque ya se analizó en conjunto en el capítulo "**La represión mediante un derecho ilegítimo**", vamos a hablar, otra vez, de procedimientos sumarios, sumarísimos..., intentaremos dejar claro el asunto[164]:

Marco legal

La justicia franquista utilizaría, en los primeros momentos, los Bandos de Guerra, y como base jurídica el Código de Justicia Militar (CJM) de 1890, tal cual era antes de la Segunda República obviando, naturalmente, aquellas partes en que las reformas de Azaña la hubieran democratizado. Recordar que la República había circunscrito el Código a los delitos tipificados como militares; además acabó con la capacidad jurídica de los Capitanes Generales, siendo trasladadas sus competencias a la Auditoría Jurídica del Ejército (al cuerpo jurídico).

Procesamiento

En el aspecto criminal el CJM establece tres tipos de procedimientos:

- Ordinarios
- Sumarísimos
- Sumarísimos de Urgencia (hasta junio de 1940 en que se transforman en no urgentes).

Ambos tipos de sumarísimos son procedimientos denominados inquisitoriales, es decir la carga de la prueba recae en la acusación y en el Instructor, dicho de otra manera, de las dos partes que intervienen en la causa, predomina el acusador por encima de la defensa, que tiene un papel secundario, en verdad nulo.

El procedimiento sumarísimo se incoa de oficio, en tanto se considera que el hecho a investigar y enjuiciar es de alta relevancia jurídico-penal. Y se inicia a partir de:

---

[164] González Padilla, Eusebio (2003) *"La Justicia Militar en el primer franquismo"*. Universidad Almería.

- Denuncia (de un particular, por ejemplo, o de una autoridad de un pueblo…).
- Atestado (de alguna fuerza del orden).
- Expediente incoado en prisiones, campos, etc., o Expedientes de Depuración (muy habituales en el funcionariado, sobre todo contra profesores y médicos).

El Sumario, recién incoado y ya numerado por la Auditoría, se envía a la Autoridad Judicial, es decir, al Capitán General, que designa juez para iniciar el procedimiento. Este, presenta dos claros momentos procesales:

- El Sumario
- El Plenario

El Sumario es secreto y comienza en el Juzgado que recaba las denuncias existentes, llama a denunciantes y testigos, para que ratifiquen denuncias o declaraciones previas. En paralelo se piden informes sobre la conducta político social del encausado a las autoridades locales: Alcalde, Jefe de Falange Española, Guardia Civil, Párroco…, y siempre a la Comisión Informadora del pueblo que, en la mayoría de las ocasiones, la forman los mismos antes citados; muchas veces el Alcalde es denunciador y luego firma como Jefe de la Comisión y puede, incluso, haber sido perjudicado como particular. O sea.

Cuando se acumula la información, se dicta ya el Auto de Procesamiento, es decir, se le oficializa personalmente al reo de que ya es un acusado, y se le toma declaración; es la **Declaración Indagatoria**, donde el afectado manifiesta lo que tenga que decir.

En ese momento el Sumario se envía a Capitanía General y a la Auditoría jurídica, para su revisión. Estos pueden tomar tres decisiones:

- Devolución del sumario al Instructor para ampliación de pruebas, testigos, etc. (esto no suele hacerse para no dejar a los instructores en evidencia).
- Sobreseimiento, provisional si el asunto puede reabrirse en el futuro, o definitivo (muy pocos).
- Orden al juez instructor de elevar la causa al Plenario. La habitual.

Si se opta por ir a Plenario, es el momento en que **se nombra al abogado defensor al que se le entregan las actuaciones, como mucho dos o tres**

días antes de la vista. Aunque miles de casos en los que se entrega el sumario al defensor veinticuatro horas antes del juicio.

El Plenario tiene dos partes, la **Vista** propiamente, y cuando al final de la misma el Tribunal se retira a **deliberar**. El Tribunal tendrá: un Presidente (Teniente Coronel) y 5 Vocales (capitanes), uno de ellos será el **Vocal Ponente** (jurídico). Dada la gran cantidad de casos, no siempre hay cinco vocales, ni son todos Capitanes. Hay mucha faena y falta personal. Cuando se crean los Consejos de Guerra Permanentes, el Presidente podrá ser Comandante y los vocales, ya solo tres, Tenientes.

Al final del juicio se pregunta al encausado si tiene algo que alegar y, a continuación, el Tribunal se retira a deliberar. Normalmente, y al decir normalmente, se puede hablar de **prácticamente el 100% de los casos, se adopta y se vota el informe del Ponente**, que suele ser el único jurídico, además.

Las sentencias, ya lo vimos en su momento, no son recurribles. En noviembre de 1936 el General Jefe del Alto Tribunal de Justicia Militar decretó que los sumarísimos no eran recurribles; si acaso y solo, por la Autoridad Militar, caso de que vea un error o crea que el castigo no es acorde. Por tanto, se puede hablar de "cero" recursos, teniendo en cuenta que, según sus propias normas, los procedimientos iniciados durante o después de la guerra habían de tener carácter de sumarísimoi?

Órganos competentes

Personalmente Franco da la orden, en noviembre de 1936, de que se creen órganos jurídicos ex profeso para tratar los Consejos de Guerra, viendo lo que se venía encima. Se habían creado Juzgados Militares para la atención de estos casos en toda la zona ya franquista y en plazas relativamente pequeñas (Getafe o Denia, por ejemplo), pero esto conllevaba detraer efectivos de otras áreas operativas del ejército. Por eso se fueron centralizando estos asuntos en Juzgados Militares de las capitales y, definitivamente, en los Consejos de Guerra Permanentes (en Madrid se abrieron 8, luego en Barcelona, al final en casi todas las capitales). Un sistema de enjuiciar a toda máquina.

Consecuencias

La consecuencia de esta engrasada maquinaria judicial que, además, actúa sin garantías mínimas para los procesados, es que el número de prisioneros crece exponencialmente. En 1939, al finalizar la guerra, hay 271.719 personas en las cárceles y campos[165] (en 1950 aún quedaban 30.610 pesos políticos de la guerra). Cualquier lugar vale como prisión: colegios, conventos, hospitales. De ahí que se creen en las provincias **Comisiones de Revisión de Penas** que, de oficio, revisan sobre todo las más leves de cara a sacar gente a la calle. Y luego, se crea el Patronato de Redención de Penas, para el envío de presos a trabajar a destacamentos penales, colonias militarizadas, batallones de trabajo, etc.

Todo ello no es suficiente y hay que legislar continuamente para acortar las estancias en la cárcel, ante la saturación, incluso ante las presiones internacionales:

- Decreto (05/04/1940). Libertad condicional a mayores de 60 años con un cuarto de pena cumplida.
- Ley (04/07/1940). Condicional a penados de 6 a 12 años, con la mitad de la pena cumplida.
- Ley (01/10/1940). Condicional a penados a 12 años con la mitad cumplida.
- Decreto (23/11/1940). Condicional mientras se esté tramitando el expediente definitivo de libertad.
- Ley (01/01/1941). Condicional a penados hasta 12 años cualquiera que sea el tiempo que lleven cumplido.
- Ley (16/01/1942). Condicional a penados hasta 14 años, sin condición.
- Ley (13/03/1943). Condicional a penados de hasta 20 años.
- Ley (09/10/1945). Indulto a todos los penados por delitos relacionados con la guerra, excepto asesinatos, violaciones y militantes del PCE.

Como hemos visto, las características generales de la justicia militar franquista fueron la militarización absoluta, su carácter vindicativo, a veces muy cruel, el acortamiento de los plazos del procedimiento judicial, la ausencia de neutralidad, el desinterés total por el conocimiento preciso y real de los hechos, y estar administrada por inexpertos absolutos que anteponían la disciplina castrense a cualquier otra consideración. Como afirmaba el Fiscal Carlos **Jiménez**

---

[165] Martín Torrent, capellán de la cárcel Modelo de Barcelona, habla en sus memorias de que dormían quince reclusos en una celda de 3,80x3 metros.

Villarejo: *"los Consejos de Guerra constituidos desde el 18 de julio, ya fueran sumarísimos o sumarísimos de urgencia, en modo alguno podían calificarse como Tribunales de Justicia. Eran, pura y simplemente, una parte sustancial del aparato represor implantado por los facciosos y posteriormente por la dictadura"*.

Su procedimiento judicial.

Acabamos de decir que una de las características de la justicia franquista fue la prisa, el acortamiento de plazos. Pero había excepciones, como la de mi padre, para su desgracia, pues desde las primeras actuaciones hasta el juicio pasaron exactamente 4 años. Y siempre por malos entendidos y errores de esa "engrasada máquina".

Las fuerzas vivas de Ciempozuelos, los ganadores, tenían ganas de vendetta contra los más significados dirigentes de la izquierda local, hubieran tenido asuntos turbios o no. Y pronto comenzaron los fusilamientos en las tapias del cementerio del Este de dirigentes y militantes de izquierda ciempozueleños, en muchos casos de forma absolutamente extrajudicial (Joaquín Tejeiro, Eduardo García, Elías Gutiérrez...); y el "suicidio" de otros, como el Alcalde constitucional y excelente persona, Lucio Revuelta.

Tenían un listado de izquierdistas a abatir, y lo iban a usar. No habían transcurrido ni veinte días desde el parte oficial de fin de la guerra, cuando el tantas veces alcalde, cacique y dirigente de caciques Ángel Crespo López, ya había cursado denuncia contra José Maroto, porque *"perteneció al Comité revolucionario al que se acumulan la mayor parte de hechos criminales durante su ejercicio, que duró hasta la liberación del pueblo por el Glorioso Ejército Nacional..."*.
Actúan como testigos de la denuncia, Agustín Díaz Gutiérrez y Rafael López Díaz, destacados dirigentes de la extrema derecha local, miembros de la Comisión de Información y/o de Falange.

La denuncia es ratificada, para poder ser cursada, en el Juzgado Municipal, el 4 de junio de 1939. Pero como pasan algunas semanas y no se tiene noticia de encausamiento alguno, el "poder" local fascista interpreta que hay que insistir; y el 5 de julio (39) se envía al Juzgado Militar de Getafe la segunda denuncia, firmada por Pascual de Oro Sánchez[166] (c/ Jerónimo del Moral) y en la que se dice que "*fue miembro del Comité Marxista que funcionó en el periodo rojo... siendo el Comité el que se apoderó violentamente de muebles, efectos, ajuar, ganado... siendo partícipe también el Delegado del Ayuntamiento...*" (quizá se refiera al cabo de serenos¡?). Actúan como testigos de la declaración otras dos personas de organizaciones fascistas, Félix Sáez Sánchez y Eugenio Díaz Gutiérrez. Declaración que se ratifica a final de mes, para su envío a Getafe.

Página Memoria Democrática de Getafe. Ayuntamiento y Juzgado.

En el antiguo edificio del Ayuntamiento de Getafe, también se encontraban los Juzgados. Entre 1939 y 1945 se estuvieron juzgando en ellos, por un Juez Militar de Caballería, a todos los presos de la cárcel de Getafe. Se les conducía en cordadas, y en el camino desde la cárcel al Ayuntamiento recibían el maltrato de viudas de caídos.
Se les juzgaba sin garantías procesales de ningún tipo.

El 4 de octubre (39) se abre sumario, a partir de estas denuncias, en el Juzgado Militar de Getafe que tiene en esos momentos como instructor al coronel de infantería Eladio Carnicero Herrero. Un mes después, la Auditoría de Guerra registra el asunto y asigna al Sumarísimo de Urgencia el número 52.886.

---

[166] Figura en los "Annales" por su boda con una noble; con hijos: Carlos Borbón Oro (26/06/40) y Milagro Borbón Oro (27/11/41), con apellidos que no cuadran con la genealogía.

El Juez Eladio Carnicero Herrero, era Comandante en la Guarnición de León, y se sumó de forma entusiasta al golpe fascista del 18 de julio. Desde el inicio se encarga de ir enjuiciando a los presos que se van internando en San Marcos, llevados como animales por guardias civiles y falangistas. Muy conocido luego en la represión judicial en Navarra.

El juzgado inicia los trámites en los días siguientes a la apertura. Llama rápidamente a los conspicuos testigos aportados por los dos denunciantes; Rafael López (38 años, agricultor, c/ San Sebastián) que ratifica y dice que el denunciado *"perteneció al Segundo Comité, siendo uno de los miembros destacados"*. Eugenio Díaz (65 años, empleado, c/ Seis de Febrero) que dice *"perteneció al Comité, el cual dio órdenes de expoliar al señor Pascual de Oro"*. Por su parte Félix Sáez (37 años, industrial, Pza. Generalísimo) abunda en que *"el Comité aprobó unánimemente el saqueo de los bienes... de Pascual de Oro... y que el denunciado era Vocal de dicho comité"*. No tienen nada, absolutamente nada; acusan a un joven de veintidós años de decisiones que se tomaron en reuniones de comité de decenas de personas.

Al tiempo que se toma declaración a testigos, el juzgado interesa de las autoridades de Ciempozuelos informes de conducta político social del denunciado. La **Comisión Informadora**, de la que era presidente el denunciante primero y principal, Ángel Crespo, concluye que era *"izquierdista declarado, defensor acérrimo de la Casa del Pueblo, cuyas inspiraciones seguía con gran entusiasmo... y era miembro del Comité"*. Y lo firma, en este caso, como Secretario de la Comisión, Rafael López (16/10/39); apenas una semana antes había dicho lo mismo a título de testigo, se ve que no había incompatibilidades.

Por su parte, el comandante de puesto de la guardia civil, José María Cernuda, envía su informe al juzgado, literalmente idéntico al de la Comisión.
Más tarde, 24/11/1939, envía informe el Ayuntamiento, firmado por el señor Recas. Lo mismo, o quizá más contundente: *"...perteneció al Segundo Comité que dirigió los hechos reprobables que tuvieron lugar durante el periodo revolucionario, pues no hay hecho punible en que este organismo no tuviera participación..."*. Es curioso cómo llaman "periodo revolucionario" a lo que, en principio, no fue más que la autodefensa del régimen constitucional ante un golpe de Estado cruentísimo. Autodefensa y organización en las poblaciones que se realizaba por mandato de la autoridad gubernamental legal, encomendada a

partidos y sindicatos republicanos y, caso que hubiera Ayuntamiento leal, como era el caso, a las autoridades municipales.

Justo al inicio del procedimiento, el juzgado había enviado a la guardia civil de Ciempozuelos un telegrama postal: "*intereso de usted que a la mayor brevedad posible sea detenido y puesto a disposición de la Prisión de Partido de Getafe, el vecino de esa J.M.S. y caso de no ser posible, la práctica de las gestiones necesarias para averiguar su paradero.*" Las gestiones del cuartel de la guardia civil se ven que son arduas (o quizá tiene a muchos que buscar) pues contesta dos meses después (4/12/39): "*está en paradero desconocido*".
Son tantas decenas de miles de prisioneros, que no dan abasto. En esas fechas Pepe ya había pasado por tres cárceles/campos.

Se inicia la búsqueda del "miembro destacado del Comité" que no aparece. Alguien sopla a la guardia civil que José Maroto está en una cárcel o un batallón de trabajo por Granada. Estamos ya en marzo de 1940, y se pregunta a la prisión de Granada, que contesta negativamente.

La guardia civil de Ciempozuelos ha debido *averiguar*, a través de terceros, que Maroto estaba por Valencia. Se dirigen escritos a la Dirección General de Prisiones, y esta contesta que puede estar en Valencia, pues coincide que hay un José Maroto, hijo de José y Filomenaii? Pero cuando a mediados de mayo (40) se pregunta a la Cárcel Celular de Valencia, esta contesta negativamente.

Ha transcurrido ya más de un año desde la "Victoria" pero, al denunciado, al acusado no se le encuentra; ello no impide que el juzgado de Getafe siga armando el sumario y pidiendo informes; vuelve a pedir a la guardia civil que recabe de las distintas instancias nueva valoración. El 2/4/40 Falange Española envía su informe: "*se le considera peligroso para nuestra Causa Nacional*" y lo firma el jefe de los fascistas del pueblo, Isidro Benito. Por parte del Ayuntamiento firma como alcalde Antonio Díez, y dice lo conocido: "*notorio izquierdista...*". Y la **Junta Clasificadora** de Ciempozuelos levanta acta en la que, y escrito a mano, figura clasificado como "*Delincuente*". Muy mala baba, pues no se ajusta a la clasificación que requieren: dudoso, desafecto, etc. Firman por la Junta, José María Cernuda, sargento de la guardia civil, Antonio Díez por el Ayuntamiento e Isidro Benito por Falange Española de las JONS.

En junio (40) la Auditoría de Guerra, por si faltaba algo para liar más el procedimiento, se da cuenta que aparte del Juzgado Militar de Getafe, hay abierto otro Sumarísimo de Urgencia en el **Juzgado Militar número 8 de Madrid** (c/ Piamonte, 2) con el número de sumario 68.368. Y solicita aclaraciones y caso que sea la misma persona con los mismos cargos, se envíe la documentación a Getafe para acumular al sumarísimo número 52.886. Todo ello, como podemos imaginar, conlleva retrasos en la "maquinaria" represiva. Tardarían en fusionar la documentación de ambos juzgados más de año y medio.

No se enteran del paradero de Pepe hasta que, en julio de 1940, el sargento de Ciempozuelos recibe nota del Director del Campo de Concentración de Porta-Coeli, en Valencia, pidiendo informes sobre J.M.S., allí detenido. En los campos se hacían también clasificación de los presos y pedían informes a sus pueblos.
Por fin las autoridades saben dónde está Maroto. Suponemos que muchos descansarían cuando supieran que estaba a buen recaudo. En paralelo a la clasificación de la Junta local, el Campo de Porta-Coeli había clasificado al prisionero (24/5/40) en el Grupo "D" (Desafecto), acorde con el decreto. Y no como Delincuente.

Y se puede decir que el asunto, durante un año, queda subsumido en el confusionismo judicial. No aparece en los archivos y en el sumario más que escritos que van y vienen, entre el juzgado de Getafe, el juzgado Número 8 de Madrid, la Capitanía de la Primera Región y la Auditoría Militar. Que si el sumario es mío, que si me envíes lo que tengas...

Estamos ya en noviembre de 1941 y desatasca el tema la Prisión Provisional de Gandía, donde está el acusado. La cárcel pregunta, mediante telegrama, al Juzgado Militar de Getafe si el prisionero J.M.S. puede ser puesto en libertad condicional o quedar en prisión atenuada, siguiendo las instrucciones de los diversos decretos publicados para minorar la presión en las prisiones.

También los presos hacen su presión desde dentro, la que pueden claro, y encuentran, en ese contexto de máximo rigor, un hueco para preguntar "*qué hay de lo mío*", viendo que nada se mueve. Debe ser terrible llevar en la cárcel dos años y medio ya, como es el caso, y no tener idea de la acusación y de la situación procesal. No estaban los tiempos para pedir empatía a los militares, suponemos.

El 25/11/41 se hace cargo del Juzgado de Getafe, como Instructor, el comandante de Infantería Vicente Garzón Fuerte. Nombra secretario al cabo de la misma arma Aurelio Miranda Olavarría[167]. Ese mismo día, siguiendo instrucciones generales de

---

[167] Este cabo, getafeño, ganaría una oposición a funcionario del Ayuntamiento de la localidad (los veteranos vencedores tenían las oposiciones más "facilitas"), y con un grupo de otros 4 aficionados, refundaron el Getafe CF en 1945-46, siendo dirigente del club muchos años.

Capitanía, convierte el Sumarísimo Urgente en Sumarísimo y, contesta a la cárcel de Gandía diciendo que se sigue en fase de instrucción, que no ha pasado el asunto por Plenario, pero "*por los cargos obrantes se declara a este prisionero como peligroso*", debiendo continuar en prisión y no aplicársele ninguna situación de beneficio penitenciario; además insta al director de la cárcel a ponerse en contacto con la Dirección General de Instituciones Penitenciarias con el fin de planificar el traslado del reo desde Gandía a la Prisión de partido de Getafe.

Vicente Garzón Fuerte, como tantos jueces en esos días, pertenece a la escala Complementaria. Había estado como Juez Militar en Melilla y no mucho después de este procedimiento es enviado al Servicio de Intervenciones del Protectorado de Marruecos. Parece que no le gustaba el papelón asignado.

El juez hace también, en esa fecha, un Auto de Declaración de Peligrosidad en relación a Pepe, no sea que por error quede en libertad: "*se le declara peligroso a tenor de la Ley de 2 de septiembre de 1941 porque su pena será superior a 12 años…*". O sea, "Desafecto". Igualmente, un escrito a Prisiones para que el preso sea trasladado a Getafe lo antes posible.

Recordamos los tipos de clasificación de los prisioneros:

"**A**": Presentados o integrantes forzosos en el ejército popular, a los que se les pondría en libertad provisional. En caso de estar en edad de movilización serían enviados a las Cajas de Reclutas, para su ingreso en el ejército franquista. Correspondería a aquellos categorizados como "Afectos".

"**B**": Voluntarios en filas republicanas sin responsabilidades de índole social, política o común contrastadas. Serían identificados como "Dudosos".

"**C**": Dirigentes o personas destacadas en partidos y agrupaciones políticas o sociales, "*enemigos de la patria*" o del "Movimiento Nacional". Con esta categoría fueron señalados todos aquellos jefes y oficiales republicanos y dirigentes políticos sindicales. Y se les encuadraba en "Desafectos".

"**D**": Responsable de delitos comunes o contra el derecho de gentes, realizados antes o después de producirse la sublevación.

El 5 de diciembre de 1941, siguiendo las indicaciones del instructor, la Dirección General de Prisiones pide al Gobernador Civil de Valencia el traslado del encausado a la Prisión de Getafe. El traslado tarda 3 meses y no es hasta el 9 de febrero de 1942 que Pepe entra la cárcel de Getafe. Como se ve las acciones, cualquiera que sea, citaciones, traslados, etc. son muy lentas; hay mucho preso, mucha causa.

Una vez en Getafe, el 24/2/42, Pepe es trasladado a la sede del Juzgado Militar, junto al Ayuntamiento de la localidad para la Indagatoria, para **su primera declaración en sede judicial casi tres años después de acabada la guerra.** Y es esta:

"QUE, desde 1934 era afiliado a la UGT y, como tenía 18 años, a las Juventudes Socialistas.

QUE, el 18 de julio de 1936 estaba trabajando en la ampliación de un pabellón en el Manicomio de hombres de Ciempozuelos.

QUE, cuando se tuvo la noticia del golpe se suspendieron los tajos de forma inmediata. Se reanudaron los trabajos como una semana más tarde.

QUE, todos los afiliados a partidos políticos y sindicatos obreros tuvieron que hacer diversos servicios de guardia, armados, según ordenaba el Comité y la autoridad municipal.

QUE, por la edad, los jóvenes no hacían guardias en el casco urbano, sino que los enviaban a hacer controles de carreteras en los alrededores de la localidad.

QUE, no estuvo nunca de servicio armado dentro del pueblo, mucho menos intervino en registros, detenciones o incautación de bienes.

QUE, esos hechos, cuando los hubo, fueron decretados por la Autoridad Militar competente.

QUE, no recuerda bien, pero a finales de agosto o principios de septiembre de 1936 se creó el segundo Comité del Frente Popular y que entró a formar parte del mismo sobre el 18 de octubre.

QUE, a partir de la entrada en el Comité ni siquiera volvió a hacer guardias armadas, estando dedicado en el Comité a la confección de escritos, principalmente pases y salvoconductos de viaje, dado que era el único que sabía algo de mecanografía.

QUE, desde la entrada en el Comité no hubo ejecuciones en el pueblo, tampoco detenciones o incautaciones.
QUE, pueden preguntar, como testigos, a Ignacio Delgado y Julio Hernández, que hablarán de su legal y seria conducta".

Parece que, por fin, se va a iniciar la andadura judicial que, acabe como acabe, lleva esperando tres años. Pero no, no tiene suerte, en general, y tampoco ahora con el procedimiento. El Juzgado Militar de Getafe es disuelto en el mes de julio (42) y ha de pasar los asuntos a otros Juzgados. En el caso de Pepe, su sumarísimo se traslada al Juzgado Militar Permanente número 14 de Madrid.

El Juzgado 14 da por recibido el sumario y envía auto a Prisiones para que el recluso, ahora en Getafe, sea trasladado a alguna de las cárceles de Madrid. Recibe, no mucho después, el sumarísimo número 62.368 que había iniciado el Juzgado Militar número 8 de Madrid. Por fin toda la documentación junta, en muchos casos repetida (informes desde Ciempozuelos de las fuerzas vivas, Ayuntamiento, guardia civil, Falange...).

El 21 de septiembre de 1942 Pepe es trasladado a la Prisión Provincial de Madrid, es decir a Porlier, que ese momento se denomina así.

El Juzgado cita a las dos personas que, por ley, Pepe debe citar. Julio Hernández Martínez (Albañil, casado, 52 años) dice que "*no sabe por qué ha dado su nombre, pues su relación con el acusado fue profesional, siendo él el oficial de la cuadrilla donde Maroto era su Ayudante y que era serio y cumplía con sus obligaciones... que ya no vive en el pueblo, que se fue a vivir a Madrid"*. E Ignacio Delgado Sánchez (69 años, labrador) dice: "*no sabe por qué le han citado, que únicamente puede decir que J.M.S. era el escribiente del Comité y lo sabe porque fue a pedir un documento para salir del pueblo y Maroto fue quién lo expidió"*.

El 30/11/42 el Juez, Coronel Juan Pruna Fernández (un militar retirado en 1936 al que se le reengancha forzosamente ante la falta de personal), hace informe final de cara a llamar al preso y comunicarle los datos de su procesamiento. No se hace tal cosa hasta 2 meses después, cuando el 28 de enero, ya de 1943, es llevado al Juzgado. Se le leen los cargos, ya conocidos (miembro del Comité, etc.) y se le toma declaración. En realidad, Pepe no hace más que ratificarse en la anterior declaración:

"*Que el 18 de julio de 1936 trabajaba de albañil en los nuevos pabellones del psiquiátrico de hombres de Ciempozuelos.*

278

Que los trabajos se interrumpieron unos ocho días, pero a continuación se reanudaron y él se incorporó al tajo nuevamente.

Que formó parte del segundo Comité del Frente Popular, a partir de octubre de 1936; pero dicho Comité no hizo sino llevar el control de los suministros de comestibles y otros abastecimientos a la localidad, para que no faltaran alimentos; y que llevaba, mediante guardias, el control del orden público, aparte de ser la oficina donde se solicitaban los salvoconductos para salir de la población, hacer viajes...

Que ese Comité no ordenó detenciones, saqueos y menos asesinato alguno, en el tiempo que estuvo.

Que se cite como testigos de su habitual conducta y buen hacer a los señores Antonio Pascual, conocido como "El Ponce" y Luis de Oro, ambos vecinos de Ciempozuelos.

Que no tiene más que decir".

Lo de decir dos nombres de testigos viene obligado por la legislación; querían que nombrasen "dos personas de orden" que pudiera hablar del recluso; pero decir dos nombres debe resultar complicado porque, al tiempo que deseas hablen bien de ti, no sabes si les comprometes, pues la situación sigue siendo extremadamente grave y la represión masiva, y todo el mundo tiene pánico a que lo llamen a un juzgado.

En febrero de 1943 se nombran nuevos secretarios para esa fase del proceso y se cita a los señores Pascual y De Oro como testigos. El 12 de febrero acude Antonio Pascual Belinchón (casado, 46 años, Av. Consuelo): "*Que conoce al encausado porque lo tuvo trabajando con él en su cuadrilla; Que es buena gente; Que conocía que estaba afiliado a UGT y que solo a partir de las elecciones del Frente Popular su actividad política creció y acabó, incluso, en el Comité local".* Preguntado por el Juez si en esas fechas hubo algún asesinato en el pueblo, dice: "*Que cree recordar que mataron a Tomás Griñón y a su hijo Antonio Griñón y que, más tarde casi a finales de noviembre, hubo unos fusilamientos en la Cuesta de la Reina por parte de milicianos que venían huyendo...".*

Por primera vez el Juez parece querer delimitar fechas y sucesos, cosa que no muchos hicieron, aunque la Fiscalía no se salía del carril marcado y en estos casos pedía siempre la pena de muerte. El Juez pide al Alcalde que informe de las fechas exactas en que hubo hechos delictivos, y el 20/2/43, firmando como

279

alcalde Ángel Ortega, dice: "*El segundo Comité Revolucionario se formó aproximadamente sobre el 30 de agosto de 1936 y se mantuvo hasta la toma de Ciempozuelos el 6 de febrero de 1937. Que en ese período hubo algunos asesinatos, amén de quema de imágenes y saqueos*".

El Juez, manda llamar a algún familiar de los señores citados, de apellido Griñón, que fueron asesinados. Concurre el 25/3/43 la señora Pilar Griñón Trompeta (43 años) hermana e hija de los citados fallecidos en la Cuesta de la Reina: "*Desconozco la participación del encausado en los hechos, pero sé que era del Comité y este era la suprema autoridad...*". Es un poco la tónica general de los familiares en sus declaraciones, desconocen que participara, pero afirman la pertenencia al Comité, lo cual para ellos ya era motivo suficiente de condena. Y dentro de lo malo, al menos no parece que se inventaran cosas; imaginemos que dijeran, según rumores, o según alguna persona que fuera enemiga personal del encausado, que sí, que lo habían visto por la zona el día de autos. Pena de muerte segura.

En esas fechas declara el otro testigo citado, señor Luis de Oro Navarro (52 años, empleado, casado), que dice: "*Conozco que era persona de izquierdas, pero desconozco totalmente que haya intervenido en algún hecho delictivo en el pueblo*". Eso es mucho decir, teniendo en cuenta que es muy difícil ocultar en los pueblos hechos graves; todo se termina sabiendo.

El 24 de marzo de 1943, el Juez hace un resumen del procedimiento, y envía a la Auditoría de Guerra la solicitud para que el asunto pase a plenario; solicita, además, el informe y conclusiones de la fiscalía. Han trascurrido ya más de 4 años desde que el encausado se presentara voluntariamente en la plaza de toros de Valencia para ser detenido por los vencedores.

El 2/4/43 el Fiscal Jefe envía informe al Juez: "*Destacado izquierdista... miembro del Comité Revolucionario... los hechos probados (¿?) constituyen un delito de **ADHESIÓN A LA REBELIÓN MILITAR**... solicitando la **PENA DE MUERTE**... con las agravantes de peligrosidad y trascendencia... aparte de las accesorias civiles que correspondan*".

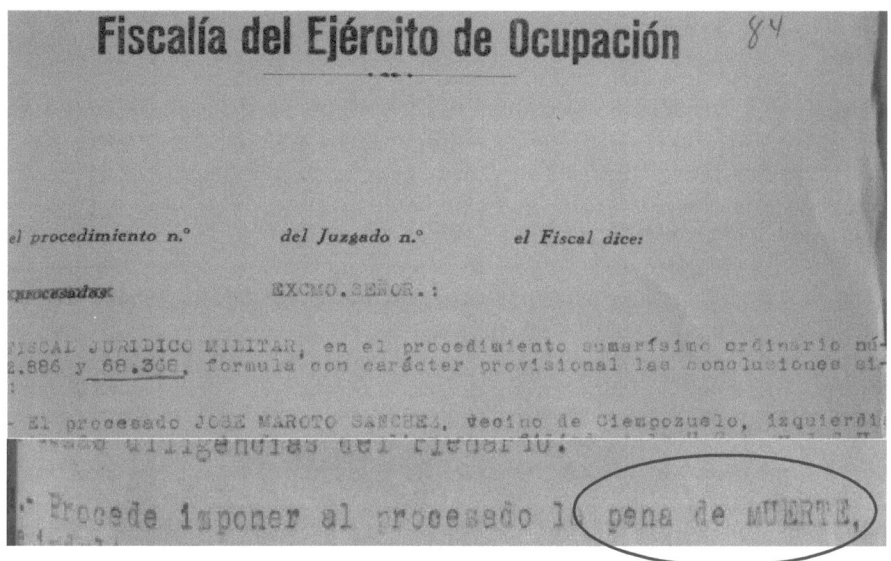

El 9/4/43 se designa al Juez Ángel Gutiérrez Celaya, coronel de infantería, miembro del Consejo de Guerra Permanente número 1, para que complete el sumario en la forma que crea conveniente, para pasarlo ya a Plenario. No sabemos si es meticuloso o tiene indicaciones de buscar más sobre el encausado, a ver si surge algo que le pueda comprometer y dar por buena la solicitud de pena de muerte de la Fiscalía. Así, Celaya pide informes a la Causa General: "*...es procedente que por la Causa General se aporte testimonio en relación con la actuación del encausado...*".

Ya vimos que la Causa hizo exhaustivos informes, pueblo a pueblo, sobre lo que ellos denominaron "terror rojo". Unos días después el Fiscal de la Causa General, sito en Marqués de la Ensenada número 4, señor **Ildefonso Alamillo Salgado**, contesta al juzgado que únicamente en la Pieza 4, separata nº. 44 sobre "**Checas en la provincia de Madrid**, al folio 283, sobre la Causa en Ciempozuelos, aparece informe del comandante del puesto de la guardia civil en el que dice que "*funcionó un Comité Revolucionario al que perteneció J.M.S.*". Y el fiscal acaba su escueta respuesta adosando un listado de unas quince personas que fueron asesinadas en el pueblo de Ciempozuelos. Ligar un nombre concreto con una lista de asesinados anexa es, a todas luces, un claro intento de presión al juez.

El Fiscal Ildefonso Alamillo Salgado, tenía en ese momento 55 años. Había sido juez en varios pueblos y en 1926 cambió de rumbo y se incorporó a la carrera fiscal; Fiscal en las Audiencias de Salamanca, Zamora, Palencia, en 1939 fue nombrado Teniente Fiscal de la Audiencia Territorial de Madrid. Luego fue Magistrado del Tribunal Supremo y en 1955 era ya el Teniente Fiscal del Supremo. En la carrera no puedes ascender, en esos momentos, si no eres un fascista redomado. Alamillo se hizo famoso ya al final de su carrera, en 1957, cuando desde el T.S. lanzó la Circular número 40 en contra de la nueva delincuencia; los nuevos delincuentes eran Tierno Galván, Ignacio Sotelo, etc., intelectuales antifranquistas. La Circular, ampliando motivos para detener a estos resistentes, decía que eran *"agentes al servicio de intereses ocultos y con influencia en las minorías de descontentos con el gobierno"*.[168]

El Juez se desplaza a la cárcel de Porlier y con la presencia del recluso levanta acta de que se ha asignado para su defensa al teniente **Pedro Alonso Montada**, del Regimiento de Infantería número 2 "La Reina", con acuartelamiento en Cerro Muriano. Firma el acta el encausado, sabiendo que no tiene opción de cambio de abogado, ni de nada en realidad.
Curiosamente, bueno curiosamente no, hay escasez de defensores pues no todos quieren ejercer ese papel, el abogado defensor será el mismo para padre e hijo, para mi padre y para mi abuelo, ambos en Porlier en esas fechas.

El abogado defensor, **Pedro Alonso Montada**, era un nazareno sevillano devenido en Alférez Provisional de la Academia de Granada, destinado en el ejército del Centro. Ya en 1939 asciende a Teniente de Infantería. Una carrera militar pobre, pues hasta 1951 no es capitán en el Regimiento de Cazadores de Montaña. En 1974 asciende a Teniente Coronel, el máximo grado que podía alcanzar, siendo nombrado en 1979 ayuda de cámara del General Carlos Reigada.
Donde aparece siempre, es como nazareno de la Hermandad de San Benito del Barrio del pueblo de San Benito de la Calzada, en Sevilla. En concreto del paso de

---

[168] Eiroa San Francisco, Matilde; Del Águila Torres, Juan José (2024) *"Nuevas Instrucciones contra la oposición y la propaganda ilegal 1955-1965"*. Rev. Estudios Jurídicos. Univ. Jaén.

Jesús del Pueblo y Cristo de la Sangre. Tampoco parece que ascendiera en la Hermandad, pues sigue en el mismo paso, con cirio, en el 2008.

En todo caso, un hombre sin bagaje, sin formación jurídica, que se limita a proponer en el juicio lo que le indican, eso de los 6 años y 1 día. No aparece en el sumario ni una entrevista con el acusado, ni una pregunta, ni una propuesta, más allá de la de pena. Esa era la defensa de miles y miles de presos, una absoluta pantomima que sería jocosa si no fuera porque la gente se jugaba la vida. Y anda que el sumario no tenía resquicios ¡ En fin, un paripé para dar visos de legalidad a lo que era ilegítimo desde el primer momento.

El 21 de abril de 1943, el Juez Celaya se desplaza nuevamente a Porlier para realizar la lectura de los cargos al preso, ya acompañado de su abogado defensor. Cargos que son los expuestos por la Fiscalía. Preguntado Pepe si tiene algo que añadir, alegar, aportar, a todo dice que no. El cansancio debe ser bestial después de cuatro años de cárcel sin cargos. Únicamente dice que *"se reserva el derecho a presentar pruebas en el acto del Consejo de Guerra"*. Suponemos que la frase vendría del consejo del abogado, pues qué pruebas se pueden presentar, sin abogado hasta ahora, sin familia que pueda recabar alguna evidencia, cuando todos están en la cárcel o desterrados. Y muy pobres.

El 1 de mayo (43) se entrega por primera vez al abogado el grueso del sumario, con las declaraciones, denuncias, etc. Capitanía General pone fecha al juicio, el 11 de mayo. En este caso el abogado tendrá unos días para leerse el sumario, aunque lo que puede decir en el juicio ya está escrito.

El día 11 de mayo, a las 9,30 horas, en el Palacio de las Salesas, se inicia la vista del Consejo de Guerra contra José Maroto. Ese mismo día se había fusilado en las tapias del Cementerio del Este a diez presos republicanos procedentes de la cárcel de Porlier[169]; imaginamos que la moral de los enjuiciados debía estar por los suelos cuando acudían al juzgado.

Lo primero que se hace es leer al acusado los nombres y cargos de los miembros del Tribunal:

---

[169] Núñez Díaz-Balart, Mirta. Rojas Friend, Antonio (2024) *"Consejo de Guerra. Los fusilamientos en el Madrid de la posguerra (1939-1945)"*. Ed. Renacimiento. Sevilla.

Presidente
   - José Fernández Álvarez, Teniente Coronel.

Vocales:
   - Ángel Lucas Canillas, Capitán
   - Victoriano Aragón Sahagún, Capitán
   - Manuel Cantalejo Jiménez, Teniente
   - **Ponente: Eduardo Pérez Griffo**, Capitán Jurídico del Ejército.

El Ponente (el encargado de gestionar el procedimiento, redactar sentencia y leerla) era la estrella del Tribunal: **Eduardo Pérez Griffo**. Procedía de una familia acomodada de empresarios y había estudiado derecho. Ya ejercía en los juzgados al inicio de los años treinta. Hombre ambicioso, enseguida se puso a disposición de la Justicia Militar. En 1937 era ya Juez del juzgado nº 12 de Málaga, pasando a continuación a la Audiencia Provincial como Fiscal. Allí bate record: 232 procesos con 1.655 encausados. El que más. Ni siquiera **Arias Navarro**, tambien en la Fiscalía de la Audiencia de Málaga, supera esos números[170]. Pero Griffo, quizá sea más conocido por ser instructor de la causa de **las 13 Rosas**. En 1939 tenía 30 años y era Capitán Honorífico, puesto que no era militar, asignado al cuerpo jurídico del ejército, en principio como titular del Juzgado número 8. Acusó a las 13 Rosas de rebelión militar aduciendo que *"formaban parte de la Juventud Socialista Unificada, JSU, una de esas organizaciones que pretende ejecutar en España las ordenes que vienen del extranjero para procurar el fracaso de las instituciones jurico-políticas del Nuevo Orden Estatal, que el Ejército y la Falange han dado e impuesto en España"*[171]. Argumentos irrebatibles, sin duda. Esencia de puro fascismo en su pensamiento.

En 1940 intentó, entre Consejo y Consejo de Guerra, hacerse con la Cátedra de Derecho Público de Sevilla, para ir preparando el futuro. Pero no lo logra. En 1941 se presenta a oposiciones para Notario. Tampoco lo logra, a pesar de los méritos que ya tiene acumulados.
 Pasado el tiempo decide dedicarse a defender grandes empresas constructoras (lo hace hasta el año 1986, con 77 años de edad) pero, sobre todo, a la promoción urbanística. En concreto a estropear la costa de Huelva en la parte de Mazagón. Sale mucho en la prensa por contaminar, por tener pleitos, por no pagar... Todo

---

[170] Prieto Borrego, Lucía (2020). *"Implantación de la Justicia Militar en Málaga, 1937"*. Universidad de Alicante.
[171] Fonseca, Carlos (2012). *"Las Trece Rosas Rojas"*. Ed. Martínez Roca. Madrid.

un figura. A eso nos referíamos en algún apartado anterior: salieron incólumes de la guerra, de la dictadura, de la Amnistía democrática. Qué lujo de país, para ellos.

En la vista, se lee al procesado la conclusión del fiscal en la que califica "*los hechos señalados son constitutivos de un delito de adhesión a la rebelión militar, por lo que pido la pena de muerte*".

A continuación, el abogado defensor solicita para su defendido la "*pena de 6 años y un día*" sin más explicación o argumentación. Preguntado el procesado dice "*que no tiene nada más que alegar*". Están, los pobres, en los juicios como corderos. Terminado el acto de la vista, el Consejo se retira a deliberar.

La sentencia

Resultando que el acusado "*...de antecedentes muy izquierdistas, afiliado a la UGT y a la Juventud Socialista Unificada* (había declarado a la Juventud Socialista) *antes del Alzamiento, que formó parte del Segundo Comité revolucionario bajo cuyo mandato se cometieron crímenes... que no han quedado probados quién fue su autor, así como tampoco la participación que en los mismos hubiera tenido el procesado, ...que más tarde ingresó en el Ejército Rojo donde obtuvo graduación de Teniente...*".

Considerando que "*los hechos expuestos constituyen un delito de ADHESIÓN A LA REBELIÓN MILITAR, previsto en el número 2 del artículo 238 del C.J.M...*"

Fallamos "*Que debemos condenar y condenamos al procesado José Maroto Sánchez, como autor de un delito de Adhesión a la Rebelión armada, a la pena de **TREINTA AÑOS y un día de RECLUSIÓN MAYOR** (cadena perpetua), y accesorias legales, estando en cuanto a responsabilidad civil a lo dispuesto en las leyes de 9 de febrero y 19 de febrero de 1942*".

Firman todos los intervinientes, incluido el acusado; se advierte que "*la sentencia no será firme hasta la aprobación por el Excmo. sr. Capitán General de la Región*".

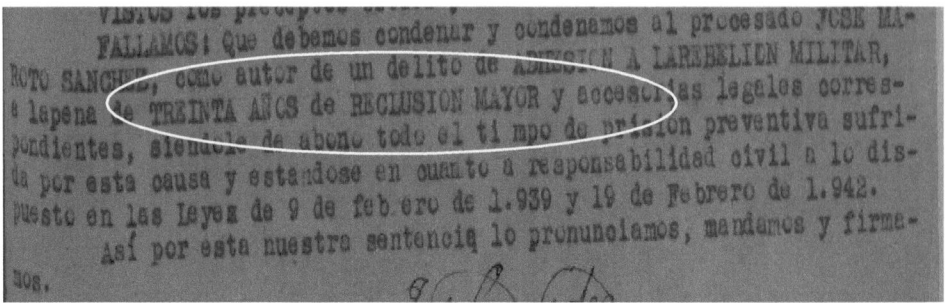

A final de ese mes de abril de 1943 la Auditoría de Guerra manda escrito a la Capitanía General de la Primera Región en el que se muestra conforme con la sentencia, aunque matiza que en este proceso no se ha hecho referencia al Decreto de 21 de enero de 1940 sobre las Comisiones Provinciales de Examen de Penas, en el sentido de que su caso no ha pasado por dicha Comisión, si bien dice, "*no cabría conmutación de pena por una menor dado que el reo estaría incluido en el Grupo II nº. 16 de dicha norma, que afecta a los Comisarios Políticos y Vocales de Comités, con malos antecedentes, cuando no conste que por su intervención o denuncia se hubieran producido muertes de adictos a la Causa Nacional*". Pero no pasó por la Comisión Provincial... quizá no interesaba desde el pueblo.

La Auditoría lo que hace es dar un refrendo con barniz jurídico a las sentencias, que parezca el sello de calidad legal a los atropellos judiciales. Nunca explicarán cómo se puede dictar cadena perpetua contra una persona que no está involucrado en ningún atentado contra personas, que se va al ejército por su quinta, que asciende en contienda por méritos y que, al final de la guerra, se presenta voluntario al vencedor, en vez de iniciar un camino de huida. Un paripé jurídico ridículo y absoluto.

A mediados de junio'43 el Capitán General de Madrid, Andrés Saliquet Zumeta, da el refrendo a la condena. Pero Pepe ya está en "otra pantalla", utilizando términos actuales. Estaba en la cárcel de Porlier, pero en mayo (una semana después de la condena) se ha presentado voluntario para ser incorporado a Batallones o Colonias Penitenciarias, donde trabajas duro, pero te pagan algo. Y, sobre todo, te alejas de la cárcel, donde cada día te desayunas con el fusilamiento de una decena de camaradas. Cuando el Capitán General firma la condena, Pepe está ya en el **Destacamento Penal de la Carretera de Cuelgamuros**, que será donde reciba, en diciembre de ese año (43) la "Liquidación de Penas", el documento donde Instituciones Penitenciarias te comunica cuánto has cumplido y cuánto te queda por cumplir. Según la Liquidación, Pepe saldría en libertad en julio de 1970.

Hay que señalar, además, que la Liquidación está mal hecha, pues contempla desde la fecha en que el Juzgado Militar 14 se hizo cargo del asunto, no desde el día 7 de abril de 1939, en que se presentó voluntario en la plaza de toros de Valencia.

PRESIDENCIA DEL GOBIERNO

DECRETO de 1 de abril de 1940 disponiendo se alcen Basílica, Monasterio y Cuartel de Juventudes, en la finca situada en las vertientes de la Sierra del Guadarrama (El Escorial), conocida por Cuelga-muros, para perpetuar la memoria de los caídos en nuestra Gloriosa Cruzada.

La dimensión de nuestra Cruzada, los heroicos sacrificios que la victoria encierra y la trascenden-

Pepe estará en Destacamentos Penales y en varias cárceles posteriormente.

En marzo de 1946 el Auditor General pasa nota a la Fiscalía para que informe si tiene algo en contra de que al recluso se le aplique el Decreto de 9 de octubre de 1945, artículo 4, sobre indultos[172] por delitos en período anterior y durante la guerra. No tienen muchas prisas a lo que se ve, aunque la presión de los Aliados, acabada ya la Segunda Guerra mundial, obliga a Franco a realizar movimientos amplios de excarcelación.

Fiscalía informa favorablemente, siempre que no alcance el beneficio a las accesorias (responsabilidad civil). Los querían pobres de solemnidad, además. El Auditor de Guerra solicita el visto bueno del Capitán General. Capitanía da el placet en abril (46). Desde octubre (45) que se había aprobado el Decreto de indultos.

---

[172] Decreto firmado por el Ministro de Justicia, Raimundo Fernández Cuesta y Francisco Franco, claro, que dice que si el recluso aceptó la pena (si no se podía recurrir, qué remedio) y la Fiscalía informaba favorablemente, podía darse la libertad condicional.

Seguimos haciendo ejercicio de empatía: hay que ponerse en la piel de un preso, en una cárcel terrible, como era la de Ocaña, donde estaba Pepe, que sepa que puede salir con libertad condicional y que nadie le dice nada. Incluso Pepe había rellenado su Instancia de petición de indulto a principios de noviembre del año anterior.

Detalle de la instancia de petición de indulto, entregada en el Penal de Ocaña el 7/11/45 y dada por recibida en Capitanía el 4/4/46. Sin prisas.

El 16 de abril de 1946 Capitanía envía telegrama al Penal de Ocaña comunicando el indulto de José Maroto. Ese mismo día el "Reformatorio de Adultos de Ocaña" (nombre oficial) comunica al Juzgado Militar número 14 de Madrid que ha procedido a poner en libertad al preso, el cual ha comunicado que su domicilio, a efectos de comunicación, será la calle Peñuelas número 11, y dice la cárcel, de Madrid. Más líos, no le encontrarán en esa calle de Madrid.

Hasta mayo (46) no le encuentra la guardia civil para darle en mano, en esas señas de Ciempozuelos, copia del Auto de Indulto.

A finales de junio de ese 1946, Auditoría y Capitanía, cierran el expediente. Solo a efectos procesales, claro.

El 7 de abril de 1939 se presentó voluntariamente, en la plaza de toros de Valencia, a las fuerzas nacionales; el 16 de abril de 1946 fue liberado, estando en la cárcel de Ocaña, la más próxima a su domicilio. **7 años de campos, trabajo forzado, cárceles y maltratos.** Pero la guerra no se le acabó ahí, Pepe continuará más de 20 años teniendo que comparecer en el cuartel de la guardia civil o ésta viniendo a casa todos los meses (doy fe). Había que seguir presionando al perdedor hasta el más allá, si ello era posible.

Pediría a los futuros historiadores sobre Ciempozuelos, analizaran de todas las formas, también estadísticamente, la posguerra carcelaria de los habitantes del pueblo. Me consta, que en el archivo municipal había cajas enteras de telegramas de las cárceles al alcalde, informes de la alcaldía, de la Comisión Informadora, pues hace muchos años yo pude verlo. Me arriesgaría a decir que **un 30% de la gente del pueblo estuvo procesada**, en diversos grados. Quizá me quede corto.

Hay un estudio de la Universidad de Almería sobre los procesamientos en esa provincia, que se podría poner como ejemplo, bastante estándar: hubo pueblos con el 48% de sus habitantes procesados (Benahadux); la capital, que entonces tenía 54.000 habitantes, tuvo un 28% de su población procesada (más de 15.000 personas); el 44% de las personas de entre 31 a 45 años, de toda la provincia, estuvo procesada. De todos los procesados en la provincia, el 5% lo fue a condenas de pena de muerte, el 30% a cadena perpetua (30 años y 1 día), el 43% a condenas de 12 a 20 años. Solo se sobreseyó un 2,5% de los sumarísimos y solo 1% de los procesados se fugaron y fueron dados en rebeldía. Encima, los perdedores, no huyeron, sentían que como no hicieron nada malo podían quedarse; sobre estimaron la bondad del fascismo ganador.

El periplo carcelario de Pepe.

Mi vida,
os la puedo contar en dos palabras:
un patio y un trocito de cielo
por donde a veces pasan
una nube perdida
y algún pájaro huyendo de sus alas.

Marcos Ana[173]

Plaza de Toros de Valencia.

El 12 de enero de 1939 el gobierno republicano lanza varios decretos, en lo que seguramente será el ultimísimo intento de reacción, por los que se militariza a todos los varones entre 20 y 40 años, y toda fábrica o industria se supedita a las necesidades bélicas.

Pero era ya muy tarde, unos días después, el 26 de ese enero, caía **Barcelona** en manos facciosas. Solo quedaba Madrid y Valencia, las dos ciudades, en realidad, que sufrieron y protagonizaron la guerra de principio a fin. Y los valencianos eran conscientes de que el final se dirimía en Cataluña.

Mi padre, desde julio de 1938 estaba, con su 216 Brigada Mixta, en la Línea X-Y-Z que se construyó para la defensa de Valencia de los ataques desde el norte. A esas alturas, enero de 1939, la Brigada, todas en general, estaban a punto de ser desmovilizadas.

A primeros de febrero el Comité Provincial de Valencia, o Comité del Frente Popular de Valencia, después de lamentarse de la toma de Barcelona, evidentemente por "*la abrumadora superioridad en hombres y material de los ejércitos invasores*", hace un llamamiento de movilización a la ciudadanía. Pero, en un síntoma más, se dejan de publicar partes de guerra ya desde el día 11/2/39. Fecha en la que el presidente **Dr. Negrín**, con buena parte de los ministros, se

---

[173] Marcos Ana. 1962, dentro de su discurso, recién salido de la cárcel, en el encuentro para la Amnistía General en España y Portugal, celebrado en Londres.

reúnen en Valencia y celebran el 66 aniversario de la Primera República y desmienten que hayan salido de España. De hecho, el gobierno vuelve a Madrid como reafirmación del compromiso de resistencia; desgraciadamente unos días después, el 18 de febrero, ante los constantes rumores de golpe por parte del coronel **Casado**, el gobierno inicia una triste peregrinación de sede en sede: Valencia, Albacete, Elda... Mientras, Franco sigue haciendo de las suyas: ese día 18 publica la conocida como Ley de Responsabilidades Políticas, inquietando a todos, pues les hace saber que, además de vencidos serán arruinados: "*nadie que tenga en su historia política el menor atisbo de esencia liberal, o de neutralidad en la guerra, puede esperar respeto... se va a perder la cuenta de los españoles que no tienen derecho a vivir y que habrán de pudrirse*"[174]. Con la muerte de Antonio Machado se culmina ese febrero dramático.

El 2 de marzo de 1939 se anuncia la dimisión del Presidente de la República, don **Manuel Azaña**; legalistas como son los republicanos, intentan iniciar los trámites constitucionales para la sucesión en la magistratura. Pero el gobierno carecía ya de los más elementales resortes de poder; el día 5 de marzo se anuncia que el Dr. Negrín hablará por la radio al día siguiente, pero no llega a hacerlo pues, esa misma noche, el ya general Segismundo Casado, apoyado por Julián Besteiro (PSOE), Wenceslao Carrillo (UGT), el general Matallana, Miguel San Andrés (IR), Eduardo Val (FAI), Manuel González Marín (CNT), dan un golpe de Estado y constituyen el Consejo Nacional de Defensa, que prepara la rendición en búsqueda de una "***paz honrosa***".

No hace falta decir cómo fue la paz y dónde quedó la honra[175]. El Dr. Negrín, un socialista auténtico e íntegro, que intentó prolongar la guerra en vista de la situación prebélica en Europa, tuvo que abandonar España, con parte de su gobierno, desde el aeropuerto de Monóvar, el mismo día 6 de marzo de 1939.

Y en Madrid las cosas tampoco fueron a mejor; la resistencia de los comunistas a entregarse, hizo que el Consejo les persiguiera y encarcelara, con grandes críticas a su actuación, por parte de los altos mandos, como el notable general **Rojo**, que terminó apoyando la rendición pero que, por si acaso, se marchó de España pocos días después, desde Gandía, en el buque *Galatea*.

---

[174] El Mercantil Valenciano, 18 de febrero de 1939.
[175] Es así, que hasta el propio general Miaja (ascendido, con Rojo, a Teniente General, unos días antes por Negrín), y al que los golpistas nombraron presidente del Consejo Nacional de Defensa, salió de España hacía Orán, desde Rabasa (Alicante), antes de terminar marzo.

292

Mi padre, en esas fechas ya llevaba un tiempo en el entorno de Valencia. Las distintas Divisiones del Frente de Levante, desde mediados de febrero, habían ido disolviéndose de facto; todos se encaminaban a Valencia o Alicante, la mayoría pensando en los prometidos barcos que, desde el puerto de cada una de estas ciudades, los evacuaría a Francia o norte de África. El propio Casado había dicho: "*naturalmente, haremos todo para facilitar la evacuación de los que se estimen comprometidos*"[176]. Una falacia más. El Consejo de Casado, fue remitiendo cables a Burgos, informando de cuándo se entregaría la aviación republicana, de cómo se cancelaban todo tipo de operaciones... El día 28 de marzo, al finalizar la proyección, en los cines valencianos se oyó por última vez el Himno de Riego, cosa que se hacía de manera habitual en aquellos tiempos. Esa mañana, se publicó en Valencia, así mismo, el último periódico de la España Republicana, la Correspondencia de Valencia, el órgano de la UGT en la ciudad.

Me consuela que, en el mes o mes y medio que Pepe estuvo en Valencia, ya de paisano, pudo todavía disfrutar de las ventajas de una gran ciudad; sí, aunque parezca mentira, conviviendo con la guerra, las actividades culturales y lúdicas se mantuvieron prácticamente hasta la entrada de las tropas franquistas: conciertos de música sinfónica en el Teatro Principal, homenajes a Machado, cine en 21 salas, y hasta teatro; en el Principal la compañía de Soler Marí representaba "*Fuenteovejuna*" y en el Eslava, la compañía de Pepe Isbert y Milagros Leal entusiasmaban con varias obras ("*El mirlo blanco*" o "*La Negra*") y en el Teatro Libertad actuaban Pepe Alba y Francisco Linares. Pero el mayor éxito se representó en el Teatro Serrano por la compañía Martí-Pierrá con "*El derecho de los hijos*". Se hace difícil imaginarlo, verdad, estar a las puertas del fascismo y ver actuar a Pepe Isbert; o quizá por eso mismo, la gente estaba disfrutando de la libertad hasta el último suspiro, conocedores de lo que se venía encima.

El día 29 de marzo ya no hubo prensa; habló por la radio Casado, pidiendo tranquilidad y anunciando que ya estaban en la ciudad miembros de una Compañía de Radiodifusión y Propaganda del Ejército "Nacional", que desde Unión Radio Valencia leía machaconamente: "*Aquí la emisora de la 3ª Compañía de Radiodifusión del Ejército Nacional, ¡Viva Franco! ¡Viva España! ¡Arriba España!*". Al día siguiente ya lanzaban una hoja informativa, denominada **Avance**, en la que se cantaban las bondades de Franco y el general Aranda y se anunciaba que las tropas entrarían durante la mañana.

Y tanto, a las 9 de la mañana, de hecho, habían entrado las fuerzas de la **Jefatura de Orden Público y Policía de Ocupación** del coronel **Aymat**, haciéndose

---

[176] La Correspondencia de Valencia, 14 de marzo de 1939.

cargo de la ciudad y sus edificios emblemáticos y oficiales. Entran poco después, la Bandera Valenciana de Falange y a continuación el Tercer Tabor de Regulares que desfila por las calles céntricas.

Mi padre, que se había casado con una chica del pueblo, de Ciempozuelos, hacía tiempo que tenía un alquiler en el pueblo de la huerta, **Albalat dels Sorells**, a 15 km del centro de la capital y con buena comunicación.

Castillo de Albalat dels Sorells, sede actual del Ayuntamiento, y fachada (actual) de la vivienda de la familia de mi padre en el barrio del Cabanyal (Pere Maça).

La mujer se había venido a Valencia, siguiendo la estela de destinos de Pepe; la mitad de la guerra estuvo en Teruel y en el frente de Levante, y cada vez que tenían permisos, todos bajaban hacía la capital del Turia y alrededores. Además, Pepe fue herido en campaña y trasladado al Hospital Provincial de Valencia, donde le asistiría su pareja, imaginamos, las semanas que estuvo ingresado.

Pero, aunque tuvieras cobertura domiciliaria, la cosa no iba a ser nada fácil. La nueva autoridad militar comenzó rápidamente a dictar normas: la primera era que se prolongaba el estado de guerra con lo cual, cualquier delito o trasgresión sería castigada en función de los códigos militares; y la otra, la que más afectaba de inmediato a todos los que acababan de venir del frente, los militares republicanos, que se encontraban camuflados entre la población civil, en sus casas o en las de familiares, y es que se obligaba a todas las fincas a realizar un **listado de las personas que habitaban** en la misma, ya fuera edificio de pisos o casa unifamiliar, en propiedad o en alquiler. Todo ello en medio de un ambiente donde se premiaba la delación y se insinuaba que, si sabías de la existencia de"

294

ocupantes nuevos" en una casa, que no fueran los habituales, había que ponerlo en conocimiento de la autoridad. Como la SS buscando judíos, verdad. Para ello se repartieron por toda la ciudad, casa a casa, unos impresos para relacionar a los residentes. No querían dejar nada al azar, tenían que saber todo, de todos.

Evidentemente, ello complicaba mucho la vida de los residentes censados y de los nuevos "inquilinos acogidos". Mantenerse en la clandestinidad se antojaba complicado, máxime teniendo el temor de que podías involucrar a tu familia y llevarla a un castigo inmerecido; metían el miedo, y lo conseguían.

Por otra parte, la Policía Militar hacía rondas continuas, pidiendo papeles a todos. El jefe de todo el operativo de seguridad, Antonio Aymat, ordenó buzonear y pegar en las paredes, unos pasquines en los que animaba "amablemente" a que los soldados republicanos se presentaran en la plaza de toros de la ciudad[177]. El anzuelo estaba echado, solo quedaba esperar.

---

[177] Se usaron las plazas de toros en muchos sitios, para la concentración de los militares venidos del frente; allí en levante, en Utiel, Monóvar o Alicante, por ejemplo.

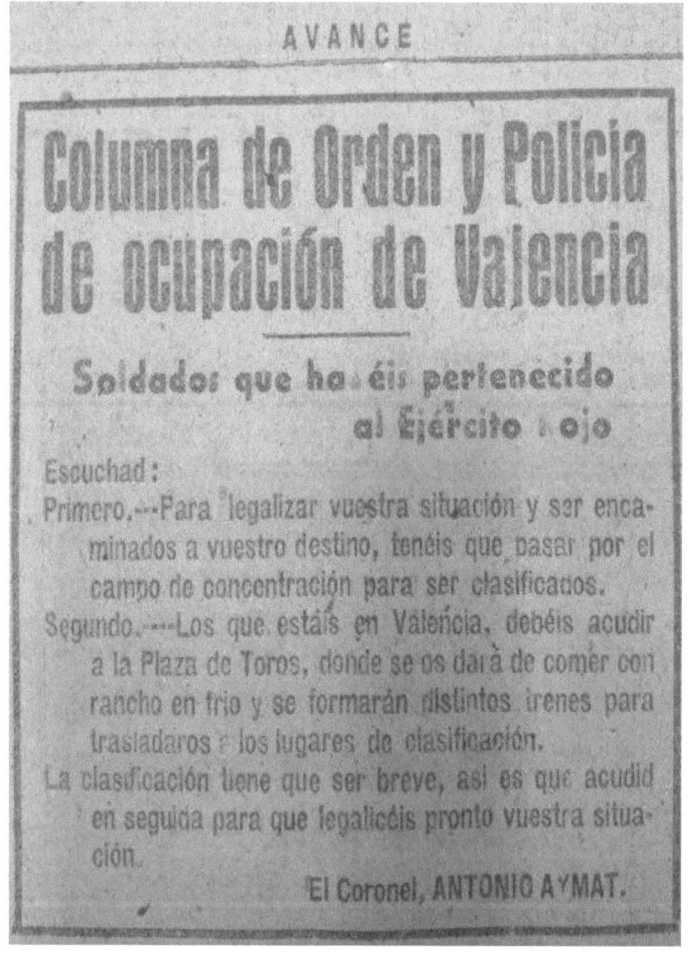

AVANCE

Columna de Orden y Policía de ocupación de Valencia

Soldados que habéis pertenecido al Ejército rojo

Escuchad:

Primero.—Para legalizar vuestra situación y ser encaminados a vuestro destino, tenéis que pasar por el campo de concentración para ser clasificados.

Segundo.—Los que estáis en Valencia, debéis acudir a la Plaza de Toros, donde se os dará de comer con rancho en frío y se formarán distintos trenes para trasladaros a los lugares de clasificación.

La clasificación tiene que ser breve, así es que acudid en seguida para que legalicéis pronto vuestra situación.

El Coronel, ANTONIO AYMAT.

Aymat llegó a decir, en emisoras y prensa, que a los presentados se les facilitaría una "***Tarjeta de Evacuación*** *con itinerario*"(¡?). Y tanto. Destino a otros campos de concentración.

Resulta curioso ver cómo los vencidos, de forma ingenua, se presentan en la plaza de forma voluntaria; con un petate y ropa, con colchonetas, con algo de comida, poca, para un par de días. Increíble. Visto en la distancia lo único que cabe pensar, de mi padre también claro, es que estaban hartos y necesitados de poner fin a aquello, fuera como fuera. Pero es que aquella entrega voluntaria e ingenua, llevaría a muchos directamente al piquete de ejecución y, a otros muchos, a la cárcel durante muchos años.

Única foto que se encuentra de la Plaza de Toros de Valencia, en abril de 1939. Los presos llenan el coso, las gradas y las zonas de acceso, a la espera de su primera "clasificación". B. Nacional.

La presión debía ser tremenda para los militares republicanos que permanecían camuflados por la ciudad; por un lado, imaginaban lo que les podía pasar, aunque se repitieran una y mil veces aquello de "yo *no tengo nada que temer, no tengo delitos graves ni de sangre*"; por otro, no querían perjudicar, lo más mínimo, a la propia familia.

En fin, así es como mi padre, otro de tantos miles, el día 7 de abril de 1939 tomó uno de los escasos tranvías que, desde la Malvarrosa y el Cabañal, te metían en la ciudad. Luego, andando, creo que cruzó el rio Turia por lo que se llama Puente del Ángel Custodio, o algo así; iba de paisano, con la documentación civil y militar, y su arma reglamentaria de oficial, una Astra 400 R.E[178]. Arma que desmontó, en sus varias piezas, y lanzó al rio en diferentes sitios, mientras musitaba "*con mi arma no me vais a matar*".

---

[178] Al tomar las tropas facciosas Éibar, la pistola Astra se fabricaría en Barcelona, un modelo, y en Alginet, Valencia, el más operativo, el modelo R.E. (de República Española). Un arma de "*Unceta y Cía*", de 9 mm/largo y 8 balas, con que se dotaba a los oficiales del Ejército Popular.

Presentado en la calle Xàtiva, Plaza de Toros, fue puesto en la cola de identificación, de varios cientos de compañeros, y comenzó a dejar de ser Pepe y a identificarse con un número de prisionero de guerra y con el maltrato diario. Por la plaza de toros pasaron, según estimación, más de 10.000 personas, fundamentalmente militares republicanos, aunque parece que nunca llegó a haber, al tiempo, más de 4.000, toda vez que salían constantemente de la estación del Norte, contigua, trenes de transporte de mercancías y transporte de ganado, repletos de soldados presos. La Plaza operó como campo de concentración hasta casi finales del mes de abril. Antonio **Buero Vallejo**, presentado también en la plaza, alucinaba de la solidaridad de los vecinos: *"se presentaban, mujeres y niñas, y ancianos, con tarteras, con cacharros llenos de sopa, y pan... y pedían a los guardias les dejaran entregarlas..."*.

Campo de Concentración de Torres-Torres.

El pueblo de Torres-Torres se encuentra al norte de Valencia, a escasos 17 kilómetros de Sagunto, pero al interior, justo en lo que era la carretera N-234 que comunica Sagunto con Burgos (hoy es parte de la Autovía Mudéjar). En 1939 tenía unos 800 habitantes (hoy apenas son 500). En sus afueras, el ejército franquista realizó una explanación, la valló con alambre de espino a buena altura, cavó unos agujeros, que serían letrinas, y puso en las esquinas torretas de vigilancia de madera, con focos y ametralladoras; todo eso es lo que se necesitaba para abrir un campo de concentración.

Este campo tenía carácter provisional, operó de abril a inicios de junio de 1939, y no era nada más que un desahogo para la Plaza de Toros de Valencia, atestada. Según Hernández de Miguel, el máximo conocedor en materia de campos, pudo tener entre 1.500-2.000 presos. Su misión era hacer una primera clasificación de los militares prisioneros que llegaban.

En la primera toma de declaración a Pepe, y su evaluación, se escribe que es de Ciempozuelos... se hace un repaso de por donde ha pasado durante la contienda... que lleva una Cédula Personal con número 799.137 expedida en 1933, y una Cédula Militar (carnet militar) de oficial de ingenieros. Igualmente indica, después de ver que fue oficial del Ejército Popular y que durante el *Glorioso Movimiento* formó parte de Comités izquierdistas, que *"**se acuerda, con carácter provisional, considerar al individuo como RETENIBLE en el campo**"*, a expensas de posteriores órdenes de traslado.

Me ha sido imposible encontrar el carnet militar de Pepe; cualquiera sabe dónde lo perdería o se lo quitarían; no obstante, para hacernos una idea, pongo el de un compañero, también teniente de ingenieros; era como este:

En la plaza de toros de Valencia estuvo Pepe, aproximadamente, hasta el día 12 de abril; en esas fechas, le embarcaron en los famosos trenes de transporte de ganado, junto a otros cientos, siendo conducidos desde la Estación del Norte hasta la estación férrea de Sagunto. Desde allí al campo de Torres-Torres, en camiones del ejército.

Hay que imaginar el frío en esas fechas primaverales, a los pies de la Sierra Calderona y el rio Palancia; en ese "solar", durmiendo en el suelo y con un chusco de pan y una lata de sardinas por cada dos. En fin. El 14 de mayo de 1939 es trasladado al campo de Porta-Coeli, en la contigua localidad de Serra, apenas a 14 kilómetros.

Campo de Concentración de Porta-Coeli.

Porta-Coeli es, literalmente, la *Puerta del Cielo,* en latín. Pero eso en pura lingüística. En historia de España, Porta-Coeli es uno más de los infiernos con que el *Generalísimo* castigó a los vencidos. Un infierno situado en el término de Serra, entre este pueblo y Náquera, en Valencia. A muy poca distancia del monasterio de cartujos de Portaceli.

Lo que sería cárcel y campo, es un edificio tremendamente grande, que se inició durante la República, destinado a ser Hospital para enfermos de tuberculosis y otras dolencias de tipo infeccioso.

La ciudad de Valencia, sucia por ser portuaria a gran escala, siempre fue una de las zonas más castigadas por la tuberculosis; la Diputación, con el apoyo de la administración republicana, inicio la construcción de un hospital que se denominaría Dr. Moliner, médico valenciano de finales del XIX y principios del XX muy afamado por haber luchado contra epidemias, entre ellas la del cólera. La obra, por su importancia, fue visitada y bendecida hasta por el propio presidente de la República, Don Niceto Alcalá Zamora y el presidente del Gobierno, Sr. Azaña. Iniciada la guerra, aún sin terminar del todo, comenzó a utilizarse como centro de identificación y clasificación de soldados franquistas capturados y como centro de formación para suboficiales y oficiales republicanos.

No obstante, Porta-Coeli no es tan famoso como el campo de Albatera, ha pasado más inadvertido, aunque los propios prisioneros los pusieran prácticamente al mismo nivel de perversidad.

En Porta-Coeli, "acompañando" a mi padre, hubo personajes a los que, sin saber todo esto, admiré siempre: Manuel **Tuñón de Lara**, historiador, que había sido director de la Escuela de Cuadros de las Juventudes Comunistas; Víctor **Claudín**, escritor y politólogo; Manuel **García Pelayo**, abogado, Jefe de Estado Mayor de la División Toral, una de las más combativas, y que fue nuestro primer presidente del Tribunal Constitucional de la democracia; o el doctor Juan **Peset**, Rector de la Universidad de Valencia, prontamente fusilado; y muchos artistas, pintores y cartelistas valencianos (Sixto Agudo, Juan Pérez Muro, David Álvarez Flores...).

JOSE MAROTO SANCHES...........De 23 años de eddad,casado,albañil,hijo de Jose y Antonia.natural y vecina de Cienpozuelos (Madrid) afiliado a la U,C.T. TENIENTE DE LA DOSCIENTAS DIEZ Y SEIS BRIGADA/ Se encuentra en el Campo de Portaceli.

Detalle del listado de oficiales prisioneros en Portaceli.

Porta-Coeli era, lo que en argot carcelario conocían como campo de agrupación. Nada más acabada la contienda (y ya antes), se levantaron campos de prisioneros por todas partes, a cientos; ya hemos visto en esta zona levantina que hasta las plazas de toros era utilizadas; pues el campo de Serra sirvió para descongestionar algunos campos, para cerrar luego otros. Así pasó con la plaza de toros de Valencia, de la que enviaron allí a la mitad de sus prisioneros; lo mismo el campo de concentración de Dénia, denominado "España" y que estuvo en lo que ahora es la plaza del Oeste; o el campo de Soneja.

A partir de agosto de 1939, comenzó a recibir presos del campo de Albatera, donde la gente se moría de sed y disentería, en un contexto de total insalubridad (Albatera cerró sobre el 17 de octubre de ese año). Igualmente, Porta-Coeli recibió centenares de soldados capturados en el puerto de Alicante, donde esperaban aquel barco, "***Stanbrook***", que nunca llegó.

Algunas cifras[179]. El campo albergó, hasta su reconversión definitiva en Hospital en 1942[180], a unos 16.000 prisioneros, siendo la media de unos 5.000 a la vez. La capacidad oficial del hospital era de 700 enfermos.

---

[179] Arnal, Rafael V. (coord.) (2017) *"El Camp de Concentració de Porta-Coeli (1939-1942)"*. Centre d'estudis i documentació de la Memòria Històrica. Valencia.

[180] El pacto Ribbentrop y Molotov, el 24 de agosto de 1939, tuvo algo que ver con algunos cierres de campos; los franquistas comenzaron a verse más presionados por los propios alemanes para limitar campos y estancias.

Por el registro civil de Serra se conoce que hubo 180 fallecidos de "muerte natural" (colapsos, disenterías...) y 2.238 fusilados. Los cuerpos de los asesinados eran trasladados, en un carro de mulas, a un barranco próximo al campo. Casi 1 preso de cada 5 entrados, no llegó a salir. Theo Francos, comisario político de una División, que había estado en cursos de formación en ese mismo centro y luego pasó por Albatera, al llegar nuevamente a Portaceli afirmaba: "*las mismas espantosas condiciones que en Albatera... y los enfermos mentales, las crisis nerviosas, se resuelven con la misma brutal diligencia, un tiro*". Treinta presos en una habitación-celda era la media, y las ventanas sin cristales; el resto, en el suelo del campo, entre los olivos, frente al gran edificio. La constante actitud del vencedor: convertir a los prisioneros en un rebaño.

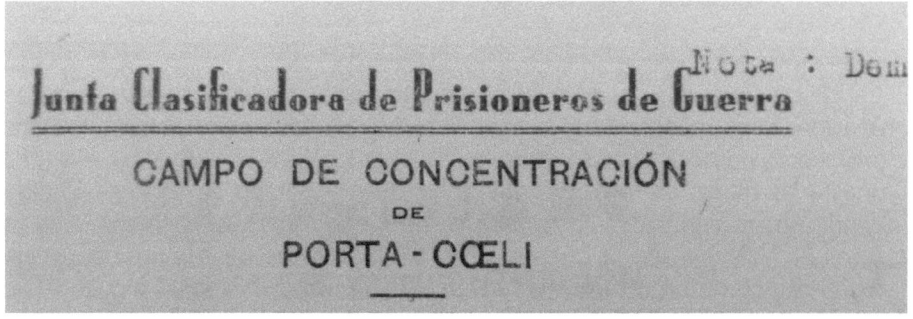

Porque la despersonalización era un fin en sí mismo: una masa, con las mismas condiciones de indignidad física y que desconociera su futuro más inmediato; se iniciaba el proceso con el primer cacheo, al entrar: les quitaban el uniforme militar, lo cual para ellos era traumático después de tres años de lucha, y las mantas u otras prendas de abrigo, y las alhajas o sortijas que pudieran llevar, mecheros...[181] Y en ello tenía mucho que ver el "páter", **el cura del campo**[182]. Este revisaba los paquetes que recibían los presos y hacía las correspondientes sisas de comida y tabaco. Compensaba su indigna actitud la del párroco de Bétera, pueblo cercano, que de vez en cuando subía al campo a dar un poco de aliento a quién a él se acercaba; parece que este hombre sacaba cartas de los presos, entre su vestimenta talar y que luego, disimuladamente, ponía en el correo.

---

[181] Núñez Díaz-Balart, Mirta (2012) "*La doma de los cuerpos y las conciencias, 1939-1941: El campo de Concentración de Porta-Coeli (Valencia)*". Revista Hispanova. UNED.
[182] Martínez Sánchez, Santiago (2014) "*Canes Mudos? Los obispos españoles ante la represión franquista durante la guerra civil española*". Ed. Un. de Navarra. Pamplona.

Pero, quizá por lo que se conoció más el campo de Porta-Coeli, fue por los continuos trapicheos de grupos de Falange; al principio iban con listas, que leían de forma intimidatoria, y se llevaban unos cuantos presos para fusilarlos en el barranco, o donde querían. Luego, estos mismos falangistas, se dieron cuenta que podían sacar rentabilidad a sus viles acciones: **se pedía dinero a un familiar de un preso a cambio del aval de Falange**, en una especie de entramado a pequeña escala, para más humillación y escarnio; llegaba a la prisión el aval, y se ponía al recluso en libertad; cuando éste llegaba a su pueblo, Falange decía que esos avales eran falsificados y se volvían a llevar al pobre al campo de concentración. Esta actitud fascista, prepotente, de jugar con las personas, lo repetían a diario, con connivencias en el propio campo, claro.

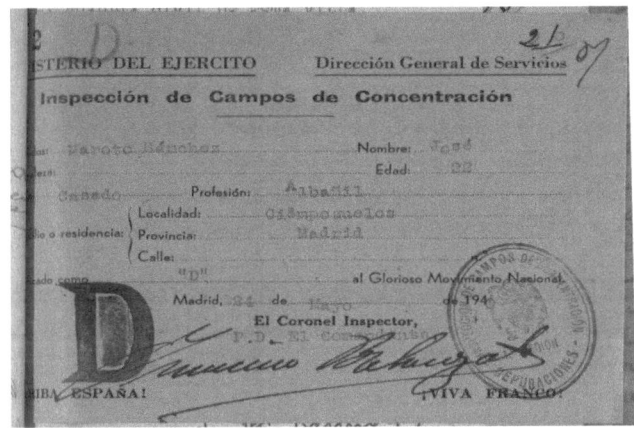

Ficha de la clasificación de Pepe, en Porta-Coeli: Desafecto.

Pero en una ocasión, un alférez de la guardia, que no estaba en el ajo, se dio cuenta y pasó la información al segundo jefe del campo, al capitán Tavera. **Emilio Tavera Domínguez** había sido guardia civil, y se jubiló como capitán. Pero la posguerra le vino a buscar, ante la escasez de personal adecuado para cárceles y campos; él se resistió lo que pudo, pero lo movilizaron por orden ministerial (27/04/1939) para que no pudiera alegar excusa alguna. Cuando Tavera se enteró del entramado falangista, quiso ponerle coto de inmediato. ¿Era Tavera un demócrata? No. Era franquista convencido, pero también buena persona.

El capitán Tavera se dirigió, nada más y menos que, **a su Excelencia el Generalísimo**, enviando un amplísimo escrito, unas veces explicativo, otras justificativo, en todo caso acusatorio sobre las prácticas de los falangistas. Una carta sin desperdicio. Unas pinceladas. Dice Tavera: *"tengo 65 años, he pasado*

303

muchos años en la carrera militar (quiere expresar que no está buscando nada, que está de vuelta)... *creyendo en la palabra de V.E., con fe en sus afirmaciones de que no se les castigaría si no tenían las manos manchadas de sangre... se entregaron por sí mismos, sin hacer resistencia alguna a las tropas nacionales... pero con estas actitudes* (la de los falangistas) *lejos de unir a todos los españoles en un ideal común, el del Movimiento, lo que se consigue es perpetuar animosidades... hay aquí médicos militares rojos que prestan su colaboración y gente que, aún de derechas, se vieron obligados a vestir el uniforme republicano... por eso me creo en el deber..."* Y narra lo que acontece en el campo. Hay que decir que Tavera no engaña en esos párrafos, la propaganda había sido tan efectiva, en el sentido de que se presentaran y entregaran, que se la creyeron los soldados republicanos y hasta gente como él.

Es indudable que, la acción de los falangistas entorpecía los procedimientos legales para la salida de los prisioneros, y confundían a las Juntas de Clasificación de las propias cárceles y campos. Y, además, no a todos los militares les estaba gustando el creciente protagonismo de Falange (salvo a los más incondicionales, como Muñoz Grandes o Yagüe); ante la escasez para el propio ejército de pertrechos y material, que los falangistas fueran por ahí malgastando dinero y haciendo timos, no parecía una buena imagen para la milicia.

La carta fue recibida en **Términus**, como se denominaba en clave, el Cuartel General franquista en Burgos, y aunque estas cosas se las tomaban con tranquilidad, quizá por ser el escrito de un veterano guardia civil, tuvo alguna audiencia; se pidieron más datos sobre el campo, lugar, etc., y se ordenó notificar el hecho al *Ministro Secretario del Partido*, que en ese momento era el general Muñoz Grandes (todavía no había partido con su División Azul). Parece que alguna indicación llegó al campo de Porta-Coeli, pues comenzaron a no aparecer tanto los falangistas, o cambiaron de actitud.

A partir de noviembre de 1942 el Campo pasó a denominarse Sanatorio Nacional Antituberculoso.

En fin, en este campo le tocó estar a mi padre hasta el día 7 de julio de 1940, 14 meses de nada; en esa fecha es conducido a la Prisión Provisional de Gandía.

Solo decir, por lo visto en tanta documentación, que de las cárceles no salían los oficiales republicanos por tiempo de pena cumplido, sino por favoritismos, arbitrariedades y maniobras; gente que pudo haber sido condenada a muerte, según los criterios al uso de la justicia fascista, se libraron de tal cosa por influencias familiares o, directamente por sobornos. Sí, odiaban a los rojos, pero si tenían dinero, un poquito menos. Para su desgracia, mi padre no tenía ni "*mierda en las tripas*", frase muy común entre presidiarios. Ni avales, ni dinero. Ni mujer tampoco ya. Pepe se había casado al inicio de la guerra, y su pareja le había seguido hasta Valencia, centro de operaciones de su División, y donde pasaba los permisos a que había lugar después de combates u otras acciones. Incluso llegaron a tener casa en el pueblo de La Huerta Norte, **Albalat dels Sorells**, en Valencia. Pero, visto su expediente penitenciario, las penas que se pedían en situaciones similares y las condenas que se previa iban a caer, su mujer, A. R. P. (hermana que era de un buen amigo, también del Comité), optó por dejarlo y buscar nuevos caminos. Así es la vida. Así era la guerra. Cuando la perdías era con todas las consecuencias.

Cárcel Provisional de Gandía (Escuelas Pías).

Francisco de Borja y Aragón, IV duque de Gandía, ordenó levantar en 1546 el edificio donde se ubicaría el que es el colegio, en activo, más antiguo de España. Un colegio jesuita que, por primera vez, se abría a estudiantes seglares. Funcionó como tal, y luego como Universidad de Gandía, hasta 1772; luego, con la expulsión de los jesuitas del país, tuvo que cerrar.

Tarjeta postal de principios del siglo XX. Escuelas Pías a la izquierda. (Todocolección)

En 1807 el edificio pasa a manos de otra orden religiosa, potencia en la educación privada: los Escolapios (fundados por San José de Calasanz en 1616). Apenas inicia su recorrido, la invasión francesa convierte las **Escuelas Pías** en el cuartel de las tropas de Napoleón. Luego, en la guerra civil, el edificio fue usado como cárcel por los republicanos y acabada la contienda, los franquistas continuarían con su uso carcelario, hasta 1949.

Pepe llega a Gandía el día de San Fermín de 1940; allí permanecerá 1 año y 7 meses.

Como hemos visto procede del campo de Porta-Coeli. Sigue a la espera de que alguien, alguna autoridad judicial se dirija a él; no sabe cuál es su situación penal. De hecho, en Gandía presentará solicitud para que le sea aplicado el Decreto de 2 de septiembre de 1941 por el que, si las penas que pudieran tener los presos fueran hasta 12 años, podían obtener una libertad condicional o situación penal atenuada. No sé cómo se enteraban los presos de estas posibles situaciones de beneficio, pero se enteraban; suponemos que los familiares les tenían al tanto.

La cárcel solicitó auto del Juzgado Militar de Getafe sobre la situación de Pepe, contestando que su pena excedería los 12 años, por ser PELIGROSO. Con lo cual, ni libertad condicional ni mejoras en las condiciones de encarcelamiento.

El Ayuntamiento de Gandía tuvo la costumbre (muy buena costumbre, pues ha facilitado las búsquedas posteriormente) de inscribir a los presos de la cárcel en el censo municipal, como población flotante. Así era el registro de Pepe[183].

Padrón de Gandía – Sección Flotante (presos)

En la cárcel de Gandía Pepe encuentra a un paisano de Ciempozuelos, a **Juan Santiago Hernández** (36 años, casado, jornalero). Supongo viene bien ver una cara conocida y poder comentar cosas de la tierra. Mi padre no creo que tuviera información del pueblo, pues toda la familia cercana estaba en prisión y su mujer había volado.

---

[183] Portal de Memoria Democrática de Gandía, excelente página del Ayuntamiento, Archivo Histórico, Arqueológico y Bibliotecas de la localidad. (memoriagandia.org)

Lamentablemente, Juan Santiago es uno de los hijos del pueblo fusilado en las tapias del cementerio del Este, en Madrid. Lo mataron el 3 de marzo de 1943.

Mis tíos, en una foto que hicieron llegar a Pepe, a la cárcel. No está datada, pero debe pertenecer a unas fechas en que estaría próximo al traslado desde Gandía a Ocaña: *"Con todo el cariño de tus hermanos que te quieren de todo corazón. Nicasio y Ascensión"*

Quizá el hecho más relevante sucedido, durante esta amplia estancia de Pepe en la cárcel de Gandía, fuera la **ejecución de veinte jóvenes**. Casi todos eran de la zona (Gandía, Cullera, Tavernes, Beniopa, Sollana...) y acordaron su fuga de la prisión; el plan era armar jaleo en el patio, ruido con latas y otros elementos buscando la atención de los guardias, en tanto se intentaba el asalto a la garita de vigilancia que daba a la calle San Francesc de Borja, por donde se saltaría la tapia.

La intentona se realizó el día 16 de octubre de 1940; según el informe del director del centro, un gris funcionario de prisiones llamado Carlos Agudo, más de setenta y cinco presos comenzaron a hacer ruido, con recipientes de hoja de lata, algunos simulando ser una bomba de mano (¿?) e intentaron asaltar la garita de vigilancia; el guardia tuvo que abrir fuego, con resultado de dos heridos, uno grave.

Hay que reconocer que, en lo tocante a la represión, el Régimen era muy diligente. Cuatro días después de la intentona, se celebraba el Consejo de Guerra contra veinte personas, que ellos identificaron como los organizadores. El consejo lo presidía el Comandante del Regimiento de Artillería 43, José Calvo García Tejero.

307

Este estuvo preso en la Celular de Valencia, capturado por los republicanos, pero seguía vivo. Sin embargo, él y el resto del consejo sumarísimo, consideró que esos veinte jóvenes no debían seguir viviendo, condenándolos a muerte.

Parece que la Auditoría de Guerra anuló el juicio por defecto de forma, al ser presidido el consejo por un comandante, cuando en realidad debía recaer en un coronel la presidencia del tribunal. Aquí la justicia militar volvió a dar muestra de su vigor y entusiasmo represivo, pues seis días después, el 26 de octubre, se repetía la vista, ya presidida por un coronel, César Cañedo Argüelles Quintana, del Regimiento de Ingenieros número 3. Por supuesto, con el mismo resultado, claro: PENA DE MUERTE para 20 personas por el delito de Adhesión a la Rebelión (¡?).

En 2023 se abrieron algunas fosas en el cementerio de Gandía.

El día 31 de octubre, fueron fusilados. Hubo alguna saca más, hasta un total de más de 60 fusilados, enterrados la mayoría, de forma indigna, en fosas comunes dentro del cementerio de la localidad.

Cárcel Provincial de Hombres nº. 1 de Madrid. Porlier.

España era una gran cárcel. Pero, en concreto Madrid, se llevaba la palma. Ocupada la capital el 28 de marzo de 1939, se establecieron 8 puntos de control para salir o acceder a la ciudad. Hoy lo llamarían operación jaula, entonces no eran tan ingeniosos, solo cerraban a cal y canto la ciudad.

Inmediatamente se establecieron las Juntas de Depuración y Clasificación, tantas como Distritos; también por gremios. En paralelo se abrieron campos de concentración para concentrar a los rojos e ir clasificando al personal: campo del Rayo Vallecano, el Metropolitano, la Plaza de Toros, el Cuartel de la Montaña, cuartel de Guzmán el Bueno... Funcionaron hasta finales de 1939.

Igualmente, como eran necesarios para el aparato represor, se remodelaron o rehicieron todos los cuartes de la guardia civil, las comisarías de policía y las delegaciones de distrito de la Falange. Y, a pesar de las cárceles existentes, se habilitaron como centros de detención y tortura las oficinas de la DGS en la calle Serrano, la DGS en Gobernación, Puerta del Sol y cuarteles de Policía Militar en Núñez de Balboa, Progreso, Almagro y Jorge Juan.

Hasta un total de 21 cárceles hubo en Madrid. Cinco de mujeres, dieciséis de hombres.

De mujeres: Modelo de mujeres de Ventas y su anexo la Prisión de Lactantes de Ventas, Quiñones, Claudio Coello, Maternal del Instituto-Escuela (posteriormente el instituto Ramiro de Maeztu) y Maternal de San Isidro.

De hombres: Provincial de Porlier, Torrijos, Atocha, Barco, San Antón, Cisne, Santa Engracia, Santa Rita, San Lorenzo, Príncipe de Asturias (Vista Alegre), Comendadoras, Conde de Toreno, Duque de Sexto, Yeserías y Provincial de Carabanchel, cuando abrió (1944). La mayoría amplios colegios religiosos o conventos-monasterios.

Por cierto, todas ellas **lugares de la NO MEMORIA**. No hay placas, letreros explicativos o mapas de sitios que sirvieron para el encarcelamiento y la tortura, como los hay en Berlín, por ejemplo, en aquellos edificios que fueron de la Gestapo, la SS u otros órganos nazis. Ni siquiera en la calle Almagro, 39, principal centro de torturas de la policía fascista del nuevo régimen.

Una gran maquinaria de exterminio. En 1944, una fuente oficial del Ministerio de Justicia da cifras gubernamentales a un corresponsal norteamericano: entre 1939 y ese año 1944 se habían ejecutado 192.684 personas. Hoy sabemos que eran bastantes más y que se siguió ampliando la cifra a partir de ese año. Todo ello dentro de una estrategia, que ya hemos comentado varias veces, de prolongar la guerra al máximo y hacer aquello que Queipo de Llano denominaba "*el movimiento depurador del pueblo español*".

Archivo Universidad Carlos III. Era tal el número de presos que proliferaron empresas de transporte de paquetería para atender a las familias.

Volviendo a Porlier, esta era, oficialmente, la Prisión Provincial de Hombres número 1 de Madrid. Estaba situada en la calle General Díaz Porlier, 58, en la manzana que forman la citada calle, y las de Padilla, Torrijos (hoy Conde de Peñalver) y Lista (hoy José Ortega y Gasset), ocupando las instalaciones del colegio Calasancio.

Incautado este al comienzo de la Guerra Civil, fue utilizado por la República como albergue para niños abandonados y, a partir de agosto de 1936, como cárcel. A finales de 1944, una vez abierto el centro de Carabanchel, el edificio fue devuelto a los escolapios, cumpliendo hasta la fecha funciones educativas: Colegio Calasancio y Colegio Universitario Cardenal Cisneros.

En esta cárcel hubo, claro está, altos dirigentes de la administración republicana, muchos militares del Ejército Popular, literatos y poetas, y algunos **traidores**. Allí, protegidos del resto, gente como Cipriano **Mera** o Julián **Besteiro**; los de la Paz Honrosa.

El poeta comunista Marcos Ana, que no se perdió ningún penal, señala en sus memorias: "*El edificio de la prisión constaba de seis galerías, tres a cada lado y*

310

una especie de entresuelo que llamábamos "la provisional"; en la tercera galería, los condenados a muerte, a veces más de mil". En mayo de 1939, cuando Marcos Ana ingresó en Porlier, se hacinaban en aquel lugar más de 5.000 presos.

No sólo se fusilaba en las tapias de los cementerios, también en la propia cárcel, en pleno patio; y a los *más malos*, se aplicaba allí mismo el "**garrote vil**". Por eso no era una cárcel codiciada por los presos, antes al contrario no querían ni hablar de ella, pues se conocía públicamente que había un par de sacas a la semana para el paredón, aparte de los agarrotados; decía Marcos Ana "*Yo bajé varias veces para barrer y recoger las "notas de capilla" y subía descompuesto: en un rincón, tapado con una lona, mirábamos con espanto el instrumento del garrote, un siniestro "sillón" de madera y hierro en el que el verdugo, después de sujetar con un grillete la garganta de la víctima, giraba un enorme tornillo hasta romper el cuello del condenado*"[184].

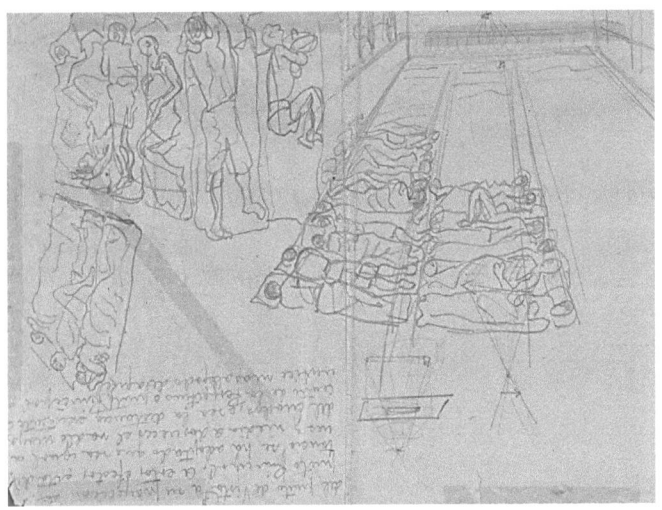

Cárcel de Porlier. Dibujos del artista valenciano José Manaut Viglietti, cautivo allí.
Tiene una gran colección de dibujos y retratos realizados en cárceles.

Porlier estuvo saturada siempre; cuando en 1944, aún sin acabar, inauguraron la cárcel de Carabanchel, los prisioneros que eran trasladados se sobrecogían con el

---

[184] Ana, Marcos (2008) *"Te llamo desde un muro"*. Ed. Ministerio Cultura Poder Popular. Rep. Bolivariana de Venezuela.

recinto, por su tamaño: "*salir [de Porlier] y entrar en Carabanchel, donde hay un gran espacio donde miras y tu vista se dilata tanto como puede ... tú sientes algo de satisfacción, en aquel momento olvidas que no eres libre*". Aunque parezca mentira, es el testimonio de un recluso al ver los espacios amplios del nuevo centro.

Destacamentos Penales

CONSEJO DE LAS OBRAS
del
MONUMENTO A LOS CAIDOS   ACTA Nº 24

Sesión del Consejo correspondiente al día 11 de Mayo de 1.944

Señores asistentes:

Excmo. Sr. D. Blas Pérez
Excmo. Sr. D. Luis Carrero
Ilmo. Sr. D. Pedro Muguruza   En Madrid a las cinco y media de la
Ilmo. Sr. D. Juan Contreras   tarde, se reune el Consejo de las Obras
Ilmo. Sr. D. Rufino Beltrán   del Monumento Nacional a los Caidos en
Ilmo. Sr. D. Miguel Ganuza   el Ministerio de la Gobernación, asis-
           D. Jesús Iribas   tiendo los Sres. que al margen se expre-
           D. Antonio de Mesa   san presididos por el Excmo. Sr. Minis-
                                  tro de la Gobernación.
                                      Aprobada el acta de la reunión ante-
rior, se entró seguidamente en la orden del día, tomándose los siguientes
acuerdos.

1º.- Se dió cuenta por el Gerente del ingreso de cinco millones de pese-

No he sido capaz de encontrar documentación del tiempo que pasó mi padre en los Destacamentos Penales; pongo una foto del Hotel Felipe II de El Escorial, donde sabemos que estuvo trabajando, y de un acta del Consejo del Valle, del tiempo en que también trabajó en la carretera y viaducto de acceso.

Sirva como protesta, también, de la falta de acceso a la documentación después de casi cien años. Somos un ejemplo de lo que no hay que hacer, en cuanto a Memoria.

Cárcel de Ocaña (Penal).

Más conocida popularmente como "El Penal de Ocaña". Puede ser la más antigua de España, pues ya en 1701 se habla de un Penal en la localidad; en todo caso, en su versión más moderna, es fundada en 1883, principalmente para delitos de tipo penal; se transformó en Reformatorio de Adultos[185] en 1914, para alojar a los egresados del Reformatorio de Alcalá de Henares. En 1928, en otra reorganización penitenciaria, se abre a convictos de mayor edad, pero siempre jóvenes y con delitos de carácter no grave.

Ocaña. Foto de 1914.

---

[185] Jóvenes que estaban en reformatorios de menores, pero que al cumplir los 23 años se les declaraba la mayoría de edad y debían pasar a prisiones convencionales.

313

El Penal fue "laboratorio" de nuevas experiencias, principalmente con el uso del trabajo como herramienta de inserción; de ahí que en Ocaña existieran varios y muy buenos talleres de confección, ebanistería, etc. Se inició la experiencia con el ilustrado Fernando Cadalso, que fuera Inspector General de Prisiones casi treinta años, a principios de siglo, y lo continuó la reformista Victoria Kent en época republicana, como Directora de Prisiones. Hay que decir que, en el ocaso del franquismo y en la transición, esta cárcel llegó a albergar cerca de 15.000 presos (la cárcel se había ampliado desde la guerra, pero aun así i); eran los años de la droga, los atracos, los "Vaquillas", de los motines carcelarios con presos en los tejados[186].

Con los republicanos, iniciada la guerra, se transformó provisionalmente en Hospital. Pero a partir de que las tropas franquistas toman la zona, el penal se convierte en cárcel común, con gran juego, además, dentro del programa de Colonias Penitenciarias Militarizadas, que tiene tajos abiertos en toda la provincia de Toledo, y donde se manda a todos los presos posibles, si no tienen condenas mayores. Entre otras cosas porque la cárcel reventaba: el año 1933 tenía 284 presos, un número acorde a sus instalaciones; en 1942 los prisioneros ascendían a 4.185, datos oficiales (sin duda en el 41-42 llegarían a los 5.000).

Algún dato sobre la evolución del número de prisioneros:

Evolución número de reclusos (España)			
Año	Hombres	Mujeres	Total
1934	12.087	487	12.574
1939	90.413	9.849	100.262
1940	247.487	23.232	270.719
1941	233.640	19.733	233.373
1942	145.850	13.541	159.392
En 1934 la población carcelaria suponía el 0,04% de la del país; en 1940 se acercaba al 1,5%.			

Datos INE

Mi padre llegó a Ocaña el 12 de abril de 1945, procedente de Porlier, donde había estado unos días, en tránsito, procedente de los Destacamentos Penales de Cuelgamuros (Destacamento Banús) y Felipe II (Hotel), así denominados. En Ocaña estará un año, aproximadamente.

---

[186] Hoy la cárcel más grande de España es Picassent, y tiene 2.127 presos.

En el Penal compartió celda o conoció a mucha gente ilustre del ámbito republicano. A **Marcos Ana**, poeta comunista, que saldrá de Ocaña al mismo tiempo que mi padre, pero en el caso de Marcos, destinado a otro presidio, y luego a otro y luego a otro, así hasta cumplir 23 años de cárcel; a **Miguel Núñez**[187], dirigente de la JSU y comunista muy activo; y a tantos y tantos ilustres catedráticos, profesores, médicos... cuyos nombres ya no recordaba. Sí tenía presente, no obstante, la excelente organización de los presos dentro de la cárcel, donde constituyeron una auténtica "***Universidad Popular***" (más bien Penitenciaria). Los catedráticos daban clases a profesores y maestros, estos a bachilleres, y estos a los que sabiendo leer, apenas disfrutaban de mayor conocimiento. Eso se hacía en muchas cárceles, y mi padre siempre estuvo implicado en el desarrollo de esas "clases", pero decía que en Ocaña habían alcanzado una organización exquisita. Pepe, en Ocaña, recibía algunas clases de geometría y matemáticas y, a su vez, ampliaba la caligrafía y ortografía de otros compañeros.

Hay que dedicar un comentario especial a **Miguel Hernández**, que estuvo en la cárcel de Ocaña desde noviembre de 1940 hasta junio de 1941, fecha en que fue enviado al Reformatorio de Adultos de Alicante, donde moriría (28 marzo 1942). Es decir, mi padre no lo pudo conocer, desgraciadamente. Miguel había sido uno de los promotores de aquellas clases: enseñaba a leer y escribir a muchos compañeros y, de forma casi clandestina, organizaba grupos de lectura de poesía. Es famoso el poema del ***Cura Verdugo*** que, bajo supervisión del poeta, salió de las manos y las plumas de sus alumnos y que, por conocido, no repito; solo *el final del poema*:

.../...
La Luna lo veía y se tapaba
Por no fijar su mirada
En el libro, en la cruz
y en la "star" ya descargada.
¡Más negro, más, que la noche
Menos negro que su alma
El cura verdugo de Ocaña ¡

---

[187] Miguel Núñez (1920 Madrid – 2008 Barcelona). Uno de los fundadores de la JSU y el PSUC. Detenido decenas de veces durante el franquismo, es famosa una de aquellas sesiones de tortura, realizada por el comisario Conesa durante 30 días, en la sede policial de Vía Layetana, en Barcelona, que casi le cuesta la vida. Diputado en Cortes por el PCE 1978-1982.

La cárcel recibía gentes de todas partes y de toda condición: hombres, mujeres, muchas embarazadas, las más vulnerables, niños... AFECO, que es la Asociación de familiares de presos ejecutados en Ocaña, recoge alguna de esas historias escalofriantes: la de una condenada a muerte y embarazada[188]; las monjas encargadas de la custodia solicitaron el retraso de la ejecución, para que pudiera parir y sacar adelante a la criatura; parió y dio pecho al niño hasta los dos años; el mismo día que el niño cumplió esa edad, la ejecución se reactivó y la madre fue fusilada. Las monjas, siempre las monjas en su infinita misericordia. Ese ejemplo se da en varias cárceles; hemos conocido hechos similares en la prisión de Ventas, donde estuvo mi abuela Antolina.

Ocaña es otro de esos símbolos siniestros de la represión franquista. De ella salieron al cementerio, en los años 40, más de **200 reclusos muertos de hambre y enfermedad**, y entre 1939 y 1952 (aunque siguieron fusilando hasta 1959) otras **1.300 personas** directas a las tapias del cementerio de la localidad. Allí eran **fusiladas**, rematadas por el Capellán Verdugo con el tiro de gracia y arrojados a fosas comunes. Allí fusilaron al cabo de serenos del Ayuntamiento republicano de Ciempozuelos, **Pedro Arenas Rodríguez** (22/01/1944), por ejemplo.

Los presos eran sacados de noche, esposados, alineados y conducidos en una larga fila; andaban gracias a la luz de la camioneta militar que les seguía. Junto al cementerio, en un pequeño paraje terraplenado, conocido como "**Hoyo Gallina**", se ponía a los reos y se les ametrallaba.

En el cementerio se abrieron 3 fosas para ir tirando, sí, arrojando como si fueran alimañas, a los recién ejecutados, amontonados unos sobre otros, como demuestran los arqueólogos de las excavaciones. Como las fosas las mantuvieron abiertas hasta finales de 1945, los malvados echaban sacos y sacos de cal, hecho que al cabo de los años ha limitado o impedido el reconocimiento de los restos por parte de los forenses. Imaginemos la escena: las fosas abiertas y los familiares de los ejecutados viendo los restos pudrirse. Aunque, según los testimonios, los familiares de los asesinados de izquierdas no podían ni acercarse, pues les llamaban de todo; tenían que ir al cementerio de noche, siempre a deshora.

Vuelvo a Pepe, a mi padre. Él recordaba dos hechos, o hubo dos cosas que le marcaron especialmente su estancia de un año en Ocaña: la figura del Capellán, y una paliza que recibió de un jefe de celadores, que casi lo mata.

---

[188] Meggy Williams en la página elestado.net.

316

Qué decir del **Capellán**: por una parte, famoso en todas las crónicas, por otro desconocido. Se sabe que se llamaba Rodríguez de apellido, que le gustaba rematar, a veces matar directamente, a los reclusos y que, a finales de los cuarenta desapareció del lugar, dejando tranquilidad y un vacío de información sobre su persona.

Cuenta un preso, Victorino F.: "*Cuando estuve en el penal de Ocaña nos sacaban al patio todos los días a oír misa. ¡Sabes lo que nos decía el padre Rodríguez? Un cura que llevaba el pistolón debajo la sotana, decía: vosotros rojos, ¿sabéis a lo que tenéis derecho? ¡De la tierra que pisáis hacia el cielo no tenéis derecho a nada! ¡De la tierra que pisáis hacia abajo tenéis derecho a unos centímetros donde enterraros! Luego, este cura, cuando tocaba fusilar a una saca, la noche antes te confesaba y por la mañana iba al fusilamiento y se encargaba de dar el tiro de gracia*"[189].
Hay testimonios de que, a veces, los remataba a martillazos.

Un vecino del pueblo de Ocaña, Celedonio Vizcaíno, dice (D. Público): "*Todos en el pueblo sabíamos que era el cura, y que participaba en las palizas y le gustaba dar el último disparo; pero se dejaba ver poco por el pueblo y un buen día desapareció de la prisión. Ni siquiera recuerdo su nombre*".

El psicópata cura Rodríguez, nos negamos a nombrarle como Padre, quería conocer y controlar todo; evidentemente era el censor, de correspondencia, de prensa, de todo libro que entrara en la cárcel; todo lo tenía que supervisar.

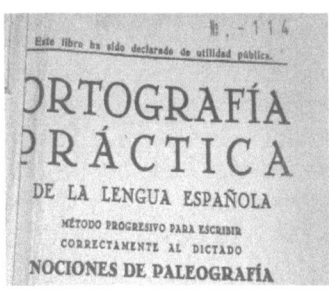

Dentro del contexto de las distintas clases en que participaba, para las dictadas por él, mi padre compró algún libro para su preparación. Este libro es uno de los pocos que conservo, de aquellos que usó en la cárcel. Imaginad el esfuerzo para conseguirlo: pedir autorización, tener el dinero, que detraías de tu alimentación, con el hambre que pasaban...

---

[189] Cruz Villegas, Isidro y Cruz Villegas Mª Dolores (2008) "*Las condiciones de vida en la comarca de La Mancha Toledana durante la guerra civil y la posguerra*". Dentro del libro coordinado por Alía, Francisco y Del Valle, Ángel "*La guerra civil en Castilla La mancha 70 años después. Congreso Internacional*". Ed. Universidad CLM. Cuenca.

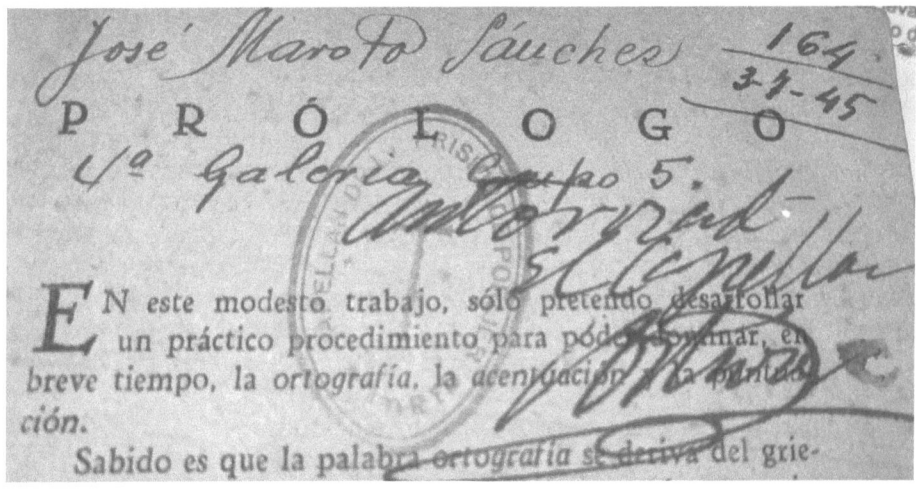

Y este es el visado del Cura Verdugo de Ocaña: era obligatorio poner el nombre y la galería donde estabas, y pasaban el libro al cura. No sé cuánto tardaría en visar, porque de su maldad se podía esperar todo: figura el nombre, *José Maroto Sánchez, 4ª Galería Grupo 5*. Esa es letra de mi padre. A pluma, un número, la fecha de visado y las palabras: *Autorizado, El Capellán*, y una firma ilegible, más el sello de capellanía.

Estos rituales eran diarios, para cualquier cosa; petición de autorización hasta para comprar un sello. Los presos debían recordar a cada instante que eran una "*diezmillonésima parte de una mierda*", utilizando la famosa frase que profirió el director de la cárcel Modelo de Barcelona, a un preso que se atrevió a preguntarle algo. Eso es lo que eran los presos, una escoria para los vencedores; por eso, **Marcos Ana** cuenta que los sacaban al patio dos veces al día, por la mañana y por la tarde, y que "*en este turno de la tarde-noche, nos despedíamos unos de otros, pues no sabíamos si sería nuestro último abrazo*". Recordar que a partir de la media noche se producían las sacas y los paseos al cementerio.

La otra cosa que, recordaba Pepe, le había marcado (está muy bien elegido el verbo marcar), se trata de una **tremenda paliza** con un vergajo que le infringió el jefe de celadores. Celadores que eran funcionarios de prisiones, pero que se creían militares de alta graduación; entre otras cosas porque todos ellos, aunque hubiera oposiciones para el puesto, eran acérrimos franquistas o miembros de Falange, y muchas veces llegaban al trabajo por simples avales de jerarcas de Falange, las JONS, o la propia Iglesia.

Parece que había un responsable de celadores que tenía alguna inquina a Pepe; en una de las ocasiones en que se procedía a registrar las celdas, mi padre estaba confeccionando unos cuadernillos para las mencionadas clases. Mi padre, y otros presos, compraban en el economato rollos de papel higiénico. Esos rollos los cortaban en trozos haciendo como hojas, y todas juntas formaban un cuaderno, que luego cosían por un extremo en los talleres, con cuerda o bramante. Y allí escribían y tomaban sus notas. Tengo algunos de ellos que, la verdad, se deshacen al tocarlos, en fin.

Bueno, un día de esos de registro, entró el energúmeno en la celda, y farfullando cosas (no le gustaba que los presos aprendieran y leyeran) pegó varias patadas a los montones de hojas, seguramente el trabajo de muchos días de Pepe. Mi padre, que de genio ha estado sobrado siempre (yo creo que por eso sobrevivió a tantas cosas) se lanzó a por el celador jefe, hostiándolo profusamente. Al ruido de los gritos del celador acudieron varios de sus subordinados; redujeron a Pepe y comenzó un golpeo salvaje que lo tendió en el suelo sin aliento y encogido. El jefe de celadores ordenó a uno de los suyos le trajera la verga de toro del despacho; cuando vino, dijo al resto que se retiraran: allí se quedó solo con Pepe; armado del vergajo le propinó la paliza casi final. Cuando otros reclusos pudieron interceder, a voces, dando en las rejas con elementos metálicos, Pepe estaba destrozado en el suelo. Pasó en la enfermería del centro más de diez días.

GOBIERNO DE LA NACION

MINISTERIO DE JUSTICIA

DECRETO de 9 de octubre de 1945 por el que se concede in-dulto total a los condenados por delito de rebelión militar y otros cometidos hasta el 1.º de abril de 1939.

Al iniciarse el décimo año de la exaltación del Caudillo a

DISPONGO:

Artículo primero.—Se concede indulto total de la pena impuesta, o que procediera imponer a los responsables de los delitos de rebelión militar, contra la seguridad interior del Estado o el orden público, cometidos hasta el primero de abril de mil novecientos treinta y nueve y definidos en los Códigos de Justicia Militar, Penal de la Marina de Guerra o Penal común, vigentes en aquella fecha, siempre que no conste que

Saldría de Ocaña en abril de 1946. 7 años después de su entrega en la Plaza de Toros de Valencia; 10 años después de su alistamiento en el Ejército Popular.

La Libertad… pero condicional.

Cuando mi padre, Pepe, sale del penal de Ocaña celebra su treinta aniversario. Diez años desde el inicio de la guerra; tres en el frente y siete en campos y cárceles.
¿Y ahora, qué?

Se va al pueblo, a Ciempozuelos, donde poco a poco ha ido retornando la familia de sus distintos éxodos penitenciarios: su madre, después de cárcel y destierro; su padre, con pena de muerte conmutada por cadena perpetua, al que ya la edad le ha favorecido para acogerse a un indulto, después de estar esclavo en la sierra madrileña; su hermano, después de huir a Francia y retornar, obligado a pasar por Batallones de Trabajo y luego tener que hacer "la mili de Franco", tres años en Regulares, en África.

Me imagino la escena de su llegada y el reencuentro, las lágrimas, el preguntarse qué hemos hecho para merecer tanto castigo; el primer contacto, aunque solo sea visual, con los vecinos que te han denunciado, con los que han obligado a beber aceite de ricino a tu madre; las provocaciones continuas de los más ultras, a ver si caes de nuevo; los insultos de esas gentes para los que el castigo les había sabido a poco; la falta de trabajo porque nadie les da faena, los enemigos por serlo, los conocidos por miedo. Y las ausencias de muchos, camaradas en el sindicato, en las Juventudes, en el Comité: unos huidos a Francia, otros a Argentina o México; otros muchos, muertos o desaparecidos.

Pepe comenzó a trabajar porque la falta de mano de obra, y más la cualificada, era notoria. Se seguían haciendo trabajos en la Real Acequia del Jarama, muy tocada por las batallas en las vegas. Pero no estuvo demasiado tiempo; parece ser que el trabajo, hasta hacía poco realizado por "esclavos" presos de algún batallón de trabajadores, estaba muy mal pagado. Las empresas concesionarias de los trabajos de recuperación, si es que no era realizada la labor directamente por algún órgano oficial (Zonas Devastadas…), abusaban de la necesidad y el hambre, y pagaban una miseria.

Pepe no solía aguantar esas arbitrariedades, más después de pasar lo que había pasado. Se enteró, entonces, que había un plan de renovación, más bien de nueva construcción, de los cuarteles de la guardia civil en toda la provincia de Madrid. La mayoría no había aguantado el fuego cruzado. Se compró una bicicleta, o la pidió, y trabajó en Parla, Fuenlabrada, hasta Alcorcón, levantando nuevas "casas cuartel". Eso Franco sí lo rehízo pronto, les tenía que tener contentos, con nuevas viviendas, a cambio de mantener a la población acogotada. En aquellos momentos mi padre estaba obligado a presentarse todos los meses en el cuartel de la guardia civil del pueblo, lugar de residencia.

En el país, la maquinaria legislativa del Nuevo Estado, aunque no legislaba mucho, total para qué, sí había ido sembrando algunas leyes, de las que luego conoceríamos con el nombre de Leyes Fundamentales. En 1942 el franquismo había promulgado la **Ley Constitutiva de las Cortes** Nacionales, creando un parlamento unicameral, con elección indirecta de sus diputados denominados, a la antigua usanza de las cortes medievales castellanas, como Procuradores. Pero a Franco no le preocupaba en exceso la legislación, nunca en realidad, pero en aquel año, en plena guerra mundial, aún menos.

Otra cosa es, al trascurrir el tiempo, el año 1945, cuando ya ve que su amigo Hitler no ha podido establecer su imperio nazi y cuando Mussolini ya ha sido colgado de un poste, en la plaza Loreto de Milán. Entonces sí entran algunas prisas por legislar, porque algo habrá que ofrecer a los aliados vencedores. Entonces, en ese 1945, se redacta el **Fuero de los Españoles** (17/7/45), una especie de "declaración de derechos otorgados" de la ciudadanía; algo así como decirles, tenéis estos derechos, pero porque yo quiero y, además, os los voy a controlar. Igualmente se promulga la **Ley de Régimen Local**, una de las bases de lo que ellos llamarán "democracia orgánica", y donde se establecen elecciones en los municipios para elegir, de forma indirecta, concejales, que lo serán en representación de los famosos tres tercios (familiar, sindical y representativo de organizaciones). Igualmente 1945 ve nacer la **Ley de Referéndum Nacional** (22/10/45), donde se establece un sistema de consultas, orgánico, indirecto y restringido.
Todas estas leyes son promulgadas mientras mi padre está en prisión, o sea, no creo que pensara mucho en ellas.

La siguiente gran ley, en 1947, es la **Ley de Sucesión a la Jefatura del Estado** (26/7/47)[190], que será ley orgánica, por lo tanto, necesitará de referéndum para su aprobación, tal como se estableció un par de años antes. No tiene mucha enjundia el texto: viene a declarar a Franco jefe vitalicio del Estado y, solamente después, se accedería a una Monarquía. Y esto lo hacía, más que nada, porque don **Juan de Borbón** estaba moviéndose por Europa, hablando del régimen como sistema autoritario que estuvo en connivencia con los vencidos alemanes e italianos; poco antes, marzo 1945, había publicado el **Manifiesto de Lausana**,

---

[190] Moreno, Roque – Sevillano, Francisco (2014) *"La legitimación del franquismo: los plebiscitos de 1947 y 1966"*. Ed. Univ. Alicante.

donde proponía una transición inmediata hacia una Monarquía constitucional. Franco, con su ley, tapaba ese resquicio, pues ya decía que ello estaba previsto en las leyes de la nación. Pero cuando él quisiera o no estuviera.

El referéndum de esta ley se celebró el día 6 de julio de 1947 y mi padre no pudo votar, claro; la ley negaba el voto a los que hubieran sido condenados judicialmente, con lo que se quitaba de un plumazo, del censo electoral, a cientos de miles de "rojos". El voto era obligatorio, previa inscripción en un censo. No hace falta reseñar el gran triunfo del caudillo: el SI obtuvo el 93% de los votos, NO el 4,7%.

1947 resultó un año duro en algunos aspectos sociales; una explosión en el polvorín militar de Cádiz mató a 130 personas y dejó más de 5.000 heridos, después de arrasar por completo todo un barrio; igualmente, las malas cosechas acrecentaron las hambrunas: Argentina enviaba barcos de trigo todas las semanas y para *venderlo*, enviaba a **Evita Perón** a Madrid, a darse un baño de multitudes. Franco disimulaba la terrible situación como podía, saliendo en el NODO inaugurando obras: como el ferrocarril de Cuenca a Utiel, para su conexión con Valencia; inauguración que el dictador hizo casi a distancia, pues no entró ni al centro de la ciudad, a la que tenía una inquina especial, desde que en 1936 quiso ser diputado por Cuenca y no lo consiguió.

Y me van a permitir contar de forma muy resumida este episodio, sumamente desconocido en nuestra historia y, de alguna manera, esclarecedor de cuál era la forma de ser del general.

En febrero de 1936[191] se celebraron las elecciones generales que ganó el Frente Popular; en ese momento Franco estaba en Madrid y era el jefe del Estado Mayor Central. Las elecciones en la provincia de Cuenca (y otras) fueron un auténtico pucherazo de las derechas; hubo denuncias, que se confirmaron, y las elecciones se fijaron para repetirse el 3 de mayo. En ese transcurso, en abril hubo un cónclave golpista de varios generales, entre ellos Franco, dirigidos a distancia por Sanjurjo desde Portugal. Enterado el gobierno del hecho, sancionó o trasladó de puesto, a buena parte de esos militares; a Franco lo mandaron a Canarias. Serrano Suñer, cuñado de Franco, convenció a éste de presentarse por Cuenca en las elecciones que iban a repetirse en mayo, ello posibilitaría su presencia en Madrid ante próximos acontecimientos. A Franco le pareció bien, pues el gobierno republicano era muy inestable, y pensaba que en breve la derecha volvería a

---

[191] López Villaverde, Ángel Luis (2007) *"Cuando Franco miró para Cuenca"* UCLM. Rev. Conversaciones sobre Historia.

ganar, y si estaba en Cortes podía ser el próximo Ministro de la Guerra, puesto que le permitiría, de una vez por todas, solucionar esos temas que Azaña quería "retocar" de forma progresista. Gil Robles aceptó meter en la lista de Cuenca a Franco, pero pensó, además, en una provincia habituada a los "cuneros", poner también como candidato a José Antonio Primo de Rivera, pues estaba encarcelado y ello podría suponer su excarcelación y la posibilidad del aforamiento. Pero cuando José Antonio se enteró de que iría con Franco no aceptó, pues lo detestaba "amigablemente". Al final Gil Robles deshizo la lista inicial, y no puso a ninguno de los dos. Pero a Franco, que desde Canarias se había hecho ilusiones de estar como diputado en Cortés, le sentó muy mal y, según las crónicas, aparte de la inauguración del ferrocarril de Cuenca a Utiel en 1947, no volvería por esa provincia nunca y jamás la tuvo en cuenta para los polos de desarrollo u otras actuaciones de interés económico o social. Señor vengativo, perjudicando a terceros realmente.

Mi padre, supongo que ajeno a lo que se legislaba, pero no a las noticias que venían de Francia, por carta de muchos exiliados, seguía trabajando para intentar recuperar la vida y la economía familiar.

El que parecía ajeno a la legislación era el propio gobierno de Franco. En abril de **1948**, al celebrar el aniversario de su victoria, se dieron cuenta que España seguía oficialmente en estado de guerra. No había decaído.
Era frecuente que hubiera litigios judiciales donde juzgados militares y civiles reclamaban jurisdicción sobre la materia a juzgar, y es que seguía vigente la excepcionalidad. No crean, sin embargo, que se les había olvidado, es que al régimen le venía muy bien en su lucha contra la guerrilla comunista; con el estado de guerra podían utilizar material bélico como obuses, artillería... podían fusilar sobre la marcha, etc.

El 7 de abril de 1948, se decretó el **fin del estado de guerra** en la nación, nueve años después de acabada la contienda. Aunque esa figura la volverían a utilizar cada vez que el maquis les apretaba; un general muy aficionado a establecer el estado de guerra fue **Manuel Pizarro Cenjor**, que fue Subdirector General de la Guardia Civil y Gobernador de Teruel, provincia en la que la guerrilla subsistió y combatió con eficacia muchos años. Pues este general (abuelo de otro Manuel Pizarro, que fuera presidente de Ibercaja y político del PP), decretaba el estado de guerra en Teruel de vez en cuando, realizando una terrible represión en la población civil con el maquis por excusa.

En cualquier caso, al fascismo franquista no le hacía falta ley marcial alguna para seguir matando; con la Ley de Fugas, vigente desde 1946 a 1959 era suficiente. En abril de ese 1948, piquetes de falangistas y guardias civiles fusilaron a 9 personas en la zona del **pozo Funeres**, en Asturias, acusados de colaborar con la guerrilla. Muchas veces da qué pensar ciertas actitudes del general, si tal vez tuviera él tanto miedo como la población a la que masacraba. En esos meses del verano de 1948 se concluye la construcción de la denominada **Línea P**, una línea defensiva levantada a lo largo de los Pirineos, para evitar "invasiones" comunistas y que, en esas fechas, suma más de 6.000 búnkeres.

Habla el Generalísimo, Franco

«A nuestro movimiento no se le puede llamar fascista exclusivamente»

"El movimiento nacional está integrado también por una

No crean que llamamos gratuitamente fascismo al franquismo, era algo asumido del primero al último de los miembros del glorioso Movimiento Nacional, como se ve en estas declaraciones de la época.

El verano de 1948, con motivo de la celebración del 18 de Julio, tomó la costumbre el generalísimo, que repetiría posteriormente en esas fechas, de conceder ducados, marquesados y condados a los amiguetes de armas y creencias. Ese julio creó el Condado de Moscardó, y los Ducados de Calvo Sotelo, Primo de Rivera y de Mola.

En **1949** mi padre intenta comprar la casa-cueva de su tía Matilde, ya fallecida, en la calle de Las Peñuelas de Ciempozuelos; finca, por otra parte, que no vale nada y está prácticamente para derribar; queda con el viudo en pagarle en dos o tres veces, no hay dinero aún. Pepe está acabando con la construcción de esas casas cuartel, en la Sagra madrileña, y ya piensa en establecerse en el pueblo, como empresa, con dos o tres albañiles más.

Pero los pensamientos del régimen no están en línea: mi padre, Pepe, es llamado al cuartel y le recibe el comandante de puesto; le dice que han recibido notificación a su nombre, que creía mejor entregarle en mano en el cuartel; la comunicación oficial del ministerio del Ejército (que dirige el general Dávila) es para hacerle saber que en el plazo de tres meses ha de incorporarse a filas, pues no ha realizado el servicio militar obligatorio (*la mili de Franco*). Imagino la perplejidad de Pepe, y la propia cara del sargento de la guardia civil, perfecto conocedor de la biografía del que tenía delante, pues en esos momentos va una vez al mes al cuartel a firmar y "presentarse". Pepe comenta que no se moleste, que rechaza la notificación, que no va a firmar nada y que sea lo que tenga que ser. Y se va. Se arriesga, evidentemente, a cualquier cosa: encarcelamiento por prófugo, simplemente por rojo, que le den una paliza en el cuartel...

La verdad es que siempre he pensado que yo me hubiera ido a Madrid, lejos del pueblo represivo que le vio nacer y lo machacó, pero... Por lo menos en la ciudad, aparte de haber más trabajo, y considerarse y pagarse mejor el buen oficio, se quitaría de ver algunas caras.

Mientras, Franco sigue a lo suyo, matar a los contrarios y regalar a los suyos. En las cercanías del **Helechal**, Extremadura, fusilaría sobre la marcha a cuatro personas con la misma excusa de siempre, pasar comida a los guerrilleros de la zona (**matanza del cortijo del Enjembraero**). Por el contrario, al otro lado, regalaba un Condado a Pradera (Juan Víctor Pradera) y un Marquesado al general Dávila. Por su lado estos, los militares, muy satisfechos de cuanto está consiguiendo su excelencia, le premian con un barco para que salga a pescar, una de sus aficiones favoritas; se bota en el Ferrol el yate **Azor**, de casi 45 metros.

A final de ese año 49, después de haber pasado por el cuartel varias veces y negarse a recoger ningún documento oficial, a principios de diciembre el sargento le dice haber recibido oficio en el que se le declara "exento" del servicio militar. Se arriesgó, y le salió bien. Y no porque fueran más blanditos los fascistas, es que la situación, sobre todo internacional, aconsejaba ir flexibilizando algunas conductas; también la situación del país, sin mano de obra cualificada en todos los sectores, hizo que el régimen se tuviera que tragar algún sapo que otro. Por Dávila, por Franco, por Fernández Cuesta, lo hubieran fusilado en el patio del cuartel, pero...

En **1950** mi padre conoce a una chica de veintitrés años, Beni, once años menor que él y que resultará, a la postre, ser luego mi madre. Parece que la vida comienza a sonreírle levemente, porque Beni será una bendición para él, su estabilidad, sus ganas de vivir. Y la casa que quiere construir en Peñuelas, de la que tiene los planos en la cabeza, comienza con lo más elemental, el derribo de lo existente y la preparación del terreno; solo hace falta seguir teniendo trabajo y poder ahorrar para ello.

Para el país no es buen año 1950 pues sigue la hambruna, siempre algo atenuada por el trigo del amigo argentino. Pero para Franco sí es bueno: la ONU levanta las sanciones contra el régimen franquista, por presiones principalmente de EE.UU.; ello posibilita la vuelta a España de los embajadores de muchos países, retirados a final de la guerra. Por otra parte, Franco debe tantas cosas a la Iglesia en esa larga posguerra, que decide premiarla con algo que al clero le encanta: la censura. El órgano censor es la Delegación Nacional de Prensa y Propaganda, que tiene secciones para literatura, teatro, cine, etc., y está trufada de falangistas; pero la Iglesia lleva años queriendo dar su opinión al respecto. El gobierno la concede un papel en el tema y se crea la **Oficina Nacional Clasificadora de Espectáculos**, en el seno de la Iglesia; a partir de ahí comenzarán a calificar moralmente cada obra de teatro, película... con sus famosos numeritos (del 1 al 4, donde el 4 significa que es una obra extremadamente peligrosai) en virtud de su moralidad. Los curas agradecen la concesión de poder colaborar con los censores oficiales, y llenan teatros, cines y platós de vigilantes clérigos. Y también los pueblos, con las denominadas "**misiones interiores**"[192]; una cohorte de curas iba por toda la geografía, normalmente llamados por los párrocos, para atacar a aquellos que no vivieran según sus mandamientos: las dianas preferidas, niños sin bautizar o que no habían hecho la comunión y parejas que vivían juntas sin haber contraído matrimonio. Hacían verdaderos escraches, aunque en los cincuenta no conocieran el término, a las puertas de los domicilios de los afectados. Igualmente daban instrucciones de cómo debían ser bailes, verbenas, distancia en los cines...

La vida real va por otros derroteros: casi el 50% de la población está dedicada al sector primario, al campo; pero este no produce para dar de comer a tantos, anclado como está desde doscientos años antes, en el latifundismo, el cultivo extensivo y la falta de retorno de capital para la modernización de cultivos y maquinaria, y por tanto del aumento de la producción agraria: esta no recuperaría el nivel de 1936 hasta 1959. La imposibilidad de tener una vida mínimamente digna en el campo, acrecienta el éxodo hacia las ciudades, principalmente Madrid

---

[192] Hernández, Claudio – Prieto, Lucía. (2024) *"Divertirse en dictadura. El ocio en la España franquista"*. Editorial Marcial Pons. Madrid.

y Barcelona; de tal manera que, al no haber vivienda disponible, se produce el hacinamiento en pequeñas casas o pisos de varias familias y multitud de personas. Y en los alrededores de las grandes capitales, el crecimiento de un fenómeno que permanecerá décadas, el chabolismo y la infravivienda. En Madrid, zonas como Ventas, Vallecas, Peñuelas, Manzanares, Tetuán, Usera, Villaverde y San Fermín, Puente de Toledo y Carretera de Extremadura, albergarán más de 20.000 chabolas (1955) donde vivirán, al menos, 200.000 personas (1957). Este fenómeno, endémico en determinados distritos, durará hasta bien entrados los años setenta.

Por otra parte, no hay otro tipo de ingresos que puedan aliviar la situación de la población; este año de 1950 solo entran en España medio millón de turistas; la gente conoce en el exterior cual es la situación real del país, y la falta de libertades y garantías; por muy atractivas que parezcan algunas playas vírgenes, las condiciones no animan a la visita.

1951 inicia una década en la que el movimiento obrero resurgirá en zonas más industrializadas, como el país vasco, donde minería y acerías levantarán barricadas con cierta asiduidad.

En contraste con una España estancada, Europa comienza a dar pasos en busca de la unión económica: se firma el conocido como Tratado de París que sella la creación de la **Comunidad Europea del Carbón el Acero** (CECA), antecedente claro de la futura U.E. Son seis países en ese momento, R. F. Alemana, Francia, Bélgica, Luxemburgo, Países Bajos e Italia. Ahí debería haber estado España si el fascismo franquista no se hubiera empeñado en configurar una ínsula en plena Europa; Italia debe su desarrollo a estar en la primera línea, desde el primer momento, pero claro estaba gobernada por demócrata-cristianos, socialistas y comunistas, y no por lo más rancio de la casta, como era nuestro caso.

El año **1952** es importante para la humanidad, pero no porque naciera mi hermano, que también, sino por el descubrimiento y puesta en uso de la vacuna de la polio (**Edward Salk**). En el mundo había miles de casos de niños que contraían la polio y, lo peor, que quedaban con terribles secuelas. La enfermedad se daba con más preeminencia en países de zonas templadas, como el nuestro. En 1954 comenzó a inocularse de manera generalizada en todo occidente, pero a España no llegó la vacuna hasta 1957. Y ni siquiera cuando llegó se hizo un plan de vacunación extensivo; no había una estructura sanitaria que mereciera ese nombre, ni había interés por la salud de la población; los que podían tenían sus hospitales privados, el resto pequeños consultorios en los barrios y pueblos. Entre 1958 y 1963 hubo unos 2.000 casos por año, con una mortalidad del 10% año, 200 niños muertos (Gaceta Médica). Solo a partir de 1963 se optó por la vacunación general, mediante tomas orales. Me acuerdo perfectamente del terrón de azúcar con las gotitas de la vacuna. En el ínterin quedaron miles de "cojos" para toda la vida.

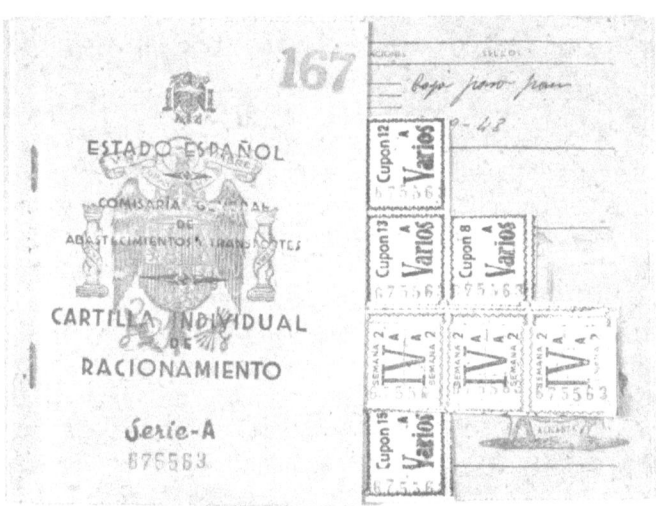

Cartilla de racionamiento individual.

Familiarmente, es el año en que mis padres, Pepe y Beni, se casan, celebrándolo "por todo lo alto" en el Bar La Fonda, con un rico chocolate y tortas. Qué pensarían los novios que ahora van al convite en helicóptero… La unión fraguó bien y a finales de año nació mi hermano, otro Pepe en la familia, que vino con un pan debajo del brazo en forma de eliminación de las cartillas de racionamiento. Después de 13 años la gente podía comprar el pan, y otros bienes, libremente.

En **1953** Franco tendrá algunas buenas noticias; de refilón la población también. En Estados Unidos gana las elecciones el general **Eisenhower**, con gran solvencia; su prestigió le hará repetir en la siguiente legislatura, con lo que estará de presidente hasta 1961. No es que Eisenhower sea franquista, pero es militar de carrera y puede entender ciertas situaciones, como la española. En 1944 él quiso "liberar" España, pero sus hermanos británicos lo desaconsejaron: mejor una España fascista y pobre, que no moleste, que una República Democrática que pueda expandir socialismo al continente. El presidente estadounidense piensa que, en ese momento, el territorio español puede ser una gran plataforma en el Mediterráneo que sirva para controlar esa extensa área geoestratégica. No olvidemos que en ese año se habían separado las dos **Coreas**, después de una guerra civil, y que una quedaba en el ámbito soviético; que había guerra en Vietnam y el norte estaba recibiendo ayuda rusa; y que, en la propia Cuba, a un paso de Florida, **Fidel Castro** y su hermano **Raúl** se habían levantado en Santiago de Cuba contra el dictador Batista. Además, se acababa de morir **Stalin** y Rusia comenzaba un período de transición que nadie sabía hacía dónde iba a ir.

En ese contexto, Eisenhower tiene claro que mejor tener buena relación con Franco y ayudar a un país al que, con poco que se le dé, seguro que mejorará su nivel, pues nadie ha intercedido a su favor para incluirlo en el Plan Marshall. Comienzan, pues, los créditos blandos y la ayuda para renovar material militar; a cambio, EE.UU. abría cinco bases en territorio español, sin tener que forzar su entrada en la OTAN (1949), dada la indecente e impresentable política de derechos humanos del régimen. Una vez más, la España de Franco es usada por potencias extranjeras, para sus intereses, no para los de la nación. Es el patriotismo habitual hasta hoy de la extrema derecha.

Todo ello se sella en los conocidos como Pactos[193] de Madrid (septiembre'53), firmados por el ministro de exteriores Martín Artajo y dos delegados del gobierno americano, uno militar y uno comercial. Los yanquis conseguían un gran triunfo sin malgastar mucha pólvora diplomática.

La situación familiar está estable y sin graves incidencias, si no fuera por las visitas de la guardia civil a casa, más o menos cada tres meses, y que tanto atemorizan a mi pobre madre, pues es superior a sus fuerzas. Mi padre dijo en el cuartel que dejaba de presentarse mensualmente allí, que si querían algo de él los atendería gustosamente en casa. Se la jugaba nuevamente, pero era así y el que lo conociera sabe que es cierto.

Además, mi tía Sofia, hermana de mi madre, se casa con otro Pepe, José Pérez Escacha, del que hablaremos con mucho gusto posteriormente. Este tío Pepe trabaja en importantes empresas de la aeronáutica y el metal en Madrid, muy sindicalizadas y, de repente, el periódico **Mundo Obrero** comienza a aparecer por casa. Sería casualidad. Este hecho, a mi madre le da, cuando menos, ardor de estómago.

---

[193] Tuvo carácter de Pacto y no de Tratado, porque jurídicamente este es más profuso y necesita del voto afirmativo del Senado estadounidense, donde la mayoría era contraria a firmar, aún, nada con el dictador.

En **1955** empieza a haber problemas, otra vez, con el abastecimiento de cereal pues Argentina envía menos. Además, el general **Perón** es derrocado por un golpe militar, en septiembre de ese año, y ha de exiliarse. ¿Dónde? En Madrid, claro, después de pasar por diversos países latinoamericanos, donde parece que molestaba en todos.

Este año se inicia el fin del aislamiento internacional de España; después de muchas negativas de la ONU a Franco, a final de año España pasa a formar parte del organismo mundial; algunos aspectos políticos han ayudado: la colaboración con Estados Unidos, el fin del estalinismo en Rusia que aparece como más distendida, hasta el levantamiento de veto de algunos países miembros. Solo **México y Bélgica se abstuvieron** y no votaron a favor de la entrada española; tenían honor y demasiados exiliados republicanos para dar vistos buenos a dictaduras.

En cualquier caso, la ayuda americana comenzaba a percibirse; en ese 1955 España alcanzó el PIB per cápita que tenía diecinueve años antes, en 1936. Una generación perdida en realidad, porque no hubo dinero para sanidad ni educación y todos se vieron sometidos a la esclavitud de los "servicios" de la Falange, y las dádivas interesadas de curas y monjas, al trapicheo, el estraperlo y una inflación sin crecimiento, lo que ahora llaman estanflación, es decir el hambre permanente, muy difícil de disimular en las casas.

La vida, por tanto, mejora muy poco a poco, y la inmigración interior hacia las ciudades y la emigración hacia países europeos y de Latinoamérica continúan. En cuanto a la inmigración interna, el propio Estado habla de un déficit de un millón de viviendas en **1956** (se acuerdan de la película "El pisito", 1958, Ferreri-Azcona); y afecta a todas las capitales de provincia, principalmente las grandes urbes. Y sobre la emigración al exterior el Estado no tiene ni idea, como suena, de cuánta gente se va. Tienen una noción, pero no hay estadística real de cuántos se van y de dónde salen. Y terminan creando el **Instituto Nacional de Emigración** para poner un poco de orden en el asunto y que se adscribió el propio Carrero Blanco, a su Subsecretaría de Presidencia (la auténtica cocina de todo el régimen). Y es que los cientos de miles de personas que salieron, año tras año, lo hicieron, normalmente, de manera irregular. El Estado no les apoyaba en nada, no les garantizaba nada, por ello la gente, al final, se iba con visados de turismo o diciendo que iban a la vendimia francesa y ya no volvían, o en años, o nunca.

Los países europeos, que habían sido contendientes en la segunda guerra mundial, comenzaban su reindustrialización, gracias también a la ayuda norteamericana, y necesitaban mano de obra en abundancia. España fue uno de los países que proporcionó la fuerza de trabajo en Europa. Pero también nos fuimos a Latinoamérica, principalmente a Venezuela, Argentina y México; miles de canarios, gallegos y andaluces, sobre todo, fueron a aquellas tierras a quitarse el hambre y, si se podía, enviar un giro para mejorar la situación en casa. Y ahora hay gente que pone pegas a la emigración…

La situación internacional depara sorpresas al régimen; Francia llevaba ya algunos años con guerras coloniales, porque sus territorios africanos querían la independencia. En el caso de Marruecos no hizo falta ni un tiro, Mohamed V declaró la independencia de Francia y España. En nuestro caso, era mucho lo que Franco debía al territorio magrebí, más de media guerra, pues las tropas moras fueron absolutamente determinantes (junto a las armas modernas de los nazis); así pues, no hubo ni un reparo: **Mohamed V** vino a España en 1956, se abrazó con Franco, firmaron la independencia y siguieron tan amigos; incluso, como detalle y reconocimiento a esa independencia, el generalito renunció a su guardia mora.

En Europa, entre tanto, **Kruschev** denunciaba la tiranía y los excesos del régimen estalinista, al tiempo que enviaba tropas a sofocar las insurrecciones juveniles en Hungría. Es la vida, y la política, y el Tratado de Varsovia, respuesta al tratado OTAN, había nacido un año antes, en 1955, y había que mostrarse contundentes con las "desviaciones".

La situación interior sigue conociendo un levísimo despertar de la oposición al régimen; la oposición verdadera era la obrera y esta realiza paros y huelgas en zonas muy industrializadas, donde la sindicación y lucha es más factible; la otra oposición se da en la Universidad: en realidad son los jóvenes estudiantes de la burguesía madrileña o barceloní, los únicos que se mueven; también son los únicos que pueden estudiar claro. Los enfrentamientos, más bien, vienen de la mano del SEU, el sindicato estudiantil falangista, que se enfrenta continuamente a cuanta organización universitaria quiere crearse, la mayoría de tenor progresista. **Javier Pradera**, **Múgica** y **Tamames** son los líderes de un movimiento que, lo único que conseguirá, será la destitución del ministro de Educación, **Joaquín Ruíz Jiménez**.

Si oyes a gente de VOX ahora, que elogian el franquismo de forma ciega, piensas que no tienen ni idea de lo que aquí se pasó. Es cierto que a la altura de **1957** no existe el hambre como tal, pero sí la necesidad. España no termina de ir bien.

Este año las transacciones económicas son casi autárquicas todavía porque no hay divisas en las reservas. Los productos escasean y los precios, por tanto, suben. La inflación aconseja una devaluación de la moneda: en abril de 1957 por cinco pesetas te daban un dólar, después de esta devaluación bestial, para obtener 1 dólar habrá que pagar 42 pesetas. La situación económico financiera es tan mala, que los propios Estados Unidos se asustan; en una Europa siempre convulsa, no quieren que los incipientes movimientos de protesta obrera y estudiantil, inestabilicen al régimen; a través de la embajada (John Hollister, director de la agencia americana de ayuda, la International Cooperation Administration, ICA, envió a la Embajada de Estados Unidos en Madrid un memorándum confidencial sobre la situación española y sus posibles soluciones)[194]; se hace llegar al gobierno, en concreto a **Carrero Blanco**, siempre gobernando en la sombra, las instrucciones precisas de índole económica, para salir de ese bache. Carrero lleva las indicaciones a rajatabla: devaluación de la peseta, se crea el Ministerio de la Vivienda, para reactivar la economía y minimizar el déficit de casas, y se mete en el Consejo a **Mariano Rubio**, y su gente (Ullastres, López Rodó…). El país está prácticamente en bancarrota y hay que ir poniendo las bases para un gran Plan de Estabilización, de forma inmediata.

Mientras España tiraba el valor de su moneda, empobreciendo más aún al país, en Europa se firmada el **Tratado de Roma**: Adenauer, Segni, Spaak y otros, sellaban aquel acuerdo, que entraría en vigor el 1 de enero de 1958 y que traería al continente el mayor periodo de prosperidad de su historia. Y los españoles fuera del acuerdo poque tenía un régimen político inaceptable y fuera de su tiempo: una dictadura militar, sanguinaria, además.
En esa tesitura nace un servidor; en los días de octubre de 1957 en que la Unión Soviética ha enviado a la perrita **Laika** a pasear por el espacio, mi madre se pone de parto y han de llamar al practicante, don Evaristo Ceciliano, aquel teniente del cuerpo de sanidad republicano, avenido luego al fascismo.

El franquismo tiene pocas leyes, pero dispersas y liosas. Ellos mismos lo saben y en **1958**, con la música de fondo de *Las chicas de la cruz roja*, que cantaba Conchita Velasco, aprueban en Cortes la ley de Principios del Movimiento Nacional, que se convertirá en el único texto legal de la nación, recopilando todas las **Leyes Fundamentales del Reino**, es decir, el cuerpo "constitucional".

---

[194] Cavalieri, Elena (2019) *"¿De quién fue la idea del Plan de Estabilización?"* Banco de España. Serie Documentos. Madrid.

A la altura de **1959 España es el país más pobre de Europa**, algo más incluso, que nuestro vecino Portugal; dos países donde reina la dictadura, las élites hacen negocios y el pueblo sufre.

España no produce nada de valor que pueda venderse en el exterior; solo producción agraria y escasa de variedad. Todo lo compramos fuera y lo pagamos con divisas. Cuando la autoridad monetaria quiere echar cuentas, ve que no hay reservas en el Banco España: nada más que 45 millones de dólares, menos de lo que EE.UU. se gasta en una prueba atómica (y ese año hace decenas de ellas). Sí, somos pobres, los más pobres de todo el continente, más pobres que rumanos o búlgaros, serbios o húngaros. Y como tenemos pocas cosas, suben de precio, y nuestra inflación se dispara haciendo aún más pobre a los trabajadores. Y ya han pasado v**einte años de gobierno del general Franco**; como dice el historiador Sesma, **España no era ni una, ni grande, ni libre**[195].

El desastre total en que vive la economía española, como ya se ha comentado, asusta al propio gobierno de Estados Unidos, que una vez que apostó por los acuerdos y tomar a España como base militar en el Mediterráneo, no quiere algaradas, huelgas o posibles revoluciones. Y lo está temiendo ante la crisis económica tan bestial. Se han creado formaciones, como el FLP (conocido como FELIPE)[196], que no va a hacer ninguna revolución por su extracción burguesa, pero precisamente por ser intelectuales y profesionales jóvenes muy conocidos, sus reivindicaciones tienen bastante eco internacional, y eso no gusta a la potencia administradora, a EE.UU. Y el movimiento obrero está despertando con fuerza en muchas zonas.

Carrero Blanco, el gobierno, no tiene más remedio que encomendarse a los economistas y técnicos, la mayoría del OPUS, que han estudiado fuera del país, para que obren la cirugía necesaria: así es como se pone en marcha el **Plan de Estabilización de 1959**: se fija un nuevo cambio respecto al dólar, se disminuye el gasto público, se comienza a cobrar algunos impuestos (aquí no pagaba nadie) porque hay que recaudar para la hacienda pública. Se crea el INUR, Instituto

---

[195] Sesma, Nicolás (2024) *"Ni una, ni grande, ni libre. La dictadura franquista"*. Ed. Crítica. Barcelona.

[196] Manuel Vázquez Montalbán, Miquel Roca, José Luis Leal, Pérez-Llorca, José María Maravall, Carlos Romero, Narcís Serra, Julián Campo, C. Alonso de los Ríos, Jaime Pastor, José Ramón Recalde, Joaquín Leguina, Pasqual Maragall, Manuel Castells, Nicolás Sartorius, Antonio López Campillo, Jesús Aguirre, Fernando Sánchez Dragó, entre otros muchos.

Nacional para la Urbanización (una especie de antecedente del SEPES), un gestor de suelos, para poner orden y valor al territorio y poder construir casas, urbanizar y crear polos industriales. Igualmente se pide el ingreso y la cooperación en los organismos supranacionales, pues no pertenecíamos a ninguno: Fondo Monetario Internacional **FMI**, Banco Internacional de Reconstrucción y Fomento BIRF, o la Organización Europea para la Cooperación Económica **OECE**. Las ayudas, condicionadas, y el crédito blando comienza a fluir.

Cerro del Tío Pio. Madrid. 1960. Foto: Museo Historia de Madrid.

El Plan de Estabilización está hecho, con las directrices estadounidenses, por economistas liberales, de derecha o extrema derecha, pero con cierta formación académica, sabiendo el ABC de la recuperación: gastar menos, recaudar más y producir más y mejor. Hasta ese momento esto había sido un páramo. Franco y su régimen, veinte años dominado fundamentalmente por el falangismo, no ha hecho nada por mejorar la calidad de vida del pueblo; su preocupación esencial ha sido el orden social y político, que nadie se moviera, aunque ello conllevara el hambre casi permanente; las élites del régimen viven muy bien, ergo para qué hacer planes de mejora. Solo cuando comienza a vislumbrarse el descontento, ya no de los atemorizados campesinos y obreros sin cualificación, ateridos de terror, sino de las capas más dinámicas, las élites universitarias, los nuevos profesionales que comienzan a salir por Europa, es cuando el régimen **no tiene más remedio que iniciar cambios**. No se crean que le gustan, es que no hay otra. Ah, pero eso sí, TVE televisa el primer "clásico" de nuestro fútbol: Real Madrid vs Barcelona. Luego las corridas de toros. El formol estaba servido.

La propia estadística demográfica habla por sí sola de cómo se estaba pasando en España: en 1950 había 28,1 millones de habitantes, en 1955 éramos 28,2 millones; nadie se atreve a tener hijos, más los que emigran, estancan la población. Solo a partir de 1957-58 se elevan las tasas de natalidad, son los que ahora nos hemos jubilado y que, sin saberlo, inaugurábamos la generación de los "*baby boomers*". Qué cosas.

Historiográficamente 1959 cierra el denominado **primer franquismo, 1939-1959**. A partir de ese momento, las reformas económicas, las remesas de los emigrantes, el crédito de los organismos internacionales y el turismo, entre otros factores, inaugurarán una nueva etapa "desarrollista".

El año **1960** ya se mueve por el cauce establecido en el Plan de Estabilización; es tan así, que se crea la "medalla del trabajo" que, anualmente, premiará a algunas personas, empresas e instituciones que han desempeñado un importante papel en el terreno laboral; se quiere incentivar el concepto de trabajo, de producción. Y lo consiguen, porque los años sesenta serán los de las jornadas de doce horas, bien en la misma empresa o en forma de pluriempleo, muy habitual en esos momentos. Había que producir, y sobre todo había que vivir, había que, por fin, respirar económicamente hablando.

Pero el régimen no se olvida de sus fundamentos: se crea la O.J.E., Organización Juvenil Española, y se adscribe a la Secretaría General del Movimiento que dirige el campechano egabrense Solís Ruíz.
Es un claro intento de mantener el dogma falangista en la juventud, de forma modernizada, pues crean campamentos de verano, equipos de fútbol, hacen escalada y, para colmo, van uniformados: qué chaval de catorce años no quiere tener un uniforme tipo scouts.

Las excursiones son continuas y hacen que todos lo envidiemos, pues nadie se mueve del pueblo, habitualmente.

Recuerdo perfectamente que unos años después, cuando yo quería jugar al fútbol, que no se me daba mal, tenía dos opciones para hacerlo: o en los equipos de la O.J.E. o los equipos de los Hermanos de San Juan de Dios. Entre susto o muerte mi padre eligió lo primero y me autorizó a jugar en la Escolanía que, dicho sea de paso, tenía unas instalaciones inmejorables (campos de fútbol y baloncesto, frontón, gimnasio, piscina cubierta y exterior, pistas de tenis…); ojo lo que daba la subvención pública¡

EE.UU. seguía ayudando al régimen, bien con créditos para comprar, a ellos claro, productos y armas, bien en forma de especie; aquí empezaron a llegar buques de guerra, acorazados de la segunda guerra mundial que los norteamericanos desechaban.

En la vida cultural hay un suceso remarcable: **Buero Vallejo**, quinto y compañero de galería de mi padre, en sus periplos carcelarios, conseguía estrenar parte de su obra, *El concierto de San Ovidio* y *El tragaluz*; y lo hacía al tiempo que el fascista Pemán estrenaba, en un teatro próximo, *La viudita naviera*. Algo se movía, pero poco.

Quizá el hecho más relevante, en lo político, fue el conocido como **Suceso del Palau**, en Barcelona. Se celebraba un homenaje al poeta Joan Maragall y el Orfeón del Palau iba a entonar el Canto de la Senyera, hecho que fue prohibido al final. Aun así, en el transcurso de la gala, unos cuantos jóvenes terminaron cantando la Senyera, puestos en pie, con el consiguiente escándalo. Estos hechos terminarán por encumbrar a unos cuantos personajes de la burguesía catalana, como Jordi Pujol, de tan nefasto legado posterior, por el hecho de que fueron sometidos a consejos de guerra, algo que al régimen no se le había olvidado perpetrar.

337

Franco sigue inaugurando pantanos, la mayoría iniciados o medio acabados por presos; en **1961** le toca el turno a la presa de San Agustín, en Zamora y a la de Prada, en Ourense. Igualmente se hace un recorrido estrenando pueblos nuevos, de Colonización, muchos de los cuales llevarán su apelativo: Bárcena del Caudillo (ahora Bárcena del Bierzo) o Prada del Bierzo. Tiene que sujetar a la población agraria a su medio y los pueblos de colonización parecen una buena medida al régimen.

En el cine los españoles pueden ver *Fray Escoba* o *Botón de Ancla*, esas películas tan…, digamos que originales. Mientras, Luis Buñuel estrena *Viridiana*, realizada en México. La inteligencia española sigue, casi toda, en el exterior.
En Europa, la URSS se ha plantado porque los acuerdos que firmaron no se han respetado; Berlín Este era para los rusos, y ahora se lo toman. Estamos en lo más álgido de la Guerra Fría.

Para nosotros 1961 es un año de inauguración; después de muchos años mi padre ha podido concluir la nueva casa en la calle Peñuelas de Ciempozuelos. Una casa que ya merece el nombre de tal porque hasta ese momento habíamos vivido en una "cuadra" de alquiler, un lúgubre bajo sin ventilación, húmedo y sin baño. Allí es donde nací yo, en la calle de los Frailes Viejos; la podían haber puesto de los Frailes Muertos, pues era la vía por donde pasaba el carro fúnebre, de caballos, camino del cementerio de los propios frailes.
Allí vivimos hasta 1961, bañándonos en un barreño de barro con el agua calentada en la cocina económica de carbón; donde, a la hora de defecar, íbamos a un corralillo en el patio, patio de vecinos, a realizar nuestras necesidades provistos de un trozo de papel higiénico (elefante) y un palito, lo primero para limpiarse, lo segundo para ahuyentar a las gallinas, siempre dispuestas a comerse los excrementos y, de paso, picarte el culo. Esta imagen tan evocadora, por la que pido disculpas, se producía en España en una de cada tres casas. Y algunos siguen alabando al franquismo. Eso sí, mientras te aliviabas, oías por las ventanas de la vecindad a Conchita Bautista cantar *Estando contigo*, de Augusto Algueró. Todos felices, según la copla.

Lo importante de la nueva casa, en realidad, es que escenificaba el triunfo de Pepe frente a un pueblo que hasta entonces le había negado el pan y la sal. La victoria final de un expresidiario político, de un rojo al que no daban trabajo y tenía que buscarse las habichuelas en cualquier tajo de la provincia para poder sacar adelante a su familia. Una casa, que le había costado más de diez años de esfuerzo, pero donde teníamos dos baños (aunque en el pueblo solo había agua corriente un día a la semana), varios dormitorios, patio, luego con una piscinilla de obra que nos hizo el alarife y el mayor lujo de calefacción que yo he tenido nunca, la gloria, ese invento romano para calefactar las estancias por debajo del suelo, y que nos quitó el frío acumulado en la anterior casa; creo que nos quitó hasta el tremor existencial.

En **1962**, al ritmo de *La vida es una tómbola*, de Marisol, se llevaba a cabo en la ciudad de Múnich el llamado **Contubernio**; en realidad no era más que una reunión de monárquicos moderados, trufados de algunos republicanos y socialistas despistados. Querían expresar que la dictadura se estaba prolongando mucho y había que hacer una transición hacia la monarquía liberal. A Franco estas cosas le fastidiaban mucho, porque lo hacían a sus espaldas; así que lo tildó, a través de los diarios falangistas como contubernio, una especie de cohabitación contra natura e ilícita, al ver quienes se reunieron.

Su reacción no tardó en llegar, a través de un cambio de gobierno en julio de ese 1962: puso de vicepresidente al general **Muñoz Grandes**, aquél falangista de la División Azul, muy poco proclive a la monarquía, y metió a una joven promesa, llamado **Manuel Fraga**, un brioso gallego, fascista como el Caudillo, dispuesto a introducir reformas para que pareciera que el régimen se modernizaba; le otorgó la cartera de Información y Turismo; el turismo le gustaba, pero el control de la información era su fuerte. Y para que se viera la voluntad europeísta del régimen, se oficializó por escrito la solicitud de entrada en el Mercado Común.

Pero la vida real estaba en los tajos; en Asturias y zona norte minera, hubo una huelga que duraría algo más de dos meses; la duración ya indica que había caja de resistencia, y esto denota la existencia de organizaciones potentes detrás. Los enfrentamientos con la policía fueron habituales y Franco acabó aquello como solo él sabía hacer: deportó a decenas de mineros, con sus familias, a otras áreas del país, descabezando el movimiento.

La minería estaba en manos de familias nobles, o empresas extranjeras, que no invertían en mejorar los sistemas de extracción; todo pesaba en los lomos de los mineros, hasta que reventaron. Unos años más tarde Franco hizo otra cosa que sabía hacer, también, muy bien: nacionalizó los pozos, pagando una fortuna a los propietarios, y socializó las pérdidas.

Otro hecho, en el que no tengo más remedio que detenerme unas líneas, es **la mayor catástrofe hidrológica habida en España.** Acabamos de pasar la DANA de Valencia, de octubre'24, y estamos todavía sobrecogidos. Pues el 25 de septiembre de 1962 se produjo la **Riada del Vallés**; una tromba de agua bajó por diversas ramblas y arrasó pueblos enteros, provocando 815 muertes, 300 de ellas solo en la localidad de Tarrasa[197]. Quién sabe por qué no se ha publicitado este hecho más; hay cosas que nunca se terminan de entender.

Año denso será, también, **1963**; en el exterior la Guerra Fría amenaza convertirse en cataclismo nuclear en cualquier momento; tanto que **Kennedy y Kruschev** se ven obligados a disponer de una línea directa de comunicación inmediata, para evitar malos entendidos de intermediarios; es lo que se conoció como teléfono rojo. Por cierto, Kruschev sigue dando sorpresas a los yankis, a través de la NASA, y envía al espacio a la primera cosmonauta de la historia, a Valentina Tereskhova.

En España, las luchas obreras en las zonas industrializadas de la nación, están atrayendo la atención de nuevas militancias, de jóvenes radicalizados. Pasa en el País Vasco, sobre todo, donde ya el año anterior la organización **ETA** inició andadura asamblearia; este año 1963 celebra su II Asamblea, en Las Landas, de la mano de uno de sus fundadores, José Luis Álvarez Enparantza (que dejaría la organización en 1967, al ver los derroteros que tomaba).

Parece que, como la política no se mueve, porque no se puede mover nadie en España, hay jóvenes que buscan vías alternativas; es el caso del grupo **Defensa Interior**, de orientación anarquista, que ya había puesto petardos, pero que este año 1963 incrementa su ataque: explotan varios artefactos en la sede de los Sindicatos Verticales y otro en la oficina de pasaportes de la DGS; esta causa bastantes heridos y es algo que el régimen no va a soportar, poniendo toda la maquinaria en acción. Pronto caen dos de sus miembros, **Francisco Granado** y **Joaquín Delgado**. Los atentados se producen el 29 de julio y son capturados un par de días después; se les juzga el 13 de agosto en consejo de guerra y son condenados a muerte; el 17 de agosto, dieciocho días después de explotar la pólvora, son **ejecutados a garrote vil**. Eso es eficacia. En eso nadie le pudo dar nunca clases al régimen fascista de Franco.

Es tan notoria la falta de garantías judiciales del proceso exprés, que hasta el Papa de Roma había enviado telegrama personal al generalísimo, pidiendo clemencia y aplicación de los derechos humanos. Este Papa es **Pablo VI**, Giovanni Montini, hasta entonces Arzobispo de Milán. Franco nunca admitió injerencias en sus cosas, principalmente en las de matar, y se enfada mucho con el Papa, al que llama, a partir de ahora, el **Obispo Rojo**; y manda a sus huestes contra él, para eso tiene en Información al señor Fraga; la prensa pone a parir al Papa, en todos

---

[197] Llasat, Carmen (2012) *"25 de septiembre de 1962: la muerte visita Cataluña"*. Revista RAM-Meteored. Madrid-Barcelona.

sus medios y ediciones; la Iglesia mira discretamente a otro lado; el ínclito periodista director del diario Pueblo, señor **Emilio Romero**, lo llama el "Papa Tontini" en sus crónicas. Ese es el nivel intelectual del régimen y sus más proclives representantes.

Curiosamente es el año en que **Berlanga**, con guion de Azcona y otros, estrena la película *El Verdugo*.

Pero la represión da más de sí ese año. Un poco antes que a los militantes anarquistas, se había fusilado, en un campo de tiro en Carabanchel, a la luz de los faros de tres Land Rover, al dirigente comunista **Julián Grimau**. Acababa de cumplir los 52 años y después de haber sido de Izquierda Republicana, en octubre de 1936 se afilió al PCE.

En 1956 el Partico Comunista, después de poner fin a la lucha armada de la guerrilla, comprendió que, a un régimen ya reconocido internacionalmente, solo podría hacerle daño una política de concentración de voluntats, de coordinación con otras fuerzas políticas. Así nació su línea ideológica de la **Reconciliación Nacional**; no se trataba de olvidar, pero sí de que todas las fuerzas políticas democráticas, cualquiera que hubiera sido su bando en 1936, debían entenderse para poner fin a una dictadura sangrienta, impropia de unos tiempos en que Europa avanzaba hacia la profundización de la democracia y el aumento de los derechos sociales.

Dentro de esa política, el PCE comenzó a fortalecer los cuadros en el interior, a través del trabajo de **Simón Sánchez Montero**, el responsable del partido en el país. Pero en 1958 Simón es detenido y encarcelado. Para sustituirle se coopta a Julián Grimau, que dirigirá el partido desde ese momento, hasta su muerte. Su residencia habitual, desde 1957, estaba en Francia, pero pasaba con frecuencia a España para coordinar acciones.

Grimau es detenido el 7 de noviembre de 1962 en un autobús, en Madrid; un autobús que traslada a Julián y a unos cuantos pasajeros, todos ellos policías de la Brigada Político Social; poco antes habían capturado a un par de miembros de una célula y, alguno de ellos dio la pista de su paradero. Trasladado a la Puerta del Sol, fue brutalmente torturado y, maltrecho, arrojado por una ventana hacia el patio interior[198]. Y es que este dirigente no se salió un ápice del protocolo establecido por el partido para casos de detención, y nunca salió de su boca más de: "*Me llamo Julián Grimau. Soy miembro del Partido Comunista de España y me*

---

[198] Erice Sebares, Francisco. (2024) "*Julián Grimau, un crimen de Estado*". Revista Conversación de Historia. Barcelona.

encuentro en España cumpliendo una misión de mi partido". Lo de tirar por la ventana a los prisioneros era una especialidad de la BPS. Grimau sufrió una conmoción cerebral y aplastamiento craneal parietal, pero no murió. Su propio defensor denunció estas circunstancias en el juicio, sin que ello sirviera para nada.

El contexto en el que cae Grimau no le era muy favorable, el régimen está muy cabreado: había huelgas en Madrid y Barcelona, y sobre todo en Asturias, muy duras; se había celebrado el famoso Contubernio; y si faltaba algo, España recibió la visita de la Comisión de Juristas de Ginebra (ONU) para evaluar el sistema judicial español, publicando un informe demoledor en contra de un sistema antijurídico y sin garantías (*"El imperio de la ley en España"*). El gobierno formó una comisión, presidida por el ministro de Justicia y el de Información, pero fue Fraga quien llevó el peso en las ruedas de prensa, preparadas, para criticar y desautorizar el informe internacional.

Julián Grimau

Cuando van a hacer el paripé del enjuiciamiento, le surge un problema al régimen, y es que no saben exactamente de qué acusarle, teniendo en cuenta que la sentencia ya está dictada, la muerte. Y es que Grimau no sale citado en la Causa General, aquel proceso universal que realizó la Fiscalía Especial del Supremo, para encausar a todo el que se hubiera movido en el ámbito de la izquierda. Grimau había sido Comisario de la Brigada de Investigación Criminal de la policía, pero no tienen hechos concretos para encausar. También creen, o así lo acusan, de haber sido del Servicio de Información Militar.

Entonces se encarga un informe a **Manuel Fraga**, que ya había bosquejado el informe contra la Comisión de Juristas, y realizado otro sobre un comunista, el infame dossier en contra del poeta Marcos Ana. Fraga hace, como en él era habitual, un tótum revolutum, buscando "todo lo malo" que se le pueda atribuir, y llega a la conclusión, para la acusación, que su delito es el de "***rebelión militar continuada***", en consonancia con las sentencias de los consejos de guerra de los años cuarenta. A su informe lo tituló, para pasmo general, "***Crimen o castigo***". Igualmente, en las ruedas de prensa, ¡afirmaba que Grimau "*había sido tratado de forma exquisita*"! sugiriendo que la desgraciada caída por una ventana de la DGS, pudiera haberse tratado de un intento de suicidio.

El proceso estuvo pleno de irregularidades, entre las que no es la menor, dejar estar en la sala a un numeroso grupo de policías de la BPS que, de forma continua insultaban al procesado, tal era su odio. Eso lo permitía el presidente del Tribunal, coronel **Enrique Eymar**, que también juzgó a algún miembro de mi familia, como veremos.

Grimau tuvo dos abogados, el nombrado por el Tribunal era un joven militar, que había entrado en el cuerpo de Interventores Judiciales del Ejército, por oposición; era el capitán **Alejandro Rebollo**[199]; por su parte, el abogado civil será **Amandino Rodríguez Armada**, un jurista comunista, dedicado a defender militantes del partido, a todas horas, en todos los lugares. Asistió al juicio, con el respaldo de organismos internacionales, **María Luisa Suárez Roldán**, otra abogada comunista, laboralista, fundadora de tantas y tantas asociaciones de defensa de los trabajadores.

Como fiscal acusador, y Ponente redactor de la sentencia, el falsario **Manuel Fernández Martín**[200]. Este hombre nunca acabó la carrera de derecho, en Sevilla, pero las pocas asignaturas que aprobó le sirvieron para actuar en miles de juicios, de 1936 a 1964, con varios cientos de ellos finalizados en pena capital. Pero, además, era el Ponente que, según el Código, debía asesorar al resto del tribunal militar, de no ser letrados.
Fue Procurador en Cortes en varias legislaturas y, pese a ello, había sospechas al respecto de su currículo; él siempre contestaba que sus notas y expediente se quemaron en la guerra. A mediados de 1966 se le juzgó y condenó a un año y

---

[199] Alejandro Rebollo hizo una buena defensa y empatizó mucho con Grimau; tanto que le costó la carrera militar y tuvo que abandonar el ejército. Fue diputado de Suárez, con UCD y el CDS, y presidió el organismo RENFE.
[200] Baquero Zurita, Juan Miguel. (2019) "*El país de la desmemoria*". Roca Editorial. Barcelona.

medio de cárcel por "usurpación de funciones". Da lo mismo, él había tenido su broche de oro con la condena a Grimau.

El proceso a Julián Grimau, del que hoy nadie se acuerda, fue una conmoción en la vida nacional e internacional; en España hubo muchos detenidos en manifestaciones en contra de su condena; por citar uno, Manuel Sacristán fue a la cárcel en Barcelona por este motivo. Pero es que internacionalmente fue todo un escándalo: el presidente Kennedy envió una carta a Franco; lo mismo el Papa Pablo VI, al que los periodistas del régimen volvieron a llamar "Cardenal Tontoni"; Kruschev envió un telegrama pidiendo la paralización de la ejecución; hasta la reina Isabel II pidió a Franco que anulara el fallo.

Manifestaciones en toda Europa condenaron el juicio; los partidos comunistas europeos, PCI, PCF, PCB, etc., movilizaron a la militancia y se llegó a ocupar algunas embajadas españolas; hasta la socialdemocracia alemana y sueca salieron a las calles. El periódico francés **Le Monde** publicó un artículo de **Dionisio Ridruejo**, titulado "*La guerra continúa*", en el que criticaba a Franco y decía que la guerra era la esencia de su vida (de Franco) y que no quería que se acabara para seguir sintiéndose el líder.

Manuel Fraga, en sus memorias, después de transcurridos años, seguía defendiendo la condena, aduciendo que la conmoción internacional por saber que la dictadura seguía vigente y matando, "*no fue más que una maniobra orquestada por el comunismo internacional*".

He conocido el crimen una mañana,
Color tiene mi pena de sangre humana.
Solo nubes y plomo lo presenciaron,
Julián Grimau, hermano,
Te asesinaron, te asesinaron.

Chicho Sánchez Ferlosio, 1964
(Canciones de la Resistencia Española)

Fue fusilado en la madrugada del 20 de abril de 1963, en Carabanchel. Grimau gritó "Viva la República" y cayó. Hubo que dar el tiro de gracia en la cabeza, pues aún estaba vivo después de la descarga.

¿Qué dirá el Santo Padre, que vive en Roma,
Que le están degollando a su paloma?

Violeta Parra
(en esos años vivía en Ginebra)

Aunque aparentemente lejos de todo escenario de protagonismo, la muerte de Julián Grimau también fue una conmoción en mi casa; para mi madre, el hecho no hizo nada más que acrecentar sus temores, al saber que Franco podía matar todavía, que nada lo iba a parar y que mi padre, como tantos otros, podía ser el siguiente. Para mi padre porque, aunque yo lo conocí más tarde en distintas conversaciones, fue uno de los que salió a las calles madrileñas a protestar, a pegarse con los policías, a gritar su desesperación porque, a pesar de todo, nada parecía cambiar. Mi padre nunca llevó bien aquella presentación de Carrillo, en el Club Siglo XXI, por Manuel Fraga (1977). Yo creo que no terminó de entenderlo nunca.

Pero Franco, cual diésel, iba a su ritmo. El 1 de abril de **1964** publicará un Decreto que se titulaba: "**Indulto general con motivo de los XXV años de paz**".

Sí, habían pasado veinticinco años, pero ni él había estado en paz, pues siempre estuvo en estado de guerra y vigilante, ni el pueblo había logrado vivir en esa paz que da saber que te puedes cruzar con la guardia civil sin miedo a… Para lo único que servía el decreto, es para eliminar del registro los antecedentes de media España, incluidos los de mi padre, mi abuelo, mi otro abuelo, mi abuela, mi tío abuelo, mi tío y mi otro tío…

DISPONGO:

Artículo primero.—Se eliminan del Registro Central de Penados y Rebeldes los antecedentes penales derivados de las condenas correspondientes a los delitos comprendidos en el indulto general de nueve de octubre de mil novecientos cuarenta y cinco y se remiten las penas accesorias comunes que por los expresados delitos estuvieren pendientes de cumplimiento.

La verdad es que los españoles necesitaban paz y buenas noticias; y este fue el caso de los 25 años de Paz. Fraga y su cuñado Robles Piquer, realizaron una buena campaña. Hasta un joven cantante asturiano, llamado **Víctor Manuel**, lanzaba un disco donde uno de los temas se titulaba *"Ese gran hombre"*. Pobre Víctor; luego contaba: *"compuse esa canción y canté a Franco, sí, por pura ignorancia"*. Y es que la propaganda del régimen, ya con una televisión potente, fue tremenda.

En **1965** éramos 32,1 millones de habitantes; habíamos crecido dos millones en cinco años, por el desarrollismo. El empleo había crecido, aunque era malo y mal pagado. De ahí que siguiera la emigración hacia Europa; si no hubiera habido esa fuga al exterior, se hubieran alcanzado los 33 millones. La sensación, en lo económico, es que vamos a mejor; casi todos tenemos TV en casa, nos hemos comprado un sofá y un frigorífico, que pagamos en cómodos plazos. Pero para ello hay que trabajar muchas horas, muchas. A mi padre le van cayendo más encargos de reformas o construcción de modestas viviendas, y mi madre teje jerséis en casa, con una espectacular tricotosa que se ha empeñado en comprar para mejorar los ingresos caseros; los niños crecen y comienzan a estudiar y supongo que hay más gastos; mi hermano tiene trece años y estudia en Madrid porque en Ciempozuelos no hay aún Instituto, y yo, con nueve, hago primero de bachillerato, pero por libre, con el maestro don Eloy, que luego nos llevará a examinar a Aranjuez.

Todo el mundo trabaja mucho; estamos en una especie de fiebre del oro, quizá. Así lo interpreta el pintor **Salvador Dalí** que subasta su obra *"La apoteosis del dólar"* y consigue doscientos millones de pesetas (de la época). Entre tanto, las infraestructuras del país están para el derribo; este año y el siguiente hay, al menos, seis accidentes ferroviarios, con más de doscientos muertos.
Quizá por eso, el general matarife hace cambio de gobierno en el verano y cambia de ministro de Obras Públicas, poniendo a **Silva Muñoz** (fundador con Fraga de Alianza Popular) y, de paso, algún otro ministerio, como Díaz-Ambrona en Agricultura o Espinosa San Martín (tío del profesor Antonio Escohotado) en Hacienda.

El año **1966** nace con el pie izquierdo para el régimen, pero como no hay oposición posible, no pasa nada. En enero (17) caen en la pedanía de Cuevas del Almanzora, **Palomares**, unas cuantas bombas atómicas; menos mal que sin activar. Pero Fraga, que es el ministro para todo, va allí, con el embajador americano y se da un baño; esa es la realidad de nuestro país. Imposible conocer, imposible informarse; solo los que tienen familia en el extranjero reciben algún recorte de periódico, traducido. Tampoco nos enteraríamos en Ciempozuelos de los vertidos radiactivos que bajaron por nuestro Jarama y regaron nuestras alcachofas, en 1970, procedentes de fugas en el Consejo de Energía Nuclear, en Madrid. Opacidad total siempre.

España aparece, en esos años sesenta, realmente como un país dual: bailamos por la mañana el *"Black is Black"*, de Kennedy, mientras por la tarde vemos *"La ciudad no es para mí"*. Quizá por eso hay algunos que se siguen atreviendo a crear organizaciones democráticas, principalmente en la universidad. En marzo, estando reunidos más de 500 profesores y estudiantes, en el convento de los capuchinos, en Sarriá, para crear el Sindicato Democrático de la Universidad de Barcelona, entra la policía y detiene a cientos; da igual quienes sean, hay que seguir demostrando que el régimen lo controla todo. Multas de 20.000 a 200.000 pesetas (de la época) curarán a los izquierdosos de la intención de volver a reunirse.
Caen nombres como Espriu, Bohigas, Solé Tura, Tapies, Sacristán, A. Capmany, Xirinacs, M. Roig, Goytisolo, Obiols, Benet... toda la inteligencia estorba.

Pero 1966 será, por excelencia, el año del **Referéndum** para aprobar la **Ley Orgánica del Estado**, una especie de Constitución. Podían votar los españoles de más de 21 años, y el resultado fue 18.130.612 votos SI, 342.338 votos NO.
La Ley creaba la Presidencia del Gobierno, de forma independiente a la Jefatura del Estado. El Consejo del Reino pasa a tener 17 consejeros: 10 elegidos por las Cortes y 7 por Franco. Las Cortes pasan de 611 procuradores a tener 403: 108 elegidos directamente por los ciudadanos, 25 designados por Franco, y el resto elegidos por los órganos corporativos (Iglesia, Ejército, Sindicato).

En noviembre de este año se habían celebrado elecciones municipales, por los tercios correspondientes, familiar, sindical y de entidades. La gente pasa de estas elecciones de forma olímpica, toda vez que no tienen participación alguna, ni antes ni después. La media nacional de voto fue del 38% del censo; en Madrid votó el 30%, en Barcelona el 14,7%. Esto enfurece a Franco, pues para sí debe pensar *"y estos que más quieren"*, o algo así. Por eso, para el referéndum, que se celebra un mes después, el 14 de diciembre de 1966, el **régimen inventa la figura del "transeúnte"**, que tanto juego le dará para los recuentos y actas finales[201]. (Un recuerdo para el pueblo de Alcoy, el que mayor porcentaje de noes tuvo en todo el país, un 15,15%).

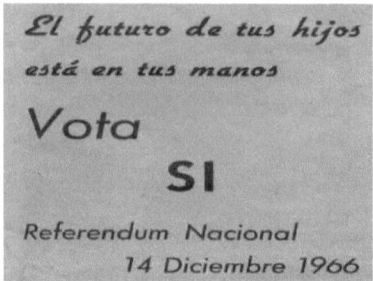 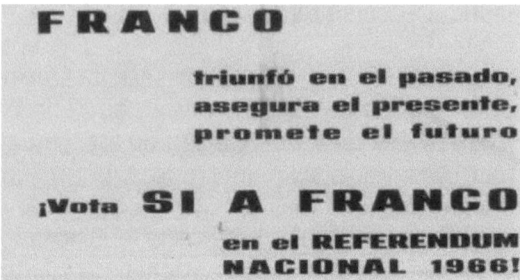

En el referéndum no pasará lo de las municipales, la participación será acorde a las perspectivas y, si no, sacamos a los transeúntes. Algún ejemplo: en Móstoles, donde el censo electoral apenas supera los mil votantes, aparecen 740 síes de transeúntes; en La Coruña se contabilizan 12.159 síes de transeúntes. Nadie quería quedar mal en los territorios, alcaldes, presidentes de diputación. O que le pregunten al alcalde de Gandía; este señor afirmó que él conocía el verdadero sentir de sus vecinos y que todos votaban sí, por lo que en las actas finales aparecen 22.000 síes, que coinciden con el número de posibles votantes de la localidad mediterránea. En todo caso, no podía haber menos síes que en el único referéndum realizado hasta ese momento, el de 1947.

El famoso Referéndum también tuvo su episodio familiar. Con el Decreto de 1964 que anuló los antecedentes políticos, los de mi padre también desaparecieron; por tanto, ya figuraba en el censo electoral. En el Ayuntamiento de Ciempozuelos se hizo el sorteo para ver qué composición se daba a las mesas, en cuanto a vocales, pues los presidentes los elegía el alcalde. En ese sorteo salió para vocal José Maroto, tal cual suena. Cuando llegó a los oídos de don Pedro, el cura párroco, montó en cólera: "*cómo puede estar en la mesa ese señor, ese comunista*" decía. Y se puso inmediatamente en contacto con las fuerzas vivas, alcalde, sargento de la guardia civil, secretario local del Movimiento.

---

[201] Moreno, Roque – Sevillano, Francisco. (2015) *"La legitimación del franquismo: los plebiscitos de 1947 y 1966"*. Ed. Universidad de Alicante.

Mi padre no sabía nada, pero le llegó el eco. Sin embargo, no había recibido notificación oficial alguna; y en eso cayó, "*a ver si va a ser mi primo, que se llama igual*". Efectivamente el agraciado con la mesa era un primo del mismo nombre. Es una minúscula anécdota pero que habla de cómo las gentes del régimen nunca olvidaron y siempre mantuvieron levantadas las barreras. Porque, qué hubiera pasado si era mi padre; pues absolutamente nada salvo que, si tenían que poner unos cientos de transeúntes más, para adornar el número de síes, pues Pepe no se hubiera prestado, ya lo digo yo, desde la distancia.

Lo que ocurre es que el fascista párroco tenía una inquina especial por mi padre; veía en él la típica persona que, por mucho castigo que hubiera recibido, seguía sin domar, y altivo. Y así lo demostró en 1959, cuando en la comunión de mi hermano, no pasó a la iglesia, para "escándalo" del personal, y el párroco dedicó toda la homilía a "*esos padres que abandonan a sus hijos, en uno de sus días más bonitos*", y esas cosas.

Yo lo tuve más fácil; cuando me tocó hacer la comunión (1964), me inscribieron en un colegio en Madrid, donde estudiaba alguno de mis primos, e hice el espectáculo en la Iglesia Santa Teresa y Santa Isabel en la Glorieta del Pintor Sorolla; lejos de don Pedro y su mala leche.

En esas fechas estaba por España **Eduardo Galeano**, periodista y escritor uruguayo, realizando una serie de reportajes de la España del momento[202]. Nos deja páginas memorables. Galeano encuentra una España donde hay, oficialmente, 7 millones de personas por debajo del umbral de pobreza; donde 2 millones de españoles se han ido a trabajar a Suiza, Francia, Alemania y Bélgica, fundamentalmente. Y nota el periodista una diferencia generacional clara: entrevista a jóvenes estudiantes que afirman haber votado NO o han anulado su papeleta con escritos; sin embardo las personas mayores hablan de otra manera: "*he votado si, aunque no me guste, pero no quiero que a mi hijo le pase lo que a mí*".

Galeano nota que la guerra sigue presente en la cabeza de todos. Los propios carteles de propaganda por las calles y carreteras dicen: **"Vota por la Paz"**; en la cabeza de muchos votar NO era impensable, porque tenían fresco el recuerdo de la guerra. Y con eso jugaron los publicistas del régimen, que llegaron a confrontar la "tranquilidad" española con las penurias de guerra del pueblo vietnamita, entonces en plena contienda.

---

[202] Galeano, Eduardo. (1967) "*España: de la guerra civil al referéndum de 1966*". Cuadernos Ruedo Ibérico. OMF Alfa Biblioteca. Madrid.

Los ministros económicos, que estaban queriendo dejarse ver por Bruselas, no podían consentir tampoco una derrota. De paso ocultaban a Europa cualquier atisbo de crisis o alteración; así no se conoce de los 3.000 despidos en Barreiros, esa marca española que produce el SIMCA y el Dogde Dart; o los 10.000 puestos en el aire en la Estándar Electric; o los 3.000 de la SEAT que están trabajando media jornada por falta de pedidos.

En España no se sabe nada de esto, la prensa del régimen amordaza cualquier noticia negativa. Y Galeano en sus crónicas sí lo pone negro sobre blanco: el déficit de la balanza comercial no llega a ser cubierta por las remesas de los emigrantes[203]; la estructura agraria sigue como hace cincuenta años, es decir, como hace doscientos; el sistema de comunicaciones es una antigualla, los ferrocarriles averiados continuamente, y con múltiples accidentes; las carreteras escasas y malas; las jornadas en la industria alcanzan las doce horas en buena parte de ella; el nivel de accidentes de trabajo es altísimo.

Camacho en una asamblea. Foto: F. Muñiz Zapico.

---

[203] Solamente en 1965 salieron 227.000 personas hacia Europa.

En ese contexto, la oposición es más sindical que política, porque lo verdaderamente acuciante es el ámbito laboral, esclavista y sin seguridad para el trabajador. Es el caldo de cultivo donde las Comisiones Obreras afloran en todas las empresas de cierto tamaño. En las elecciones sindicales de 1966, CCOO gana en muchas factorías y talleres, aunque la dirigencia obrera se queje de un pueblo "futbolizado" donde importa más la liga o las corridas de El Cordobés que las condiciones de trabajo. Seguimos en un país donde en las plazas de los pueblos "se alquilan trabajadores" para el campo o las obras, sin contrato ni garantías, con salarios diarios que son la mitad del coste de la vida.

El éxito de las Comisiones Obreras hace que, de estar medio toleradas, pasen a ser ilegales en 1967, y a anularse vía orden ministerial muchas de las elecciones de empresa realizadas. De esa fecha hasta 1977 hay algo más de 9.000 miembros de CCOO condenados a cárcel y/o multas elevadas; en 1968 Marcelino Camacho, Ariza y otros, entran en prisión. Pero el régimen no consigue acallar al movimiento obrero, ya reverdecido, de manera que en 1969 se llega a decretar el **Estado de Excepción**.

El Sindicato Vertical disminuye su fortaleza y ve peligrar su organización, ya oxidada; para minimizar la fuerza del movimiento obrero hace orfebrería con las estructuras sindicales: crean cientos de ramas, de sector, de oficio... para que el voto de pequeñas empresas o talleres, contrarresten la representatividad obtenida en las grandes empresas por la izquierda sindical. La patronal, por su parte, multiplica los despidos y generan listas negras de "**trabajadores no contratables**" que pasan de fábrica en fábrica.

Los ministros económicos, que tienen las miras en Europa, obligan a Franco a realizar movimientos; tales como cambiar el propio lenguaje gubernamental; de los discursos oficiales desaparecen palabras hasta entonces tenidas como sagradas, "verticalismo", "jerarquía", "falangismo". La Falange, como organización, vive momentos de repliegue porque en muchos órganos se va prescindiendo de sus miembros; se pone de moda, en esos momentos, la frase de que la "***Falange es como los almacenes SEPU, se entra por José Antonio y se sale por la calle Del Desengaño***" (quien conozca Madrid, lo visualiza). Para esa progresiva retirada de Falange, Franco se escudará en la nueva figura del Presidente del Gobierno, en su eterna muleta, don Luis, Carrero Blanco.

Pero uno de los aspectos que Galeano capta mejor en la España del momento es lo que conoceríamos como "**franquismo sociológico**", que es a lo que se refería el momio cuando dijo aquello de "*todo está atado, y bien atado*". Y lo hace Galeano en una entrevista, tomando un café en la plaza del Ayuntamiento, entonces del Generalísimo, en Valencia, donde un camarero responde a sus preguntas y hace un resumen magistral de lo que piensa buena parte de la gente en España; dice: "*Mire usted, Franco al final hizo una buena obra, porque este país necesita de una dictadura. No hay más remedio. Si los españoles no tenemos las manos atadas, ¡hala!, nos peleamos. Es por el temperamento, ¿sabe?* **Hay muchos españoles para los que la dictadura ha llegado a ser una costumbre, en todo caso un mal necesario: se acepta a Franco como al frío en invierno, es la cruz que llevamos cada español encima**". La sociología fascista ha calado: no te metas en política, todos son iguales, tú a lo tuyo y yo a lo mío, lo importante es el trabajo...

Ese ambiente de despolitización hace que la gente, la inmensa mayoría, pase de la cosa pública, y no diga nada cuando en **1967** se aprueba el trasvase **Tajo-Segura** que deja al centro sin agua, potenciando la desertización agraria y humana del centro de la península; la gente ni se entera que han asesinado al **Che** en Bolivia, ni siquiera que en Cataluña las derechas nacionalistas montan un tremendo jaleo porque quieren que la jerarquía eclesiástica venga con una partida de nacimiento determinada: "***volem bisbes catalans***" (queremos obispos catalanes) manifiestan las pancartas colgadas de iglesias, colegios y seminarios, en un alarde de provincianismo colosal. Lo peor es que siempre se suma parte de la izquierda, agotándose en guerras que no le son propias.

Pero ese año 1967 se celebraron las primeras elecciones de las que yo tengo recuerdo nítido; elecciones para elegir procuradores en las Cortes franquistas por el Tercio familiar. Y se presentaba un candidato que decía tener raíces en nuestro pueblo, en Ciempozuelos, y era así, pues su madre Sedeño de Oro, pertenecía a una de las familias adineradas y terratenientes de la localidad. El candidato era el señor **Juan Manuel Fanjul Sedeño** que, dentro de su campaña, hizo algún pequeño acto en el pueblo y, sobre todo, lo empapeló con carteles con su fotografía. Para todos era una novedad, al menos para los chavales; nunca habíamos visto carteles electorales en nuestras paredes; los únicos carteles que se pegaban en el pueblo eran los del Circo, un par de días antes que llegara oliendo a mierda de fiera y pobreza.

Juan Manuel Fanjul, era un fascista reconocido y de amplio currículo. Era hijo del general Joaquín Fanjul Goñi, un militar de la UME y reconocido conspirador, que se atrincheró en el cuartel de la Montaña, alzándose contra el gobierno (fue fusilado por traición a la patria el 17/08/36). Su hijo Juan Manuel, ahora candidato, pertenecía a Falange y era miembro de su Comité Nacional; también dirigente del sindicato fascista de estudiantes, el SEU.

JUAN MANUEL FANJUL SEDEÑO

BIOGRAFIA

Nací en Melilla en 1914. Pronto vine a Madrid, donde he vivido cincuenta años. Estudié en el colegio de Areneros y en la Facultad de Derecho de San Bernardo.

Mi padre, Fanjul Goñi, descendía de asturianos y navarros. Mi madre, Sedeño de Oro, era de Ciempozuelos. Tengo tres hijos y dos nietos.

Mi vida, desde 1939, se centra en el ejercicio de la abogacía, habiendo desempeñado por elección la Secretaria del Colegio de Madrid hasta 1963. Soy presidente en España de la Asociación Mundial de Juristas La Paz mediante el Derecho.

Mi profesión me ha enseñado a defender

Fanjul Sedeño se presentaba en esas elecciones a Cortes (IX Legislatura 1967-1971), por el Tercio Familiar. Obtuvo algo más de 103.000 votos y consiguió el acta de Procurador.

Es curioso que, a pesar de su trayectoria política, de ultraderecha falangista, se presentara en esa elección con un lema que, a todos los críos del pueblo, se nos grabó a fuego: "**Vota Fanjul, vota libertad**".

Al final de la dictadura se reconvirtió en demócrata y fue diputado de la UCD en la legislatura constitucional, 1977-1978.

A pesar que la emigración a Europa continúa, en **1968** somos ya 33,5 millones de habitantes; la generación "boomers" sigue al alza, pues en tres años ha crecido la población en casi millón y medio de personas. No es ajeno al aumento poblacional el desarrollo industrial, de baja productividad pero que genera mucho puesto de trabajo. Y no es ajeno a la mejora de las perspectivas económicas la lucha sindical y su consiguiente conflictividad, que va arrancando medidas de mejora para los trabajadores de forma persistente, en cada convenio de rama o sector. La mejora de los salarios, aumenta el consumo, aunque nadie se lo agradezca a los sindicatos.

No será ajeno al crecimiento, tampoco, el turismo, que este año de 1968 se incrementa tremendamente; es el momento ya de la primera explosión, de las suecas y sus bikinis, y de las "grandes" películas que lo ensalzan, las denominadas *españoladas*.

En lo político el país sigue igual, sujeto a la brida franquista; es el año en que, en la que sería mi Facultad, canta **Raimon**: "*Al vent, la cara al vent, el cor al vent, les mans al vent*" con el consiguiente nerviosismo de los "fraguels" (de Fraga). Y **ETA** comienza a matar ese año; en agosto asesina al policía **Melitón**

Manzanas en Guipúzcoa; es el primer asesinato de su larga y desgraciada serie, así como el inicio de continuos decretos de estado de excepción "en las vascongadas", como gustaba decir a los mandos del régimen. Al principio, los atentados de ETA, como sabemos todos, gozaron de un apoyo social patente, porque estábamos en dictadura y los asesinados, además, solían ser gente que se había distinguido por pertenecer a la vanguardia represiva del fascismo. Es lo que ocurrió en este caso del señor Manzanas; un hombre de la extrema derecha desde su juventud (milicias de Acción Popular) que ya en 1937 participó en el secuestro del Juez de Irún, **Nicolás Guerendiain**, sacado de un penal de Santoña, y en su tortura y fusilamiento en Vera de Bidasoa. También, acabada la guerra, parece que le había cogido el gusto a lo de interrogar en lo más profundo de las comisarías[204].

Pero la gente apenas nos enteramos de esas cosas, o más bien no las valorábamos por ausencia de criterio. Pasaba igual con las tremendas noticias que nos venían del exterior: mataron a **Luther King** y a **Rober Kennedy**, pero nos parecía "cosa de película americana". Algo parecido a la guerra del Vietnam, donde ya nos habíamos acostumbrado al napalm y al espanto. Y qué les voy a decir de la **Matanza de Tlatelolco** en la Plaza de las Tres Culturas de México, donde acribillaron a balazos a más de trescientos estudiantes por querer ser libres, tanto como lo eran los que tiraban adoquines a la policía en las calles de París (mayo'68). Pero no era lo mismo.

La población española, que había pasado tanto, no se podía permitir sufrir por las cosas que pasaban por ahí; así nos había dejado el franquismo, inertes, frente a un televisor viendo "*Un millón para el mejor*" o aplaudiendo a Massiel y su "*La, la, la*".

El panorama político en **1969** trae algunos sobresaltos al ya anciano generalísimo; el caso **MATESA** es uno de ellos. Escándalo digno de programa de temas paranormales, porque en España, al final, nadie se enteró de lo que pasó. Y es que tuvo que "meter mano" todo el mundo y, al final, como en Sicilia, todos callaron. El empresario **Vilá Reyes**, que había creado la empresa de manufacturas textiles, se expandió por España y el mundo, y hubo de pedir créditos para sostener la aventura; créditos de la banca oficial (Banco de Crédito Industrial) que llegaron a superar los 11.000 millones de pesetas, y que jamás pudo devolver; solo la mitad, después de expropiaciones. Y es que en el caso aparecieron, desde los servicios secretos españoles hasta la PIDE, la policía política portuguesa. Quizá nunca se sepa la verdad; sí se sabe que el futuro rey,

---

[204] Web Asociación Republicana Irunesa.

Juan Carlos de Borbón, de las primeras cosas que hizo al ser entronizado, fue otorgar el indulto al señor Vilá Reyes, el cual sí debía saber demasiado.

Las porquerías internas el régimen las tapaba, como siempre, con "audacias exteriores". Gran Bretaña, ante las peticiones españolas, había realizado un referéndum en **Gibraltar** (en 1967), para ver si lo *llanitos* querían que hubiera negociaciones con Franco de cara a una posible anexión o si querían ser ciudadanos independientes y seguir asociados a la Reina. El resultado fue del 99% a favor de ser ciudadanos gibraltareños asociados a la metrópoli británica. Ese resultado, aunque era del tenor de los que el general cosechaba en casa, en este caso no le gustó y montó en cólera. Ordenó cortar las comunicaciones con el peñón; para ello militarizó la Compañía Telefónica, por si alguien se oponía poder juzgarlos en consejo de guerra. Y cerró la verja, la frontera entre España y el peñón. El resultado, pasados unos meses, fue una gran depresión económica en toda la comarca del Campo de Gibraltar; pero su excelencia continuó con el cierre y el embargo.

Las cosas, en lo político, no van muy bien. El gobierno disimula con distracciones varias: se decreta ya, aunque era conocido, que Juan Carlos de Borbón será el heredero de la jefatura del Estado, a título de Rey (22/11/69). Y se cambia el gobierno, pues las renovaciones de gabinete siempre distraen mucho los temas durante meses; siguen los López, el Rodó y el Letona, en educación llega **Villar Palasí**, a cuya reforma educativa le debo mi ignorancia (o no, hay discusión); y dos hechos muy significativos: el primero es que el achicharrado **Fraga** sale del gobierno, parece que se le acabó la baraka; la segunda que entra **Torcuato Fernández Miranda**, profesor universitario y falangista avenido a demócrata a última hora, muy listo, al que en gran medida debemos la "desastrosa" Transición que tuvimos. Desastrosa en el sentido *lampedusiano* del término: "***que todo cambie para que todo quede igual***".

Familiarmente, lo que sí tuvo algún tipo de trascendencia, fue el **Decreto Ley de marzo de 1969**, por el que **se declaraban prescritos todos los delitos cometidos con anterioridad al 1 de abril de 1939**. No es que hubiera el más mínimo miedo en casa de que se pudiera atribuir algún delito al padre, es que realmente este decreto puso punto final a la guerra. No hace falta decir que los años anteriores, aunque no lo haya citado continuamente por no ser pesado, la guardia civil seguía apareciendo en casa, a deshora, con preguntas ya conocidas, las de siempre: recibe usted correspondencia del extranjero; piensa sacar el pasaporte, pertenece a algún partido político...

A partir de ese 31 de marzo de 1969, la policía dejó de aparecer por nuestra casa y tuvimos conciencia de cambio de ciclo; de que la guerra había acabado. Por fin, después de 30 años, la guerra había terminado.

JEFATURA DEL ESTADO

DECRETO-LEY 10/1969, de 31 de marzo, por el que se declara la prescripción de todos los delitos cometidos con anterioridad al 1 de abril de 1939.

La convivencia pacífica de los españoles durante los últimos treinta años ha consolidado la legitimidad de nuestro Movimiento que ha sabido dar a nuestra generación seis lustros de paz.

DISPONGO:

Artículo primero.—Se declaran prescritos todos los delitos cometidos con anterioridad al uno de abril de mil novecientos treinta y nueve.

Esta prescripción, por ministerio de la Ley, no requiere ser judicialmente declarada y, en consecuencia, surtirá efecto respecto de toda clase de delitos, cualesquiera que sean sus autores, su gravedad o sus consecuencias, con independencia de su calificación y penas presuntas, y sin tener en cuenta las reglas que los Códigos vigentes establecen sobre cómputo, interrup-

Mi abuela paterna Antolina Sánchez Pérez.

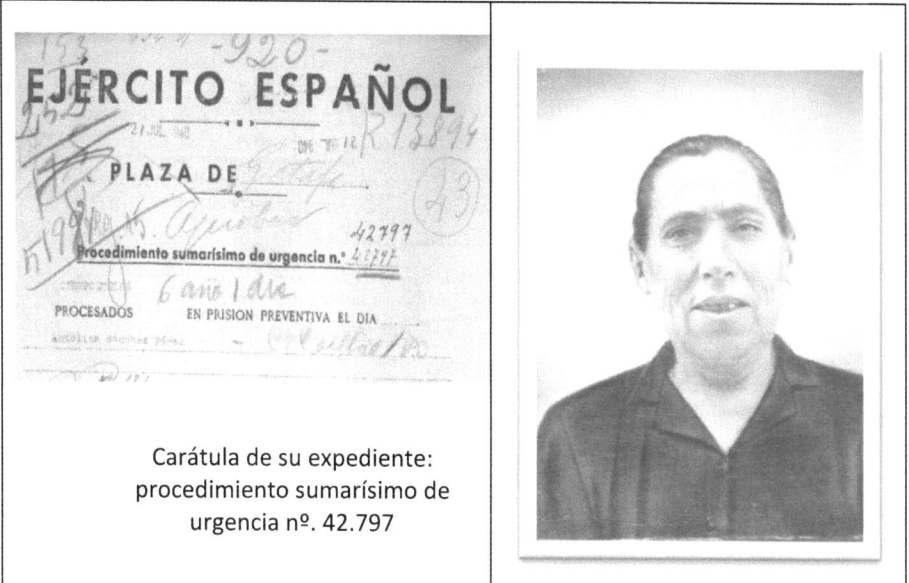

Carátula de su expediente:
procedimiento sumarísimo de
urgencia nº. 42.797

No conocí a mi abuela Antolina. Murió antes que yo naciera. La verdad es que intuyendo su vida, no se lo reprocho. Sus días le debieron parecer largos. Hija de Aniceto y Nicasia nació en 1888, un par de años después de la gran crisis sanitaria de la epidemia de cólera en Ciempozuelos, en el seno de una familia muy pobre, de jornaleros del campo.

Cuando yo era crío, jugábamos continuamente en la calle. A veces teníamos que parar el juego, bien la pelota, bien el aro, la lima, o la soga, porque pasaban por nuestras puertas grupos de mujeres que bajaban, o subían, del campo. Eran jornaleras. Eran mujeres que hacían parte de las faenas del campo y que como protección ante la interperie, ante el sol de justicia, se "disfrazaban" a modo de brujas. Eso me parecía a mí. Sayas largas; varias, muchas capas que ir quitando a lo largo de la jornada; manga larga, sombreros de paja con trapos en sienes y nuca a forma de parasoles. Daban miedo. Yo siempre que oí el nombre de la abuela Antolina imaginaba una de aquellas *brujas* de sayón largo y sombrero

357

pajizo. No en vano me dijeron que en eso trabajó: emparvando mies, escardando la tierra, recogiendo patata, vendimiando... con eso y saber hacer un puchero y remendar un calzón, parece bastaba. Nunca fue a la escuela, nunca supo leer, nunca pudo trazar siquiera unas rallas a modo de firma. Solo supo ir a pedir jornal a la plaza donde luego, a la tarde, pagaba el capataz del señorito, del amo. Y con las monedas recién cogidas darse un garbeo rápido por las dos o tres tiendas del pueblo para llevar a casa algo de cena, quizá una sardina arenque y pan, y algo para el almuerzo del día siguiente, algo que meter en la taleguilla.

En mi casa no se ha sido muy de hablar de las cosas; al menos yo no lo recuerdo así. Tampoco se hablaba de la familia, en general. Por eso desconozco si mi abuela tenía hermanos, y cuántos. Se que algún familiar suyo vivía en lo que conociamos como la *Planá de Balbino*. De hecho, Balbino debía ser hermano, por la coincidencia de ambos apellidos. En fin, eran de la rama Sánchez. Algo de familia había, claro está, porque de hecho la enjuiciaron por "malmeter" a un sobrino y de conminarlo a realizar un delito, según los denunciantes. Además, cuando salió de la cárcel, tuvo temporalmente acogida en la ciudad de Valencia, donde fue desterrada. O sea, familia había.

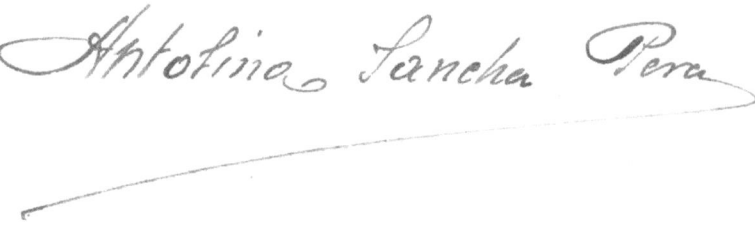

Rótulo con el nombre de Antolina en el legajo de su Consejo de Guerra

No tenía noticia de que Antolina había estado en la cárcel. Ha sido ahora, cuando he buscado en archivos, que he sabido de sus padecimientos; de su cárcel, de su destierro a Valencia. Y de otros familiares que pisaron prisión, o murieron en ella, como Ignacio. No he sabido nada; no hemos sabido nada; no hemos conocido la historia; seguimos sin conocerla.

A poco de acabar la guerra es señalada. El día 3 de julio de 1939 cuatro vecinas de Antolina se dirigen a la Guardia Civil para denunciarla. Alegan, sin dar mucho detalle, sin citar ni día ni hora de los hechos, que un sobrino de Antolina, llamado José Martínez Sánchez, apodado El Rejo, visitó a ésta en su casa de la Cruz Verde. Dado que ese sobrino era miliciano, iba con un fusil al hombro. Antolina le dijo que esas vecinas, derechistas, estaban escondidas en la parte de cueva de la casa de una de ellas (recordar que en esa zona se inicia el barrio de las Cuevas del Prado, una de las partes más pobres del pueblo, entonces, donde abundaban las casas-cueva); le pidió que fuera a la citada cueva y que les diera su merecido; el referido Rejo se acercó a la puerta de la cueva, pero no entró, sin embargo disparó un tiro de fusil en la fachada para dar un susto a los allí escondidos; los denunciantes citan que oyeron desde allí cómo al volver el Rejo a casa de su tía Antolina, ésta le insultó llamándolo cobarde por haber hecho solo un disparo y no mayor escarmiento.

No enjuicio, a estas alturas, lo acontecido. Pudo suceder, o no. O solo en parte. Ya se sabe que cuando la tortilla se da la vuelta se aprovecha para sacar las rencillas y rencores a pasear. La verdad es que me extraña que desde lo más profundo de una cueva se oiga a una mujer decir algo a otro, a más de cincuenta metros que están las casas, según plano. Por otra parte, que El Rejo llevara un fusil es posible si es cierto que se había presentado voluntario a Milicias; pero en los momentos en que esto parece ocurrir, estando ya armados, la gente de derechas, en general, ya se había ido del pueblo. Por otra parte, si hubieran querido hacer un mal mayor, supongo que el malvado Rejo se habría ido a por otros milicianos para registrar la cueva al completo. No se, hay muchas cosas mal hilvanadas. No dudo que Antolina pudiera decir cosas al miliciano, porque parece que la jornalera era de genio fuerte, pero tanto como inducir a dar escarmiento cruel a cuatro mujeres, me cuesta.

Según parece, Antolina, mujer bragada, se dejó ver mucho el día en que algunos hombres y, sobre todo mujeres, sacaron de las iglesias del pueblo las imágenes de santos y vírgenes; algunos de los cuales acabaron en el pilón. En una ratificación de denuncia, una de las mujeres acusadoras, lo más grave que llega a decir, sobre estos hechos, es que se conoce por todos que Antolina, estando la gente tirando santos al pilón, pronunció la siguiente frase: "*mirai al baño de Maríai*". La verdad es que yo soy muy irónico. Quizá me venga de esta mujer y no lo sabía. Bueno, para lo que estaba cayendo, me parecen acusaciones un tanto inanes.

Cierto es que, si se distinguió en sucesos anticlericales de este tipo, pudiera recibir luego mucha antipatía. Mucha. Tanto que cuando es denunciada padece, como tantas otras, los escarmientos conocidos del ricino y el corte público de pelo. Luego vendría la cárcel.

Objetivo: humillar a la mujer

Rapadas y purgadas. El rapado del cabello fue llevado a cabo de forma sistemática, sobre todo en los medios rurales. Afectaba a las mujeres que habían luchado, participado o simplemente aceptado la República. Junto al rapado solía obligarse a la mujer a tragarse, literalmente, un litro de aceite de ricino. Esto provocaba el descontrol fisiológico de los esfínteres, cosa que se sumaba al espectáculo para mayor escarnio de la persona y regocijo del personal. Porque esto se hacía a la luz, en la calle, en la plaza pública. Además del pelado, se solía poner algún adorno más, como banderitas rojigualdas, lazos rojos o carteles con insultos. Incluso se aprovechaba para fiestas o días concretos; como en Villadiego (Burgos): *"todas las procesiones de peladas se dejaban para el día de mercadillo, así podían venir los labriegos a vender y los fascistas de la comarca a disfrutar, luciendo correajes y pistolas"*[205].

Los hechos transcendieron y la **Cruz Roja Internacional** emitió duros comunicados donde resaltaban estas exhibiciones públicas condirerándolas *"estados de vejación personal, auténticas orgías colectivas"*. Pero no pasaba nada. Continuaron con la fiesta. El psiquiatra González Duro[206], en relación a la necesaria memoria colectiva de los pueblos para su salud mental, explica que *"el que se haya olvidado el corte de pelo sistemático, auténtico espectáculo público, solo puede entenderse como consenso político de la Transición española, por el que no se podía hablar ni conocer lo realmente sucedido en nuestro pasado"*.

Violaciones. El capítulo de violaciones nos llevaría a un contexto que todo el mundo prefiere evitar; nadie quiere saber si violaron a su abuela, a sus tías... Una vez más Queipo de Llano es el que todo esto lo tenía claro:*"Nuestros valientes legionarios han enseñado a los rojos cobardes lo que es ser un hombre. Y, de paso, a sus mujeres"* (discursos radiofónicos). Todo estaba permitido, y tardó mucho en pararse, principalmente en el medio rural agrario; los falangistas, capataces de los señoridos, los

---

[205] Garrot Garrot, José Luis. (2022). *"La represión sobre la mujer: guerra civil y posguerra"*. Ed Revista Asamblea Digital. Madrid.

[206] González Duro, Enrique. (2008). *"Los psiquiatras de Franco: los rojos no eran unos locos"*. Ediciones Península. Barcelona.

señoritos, los guardias en el cuartel, los policías en comisaría, los carceleros en prisión, hasta los curas en sus sacristias, cobraron derecho de pernada durante años y años. Un ejemplo de todo esto era el de Manuel Díez Criado, elegido por Queipo para pilotar la represión en Sevilla; durante años se negó a recibir en su despacho a familiares de presos que no fueran mujeres jóvenes y guapas, a las que doblegaba sexualmente antes de decidir si sería magnánimo con el familiar detenido al que se quería beneficiar[207].

La prensa extranjera, sobre todo norteamericana, que tenía mucho corresponsal en Europa, lo denunció en múltiples ocasiones (John T. Whitaker, Edmon Taylor, etc.) pero la verdad es que, en un contexto de guerra mundial, el eco fue escaso.

Me gustaría, no obstante, recalcar la forma de denuciar de la gente del glorioso Movimiento; algún ejemplo rápido. En marzo de 1940, cuando se piden nuevos informes sobre Antolina, ya reclusa en Getafe, el presidente de la Comisión Informadora de Ciempozuelos (la firma es ilegible), se permite decir: "*se sabe, por rumor fundamentado, que señalaba donde se escondían las personas de derechas...*". Otra denuncia de la vecina del pueblo C. B., que se presentó "espontáneamente" cuando supo que se seguía proceso contra ella, dice: "*que estos hechos (*el señalamiento de derechistas*) los conoce por ser de dominio público en el pueblo, y que estas manifestaciones las hace de manera expontánea (sic)...*".

El fascista Jefe Local de Falange y de las JONS dice en su breve informe acusatorio: "*Fue una gran provocadora con las gentes de orden, demostraba el idealismo que tenía por el Socialismo, y según referencias, denunció a unas mujeres que permanecían escondidas*". La carga de la prueba es enorme como se ve. Por rumor fundamentado, por ser de dominio público, por referencias. Increíble. Nadie era testigo, nadie conocía realmente, ninguno aportaba pruebas, pero se presentaban voluntarios para enviar a una mujer a la cárcel. Por qué no a la muerte.

---

[207] Garrot Garrot, José Luis. Op. Cit.

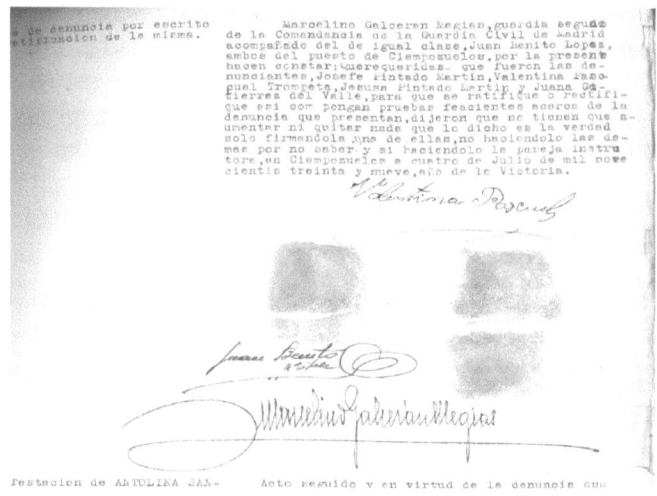

Parte de la denuncia contra Antolina, con la firma o huella de los denunciantes. Y las firmas de los guardias civiles que toman declaración de la denuncia.

La justicia funcionaba rápido en la España de los vencedores. La ausencia de garantías es lo que tiene. Denuncian a Antolina el 3 de julio de 1939 y ese mismo día ya es conducida al Depósito o Cárcel Municipal, sito en la Plaza, y que se encuentra atestado (ya estaba allí metido el marido de Antolina, mi abuelo José). Al día siguiente la Guardia Civil pide ratificación de denuncia, y el día10 de julio de 1939, una semana después de la inicial denuncia, Antolina Sánchez Pérez ingresa en la Prisión de Partido de Getafe.

La cárcel de Getafe

Lo que hoy es la biblioteca municipal fue, ya de inicio, concebido como Real Cárcel. Construido en el inicio del siglo XVII, el edificio se construyó bajo el estilo de la arquitectura civil madrileña (zócalos, dinteles y jambas de piedra de Colmenar, paramentos de ladrillo). El edificio cuenta con una planta baja, una primera y un desván corrido, de las mismas dimensiones todas: 800 metros cuadrados. Tenía una vivienda para el Alcaide, y zona de de administración. Más un patio anexo, utilizado en esta época para fusilar al amanecer.

No podía ser más austero: salas corridas donde los presos dormían tirados en el suelo, solo con una especie de esterilla como cama. Era un auténtico almacen de presos. El edificio carecía de agua, siendo provisto el líquido elemento por un carro cuba que a diario llenaba baldes y tinajas. Tampoco había cocinas y el rancho, malo, llegaba frio pues se cocinaba en otra parte del pueblo. Una lindeza, como se ve. El 20 de abril de 1939, fue nombrado Director de la prisión el funcionario Eugenio Vargas. Este mismo declaró que a su llegada había 138 detenidos pero que a los pocos meses había un total de 1.767 presos, 1.498 hombres en ese edificio y 269 mujeres, estas en el edificio contiguo conocido como Hospitalillo de San José. Por tanto es donde fue conducida Antolina, al Hospitalillo.

Hay que imaginar ese número de personas, hacinadas, tiradas por los suelos, defecando allí mismo en los bacines que les proveían.

Al hacinamiento, la incomodidad del suelo, el calor o el frio, la mala comida, la pésima condición higiénica, había que sumar las andanadas de cada madrugada, cuando se fusilaba la tanda del día. Los muertos eran sacados del patio donde se les mataba, en un carro, el de la basura, del cual tiraba una acémila.

La cárcel dejó de funcionar como tal el año 1951. Ninguna entidad quiso instalarse posteriormente en el edificio, aunque hubo ofertas a la Guardia Civil y otros organísmos. El peso siniestro del recuerdo lo hacía inhabitable.

Dibujo de José Robledano, preso en esos meses en Getafe

Cárcel siniestra la de Getafe. Pero qué carcel no es siniestra, en realidad. Ninguna. Y en esa época, además, atestadas; **Mirta Díaz Balart**[208], estudiosa del tema, da algunas cifras de las cárceles madrileñas en su momento álgido: Porlier, 4.000 presos; Torrijos, 3.000; Yeserías, 3.000; Ventas, 4.000; San Antón, 2.000; Atocha, 2.000; Santa Rita, 4.000; Comendadoras, 1.000; Santa Engracia, 1.000; Claudio Coello, 1.000; Duque de Sexto, 800; Conde de Toreno, 700.

En todas las cárceles se fusilaba a diario. Los fusilados en la cárcel de Getafe eran llevados al "**cementerio rojo**", un improvisado cementerio militar situado en el punto kilométrico 14,100 de la carretera de Toledo. Contenía 429 fosas: con los restos de aproximadamente 300 milicianos sin identificar que defendieron Getafe, los restantes, entre 1939 y 1945, eran los fusilados de la cárcel. El otro "cementerio de guerra" de Getafe, se situó en la falda del Cerro de los Ángeles; de allí se sacaron algunos cientos de cadáveres en 1951-52 y llevados al Valle de los Caídos, pero según las asociaciones de memoria debe haber otros cientos si exhumar en el mismo sitio.

---

[208] Díaz Balart, Mirta (1997). "*Consejos de guerra: los fusilamientos en el Madrid de la posguerra (1936-1945)*". Editorial Compañía Literaria. Madrid

Como hecho curioso diremos que el Director de la cárcel de Getafe, el mencionado **Eugenio Vargas**, quizá recibiría ese ascenso a la dirección de centro como recompensa por ser uno de los funcionarios que en 1933 dejaron escapar de la cárcel-reformatorio de Alcalá de Henares al multimillonario balear **Juan March**. Este, traficante de tabaco, armas y dinero, fue detenido y enjuiciado a causa de esos delitos en la primera fase de gobierno republicano. Y fue condenado. Pero, aunque es famoso que en el reformatorio de Alcalá vivía como un pachá, con varias habitaciones para su uso, con mayordomo, …, March se sabía mejor en la calle; así, acabó sobornando a varios funcionarios que le dejaron salir (2 noviembre 1933, gobernando Lerroux) por la noche, por la puerta principal, meterse en su coche, con su propio chófer y salir pitando hacia Gibraltar. Y de allí a Portugal, a vivir la vida y a poner su fortuna a disposición de los generales que estaban ya fraguando el golpe de Estado.

El proceso judicial.

El 20 de julio de 1939 el Juez Militar Permanente de Getafe, inicia el procedimiento contra Antolina, bajo el modelo habitual en esos momentos: procedimiento Sumarísimo de Urgencia. El juez es, en ese momento, Luis Ortiz de Rozas Bourgon, nombrado juez de Navalcarnero en agosto de 1937, y que ya lo había sido en Tortosa. Pertenecía al Servicio Jurídico, con rango en ese momento, de capitán. Era de esos abogados jóvenes de ideología fascista que fueron reclutados para la ingente tarea que les venía encima de enjuiciar a los perdedores. Se jubiló en 1962 como magistrado de la Audiencia Territorial de Madrid. Todos hicieron buena carrera en la justicia.

El Auditor de Guerra, que repartía asuntos y supervisaba los procedimientos, era en este caso Ángel Manzaneque Feltrer, sevillano de familia adinerada. Pertenecía profesionalmente al Cuerpo Jurídico Militar y de la Auditoría desde 1913. Había sido Gobernador de la Guinea Española desde enero de 1932 a diciembre de 1935.

Era, por tanto, un profesional del derecho militar, gozando de cierta autoridad entre los suyos, no en vano fue elegido en 1938 como coordinador de lo que se denominaría la "**Columna Legal**"; en Talavera de la Reina, una vez que cayó en manos golpistas, se creó un grupo de trabajo que fuera viendo, desde el punto de vista jurídico, qué se iba a hacer en el momento de la victoria, que sabían segura, con tantos cientos de miles de presos. Aunque se le recuerda más por ser el Auditor que puso en marcha el **Juzgado Militar de Prensa**, que situó en el propio edificio de Callao, donde estaba la Asociación de la Prensa, y que se dedicó a perseguir y depurar periodistas de todos los medios[209]. Caza de brujas al máximo.

Sin duda es uno de los personajes importantes en la esfera jurídica del ejército. En una ocasión hizo repetir un juicio a tres Brigadistas americanos, que habían sido condenados a muerte. Casualidad, tal vez, después de la repetición del juicio, los americanos fueron puestos en libertad y enviados a su país. Manzaneque conocía bien el medio donde se movía; fusilar a tres españoles tras un juicio de media hora, sin ninguna garantía jurídica, daba igual, nadie iba a protestar; pero matar a norteamericanos con la cantidad de corresponsales de guerra yanquis que había por Europa, no se le antojaba bueno para el glorioso Movimiento.

Lógicamente, este señor, que firma parte de los primeros documentos del expediente de Antolina, deja de hacerlo enseguida; poco proceso para tan alto funcionario. Con posterioridad aparece el Auditor Salvador Ravina Poggio, gaditano de familia millonaria (consignatarios de buques) y muy facciosa (uno de sus hermanos fue mano derecha de Moscardó en el Alcázar de Toledo). Este es otro de los jóvenes abogados que entran al servicio del ejército; Ravina en concreto a principios de 1937; en 1939 era ya Teniente Coronel. Otra buena carrera.

En el juicio a Antolina, el Fiscal pidió 12 años y 1 día de prisión mayor y el defensor, la libre absolución. Esta línea, literal, es lo único que se sabe de ambas figuras, claves en un proceso; ni el nombre de ellos, ni sus argumentaciones. Era una especie de estándar, y la participación de los defensores inexistente, pues de haber existido la figura, habría de contemplarse en el Sumario. Nada. Realmente eran los propios jueces los que hacían y deshacían, conforme el mandato que tuvieran.

El Tribunal Militar Nº 4 de Madrid, que la condenó, estaba presidio por un Oficial de Artillería, Recaredo Asensi Rodríguez. Los Vocales era Lorenzo Ramírez Fleita, Joaquín Medina Real y Miguel Caballer Celis. El Ponente García García. Ninguna mención al abogado defensor. Ni nombre, ni cargo, ni argumento: donde pone "el Defensor expuso", se ve escrito a lapiz: *los hechos no constituyen delito y se pide la libre absolución*.

Se aplicó el art. 240 del Código de Justicia Militar de 1890. Este artículo habla de aquellos que colaboran, o que **excitan**. Y ese es el argumento penal: Excitación a la Rebelión Militar (¿?). Condena: 6 años y un día. El juicio duró, como se recoge

---

[209] Ríos Carratalá, Juan A. (2022). "*Los Consejos de guerra de Miguel Hernández*". Ed. Universidad Alicante y Mº Defensa. Alicante-Madrid.

en acta, 25 minutos. Era el 4 de enero de 1941 y todo había empezado con una denuncia el 3 de julio de 1939. El Juzgado de Getafe es informado de la sentencia el 21 de febrero de 1941 y el 15 de marzo de ese año se le comunica la sentencia a la rea, entonces ya en la Cárcel de Ventas.

Intervinientes en el pueblo

La Guardia Civil, que está en todas las diligencias, son los guardias de segunda Marcelino Galcerán Megías y Juan Benito López. El Jefe de puesto es José Mª Cernuda. La verdad es que estos hombres debieron aprender a escribir a máquina de forma intensa porque son decenas y decenas de folios y cuartillas las escritas en la máquina del cuartel. Y el lenguaje muy del momento: año de la victoria, se le cree participante en los hechos, acérrimo elemento subversivo...

Los denunciantes, los omitimos, da lo mismo quienes eran. En tiempo de guerra una animadversión personal te puede llevar a meter a otro en un verdadero lío, que le puede costar, incluso, la vida. Da igual sus nombres, son personas privadas. No son funcionarios o cargos políticos que respaldan las denuncias con sus firmas.

El Alcalde: hay varias firmas, bastante ilegibles; parece que pone en unas ocasiones Recas, en otras A. Martín. El Jefe Local de la Falange y de las JONS era Isidro Benito. El Presidente de la Comisión Informadora, creada ad hoc, era Ángel Crespo, omnipresente.

La vida continúa.

Hemos visto como Antolina ingresa en la cárcel de Getafe el 10 de julio de 1939. El 10 de febero de 1940 es trasladada a la Cárcel Central de Mujeres, en Ventas.

La cárcel de Ventas

La llegada de Victoria Kent a la Dirección General de Prisiones supuso un cambio radical en el sistema penitenciario español. Mejoró las cárceles, alivió las condiciones de vida de las presas, y supo sacar fondos para la necesaria construcción de algunos centros emblemáticos, entre ellos, la cárcel Central de Mujeres en el barrio de Ventas, en Madrid, con la que echaba el cierre (aunque luego seguiría siendo utilizada) a la antigua prisión de Comendadoras.

La cárcel fue concebida como Modelo dentro de la nueva estrategia penitenciaria de la República. Un sitio donde reeducar a la mujer, donde pudiera estar con sus hijos, donde habría funcionarios especializados y no las religiosas de toda la vida... Con el tiempo le pasó lo mismo que al Campo de Albatera, concebido como campo de prisioneros modelo, luego utilizado como campo de exterminio por Franco; Ventas se convirtió en un gran contenedor de presas, donde en 1940 había cerca de cuatro mil reclusas.

Carmen Castro, directora franquista de Ventas - Fuente: todoslosrostros.blogspot.com

Cuando Antolina llega a la cárcel de Ventas su directora es la monja teresiana **Carmen Castro Cardús**, de inolvidable peregrinaje por las prisiones españolas. De familia acomodada y muy católica, había nacido en Huesca. Había estudiado Farmacia en Madrid y, por imposición de la Orden religiosa a la que pertenecía, Magisterio. Una vez aprobada la oposición a funcionaria de prisiones, se convirtio en maestra dentro de la cárcel de Ventas. La posibilidad de que las mujeres trabajaran en prisiones había sido posibilitada por Victoria Kent, la Directora general de Prisiones del gobierno republicano en 1931. Kent quitó de las cárceles, nada más llegar, a las distintas órdenes religiosas que tradicionalemente operaban en ellas: principalmente las Hijas de la Caridad de San Vicente Paul[210] y las Hijas del Buen Pastor. Había muchas, no obstante. Estas órdenes ejercían a su antojo la enseñanza, la dogmatización católica, la clínica básica en las enfermerías, y por todo ello recibían los fondos pertinentes. En 1939 los ganadores repusieron a todas las congregaciones en cárceles, colegios, horfanatos, etc.

Carmen Castro fue, desde inicio de la guerra, una auténtica "tercercolumnista"; trabajó siempre, cualquiera que fuera la prisión donde estuviera, en favor de las presas de derechas, las "grandes damas", como en algún circulo se las conocía; fue el caso de **María Millán Astray**, hermana del general y presa en Conde de Toreno, donde tuvo el favor y protección de Castro. Al final, María Millán Astray fue canjeada por presos republicanos. Cuando esto sucedió, Carmen Castro se escapó del Madrid republicano a mediados de 1937 y ya en territoio faccioso se incorporó, como directora, a las cárceles de Santander y de San Sebastián. Y sin caer Madrid aún, ya era señalada por el general **Máximo Cuervo**, Jefe del Servicio Nacional de Prisiones, como la nueva directora de la cárcel de Ventas en cuanto las tropas llegaran a la capital.

Allí estuvo hasta bien avanzado el año 1940, cuando fue nombrada Inspectora Central de Prisiones. A partir de 1942 dedicó toda su energía a las instituciones que se dirigían a "*la regeneración de prostitutas o mujeres caídas*". Los influjos del director del manicomio de Ciempozuelos, y jefe de los servicios psiquiátricos del ejército golpista, Vallejo Nágera, eran innegables.

Quizá el episodio más nefando ocurrido en Ventas durante su dirección fuera la ejecución de las conocidas como **13 Rosas**, unas jóvenes, algunas de ellas menores de edad, condenadas por ser simplemente militantes de las Juventudes Socialistas Unificadas. El 5 de agosto de 1939 fueron conducidas a las tapias del

---

[210] Las Hijas de la Caridad de S.V. de Paul recibieron el premio Príncipe de Asturias en 2005¡¡¡

cementerio de la Almudena y fusiladas. Dos ráfagas y 68 tiros de gracia. Carmen Castro, allí presente, no movió una pestaña; al contrario, parece que **ni había cursado las solicitudes de conmutación de pena**. Para qué, pensaría esta teresiana, dentro de su lógica cristiana del perdón y la conmiseración. Esa era la España de las prisiones en 1940, un país donde en ese momento hay algo más de 300.000 presos, de los cuales 20.000 son mujeres.

Pero Carmen Castro se va ascendida y la sucede otro terror de las prisiones, según las crónicas; **María Topete** Fernández. Una mujer siniestra que era capaz de hacer comer del suelo el propio vómito a los niños, cuando las náuseas por el pestilente sopicaldo les revolvía las entrañas. Topete era una fiel seguidora de las doctrinas del psiquiatra Vallejo Nágera; por eso, su misión esencial en la vida, fue castigar a las mujeres presas **quitándoles los hijos en cuanto los destetaban**. A las rojas no se las podía permitir que disfrutaran de sus bebés, mucho menos que los educaran en sus corruptos valores marxistas.

Maria Topete dio más poder, si cabe, a las monjas Hijas del Buen Pastor, que gobernaron la cárcel de Ventas, con mano de hierro e inmisericorde, hasta bien entrado el año 1945. Algunas de las cuales, tristemente, se hicieron famosas; como la Jefa de Servicios, sor María de los Serafines, de nombre **Elena Rücker**, a la que las presas llamaban "sor Veneno". **Juana Doña**, conocida antifascista presa en Ventas en ese momento, la retrata bien en sus escritos, con esa "*mirada glacial de sus ojos claros*". Obsesionada con las comunistas, era capaz de cambiar a las presas de galería varias veces en una semana, para poder hacer registros y evitar cualquier atisbo de organización. De orígen alemán. Quizá nazi también.

Allí estará la abuela Antolina hasta el día 11 de julio de 1941. Aproximadamente 2 años de cumplimiento, desde la detención; un tercio de la pena. Ese día le fue concedida la Libertad Provisional, **condicionada al destierro forzoso** a la ciudad que eligiera la reclusa, siempre que estuviera a más de 200 kilómetros de su domicilio habitual.... y un largo etcétera de condicionantes. Eligió **Valencia** para pasar su destierro, pues allí vivía algún familiar, creo que una hermana y sus hijos.

En marzo de 1945 la Auditoría pide información, sobre el cumplimiento del destierro, al Tribunal Provincial de Responsabilidades Políticas de Valencia. No se guarda la contestación en el expediente. El 16 de septiembre de 1946 se cierra el expediente y se manda al Archivo Central. 6 años después de su inicio. El ser mujer tan echada palante tuvo un precio alto.

Me hubiera gustado (quizá noi) ver, por un agujerito como suele decirse, el primer día de Antolina, de vuelta en Ciempozuelos. Otra vez el ricino y el corte de pelo. A aguantar tocaban. Su sobrino, el famoso Rejo, lo tuvo peor, lo fusilaron en julio de 1939. Poco juicio hubo ahí.

La represión diferenciada

Sobre la mujer hubo una **doble represión**, por un lado por ser rojas, en genérico, por otro por su lucha durante esos años intentando avanzar en derechos e igualarse al hombre. La República había derogado toda la legislación lesiva a los derechos de la mujer (matrimonio, bienes...), rápidamente repuestos el mismo año de la *Victoria*. Y es que la derecha fascista piensa así. El afamado doctor **Botella Llusiá**, que llegó a ser Rector de la Central (además ginecólogo, para más inri), decía: "*es un error educar a las mujeres igual que a los hombres. La preparación que deben recibir para la vida es fundamentalmente distinta*". Solo se pensaba en la mujer como madre, como reproductora, y poco más.

Sería, no obstante, otro médico, el doctor Vallejo Nágera quien, como conclusión de sus estudios (autortizados personalmente por Franco), llegara a las grandes "verdades" sobre el fondo de la mujer. Decía:

1- La mujer roja, y todas las mujeres en general, son física y siquicamente inferiores a los hombres.
2- El marxismo en la mujer se cura médicamente, no políticamente.
3- La mujer roja es feroz, deprabada, físicamente no agraciada, criminal.

El gran genocida Queipo de Llano todo esto lo tuvo claro desde el principio: por cada hombre huído de un pueblo, se capturaba a su madre, a su mujer, a sus hermanas, a sus hijas. Sin más motivo que el de castigar al fugado. Por eso muchas fichas de mujeres carecen de motivo de la detención. En muchos casos se acudió a lo que para los fascistas ha sido siempre una obsesión, a las vidas sexuales y privadas de las personas: *conducta licenciosa, vivir amancebada, organizar orgías, deslenguada...* aparecen como motivos de detención, a veces de muerte, en los procedimientos contra mujeres. Juicio ideológico y juicio moral.

Mi abuelo paterno José Maroto Rodríguez.

EJÉRCITO ESPAÑOL

PLAZA DE

Procedimiento sumarísimo de urgencia n.º 59399

CIEMPOZUELOS
PROCESADOS   EN PRISION PREVENTIVA EL DIA

JOSE MAROTO RODRIGUEZ

Fallo: PENA DE MUERTE:

Por Adhesión a la Rebelión Militar

A mi abuelo Pepe sí tuve la fortuna de conocerlo. Pero no de disfrutarlo. Era mayor ya. Mi primer recuerdo, un poco firme, es de 1964 cuando hice la primera comunión (y la última) y él andaba por allí, en la mini fiesta casera. Tenía ya 76 años y el desgaste era notorio. Vivía en casa de mi tía Ascensión, pero como yo era amigo, en aquella época, de mi primo Joaquín, hijo de Ascensión, frecuentaba su casa y veía a mi abuelo por allí.

Recuerdo perfectamente que cada domingo mi padre me cogía de la mano e íbamos a la Fuente (plaza Ventura Rodríguez), donde los viejos solían estar a la sombra de su espléndido arbolado. Primero pasábamos por el estanco (Expendiduría Nº 1 ponía en la puerta, siempre me hizo gracia el nombre) y comprábamos un cartón de diez cajetillas de picadillo o Ideales, no recuerdo bien. Lo que a él le gustara. A continuación salíamos al centro de la Fuente para encontrar al abuelo. Le dábamos el tabaco, nos sentábamos un rato con él, mi padre le daba por lo bajini un billete (para tomar vino en "ca Botero"), y luego nos íbamos; mi padre de cañas, yo de vuelta a casa o a jugar al fútbol al "parque de los chicos".

373

Realmente, poco disfrute de abuelos he tenido. Creo que murió sobre 1970. Murió antes de cumplir su pena carcelaria: me explico. En su expediente penitenciario figura una cuenta de redención de pena, de lo ya consumido y de lo que le restaba por cumplir. El final de su pena era el 15 de septiembre de 1971. Qué pasada i.

Mirando su retrato me da la impresión de buena gente. Igual que el retraro de la abuela Antolina es el de una mujer curtida, seria, campesina de genio, la imagen de mi abuelo no se me antoja así; tanto, por lo poco que le conocí, como por las declaraciones de algunos testigos de su Consejo de guerra, que siempre incidían en que "*ese hombre es incapaz de haber hecho daño a nadie*". En fin.

De una familia modesta (hijo de Matías Maroto y María Rodríguez), de trabajadores manuales y comerciantes, su padre tuvo un tiempo un salón de juegos en el pueblo, de billares en concreto. Fue al colegio, no obstante, pero lo justito para aprender a leer y escribir, cosa que ya parecía suficiente en la época. Pero que vendría muy bien para manejarse en el mundo de la albañilería, oficio al que dedicó toda su vida. Parece que era un excelente oficial. Sin embargo, nunca quiso presentarse a pruebas para sacar la cartilla de Maestro de Obras. Eso lo haría luego el otro Pepe, su hijo, mi padre. Es sabido que trabajó en obras donde se requería pericia y buena mano, como la construcción de la Iglesia del sanatorio psiquiátrico de mujeres. En ese mundo de los tajos decidió afiliarse a UGT. Según su procedimiento penal, también al PSOE. Eran los años finales de la dictadura y los primeros treinta.

Su calvario personal, como el de toda España, comienza el 18 de julio de 1936. El abuelo Pepe era ya veterano en el sindicato; había participado en numerosas manifestaciones en Madrid, Aranjuez, Getafe, del sector de la construcción. Se adhirió, e hizo fuerza para que tuvieran éxito, a los paros de la albañilería en Ciempozuelos, principalmente en el denominado bienio negro, donde todas las conquistas que habían sido publicadas y oficializadas por el Ministerio de Trabajo republicano, se caían de golpe por mor de la CEDA. Su compromiso le llevó a ser miembro de la Directiva de UGT en Ciempozuelos, en representación se su sector.

Cuando se tuvo noticia del golpe de Estado, tanto el Gobierno, como principalmente los partidos, y el sindicato, dio órdenes concretas: ponerse de acuerdo con el Ayuntamiento, el cual llevaría el peso político (en aquellos pueblos donde era de izquierdas, claro), en tanto la Directiva de UGT, desde la Casa del Pueblo, organizaba todo el entramado de seguridad: no dejar salir del pueblo a

374

los derechistas, requisarles las armas que tuvieran, diligenciar salvoconductos para los desplazamientos, y nombrar guardias, tanto dentro del pueblo como en sus accesos. Todo se hizo con "cierta" normalidad; no obstante siempre había elementos muy jóvenes y radicales a los que era difícil de mantener en la cordura. Y mucho menos control pudo tenerse de grupos externos, como la denominada "cuadrilla del amanecer" y otras, que con sede en Madrid, hacían incursiones en barrios y pueblos, llevándose a más de uno por delante, haciendo lo que los lugareños no se atrevían, o no querían hacer. Y sin justificar la más mínima violencia, claro está, imaginemos a los más exaltados oyendo la radio y enterándose de lo que estaba haciendo Queipo en Andalucía o Badajoz, con todo el peso del poder del ejército africanista, sin ir más lejos.

Cuando ya, en los últimos días de 1936, estaban las tropas fascistas a punto de entrar en la localidad, la familia optó, como tantas otras, por refugiarse en la capital. Pero Madrid no les ofrecía, en ese contexto de guerra, de asedio permanente, de bombardeos, la más mínima facilidad para trabajar y ganarse el pan. Asi que decidieron irse, primero a Morata de Tajuña y luego a Belmonte de Tajo, donde tenían conocidos. Allí trabajó de albañil hasta el final de la guerra. Acabada la guerra, volvieron a Ciempozuelos, a su casa. ¿Quién iba a volver a su pueblo si tuviera la más mínima duda sobre sus actos?¡ Cualquiera que tuviera mala conciencia hubiera cambiado de pueblo, de provincia, de país.

Rápidamente fue detenido, a finales de abril de 1939 y metido en el Depósito municipal. Le había denunciado un guardia civil, Juan Jurado Carmona, del puesto de Ciempozuelos. El 9 de mayo este guardia explicita la denuncia, diciendo que: "*estando en la taberna denominada del "Guardia" le oí decir: hoy se va a dar el paseo a uno; es lamentable, pero hay que hacerlo*". En fin. En los pueblos se conocen todos, y más a un guardia civil. ¡Quién iba a decir delante de un guardia nada que fuera escabroso, delicado, peligroso...¡ El caso es que el día 11 de mayo de 1939 está ya en la cárcel de Getafe. Dos días después de que se haga la denuncia. El 12 de mayo, el sr. Ángel Crespo Gómez-Acebo, terrateniente y presidente de la Junta Calificadora de Ciempozuelos (Fulgencio Arrastia el segundo miembro y Rafael López como secretario), posiblemente requerido por la propia Guardia Civil para dar respaldo a la denuncia, presenta otra en la que simplemente dice: "*por haber sido miembro del Primer Comité Revolucionario*".

El proceso judicial

Hasta el día 4 de octubre de 1939, cinco meses después de su detención, no se inicia el procedimiento judicial. El Juez Militar de Getafe que incoa es el mismo que en el procedimiento de la abuela Antolina, el sr. Luis Ortiz de Rozas

375

Bourgon. ¡Cuántos jueces encausaron a familias enteras! Una vez iniciado, comienzan a solicitar más denuncias. No pruebas, solo denuncias e informes.

Rápidamente se apunta gente a denunciar. No damos los nombres de los dos vecinos, uno de la Cruz Verde y otro de la calle Peñuelas. Sí citaremos a los que ostentaban cargos. Los dos vecinos dicen lo mismo, el día 9 de octubre de 1939, solo que: *"perteneció al Primer Comité"*. El 16 de octubre, Rafael López, firmando como Secretario de la Comisión Informadora (el nombre se comenta solo), dice: *"Significado socialista y de ideas avanzadas, participante en manifestaciones revolucionarias..."*. Un par de días más tarde el Comandante de Puesto, José María Cernuda, envía su informe: exactamente idéntico al de la Comisión.

En la propia prisión de Getafe se toma declaración al preso Agapito Martínez Sánchez (ese es el nombre que figura), apodado "El Rejo", de 43 años, jornalero. Creo es el padre del "otro Rejo", al que fusilaron de inmediato, el sobrino de la abuela Antolina y al que, según decían, instaba a cometer crímenes. "Este Rejo" dice que conoce al abuelo José, que formó parte del Comité, pero que *"las detenciones que se practicaron las hizo gente que obraba por su cuenta"* al márgen del Comité. Y que *"era el Ayuntamiento, y su Alcalde, el que controlaba lo que pasaba"*. Lo desconozco.

La primera toma de contacto con el Juez es en esos días, el 13 de octubre, y el abuelo José reconoce que desde 1930 era afiliado de UGT, y que pertenecía al Comité (aunque le dice al Juez que en realidad no tenía ese nombre de Comité, para ellos, sino "la Directiva" del Sindicato) como directivo de la rama de construcción (era el lenguaje de dentro del sindicato). Igualmente resalta que las directrices políticas estuvieron siempre en manos de los concejales de izquierda, principalmente del Alcalde sr. Lucio Revuelta.

Se solicita informe al Ayuntamiento Nacional, el cual contesta el 24 de noviembre (1939) diciendo que: *"es un significado izquierdista que tomó parte en cuantos actos de carácter subversivo tuvieron lugar en esta localidad..."*. Lo firma el sr. Recas como Alcalde.

El 3 de marzo de 1940 el Juzgado decreta la prisión. ¡Llevaba ya en Getafe casi un año!

Santa Rita en la actualidad

Cárcel de Santa Rita: situada en la C/ Eugenia de Montijo, 53 de Carabanchel Bajo, nació y fue famoso como Reformatorio de menores. Considerada como cárcel provisional, fue utilizada tambien para un buen número de fusilamientos, dada la aplitud de la finca. En junio de 1939 albergó cerca de 4.000 presos, los cuales, además de esperar sentencia allí, eran llevados a las proximidades, para trabajar en el levantamiento de la futura cárcel central de Carabanchel.

Funcionó hasta 1945, cuando se inauguró la mencionada cárcel, y el edificio, abandonado en un principio, volvió a ser colegio de los capuchinos.

El 11 de abril de 1940 es trasladado desde la prisión de Getafe a la cárcel de Santa Rita, en Carabanchel Bajo. El 15 de abril de 1940 el Juzgado llama a declarar a otro preso de Getafe, en este caso a Andrés Núñez Pérez[211], natural de Illescas, casado, herrero de profesión; declara que: "*conoce a José Maroto Rodríguez, que ha hablado muchas veces con él por temas de trabajo,... que estaba en la taberna también y no recuerda esas frases de la denuncia del guardia civil,... que considera a esa persona incapaz de cometer ningún hecho criminal*". Qué poco valdrá esta

---

[211] Hasta el estudio del procedimiento de mi abuelo no había oído hablar de este señor natural de Illescas. Tal vez busque más cosas de él. Solo sé que fue sargento en el Batallón de Montaña del I Cuerpo de Ejército de la República; que fue indultado a finales de 1944 y que, posteriormente, vuelve a estar encausado por el Tribunal contra la Masonería y el Comunismo. Un señor interesante, sin duda.

declaración; de hecho no se vuelve a citar, ni a este señor ni su declaración, en todo el proceso.

Después de unos meses viene el lío. A finales de enero de 1941 el Juzgado Militar de Getafe solicita a la Dir. Gral. de Prisiones que el encausado pase nuevamente a la prisión de Getafe, al efecto de iniciar su Consejo de Guerra. Prisiones contesta que el preso José Maroto Rodríguez fue puesto en libertad el 26 de octubre pasado (de 1940), desde la cárcel Provincial (Yeserías)[212]. Estupor. No se encuentra la orden de libertad, ni los oficios a las prisiones. He de decir que no me extraña, son cientos de miles los que hay presos, en cárceles, colegios adaptados, campos de concentración, de trabajo... y aunque el ejército se ha dimensionado para la gran represión, los errores son frecuentes. Por ejemplo, a la abuela Antolina, en muchos oficios y escritos, se la llama Antonina, lo cual, en ocasiones, hizo que se equivocaran en la búsqueda de su información. ¿Cuántas personas no serían ejecutadas por llegar tarde la orden de conmutar la pena, por ejemplo?. Muchísimas.

Cárcel de Yeserías. Situado en el Paseo de Yeserías, barrio de Delicias, en la esquina de Tomás Bretón con Juan de Vera. Actualmente es el Centro de Inserción Social "Victoria Kent".

El edificio era reciente, de 1929. Era Asilo de mendigos y en su amplitud de casi 11.000 m/2 albergó a 6.000 presos en 1939-1944. En 1943, cuando comenzaba a haber cierto alivio de espacio, se dedicó alguno de sus pabellos a Hospital Penitenciario. Con posterioridad se destinó a Cárcel de Mujeres, una vez que se cerró y derribó la cárcel de Ventas (las cárceles más ominosas siempre se derruían). Funcionó hasta 1991 como tal.

---

[212] Orden de la Presidencia del Gobierno de 9 de enero de 1940: aquellos procesos que vayan retrasados y donde el encausado no aparezca como claro criminal, o la sentencia vaya a ser leve... puede ser puesto en libertad provisional.

Se solicita a la Prisión Provincial que diga qué domicilio dejó informado el recluso; se contesta que la Calle Cruz Verde núm 13 "*de esta capital*". En realidad esas son las señas de su casa de Ciempozuelos. Se solicita lo mismo a la cárcel de Santa Rita y contesta que la dirección que dejó reseñada el reo es calle Doctor Esquerdo núm. 77 de Madrid. En esas señas se encuentra el Hospital de la Beata, de las Hermanas del Sagrado Corazón (cuya casa madre es Ciempozuelos), donde trabaja un primo hermano del abuelo José y le cobija unos días en la propia casita de hortelano-guardés que tiene en la finca de las monjas. Después de numerosas revisiones de documentos, parece que en la cárcel, le habían dicho que mejor se quedara en Madrid, "*si tenía donde estar*", pues esperan confirmaciones de la puesta en libertad y lo citarían en breve. Sin embargo, pasan las semanas, nadie dice nada, y decide irse al pueblo.

Siguen multiplicándose los telegramas desde el Juzgado, hacia la policía, la guardia civil, al Ayuntamiento; a finales de marzo de 1941 la guardia civil comunica al Juzgado que el "*individuo*" reside en la calle Peñuelas núm. 11 de Ciempozuelos. Evidentemente su domicilio habitual familiar era la Cruz Verde, pero con la vecindad que les rodeaba, todos denunciantes, era imposible vivir allí. Decidieron irse a vivir con una tía de mi abuelo, a la calle Peñuelas.

En cualquier caso, visto desde la óptica de hoy, se me ocurre que estando en la calle, sabiendo que le van a volver a enjuiciar, quizá yo, no lo sé, me hubiera ido a Francia con mi mujer. En fin, el lío continúa. Porque mi abuela seguía desterrada en Valencia y lo que hace el abuelo Pepe es irse con ella a esa ciudad. Para una época con poca fluidez en las comunicaciones oficiales, todo un reto.

379

El procedimiento continúa. El Juez de turno en el Juzgado Militar es el sr. Vicente Garzón Fuerte que, a finales de septiembre de ese año 1941, diligencia que el Sumario pase de Urgente a Ordinario (siguiendo las directrices generales del mando) y que se busque (policía, guardia civil, prisiones) al acusado y sea detenido inmediatamente, debiendo ser trasladado a Getafe. Impresionante el número de telegramas, oficios, diligencias... y el acusado sigue sin aparecer. Saben que puede estar en Valencia, porque la cárcel de mujeres de allí es la que tutelaba el destierro de la abuela, sin embargo no tienen su dirección en la capital del Túria. Ganaron la guerra por los alemanes i. Claramente.

Un año después, el abuelo sigue sin aparecer. Pero sigue viviendo y trabajando en Valencia, donde su primo, con los que viven en el Barrio del Cabañal, le ha buscado algunas chapuzas. En noviembre de 1942, más de dos años después de ponerle en libertad, el Jefe Superior de Policía de Madrid comunica al Juzgado que *"todas las gestiones de búsqueda han sido infructuosas"*. En febrero, ya de 1943, el Juzgado reclama a la Causa General toda la documentación que tenga del acusado, para ver si puede tener más información, y reitera a todas las autoridades policiales, judiciales y locales, que se encuentre al encausado y se le detenga inmediatamente. Justo en esas fechas el abuelo aparece por Ciempozuelos porque su mujer ha cumplido con el destierro en Valencia y vuelven a casa (nunca he llegado a comprender cómo fueron tan dóciles y en cuanto podían se iban al pueblo donde les habían denunciado y apresado). Claro está, es detenido de inmediato por la guardia civil y conducido a la cárcel de Getafe. Se reinicia el procedimiento.

En marzo de 1943 el Juzgado de Ciempozuelos llama a nuevos testigos a declarar. A la sra. Hernández, viuda de un asesinado (que había sido alcalde derechista). Esta dice quién detuvo a su marido, en su propia casa, pero que entre ellos no estaba el encausado. Y reseña que quién debe conocer el tema perfectamente es la vecina P.d.O., pues viajando a Madrid en la camioneta de línea, vio en la zona de Villaverde-Las Carolinas a milicianos del pueblo, junto a unos cadáveres. Era el 3 de agosto de 1936. Igualmente declara el nieto de otra persona asesinada, de la calle San Sebastián, y de la misma manera cuenta que su abuelo fue asesinado, junto a otra persona y un cura de las hermanas hospitalarias; que no conoce que el acusado participara pero le hace responsable por ser del Comité. El mismo día, en el mismo Juzgado de Ciempozuelos, declara el hermano de otro asesinado, de la travesía Antonio de Oro; explica que a su hermano, junto con otros, le mataron en el término municipal de Parla; que no conoce que el encausado tuviera participación directa, pero alega que había milicianos armados en la plaza, y que *ninguno hizo por interceder* (con quién había que mediar, acaso con gente de fuera del pueblo ¿?) en favor de su hermano. Se cita al Juzgado a la señora que vió a esos milicanos en Villaverde, y da nombres de los que ella conoció, y no estaba entre todos ellos el del encausado. La verdad es que todas estas declaraciones podían ser absolutamente beneficiosas para el acusado, pues ninguna habla de una participación directa o destacada en ningún hecho criminal. Pero parece pesaba más la memoria del guardia civil y aquella frase en la taberna.

El 15 de marzo de 1943 el Juez Militar, coronel Pruna, llama a declarar al abuelo José, y le presenta un **cuestionario** al que responde. Creo es la primera vez en que se le da algo de tiempo para hablar. La declaración:

1/ *Que él no perteneció nunca a ningún Comité Revolucionario; que ese Comité se creo ya en agosto; que lo que hubo hasta ese momento fue, simplemente, **la Directiva del Sindicato**, de la que sí formaba parte, y que la junta directiva lo único que hizo fue seguir las indicaciones de las autoridades republicanas: nombrar guardias, asegurar el abastemiento de comestibles, dotar de salvoconductos a las personas que tenían que moverse, entenderse con las nuevas autoridades de los Manicomios, etc.*

2/ *Reitera que no hubo Comité hasta agosto.*

3/ *Sobre el bar "El Guardia" (yo creo más bien debe tratarse del "El Guarda", -en alusión al Guarda del Canal o algo así-, pero en todos los oficios se reseña como del Guardia), dice que él nunca pronunció ese comentario que se le atribuye, y menos delante de ninguna autoridad de la fuerza pública.*

4/ *Que el día que detuvieron a uno de los luego asesinados, él estaba trabajando a esas horas; que él iba al sindicato a la tarde, después del tajo. Y que de ese hecho, en concreto, se enteró al día siguiente.*

5/ *Que si quiere alegar algo más: Reitera que nunca fue de ningún Comité, que este se formó posteriormente, ya en agosto, a instancias de la autoridad gubernamental; que esos comités se coordinaban con la verdadera autoridad política del pueblo, que era el Ayuntamiento constitucional, a cuyo frente estaba el señor Lucio Revuelta, lider legítimo, y se le escapa decir "**ya fusilado, o por mejor decir, muerto**". Y que la Directiva de UGT no fue nunca más allá de colaborar en el mantenimiento de la seguridad, nombrando guardias, etc. Y, además, que solicita como testigos de su habitual comportamiento, la declaración de los señores Tomás Melgares (casado, albañil, 34 años), Luis de Oro Navarro (empleado, casado, 52 años), Antonio Pascual (albañil, casado, 46 años) y Aquilino Trompeta de León (agricultor, casado, 50 años).*

El Juez decreta el traslado del abuelo José a la cárcel de Conde de Peñalver, o Provincial de Torrijos, en Madrid, hasta nuevas diligencias.

Cárcel de Torrijos. La más pequeña de las cárceles de Madrid, en esos momentos. Cárcel de paso, de transeuntes o reos en espera de juicio inmediato.

Incautado a las Hijas de la Caridad, monjas famosas en las prisiones, se denomina así por estar en la calle Torrijos, posteriormente Conde de Peñalver. Fue cárcel de mujeres y luego de hombres a partir de 1939. A finales de los cuarenta retorno a ser residencia de personas mayores.

Allí estuvo Miguel Hernández. Se cree escribió allí "*Nanas de la cebolla*". Supongo que el abuelo José ni se enteraría.

Se manda al Juzgado de Ciempozuelos orden de convocar a declarar a estas cuatro personas. Todos, con alguna pequeña diferencia de palabras, dicen lo mismo: conocen al acusado, han sido vecinos o compañeros de trabajo, sabían que había sido del comité, pero que no conocen, en absoluto, ningún hecho delictivo en el que el encausado pudiera haber participado. Imagino a los cuatro, declarando, acongojados, por si decían algo malo, para el reo, para ellos mismos, o que se pudiera mal interpretar. Qué tiemposi.

En esos días se requiere, asimismo, ratificación de declaración ante el juzgado, del guardia civil sr. Jurado, que en esos momentos presta servicio en el cuartel de la Guardia Civil de Motilla del Palancar. El agente se ratifica en sus declaraciones iniciales; es inquirido a decir quién era esa persona a la que se iba a "*dar el paseo*". Dice que no recuerda bien, que eso deberían decirlo los señores Ángel Crespo y Fulgencio Arrastia, los jefes de la Junta Clasificadora, pero "cree" recordar (primera vez en el procedimiento que se cita) que era un cocinero del manicomio de San José, un tal Francisco Maíquez Rosero. No hay más información sobre este señor que, según parece, tenía un hermano carabinero, de nombre José. En cualquier caso, todos los frailes que murieron, no en Ciempozuelos, sino en toda España, fueron declarados Beatos por el Papa Juan Pablo II. No así este cocinero, que murió con ellos y por ellos[213], según parece.

En marzo de 1943 se traslada el expediente del abuelo José al Juzgado Militar número 14 de Madrid, en las Salesas. El titular, el Coronel Juan **Pruna Fernández-Florez**, quien parece querer acelerar el procedimiento. Hace un resumen de lo que ha heredado del Juzgado Militar de Getafe, ya extinto, reseñando que el Consejo de Guerra no llegó a celebrarse "*por estar el encausado en paradero desconocido*" (¡?). Compendia diciendo que se ha tomado declaración a testigos y familiares y que "*aunque no se conoce positivamente la intervención de José Maroto Rodríguez en la parte material de los delitos, sí consta que perteneció al Comité de la localidad*". Suficiente. Y eleva el procedimiento a la superioridad y al Auditor. En todo caso, explica que se atiene al artículo 655 del CJM, el cual viene a decir que si no hay forma de aclarar los hechos, oído el Auditor, el Juez puede pasar el Sumarísimo, de Urgencia a Ordinario. Y así se hace. La ilegal justicia aplicada topa, no solo con la razón, sino también con la operatividad, dado que son miles y miles de personas juzgadas a lo largo de todo el Estado. Por eso se van dando pasos progresivos hacia la simplificación de los procedimientos[214].

A finales de abril de 1943 el **Fiscal** (no se reseña el nombre y la firma es ilegible) realiza su Informe de Conclusiones Provisionales:

1- Habla de que se trata de un afiliado al Partido Socialista y que perteneció a un Comité Revolucionario. Eso confirma un delito de ADHESIÓN (art. 238 CJM).

2- Que uno de los autores (de los crímenes que se atribuyen al Comité) fue el procesado (¡?).

3- Que concurren agravantes de peligrosidad (¡?).

---

[213] Lizaso Berruete, Félix (2016). "*Mártires Hospitalarios del siglo XX*". Ed. Hermanos de San Juan de Dios. Granada.

[214] Ley de 6 de diciembre de 1941: simplifica trámites y agiliza la libertad provisional en aquellos casos en que la pena sea menos a 14 años o la Fiscalía pida la absolución. La Ley de 6 de noviembre de 1942 amplía estas reformas en los procesos "*de la causa derivada del Alzamiento Nacional*".

4- Que se renuncia a la propuesta de más pruebas.

5- Procede **imporner al procesado la PENA DE MUERTE**, según su criterio.

6- Caso de indulto, le será de abono el tiempo pasado en prisión.

7- Será responsable civilmente con arreglo a la Ley de Responsabilidades Políticas (pagos o multas).

8-

Cárcel de Porlier. Conocida como Cárcel Provincial de Hombres nº 1, se encontraba en la C/ Gral. Díaz Porlier 58 (entre Padilla, Conde de Peñalver y Ortega y Gasset). En plena milla de oro "habitaron" los casi 5.000 presos que allí penaban.

El edificio era el Colegio Calasancio, incautado por la autoridad republicana y convertido en Asilo de Niños abandonados. Allí se fusiló a mansalba, y se ajustició a garrote vil. Ese método se usó para varios ciudadanos de Ciempozuelos.

Volvio a ser Colegio Calasancio y Colegio Universitario Cardenal Cisneros, como si nada hubiera pasado por allí.

El Juzgado Militar núm. 14 reseña que el detenido se encuentra en la Prisión de Porlier, en la capital. Al tiempo, informa que la defensa del procesado ha recaído en el Teniente **Pedro Alonso Montada**. El día 29 de abril se entrega el sumario al defensor y se fija el juicio para el día 7 de mayo de 1943, en la Sala 1 de las Salesas. Poco tiempo para preparar una defensa si se quisiera ejercerla, claro.

El 7 de mayo de 1943 tiene lugar el juicio del Consejo de Guerra. Se leen los nombres de los componentes del Tribunal, donde destaca el del Ponente. Encima con mala suerte. Lo veremos de inmediato. Comenzada la sesión el Fiscal lee sus conclusiones y solicita la máxima pena, la PENA DE MUERTE, por un delito ADHESIÓN A LA REBELIÓN MILITAR. Por su parte, el abogado defensor, se limita a solicitar la pena de 12 años y 1 día. El acusado, interpelado, dice que no tiene nada más que añadir a lo ya dicho en sesión anterior. Se reúne el consejo. El día anterior, procedentes de Porlier, se había fusilado en el Cementerio del Este a 10 presos republicanos.

El mismo día 7, una hora después de la vista, se dicta sentencia. Parece que el Tribunal lo tiene claro.

La Sentencia que lee el Ponente, sr. **Griffo**: "*RESULTANDO, que ha sido probado que José Maroto Rodríguez perteneció al socialismo con anterioridad a 1931, siendo uno de los directivos del sindicato marxista de albañilería… al iniciarse la rebeldía roja el encartado forma parte del Comité que, se ha probado, tantos crímenes cometió. CONSIDERANDO que los hechos que se declaran probados constituyen un delito de ADHESIÓN A LA REBELIÓN MILITAR. CONSIDERANDO que el Consejo Militar, en uso de sus facultades, estima oportuno imponer la pena en su grado máximo. FALLAMOS condenar a José Maroto Rodríguez a la PENA DE MUERTE*".

El Tribunal

Estaba presidido por el Teniente Coronel sr. José García Díez, del cuerpo jurídico, que apenas tres años antes no era sino capitán. Sin más historial que presidir Consejos de Guerra.

Vocal era Victoriano García Sanz, capitán de rango; el más veterano, pues había nacido en 1882 e incluso, siendo prácticamente imberbe, estuvo en la guerra de Cuba. Parece que como premio fue incorporado al funcionariado, en concreto al Cuerpo de Seguridad, siendo estos así llamados en un principio, por tratarse de funcionarios del Instituto Nacional de Previsión (creado en 1908). Fue también Vocal en el Consejo de guerra del dirigente cenetista Cipriano Mera, uno de los que rindieron la capital y entregaron en bandeja de plata Madrid, a Franco.

Otro Vocal era Narciso Rodríguez Luis, capitán de Infanteria en ese momento pero que había entrado como Alférez Provisional. Luego sería nombrado Juez Militar Permanente de la provincia de Cuenca.

El tercer Vocal era Rafael Mateos Sánchez, que también había entrado en el ejército por la puerta de los Aféreces Provisionales. Herido grave en el cerco de Madrid, parece que sus lesiones le impidieron seguir haciendo carrera en la milicia y se retiró a Jaen. Allí fue premiado con un Estanco. Más la paga de caballero mutilado, claro.

El Ponente (el encargado de gestionar el procedimiento, redactar sentencia y leerla) era la estrella del Tribunal: **Eduardo Pérez Griffo**. El mismo que había sido ponente con mi padre, el figura que fusiló a las 13 Rosas.

Alférez Provisional

Creados en septiembre de 1936 por la Junta de Defensa Nacional como una solución a la escasez de oficiales. Parece que la idea es del General Mola. Debían tener entre 20 y 30 años, aunque la media era de 21 en ese momento, y debían tener, al menos, el Bachillerato. Ingresaron en este cuerpo muchos suboficiales y, sobre todo, muchísimos componentes de las milicias falangistas y carlistas.Hubo Academias en Burgos, Granada, Sevilla y Ávila. Su número se calcula en casi 30.000 miembros.

Desgraciadamente han continuado dando problemas hasta nuestros días. Gobernando Madrid la alcaldesa Manuela Carmena, su Delegada de Cultura, Celia Mayer, en aplicación de la Ley de Memoria Histórica, retiro la calle a los Aféreces, y alguna estatua del colectivo, y ha estado en los tribunales mucho tiempo. El caso fue archivado. Naturalmente, después de marear a la sra. Mayer.

El Defensor.

La defensa recayó en el sr. Pedro Alonso Montada, un Alférez Provisional de la Academia de Granada, destinado en el ejército del Centro. El mismo que "defendió" a mi padre.

Se envía la sentencia al Capitán General de la I Región Militar desde el Juzgado. La Auditoría da el visto bueno e, igualmente, envía su informe al Capitán General, aduciendo que como se trata de pena de muerte, toca a Capitanía decidir. Sin embargo, **alguien repasa la sentencia en Auditoría y observa que no aparece ni una prueba de cargo consistente**. Y el Jefe de la propia Auditoría envía nuevo informe al Capitán General, en el que se dice: "*que perteneció al Comité, durante el cual se cometieron tres asesinatos... pero **no consta ni que fueran ordenados, ni que tuviera participación directa el encausado en los mismos... suponiéndose, en todo caso, es solo culpable por inducción... por lo que pudiera ponerse el caso en conocimiento de la Superioridad por si considera oportuno hacer aplicación de la gracia de indulto*". Vamos, está diciendo claramente que váis a fusilar a uno que pasaba por allí, prácticamente.

El 19 de junio de 1943 el Capitán General envía oficio y dice: "*conforme con el dictámen de mi auditor...* **suspéndase la ejecución** *de la pena capital hasta que el Ministerio del Ejército conteste sobre la consulta elevada sobre procedencia o no de la ejecución... cominíquese al Juzgado núm 14*".

El 4 de octubre el sr. Ignacio Cuervo-Arango y González-Carbajal, Jefe de la Asesoría del Ministerio del Ejército, envía oficio certificando que: "***Su Excelencia el Jefe del Estado... se ha servido conmutar la pena impuesta por la de menor rango***". El 11 de octubre de 1943 el Juez del núm 14, Coronel Juan Pruna Fernández-Florez, envía una "Diligencia de hacerse cargo" y dice: "*Recibo orden de conmutación de pena impuesta al procesado, por la inferior de TREINTA AÑOS*". Diez días despues, el 21 de octubre, el Juez y el Secretario del Juzgado van a la cárcel de Porlier a comunicar en persona al preso, la conmutación de pena.

Habían pasado cinco meses esperando día a día que, cualquier madrugada, se citara tu nombre para ser fusilado. Era lo primero que oían los presos en Portaceli, y en cualquier penal, las ráfagas de la muerte al alba.

Franco y el fascismo se habían vuelto buenos, de repente ¿?. NO. El fascismo franquista siguió ejecutando a mansalva; pero ya le llegaban noticias que, al menos, hacían replantearse algunas actitudes. En octubre de 1942, los aliados desembarcan en África y toman posiciones. No mucho después liberan Italia. En enero de 1943 los nazis son humillados en Estalingrado. En julio de 1943 cae Mussolini. Suponemos que a Franco le llegan las imágenes del Duce colgado. Él seguirá matando, es lo suyo, pero lo hará a menor ritmo, no sea que... Recordemos que en noviembre de ese año 1943, se reúnen en Teherán los tres grandes, Roosevelt, Stalin y Churchill. Hasta ese momento a la URSS no se le había dado ni alientos, pero visto el curso de la guerra, los americanos y los británicos acuerdan apoyar a Stalin en su frente. La Segunda Guerra Mundial comenzaba a finalizar.

Cuadro de Liquidación del tiempo de condena: Extingue la condena el 25 de septiembre de 1971.

Tío abuelo Ignacio Maroto Rodríguez.

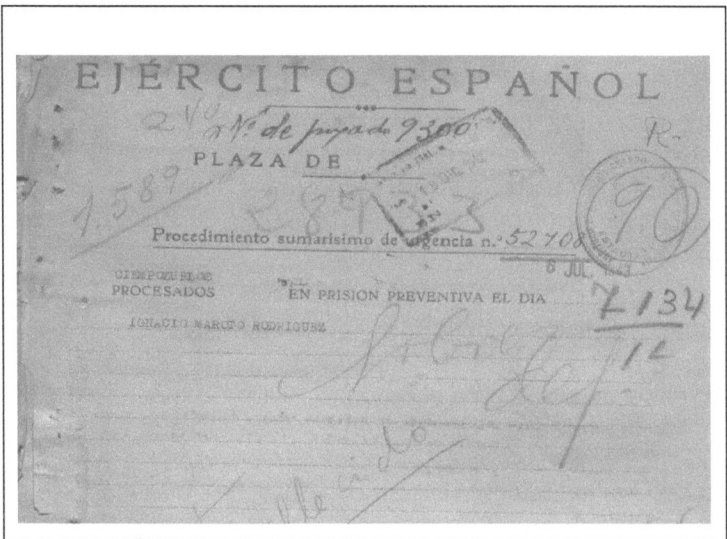

Ignacio Maroto Rodríguez era el hermano mayor de mi abuelo José. Es decir, mi tío abuelo. Nació en 1881, hijo, de Matías Maroto y María Rodríguez. Cuando fue requerido por las autoridades facciosas, figuraba como casado y residente en calle de La Virgen 26 de Ciempozuelos, prácticamente semi esquina a Cruz Antigua; a diez metros del taller de herrería de los hermanos Sedeño.

Calle La Virgen, 26. Ciempozuelos

389

Su profesión la de albañil, como tantos y tantos Maroto's que en el pueblo fueron. Quizá desde aquel alarife, de nombre Gregorio Maroto, padre de Matías, por tanto mi tatarabuelo, que puede ser el que más alto llegara en el escalafón: maestro de obras o alarife, Juez Municipal unos años, Recaudador de Impuestos otros tantos. No sé, quizá viniera de más antiguo lo de trabajar el ladrillo.

No hace falta decir que Ignacio cojeaba también del lado izquierdo. Hombre modesto y trabajador, parece que era reacio a líos, siendo de costumbres llanas y familiares. Formó parte, empero, del Primer Comité Popular creado en Ciempozuelos, a raíz del golpe de estado fascista de julio de 1936. Era de la rama de la construcción en UGT donde, seguramente, le había metido su hermano Pepe, que era de la Directiva del sindicato.

El Presidente de la Comisión Calificadora o Informadora de Ciempozuelos, señor Ángel Crespo López[215] (qué trabajo tan fatigoso el de este señor), el 12 de mayo de 1939, eleva denuncia ante el Juzgado Militar de Getafe, en contra de Ignacio Maroto. Notifica que éste "*fue, con otros, responsable de cuantas ordenes siniestras emanaban del Primer Comité marxista de Ciempozuelos, al formar parte del mismo*". No hacía falta argumentar gran cosa más. Seis días más tarde, el día 18 de mayo'39, la Prisión de Getafe daba cuenta del ingreso de Ignacio en la misma.

Y se sigue el mismo ritual que con los demás. Declaración de dos testigos de la Falange; el día 10 de octubre declaran J. B. F., de sesenta años, residente en Cruz Verde, y M.B.C., domiciliado en calle Peñuelas. Solo dos o tres palabras diferencian sus denuncias: "*miembro del Comité Revolucionario... Vocal del Comité... le cabe responsabilidad sobre los crímenes y otros sucesos desagradables del periodo rojo...*".

A continuación seguía el ritual: el Juez Militar (Luis Ortíz de Rozas, al que le cupo "el honor" de enjuiciar a la mitad de mi familia) pide, y recibe luego, nuevos informes de la Comisión Informadora, del Alcalde y del Comandante de puesto de la Guardia Civil. El Alcalde, firma el señor Recas, asegura que "*era un destacado izquierdista, muy apegado a sus ideales y que perteneció al Comité*". Por la Comisión informa, en esta ocasión, el señor Rafael López, como Secretario de la misma, afirma que Ignacio era "*de ideales socialistas inveterables (sic) pues siempre se le conoció como tal... aunque no se ha significado como hombre de*

---

[215] Figura: casado, residente en la calle San Sebastián 19, esquina (a la actual calle España).

acción criminal'. Y José María Cernuda, jefe del cuartel de la Guardia Civil, se ve que después de leer el informe de la Comisión, dice que *"este individuo es de ideas socialistas, inveteradas (sic), miembro del Primer Comité Revolucionario, y aunque le cabe responsabilidad en los hechos aprobados por ese organismo, no se ha significado como hombre de acción criminal'*. No se alejaban mucho del Catón del buen informador.

Hay que reseñar que los informes del Secretario de la Comisión Informadora y del guardia civil, son del día 18 de octubre de 1939, un día despues de que Ignacio muriera en la cárcel de Getafe, retorciéndose de dolor y angustia, tirado en el suelo de una de las galerias. Pero más espeluznante es aún, que el informe del señor Recas, que firma como Alcalde, es del día 11 de noviembre de 1939, cuando Ignacio lleva ya enterrado más de veinte días. Había tanto que informar, tantos presos sobre los que mal hablar, que ni se enteraban si vivían, habían muerto o estaban fugados.

En los inicios de octubre'39, Ignacio Maroto llevaba varios días enfermo, sin que fuera atendido, según se deduce de los propios informes. Hasta que uno de los carceleros, que ve seria la cosa, llama al médico. Aparece, día 16 de octubre, el alférez médico Manuel Zalba Modet[216], e informa: *"que he reconocido a Ignacio M. R.; que padece una colitis grave, con asistolia, siendo necesario y urgente el traslado a un Hospital'*. Debía estar en parada prácticamente. Al día siguiente, 17 de octubre, el Juez Militar se da por enterado y autoriza el traslado del recluso al Hospital Provincial. Pero el oficio del Juez se cruza esa misma mañana del 17 de octubre con el informe del Director de la Prisión al Juez donde comunica *"el fallecimiento esta mañana de Ignacio Maroto a consecuencia de una entero colitis aguda'*. Prisas en la atención pocas, ninguna en realidad pero eso sí, tienen tiempo de acabar bien sus escritos: *"Dios salve a España y guarde a su Caudillo'*, dice el carcelero.

 Sin enfermería en la cárcel, con un rancho asqueroso, sin agua bien depurada, fueron algunos más los que acompañaron a Ignacio a inaugurar ese cementerio para presos que estaban terminando junto a la carretera de Toledo.

El mismo día 17 de octubre de 1939 el médico citado certifica la defunción: *"Ignacio Maroto Rodríguez, de 60 años* (en realidad 58) *natural de Ciempozuelos,*

---

[216] Zalba Modet, Manuel. Nacido en Estella, Navarra, en 1893, murió en 1970. Alférez Médico en ese momento, acabada la guerra seguiría en Getafe hasta su jubilación como forense del Cuerpo Nacional de Médicos.

hijo de Matías y María... ha fallecido de una entero colitis aguda". Tratados como perros, murieron como perros. En la cárcel en esos momentos estaba su hermano José y su cuñada Antolina, mis abuelos, y más familia. Desconozco cómo les llegaría la noticia. Qué tiempos tan duros, tan ingratos ¡¡

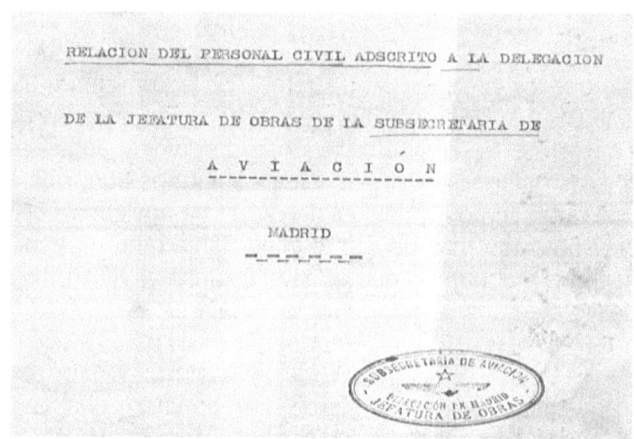

Murieron, sí, pero después de extraerlos hasta la última gota de sudor, hasta la última gota de sangre. Porque según había llegado Ignacio a la prisión de Getafe, una vez censado, fue castigado a realizar trabajos forzados en la Base Aérea, que durante la guerra había sufrido enormes desperfectos. Ahora tenían mano de obra, no gratis, esclava, con lo cual reconstruir era mucho más facil. Allí se junto con su hermano, el abuelo José, y con un primo hermano de la abuela Antonia, Agapito. Todo valía. Imaginemos a esos hombres, cincuentones, que apenas descansaban pues en la cárcel no tenían ni colchón, solo una manta tendida y que apenas comían, pues el rancho era una bazofia, como hemos podido comprobar en los escritos. Los que sobrevivieron es porque su sino era ese, no porque "la autoridad" pusiera de su parte ni un ápice de empatía.

Así le pasó a Ignacio, débil, mal nutrido, muy trabajado, con escasa o nula higiene: la entero colitis era el pan nuestro. Pero que más da: en el patio estaba el carro con el mulo que todos los días se llevaba varios cuerpos al cementerio. Esa era la victoria de los protegidos por la Iglesia, los hijos de la Cruzada.

En esta relación dos hermanos, José e Ignacio y un primo hermano de Antolina, Agapito.

A mediados de marzo de 1940 el Juzgado de Getafe envía Certificado de Defunción al Juez Militar de la Plaza. El Juez eleva escrito a la Sala del Consejo. Manuel Herbella, Presidente del Consejo de Guerra permanente nº 13, eleva escrito a la Auditoría de Guerra del Ejército del Centro.

En mayo de 1940 se procede al archivo oficial de la causa. Uno menos.

Mi tío Nicasio Maroto Sánchez.

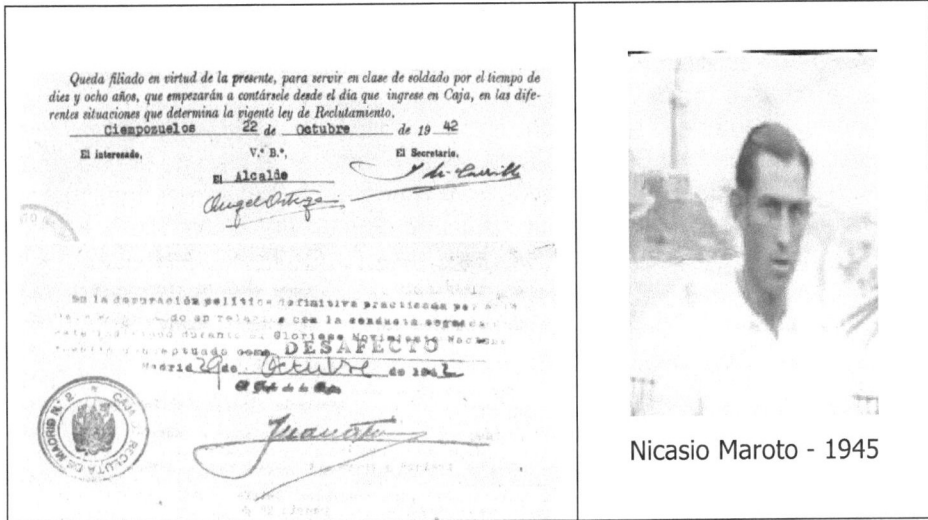

Nicasio Maroto - 1945

Nicasio Maroto Sánchez nace en Ciempozuelos el 25 de febrero de 1918. Es el hermano intermedio de los tres hijos de Antolina y José; el mayor mi padre, Pepe, apenas dos años más; la menor, la tía Ascensión.

Es el tío con quien más me relacioné, pues siempre estuvo al lado de mi padre, como un fiel escudero. Cuando mi padre tuvo ocasión, después de salir de la cárcel, tras unos largos y duros años de posguerra y de vacio en el pueblo, y pudo establecerse como pequeña empresa constructora por cuenta propia (1951-52), allí estuvo Nicasio siempre como su mano derecha. Más allá de ligeros encontronazos, como todo el mundo, incluído hermanos, supieron poner en valor, por encima de todo, lo único que tenían, la solidaridad de clan; de una familia que lo había perdido casi todo y que lo pasó mal en forma extrema.

Nicasio fue una especie de capataz o encargado de las cuadrillas de Pepe. Su ligazón llegó hasta los momentos finales, muriendo en la misma Residencia de mayores donde habían llegado. Residencia que para Pepe no fue sino otra cárcel, pues a los pasillos llamaría galerías y a las habitaciones, a veces, celdas.

395

Cuando llega el golpe de Estado el 18 de julio de 1936, Nicasio, como casi todos los jóvenes de izquierda de la localidad, se ponen a disposición de la Directiva del Sindicato UGT, reconvertido en Comité en agosto, en la que figura su padre en representación del sector de la albañilería. Él tiene solo 18 años y las autoridades republicanas, en principio, no hacen llamamiento a gente de su edad.

Por otra parte, el desconcierto es descomunal. Más allá de que todos quieren ayudar a parar el golpe fascista, los elementos de enganche aún no se han establecido. La autoridad republicana insta a sindicatos y partidos, allá donde sean potentes, a que formen Comités que intenten mantener, dentro de lo posible, el orden, la seguridad, el abituayamiento y el control de la circulación. Igualmente, pero aquí ya las organizaciones de izquierda directamente, comienzan a crear unidades milicianas que, si bien es cierto tienen mucho éxito en cuanto a la respuesta de los ciudadanos, no dejan de ser un aluvión de gentes sin formar militarmente y, lo más dramático, sin posibilidad de armarse.

Será ya en otoño de 1936 cuando Largo Caballero entiende, aún con las severas reticencias de los anarquistas que, aquel golpe que ya era guerra abierta, solo se podía ganar con la militarización de las milicias y la sujección a una disciplina castrense. Y comienza a legislarse en este sentido: el 28 de septiembre se da el primer paso incorporando a los mandos de las milicias (mandos surgidos naturalmente de sindicatos y partidos) dentro de los cuadros profesionales del ejército.

Todo resultaba bastante complicado pues, a los mandos existentes en el ejército no sublevado, había que añadir ahora los mandos de las milicias y las escalas de complemento y, muy pronto, a los oficiales que saldrían de las Escuelas Populares de Guerra.

Se optaría, en breve, por dejar dos escalas, la profesional (con los mandos milicianos reconocidos en grado) y la de complemento, tal **como exigía la legislación**. Y al decir esto, hemos de hacer hincapié en cómo, en todo momento, el Gobierno legítimo intentó seguir gobernando, incluso en guerra, con sujección a la ley. Nada equiparable a lo que sucedía en el bando golpista, donde hubo manga ancha y discreccionalidad total, en los primeros momentos, para poder matar a cientos y cientos de jefes y oficiales (desde tenientes generales a sargentos) que, o se declararon abiertamente contrarios al golpe, o simplemente lo dudaron.

La siguiente medida legal vino a principios de octubre con dos Decretos, llamando a la movilización de las quintas de 1932 a 1935 (los nacidos entre 1911 y 1915). La entrada de los movilizados era ya al ejército, no a ninguna otra organización partidaria o sindical. Igualmente, se decretaba el saludo militar obligatorio para todos, más allá de puños en la sien o en alto. Es decir, **militarización completa**.

En compensación, el Ministerio creo el **Comisariado Político, para que los partidos pudieran tener representación cualificada en la estructura militar**, cosa que no dejaría de generar múltiples conflictos, pues los militares profesionales no querían estar debajo de los políticos, y los representantes políticos no terminaban de entender por qué no se les daba todo el poder en las unidades.

El 16 de octubre, Largo Caballero asume el mando único del ejército y las milicias en un intento de que la necesaria unidad de criterios, mando y disciplina, se lleve a cabo.

Pero volvamos a Nicasio y los jóvenes de aquél momento. Querían estar ya alistados y, como ese vacío no se llenaría hasta mediados de octubre con las distintas medidas que se han citado (en realidad hasta el principio de 1937), **los jóvenes se inscribían en las distintas unidades que, principalmente los sindicatos, iban creando**.

Así encontramos a Nicasio en la relación de milicianos del Segundo Batallón de la Columna España Libre, que había sido creada por el Comité Nacional de la CNT. Y no es que Nicasio fuera anarquista, solo que si CNT se había quedado con el reclutamiento en la zona sur de Madrid, no quedaba otra que alistarse allí. Y lo encontramos en octubre y noviembre de 1936 en la citada Columna, organizada bajo supervisión de **Cipriano Mera**, con Gabriel Venegas como jefe, y que llegó a tener hasta 4 batallones.

Aparte del tío Nicasio, figuran incorporados a la **Columna España Libre, los siguientes milicianos de Ciempozuelos**:

Jesús Torrejón Mateo, Juan Torrejón Mateo, Andrés Fernández Rodríguez, Tomás García Moreno, Juan Francisco Sánchez, Saturnino Arendas (quizá Aranda o Arenas, no se lee bien), Juan Portillo Díez, Gabino García Ortíz, Esteban Pachín García, Tomás Manzanedo Díez, Tomás Amores Añober (Añover ¿?), Francisco Lazareno Sáez, Ángel Amores Martínez, Gumersindo Gutiérrez Rubio, Isidro Sánchez de las Heras, Juan Maroto Gutiérrez, Juan García Hidalgo y Matías Álvarez Santiago.

La Columna es la primera organización militar del bando republicano nada más conocerse el golpe de Estado. Organizadas por partidos y sindicatos. El nombre de Columna alude a dos hechos, tanto a la organización militar interviniente en las guerras de guerrillas, como al hecho de organización móvil, pues todas las columnas nacieron con intención de llegar a las capitales, a sofocar la insurrección militar facciosa.

El mismo julio de 1936 comenzaron a formarse: las más famosas las dos "**Columnas Mineras**": una en **Asturias**, organizada por UGT y muy bien armada, cuya finalidad era reforzar a las fuerzas republicanas en el Madrid asediado desde el inicio, pero que tuvo que interrumpir su camino a la capital del Estado dado que el general Aranda se había unido a los golpistas, levantándose en Oviedo. La otra Columna Minera había sido organizada en las cuencas mineras de **Huelva y Riotinto** y su finalidad era llegar a la capital regional, a Sevilla. Estaba encabezada por la propia Guardia Civil de la comandancia, a instancia directa del general **Sebastián Pozas**, Inspector General del cuerpo; el comandante, teóricamente leal, era Gregorio Haro Lumbreras. Éste, sin embargo, había enviado mensajeros a Queipo de Llano sobre la situación de estas tropas; siguiendo instrucciones directas de Queipo, Haro metió a la Columna en una emboscada, a las puertas de Sevilla, en el término de Camas. Parte pudo escapar, pero allí murieron 25 mineros y fueron capturados 71, de los cuales fueron fusilados 69 en cuestión de horas.

Hubo muchas columnas célebres, aparte las mencionadas, y que han pasado al recuerdo: la Columna Durruti, de la CNT en Aragón, la Columna Libertad, creada por el PSUC en Cataluña, la Columna Companys, organizada por ERC en Cataluña, el Quinto Regimiento, del PCE, comandado por Enrique Líster, la Columna Mangada que se convertiría en la 32 Brigada Mixta de Julio Mangada y Nilamón Toral, también del PCE y, tantas y tantas, que se reconvirtieron en Ejército Popular.

Pero como se ha anticipado, para finales de año, ya vemos a la mayoría de estos milicianos de Ciempozuelos (y muchos otros, claro) en otras unidades[217], como la Guardia de Asalto o en las Brigadas Mixtas del ejército, que se iban

---

[217] Andrés Fernández Rodríguez en Carabineros (Boletín Carabineros nº. 18 de 1937); Francisco Lazareno Sáez, en la Guardia Nacional Republicana (La Gazeta 3/11/1936), Gumersindo Gutiérrez, en Carabineros (Gazeta noviembre 1936), o Gabino García Ortiz, en La Guardia Nacional Republicana (Gazeta 199, 18/07/1938).

formando ya bajo supervisión directa del Gobierno. Es el caso de Nicasio que, desde principios de enero de 1937, aparece incorporado en una compañía de artillería de la 68 Brigada Mixta. Por su parte, el grueso de la citada Columna cenetista España Libre, sería incardinada en la 70 Brigada Mixta del Ejército Popular, siendo uno de sus jefes principales el citado Cipriano Mera. Esta 70 Brigada Mixta tuvo actuaciones muy notables en el frente del Jarama, Guadalajara, Brunete y Teruel, pero sería una de las fuerzas que se unió al golpe del Coronel Casado en Madrid, a instancias de Mera, entregando la capital, maniatada, a las fuerzas fascistas.

Nicasio se incorporó, por tanto, a la 68 Brigada Mixta[218], creada en Madrid en enero de 1937, con la agrupación de algunos batallones del denominado 5º Regimiento (que había organizado el PCE).

El mando quedó en manos del Mayor de Milicias **Etelvino Vega**[219], del PCE, y como Comisario Político, **Luis Cabeza Pérez**, del PSOE. La Brigada, desde finales de diciembre de 1936, estuvo acantonada en Collado Villaba, donde recibió instrucción militar, quedando operativa en los primeros días de febrero de 1937, cuando se la pudo armar, por fin, convenientemente para acciones de guerra.

El primer destino de la Brigada fue el frente del Jarama, como tropa de refuerzo, aunque terminó participando en el asalto al Cerro Garabitas[220] del 10 al 14 de abril, sufriendo numerosas bajas.

Aplacadas las ánsias de Franco por tomar Madrid esa misma primavera de 1937 (lo daba por seguro), la 68 BM fue incorporada en junio a la 35 División (V Cuerpo de Ejército) que comandaba Luis Barceló y el **General Walter**, ese prestigioso militar polaco que era jefe de buena parte de las tropas de los brigadistas

---

[218] Engel, Carlos (2005) *"Historia de las Brigadas Mixtas del Ejército Popular de la República 1936-1939"*. Ed. Almena. Madrid.

[219] Etelvino Vega, nacido en Mieres, era dirigente del PCE desde primera hora. Pertenecía a la Escala de Milicias y llegó a ser Teniente Coronel en el XII Cuerpo de Ejército. Fue otro más de los combatientes que quedaron atrapados en el Puerto de Alicante sin poder salir del país. Fue internado en el Campo de Concentración de los Almendros, luego en Albatera y la cárcel de Orihuela. Allí fue reconocido por un falangista, siendo fusilado en las tapias del cementerio de Alicante el 15 de noviembre de 1939.

[220] Cerro Garabitas: pequeño montículo (677 metros) junto al rio Manzanares, desde donde se dominaba parte de la Casa de Campo y la artillería franquista bombardeaba el centro de Madrid.

internacionales. Con estas fuerzas tocó a Nicasio pelear en Brunete, Villafranca del Castillo y el Vértice Romanillos (donde los franquistas tenían una potente línea defensiva, con multitud de artillería y ametralladoras, y fuerzas de los Tabores).

Durante el verano hay cambios en el mando de la 68 BM; Etelvino Vega es sustituído por otro Mayor de Milicias, **Francisco Romero Marín**, también del PCE[221]. Después de sostener las posiciones en el sector de Villanueva de la Cañada, la Brigada fue enviada al frente de Teruel, donde parecía que se iba a decidir el futuro de la guerra. En febrero de 1938 participan, como fuerza de choque que era, en distintas batallas por el mantenimiento de Josa y Obón, de donde tuvieron que retrocer hasta el río Marín, y más tarde a Cherta (Xerta) ante el gran avance franquista. Las lineas republicanas se habían visto partidas en dos. No es propósito hacer historia bélica, solo comentar que la cantidad de tropa y, sobre todo, el material de guerra de unos y otros, con los franquistas perfectamente pertrechados, con artillería moderna alemana, con aviación, en fin, pone de manifiesto que lo que hicieron los militares republicanos en ese frente del Ebro (y en otros), fue una auténtica proeza, a pesar de la derrota final.

La 68 Brigada, arrinconada y a punto de caer prisionera, hubo de retroceder y volver a ser reconcentrada en **Castellciutat**, ya en los alrededores de La Seo de Urgell, muy lejos de su frente aragonés, como se ve. Allí, ya a finales de abril de 1938, como en los equipos de fútbol que no puntúan, se procedió al cambio de "entrenador", del mando de la Brigada. Pasó a mandarla el Mayor de Milicias **Francisco Mesón Gómez**, también del PCE, y el comisariado a Luis Quesada Cerván. La Brigada interviene en operaciones contra la cabeza de puente que habían situado los facciosos en **Serós** (suroeste de Lérida) y que permitía abrir acceso para la conquista final de Cataluña. Allí se batió la 68 BM, junto con otras, sin poder cortar el paso a los franquistas. Era noviembre de 1938. A finales de diciembre de ese año, la Brigada, agotada, es retirada a Artesa de Segre (Lérida, partido de Balaguer). En enero de 1939 la Brigada es disuelta de facto, incorporándose sus hombres al X Cuerpo de Ejército, en la **Sierra del Cadí** y luego retirada a la misma frontera con Andorra.

---

[221] Tuve la suerte de conocer personalmente a Romero Marín en 1979; es de los dirigentes comunistas que volvieron de Rusia directamente a participar en las elecciones legislativas españolas, como la propia Dolóres Uríbarri. Hombre muy afable, no parecía haber sido general del ejército soviético.

En esos momentos Nicasio es cabo de la compañía de artillería en la que sirve, dentro de la Brigada Mixta. El gobierno, en atención a los méritos de todos los cabos de esa Brigada, a través del Ministerio de Defensa Nacional, cursa la Orden de 2 de enero de 1939, por la que se **asciende** a todos esos cabos de la 68 BM **al empleo de sargento**.

Cuando, pocos días después, Nicasio, junto con otros miles de combatientes y población civil, **cruza a territorio francés**, lo hace, por tanto, como Sargento del Ejército Popular de la República. Lo hace, tengo entendido, por Port-Bou.

No había mucha alternativa; o te dejabas apresar, cosa que muchos hicieron (con suerte diversa), o cruzabas la frontera. El día 26 de enero había caído Barcelona y aclaraba el qué hacer.

Entre tanto, los franceses, reacios a intervenir, habían mantenido la frontera cerrada, pero la presión popular obligó al jefe de Gobierno, **Edouard Daladier** (del centro político), a autorizar la apertura en los primeros días de febrero de 1939. Una riada humana, que alcanzó las 500.000 personas, irrumpieron en el país galo por La Junquera, Portbou, Le Perthus, Cerbère y Bourg-Madame (más de 300.000 desde la comarca del Alto Ampurdán). Del total, la mitad civiles[222].

Francia reconoció al gobierno franquista el 25 de febrero de 1939 (día en que Nicasio cumplía 21 años) e intercambia embajadores; mucha prisa parece, pues **ni siquiera la autoridad fascista había dado por concluída la contienda** civil.

Se cruzaba como se podía y con lo puesto. Así lo hizo Nicasio. El grupo con el que se encontraba, con otros combatientes, optó seguir las indicaciones de la Gendarmería y dirigirse al campo de **Argelès-sur-Mer**, apenas a 40 km de la frontera con España. Allí había dispuesto un campo, en zona de dunas playeras, con alambradas de espino, custodiado por gendarmes y tropas coloniales francesas (senegaleses y marroquíes). Unas 100.000 personas se hacinaron en la playa, fría y húmeda, donde la disentería y la sarna hicieron estragos; la única ayuda real la de Cruz Roja Internacional.

En ese campo acabarían personas, conocidas entonces o después, como el cartelista Josep Renau (el que había encargado a Picasso el Guernica), Vicente Ferrer (luego famosísimo misionero laíco), o Joaquín Puig (el padre de Salvador

---

[222] El informe "Valière" del Gobierno francés cifró en 450.000 el número de refugiados españoles en el sur de Francia, de los cuales 170.000 eran mujeres, niños y ancianos, 220.000 soldados y militares, 40.000 inválidos y 10.000 heridos.

Puig Antich). Y tambien combatientes de Ciempozuelos. En el listado de ingresados en el campo de Argelès-sur-Mer del 16 de junio de 1939 figuran tres personas del pueblo: **Juan Carvajal Blanco**, **Juan Hernández Márquez** (que presidió el Comité Popular de Ciempozuelos en agosto de 1936) y **Prudencio Yancos Díaz**. Sin duda habría más.

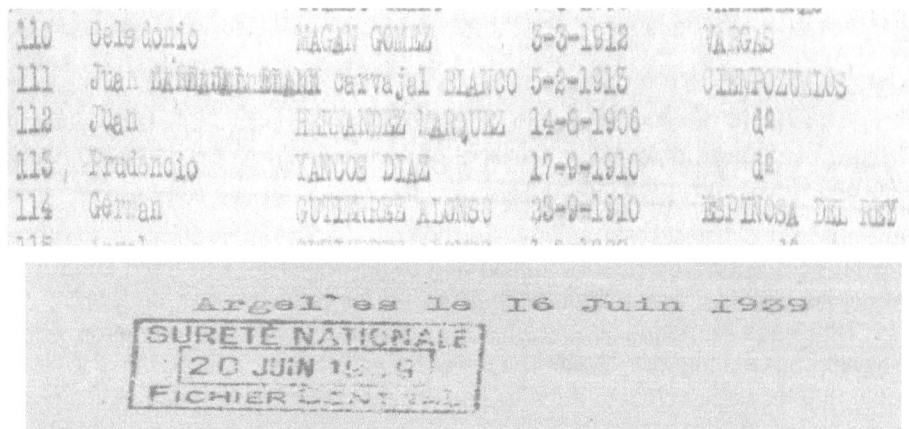

Vista aérea campo Argelès-sur-Mer en los primeros días. Concentraría a 100.000 refugiados.

Parece que Nicasio, y el grupo de excombatientes con quien viajaba, no lo terminó de ver claro y no entró en Argelès-sur-Mer. Ante el colapso y mala situación de ese campo, el gobierno francés abrió más en la misma zona de los Pirineos Orientales: el de Saint-Cyprien o el de Barcarés.

También Francia tenía funcionando el campo de internamiento de **Vernet d'Ariege**, verdadero campo de castigo, donde comenzaron a enviar a los soldados españoles "inadaptados"; allí llegó a haber hasta 10.000 miembros de la antigua Columna Durruti (Brigadas anarquistas). Visto el *cariño* que los galos estaban dispensando a los refugiados españoles, al menos la mitad optó por salir de Francia en muy pocos meses: unos eligieron Túnez y el Magreb (había barcos con frecuencia), otros a México, Argentina o Venezuela, latino américa en general, y otros muchos decidieron volver, con la conciencia tranquila y la cabeza alta, a España. Es el caso de Nicasio.

De los 200.000 españoles que quedaron en Francia, muchos de ellos se enrolarían, a partir de junio de 1940, en la **Resistencia**[223], auspiciada por el general De Gaulle, en contra del gobierno colaboracionista y traidor de Vichy y la ocupación nazi.

La vuelta a España de Nicasio, y de tantos otros miles, les hace iniciar un camino largo y pedregoso que, de haberlo conocido en detalle, estoy seguro muchos lo hubieran pensado más detenidamente o hubieran optado directamente por el exilio en América Latina u otros destinos.

Ya hemos descrito cómo se formaron, en plena contienda, los Batallones de Trabajadores, que luego evolucionaron a Batallones Disciplinarios de Soldados Trabajadores y, más tarde, con los presos ya condenados, a los Batallones Disciplinarios de Soldados Trabajadores Penados. Cuando Nicasio se presenta a las autoridades franquistas, es conducido inmediatamente al Batallón de Soldados Trabajadores **nº. 121**, en Lérida. Es el 7 de agosto de 1939. Han transcurrido 6 meses desde su paso a Francia, donde ha deambulado, con tantos otros, combatientes y civiles, procurando no ser metido en uno de esos horrorosos campos con los que la autoridad gala quiere solucionar temporalmente el problema de los refugiados. En el Batallón nº. 121 estará casi un año, utilizado como mano de obra esclava, en reparaciones de carreteras y puentes.

---

[223] Fuerzas Francesas Libres "FFL".

Batallón Disciplinario de Trabajadores n.° 70   2ª COMPAÑIA

Núm. del Expediente _932_

Apellidos _Maroto Sanchez_ Nombre _Nicasio_ Hijo
de _José_ y de _Antolina_ Natural de _Cienpozuelos_
Provincia de _Madrid_ Vecino de _Cienpozuelos_ Provincia
de _Madrid_ Calle de _Pañuelo_ n° _11_ Nació al _26_

Sale de ese Batallón el 8 de julio de 1940, siendo trasladado a otro Batallón Disciplinario[224] de trabajo, al **n°. 70**, esta vez en Gerona. Aquí estará poco tiempo; como ya hemos contado, la autoridad ha legislado en ese tiempo sobre la obligatoriedad de que **los soldados republicanos deben hacer "*la mili de Franco*"**, aunque hayan estado los tres años de guerra en pleno frente. El 17 de agosto de 1940, con la clasificación de "licenciado", se da permiso a Nicasio para que pueda volver a su domicilio habitual, eso sí, ha de presentarse a la autoridad local y su Junta de Clasificación, para ver si ha de ser movilizado, o no, en el Ejército y realizar el servicio militar: la medida afectaba a todos los varones pertenecientes a los reemplazos de 1936 a 1941 (Nicasio es quinto de 1939), cuyos expedientes eran revisados por las Juntas de Clasificación y las Cajas de Reclutas.

Al no considerarse válido su periodo de servicio militar en el ejército republicano, aquellos de los que se informaba que pertenecían al Grupo de Desafectos al Nuevo Régimen, eran obligados a trabajar, en principio por un periodo de tiempo equivalente, en los Batallones Disciplinarios, dependientes de la estructura militar.

Después de unos días de viaje, con salvo conducto, llega a Ciempozuelos.

Pero, al final no lo puede esquivar, y le llama la Caja de Reclutas n°. 2, de Getafe (6/9/41). Había pasado un año desde que volviera a Ciempozuelos. Es evidente que la Junta de Clasificación tiene mucho trabajo, así como las Cajas de reclutamiento; hay miles a la espera de ver qué se hace con ellos. Pero no hay lugar a dudas que es, realmente, una aberración tener a un joven de 22 años un año a la espera de una decisión. Tres días después, el 9 de septiembre de ese

---

[224] Ya en 1940 los Batallones de Trabajadores son sustituidos por los Batallones Disciplinarios de S. T. (Orden Ministerio Ejército de 20 diciembre de 1939).

año 1941 es citado en el aeródromo de Getafe y embarcado en un avión con rumbo a Tetuán: destino, Batallón Disciplinario de Soldados Trabajadores **nº. 36, en el propio aeródromo de Tetuán**. Y por 18 años, además. Bueno, esto es lo que especifican todos los documentos de los soldados trabajadores, que debía prestar servicio por un periodo de 18 años. El ejército se curaba en salud, sin duda, no fuera a necesitarlos mucho tiempo.

Nicasio, trabaja en las reparaciones del aeródromo de **Tetuán** algo más de un año, cuando en octubre de 1942 (28/10/42) una Orden Ministerial da indicaciones para disolver los BDST. La situación parece indicar que se acerca su licencia definitiva. Un espejismo. El ejército faccioso, que los tiene atados por ese periodo de 18 años, no va a perdonar ni un día a los esclavos. Para eso ganaron esa guerra desigual.

Así pues, disueltos los Batallones, hay que incorporar a sus soldados trabajadores directamente al ejército. El día **1 de enero de 1943, Nicasio es destinado al Regimiento de Infantería nº. 14 de Marruecos**, conocido como **Flechas Azules**. Allí estará dos meses, como si de un Centro de Instrucción de Reclutas se tratara, con el fin de jurar bandera; cosa que hace el 5 de febrero de 1943.

Alguna cosa creo recordar que me contó el tío Nicasio sobre esa etapa; él tenía un tatuaje en el brazo, concretamente la silueta de una mujer desnuda y, claro, yo le preguntaba sobre ello, quién se lo había pintado... Y contaba, poco más o menos, que en "*aquella mili y en aquel sitio*" si no tenías algo tatuado eras el rarito, la comidilla, y no convenía estar en la mira de aquellos seres, aún sedientos de dar la nota y algo más.

Nunca se termina de saber la intención última de las decisiones; pero en este caso, enviar a soldados republicanos a una División Legionaria para jurar bandera, tiene toda la pinta de ser castigo sobre castigo.

En diciembre de 1936 los golpistas y las autoridades italianas acuerdan formar unas Brigadas Mixtas italo-españolas, donde la tropa será española y los especialistas y el mando, italiano. Así se crea la BM **Flechas Negras**, en Badajoz. Poco después, a principios de 1937, en Sevilla, se crea la BM **Flechas Azules**. Cada una cuenta con 2.500 efectivos y muy buen material bélico.

No descubrimos nada novedoso si decimos que Flechas Negras se nutre de "*Camisas Negras*" voluntarios, de las fuerzas italianas en España, y que Flechas Azules tiene el grueso de su contingente formado por voluntarios **falangistas y guardia civiles**.

El lema de la unidad es "Agredir para vencer" y su distintivo el yugo y las flechas de Falange. Combatieron, hasta 1938, en Extremadura. Luego participaron en acciones en Toledo, Madrid, País Vasco y frente del Ebro.

Parche y Casco de los Flechas Azules

Finalizada la guerra fueron retiradas estas unidades al norte de Marruecos.

Jurada la dichosa bandera no se acaba la mili todavía. Unos días después, el 1 de marzo de 1943, es destinado al Regimiento de Artillería nº. 14, con mando y base en Sevilla; pero él va a 11ª Batería del Grupo Experimental de Artillería, con base en el **Rincón del Medik** (entre Tetuán y Castillejos, a 25 km de Ceuta; hoy es una ciudad de más de 50.000 habitantes).

El 25 de julio de 1943 recibe notificación que, por haber estado en el Batallón de Soldados en Tetuán, tiene un permiso de 9 meses. Tremendo; no dan la licencia definitiva. Vuelve Nicasio a Ciempozuelos, donde supongo será de ayuda para la familia, la mitad presa, la otra mitad sin posibilidades de vida plena. Muchas veces me pregunto, de estar en el caso, si yo hubiera vuelto después de 9 meses; en fin, después de una ligera elucubración, me acuerdo de la represión que existía y sé que hubiera vuelto como un corderito.

Nicasio se presenta en Rincón del Medik el 26 de abril de 1944, como le han marcado en las órdenes. Permanecerá hasta el día 1 de julio de ese año, fecha en la que le dan "permiso ilimitado".

El 9 de octubre de 1945, firmado por Franco y el entonces Ministro de Justicia, el falangista Raimundo Fernández Cuesta, se promulga el Decreto por el que "*se concede indulto total a los condenados por delito de rebelión militar y otros cometidos hasta el 1º de abril de 1939*". Lo repetiremos cuantas veces convenga recordar el contexto: no es que Franco se hubiera vuelto blandito, es que no tenía más remedio que aflojar, dadas las crecientes presiones internacionales. En agosto de ese año, el presidente Truman ordenó atacar con bombas atómicas las ciudades de Hiroshima y Nagasaki. Forzaba con ello la rendición de Japón y el final de la Segunda Guerra Mundial en septiembre de 1945. Franco tenía que "comportarse", de lo contrario el vacío internacional en que se encontraba podía ser auténticamente dramático. Por eso el Decreto. Aunque, hay que decir, que fue aplicado con parsimonia cruel, muy del generalísimo. Por ejemplo, a mi padre, Pepe, no le llegaría ninguna buena noticia hasta un par de años después.

Afortunadamente a Nicasio sí le sirvió para poner fin a esa seudo cárcel, iniciada con los Batallones Disciplinarios y acabada con esa macabra "mili de Franco" que tuvo a miles de excombatientes republicanos, alistados en las filas de sus enemigos. Así, el día 28 de octubre de 1945, una Orden de Capitanía, declara licenciado todo el reemplazo del 39 "*de la zona liberada*". Aun así, queda asignado, en "*situación de disponibilidad inmediata*", al Regimiento de Artillería nº. 13 de Getafe. Es decir, con el miedo en el cuerpo, quizá ya no, de que te vuelvan a llamar en cualquier momento. **Tres años de guerra y 5 de trabajo forzado y servicio militar contemplaban a Nicasio**.

Queda inscrito en el CMR (Centro de Movilización y Reclutamiento) de Getafe, con obligación de presentación a pase de revista, una vez al año, en las instalaciones militares del Centro. Dicho **pase de revista, obligatorio, se produce hasta diciembre de 1955** en que, por fin, se lee "**licencia absoluta**" en su expediente militar. Qué posguerra tan larga, verdad. Tremendo.

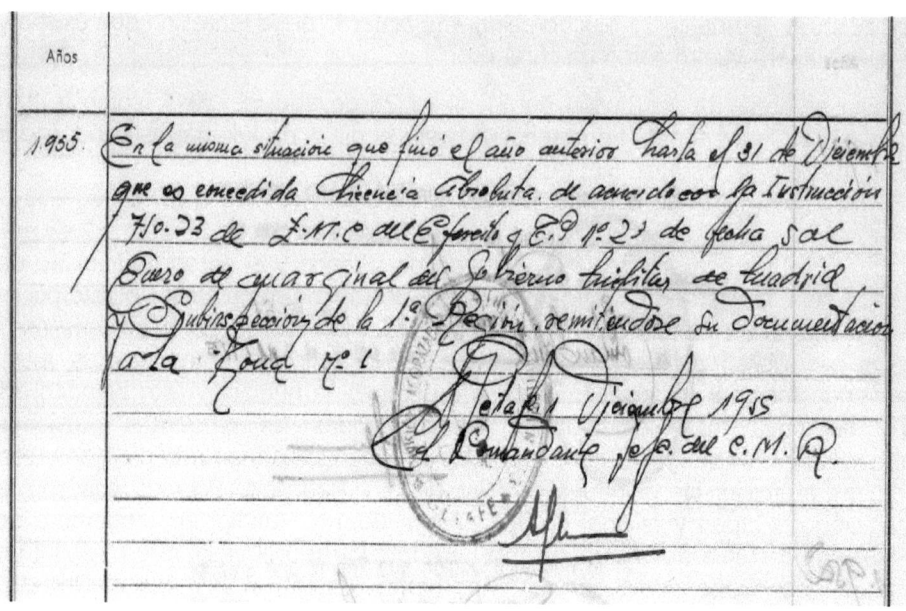

1955: en una España en blanco y negro, pasaban revista los republicanos, la guardia civil visitaba a mi padre en casa cada dos por tres, seguía habiendo presos de la guerra en los penales... en el mundo, Dior triunfaba en el Salón de la Moda de Paris o en Estados Unidos comenzaba la expansión de los restaurantes McDonald's. Contrastes.

Mi tío José Pérez Escacha.

El día de su 98 aniversario en el Bar Martín, Ciempozuelos, tomando un vino con sus amigos.

Causa 139.780 del Tribunal contra los delitos de masonería y comunismo.

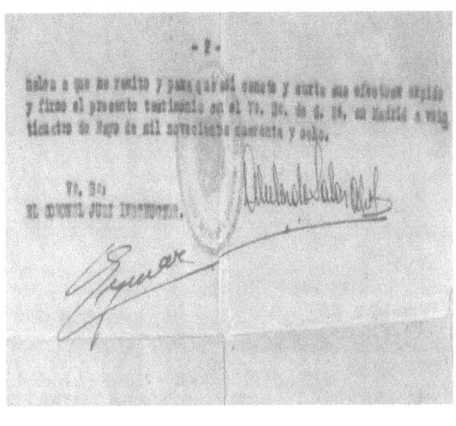

El tío Pepe es el más joven de los familiares que sufrieron en sus carnes la represión fascista del franquismo. El más joven, digo bien; acaba de cumplir 100 años, pero su cabeza siempre ha estado a la última, actulizada y muy viva. Ha sabido vivir bien, dentro de las limitaciones económicas y sociales de todo trabajador, con muy positiva inteligencia emocional y cordura y al final, ese equilibrio, mantiene la energía y las ganas de vivir. Pepe, casado con mi tía Sofía, hermana de mi madre, fué, junto a mi abuela Carmen Ferrer, mi padrino de bautismo (o te bautizaban o no podías escolarizarte).

Nacido en Madrid el año 1924, fue hijo póstumo de José Pérez Carratalá, un trabajador municipal; por ello estudió en el Colegio de San Ildefonso[225], donde

---

[225] El Colegio de San Ildefonso es el colegio laico más antiguo de la capital; creado por el Ayuntamiento de la Villa a mediados del S. XV, en principio para niños abandonados, luego acogió a los huérfanos de los trabajadores municipales. Desde los ochenta del siglo XIX está ubicado en la castiza Plaza de la Paja. Es una institución educativa de prestigio, aunque, desde hace tiempo, solo sea conocido por los niños cantores de la lotería nacional.

iban los *hijos de Madrid*, los huérfanos de empleados del Ayuntamiento madrileño. Su madre, Isidora Escacha Roldán, pudo entrar en los servicios municipales, regentando los baños públicos del ayuntamiento situados en el barrio de la Guindalera, en la avenida de los toreros esquina a la calle Cartagena. Casas de baños sumamente concurridas, principalmente los primeros años de postguerra, pues la falta de servicios en muchas viviendas y el hacinamiento en bloques y corralas, amén de la escasez de alimento, provocó una grave crisis sanitaria por el ataque del piojo verde, muy dura entre 1940 y 1943. Hay que recordar que el régimen franquista, hasta el año 1945, exportó todo el jabón y desinfectantes a la Alemania de Hitler. El piojo verde era el transmisor del tifus exantemático, que causó gran mortandad (en población infantil el 14%). El tifus destrozaba el hígado en semanas.

La Casa de Baños de la Guindalera fue construída por el ayuntamiento republicano e inaugarada en 1935. De estilo *art decó* , era de lo más moderno de la época, con baños individuales y una gran piscina. Daba servicio a todo esa zona que comenzaron a denominar "Madrid Moderno", con casas pareadas de estilo modernista, al lado de la plaza de toros de la ciudad.

La Guindalera. El barrio se extendía hacia el norte dejando paso al arroyo Abroñigal, un afluente del rio Manzanares, que discurría por lo que luego sería la M-30. La zona estaba llena de huertas, hecho que puede haber dado lugar al nombre, al estar plagado de árboles frutales, entre ellos los cerezos.

Así mismo fue zona de expansión de nuevas viviendas levantadas por las Sociedades Obreras, entre ellas la de Trabajadores de Correos y otras de Casas Baratas.

En las Casas de Baños, después del aseo, se expedía unos salvoconductos, al precio de 1 peseta, para aquellos que debían hacer visitas a hospitales o cárceles, de lo contrario se les denegaba el acceso. Había que demostar la higiene y la asepsia.

El régimen hizo todo lo que pudo por vincular o relacionar la enfermedad (esta y otras) con los vencidos. Trabajó bien el concepto de enfermedad igual a vencidos rojos, país sano igual a ganadores. Batalla ideológica y de propaganda a través de lo que hoy llamaríamos *fakes*. Acabada la guerra se nombró Director General de Sanidad al médico militar José Alberto Palanca quien cifraba el orígen de la pandemia de tifus exantemático en "*los sufrimientos morales y materiales padecidos en la zona roja*"[226]. Hábil propaganda que, en realidad, todo el mundo sabía falsa pero que nadie podía discutir, evidentemente. Se olvidaba Palanca de la falta de medicinas, desinfectantes y comida, que entregaban al ejército nazi para que pudiera proseguir sus campañas "de paz".

Lógicamente, la situación familiar en la casa del tío Pepe no permitía extender los estudios más allá de una especie de formación profesional. Que le vendría muy bien, por otra parte, pues la demanda de personal cualificado para talleres era incesante, en un país que carecía de mano de obra, por la brutal represión y el exilio de lo más granado de las diversas profesiones.

España seguía destrozada a lo largo de los años cuarenta: 500.000 muertos en contienda, 250.000 exiliados, 270.000 presos en cárceles y campos (de ellos 100.000 morirían fusilados desde el 39 al 48). La red de carreteras destrozada, solo en Cataluña había más de 1.400 puentes volados; la red ferroviaria exactamente igual, se habían perdido el 50% de las máquinas y vagones; la flota comercial deshecha, con más de 225.000 toneladas hundidas. Había desaparecido más de medio millón de la población laboral, además la más cualificada[227].

En ese contexto hay que buscarse la vida. Con 15 años entra Pepe a trabajar en la casa de la condesa de Vilana, una noble con palacio en la calle Santa Engracia, 13, de Madrid. Un año más tarde ya entra en una industria de

---

[226] Jiménez Lucena, Isabel (2010). "*El tifus exantemático de la postguerra 1938-1943. El uso de una enfermedad en la legitimación del Nuevo Estado*". F. Medicina. Universidad Málaga.

[227] 4 millones de personas no tenían casa y malvivían en las de sus familiares o amigos. Habían sido destruidas 250.000 viviendas y otras tantas necesitaban de reforma integral. La falta de comida provocaba auténticas epidemias: solo la tuberculosis se llevaba más de 30.000 personas al año.

cierto nivel, en Industrias Madrileñas de Ascensores y Montacargas. Ya se va perfilando profesionalmente por la mecánica. La experiencia le vale para entrar a trabajar en **AISA**, Aeronaútica Industrial S.A. Esta empresa fue fundada por Jorge Loring Martínez, ubicándose en Carabanchel Alto, **junto al Aeródromo de Cuatro Vientos,** teniendo incluso pista propia de pruebas para sus prototipos. Tecnológicamente de lo más puntero del país.

Jorge Loring era ingeniero de caminos, pero siempre fué un apasionado de la aeronaútica y la mecánica industrial. Ya en 1920, con 31 años, intentó poner en funcionamiento una Línea aérea para unir Barcelona con Palma, que no obtuvo financiación suficiente. Un año más tarde, sí creó ya la primera Línea Aérea de España, entre Sevilla y Larache, para dar servicio postal y avituayamiento militar, a los territorios españoles en el Magreb. Para ello creó la CETA, Cía Española de Transporte Aéreo, iniciando el servicio con tres aviones, que fue aumentando con los aviones que él mismo fabricaba en Carabanchel Alto, bajo licencia de Fokker y Avro, a partir de 1923.

En 1927 creó la Línea Madrid – Barcelona y en 1929 la CLASSA, Cía de Líneas Aéreas Subvencionadas S.A. Un año más tarde intentó con otros socios poner en servicio una línea de dirigibles entre Sevilla y Buenos Aires, sin conseguirlo. En sus talleres de Carbanchel fabricó los autogiros C7 y C12, diseñados por Juan de la Cierva. Diseñó algunos modelos de automóvil, pero se dedicaría a la aviación, en adelante.

Las instalaciones fueron incautadas por el Gobierno de la República en 1936, fecha en que él mismo murió, fusilado junto a su fábrica, por su apoyo al golpismo.

A.I.S.A. La empresa, antes de la guerra fabricó el Fokker-IV, avión de reconocimiento usado por el ejército en el Sahara. Tras la contienda fabricaron los HM-1 y HM-9 (diseñados por el ingeniero y aviador Huarte Mendicoa). Y, sobre todo, repararon los bombarderos italianos Savoia S-79, uno de los más utilizados en la Segunda Guerra Mundial. Participaría esta empresa, igualmente, en múltiples proyectos, junto al INTA, Instituto Nacional de Técnica Aeroespacial, creando algunos modelos de aviones de reconocimiento y enseñanza.

En 1954 adquirió la empresa AISA otra factoría de aviones, IBERAVIA, generando nuevos modelos de avión de entrenamiento, como el AISA 1-11, el primero y más exitoso. Con el tiempo se especializaron en reparación de helicópteros y a partir de 1957 se adentró en la fabricación de camionetas y microbuses, bajo la marca **AVIA**. En 1999 pasó a ser propiedad de CASA, Construcciones Aeronáuticas S.A., integrándose en el grupo europeo EADS y Eurocopter, la fabricante europea de helicópteros. Sigue funcionando hoy día, bajo el paraguas EADS y tiene casi 50 patentes propias en el ámbito de la aviación y construcción de helicópteros.

Aeronáutica Industrial, S. A. (AISA)

En esta empresa AISA estaría el tío Pepe varios años; una empresa con cientos de trabajadores de alta cualificación y también alta concienciación política. A pesar de que hablamos de los cuarenta y se seguía fusilando. Aquí adquirió Pepe una importante conciencia de clase.

No hace falta decir que la época era muy complicada y dura de vivir. De 1945 a 1949 el maquis estuvo en pleno apogeo, volviendo loco al gobierno fascista y a sus tropas y fuerzas especializadas. El año 1947 se había estrenado con paros laborales es Astilleros de Cádiz, Construcciones Aeronaúticas y en los sectores del gas y Correos. Cada vez que pienso en un paro en los años cuarenta se me eriza la piel.

En abril de 1947 se promulga un Decreto Ley sobre Represión del Bandidaje y el Terrorismo, precisamente para facilitar, aún más, la dura represión de la guardia civil en el medio rural y el monte, castigando a las familias de presuntos guerrilleros, y en general a todos los civiles, pues no se podían creer que no recibieran ayudas de los pueblos y pudieran mantenerse con la moral intacta en lo más elevado de las montañas o lo más frondoso de los bosques. Cualquier pretexto sería bueno para hacer salir a las "*alimañas de sus madrigueras*" y se fusiló sin piedad a mujeres y hombres acusados de colaboracionismo o de no delatar al maquis.

El 18 de agosto de ese mismo año 1947 explotó en Cádiz el polvorín de la Armada. La deflagración produjo 156 muertos y algo más de 5.000 heridos; más de 500 edificios destruídos y 4.500 inmuebles afectados. El polvorín estaba saturado de bombas y minas navales de los alemanes, inutilizadas o caducadas. Con el tremendo calor, y las malas condiciones de almacenamiento, el arsenal saltó por los aires.

Se hizo correr el rumor de que podía ser un atentado del *terrorismo marxista* (por un lado la propaganda oficial decía que lo había aniquilado, por otra les echaban las culpas de todo). Le vino bien al régimen; aprovechó la circunstancia para no dilatar más la ejecución de 8 militantes del Partido Comunista y la Juventud Socialista Unificada: el 20 de agosto'47 en el Penal de Ocaña. Otros setenta militantes presos, de la misma filiación, fueron condenados a 30 años y 1 día de prisión.

Pero, qué casualidad, el suceso se reprodujo unos días más tarde. El polvorín del ejército en la guarnición de Alcalá de Henares, explotó el 6 de septiembre de ese mismo año 1947, produciendo la muerte de 14 civiles y 10 militares y cientos de heridos. Las condiciones de los acuartelamientos, y sus instalaciones claves, como arsenales, eran pésimas. El mismo calor extremo hacía que aquello saltara por los aires. Nuevamente se aprovechó para hacer purga entre personas de filiación izquierdista, estuviera en la cárcel o simplemente fuera conocida o etiquetada así por la guardia civil. Más represión en la zona del Henares.

Todas estas noticias, y muchísimas más en torno a la continua represión, llegaban a las fábricas y centros de trabajo. Por eso, que el tío Pepe se jugara el bigote en esos momentos, al menos para mí, tiene un valor extraordinario. En Europa, en esos momentos, se estaba presentando el Plan Marshall, que regaría el continente de miles de millones de dólares para propiciar la recuperación después de la guerra (se aprobaría y pondría en vigor en abril de 1948). En España, empero, se estaba fusilando cada día y pasando hambre extrema.

Por tanto, que en los centros de AISA se hicieran paros simbólicos, minutos de silencio, o simplemente se comentara por lo bajini todo este tipo de noticias, era normal. Pero ello provocó la detención de un grupo de trabajadores de la empresa; entre ellos el tío Pepe. Hay que recordar que todo estaba trufado de confidentes, pero una industria de este tipo, que fabricaba material militar, además, estaba repleto de infiltrados del Servicio de Inteligencia Militar (SIM).

Los detenidos fueron:

.:TMT1:. Madrid | Sumario 139780 | Legajo 7268
BARTOMEU LINAREZ, Tomas
BRUNO HERNANDEZ, Pedro
CASADO ARRANZ, Benito
CUEVAS LOPEZ, Conrado
DAMOTTA HERRERO, Julio
FERNANDEZ AMARO ALMEIDA, Salustiano
FERNANDEZ EZQUERRA, Julio
GARCIA GONZALEZ, Cayo
HERRAN RUBIO, Santiago
IGLESIAS ANGULO, Jose Luis
MARTIN MUÑOZ, Ramon
MARTINEZ RUIZ, Juan
OCAMPO MARTINEZ, Eusebio
ORDROÑEZ ORGAZ, Francisco
PEREZ ESCARCHA, Jose
PEREZ JALON, Honorio
RUBIO IGLESIAS DE DIEGO, Antonio
SALGUERO LIMON, Jose
SANCHEZ ANDRES, Fernando
TORRES ASEDO, Jose
VIDAL CORTIJO, Felix

El responsable y organizador de la célula del PCE fue Francisco Ordoñez Orgaz; con él cayeron el químico de la empresa, Benito Casado Arranz, el Jefe de taller, Julio Damotta Herrero, y otro de los camaradas más involucrados, Antonio Rubio Iglesias, o Eusebio Ocampo, que compartieron cárcel dos años también. Algunos de estos hombres, tras el paso por prisión en los casos en que hubo condena, después de sortear vetos laborales, no solo en Madrid, sino en toda

España, tuvieron que salir del país, a Alemania o Francia principalmente, en busca de un poco de aire[228].

El Consejero Delegado de la empresa AISA, en esos momentos, era el Coronel Antonio Pita Iglesias, del arma de artillería, involucrado en la aeronáutica desde primera hora. Amigo del Teniente Coronel Huarte Mendioca, ingeniero, piloto y creador de los modelos aeronáuticos HM, Pita dirigía la fábrica en Cuatro Vientos.

Una vez detenidos son puestos a disposición del Juzgado Militar. El Secretario era el Comandante de Ingenieros Abelardo Salas Abad y *"el Juez Instructor el Coronel de Infanteria y Caballero Mutilado de guerra por la patria, don **Enrique Eymar Fernández**"*. Este señor merece una reseña, sin duda. Los cargos: art. 723 y 926 del CJM: supuestas actividades de índole comunista. Cómo no i.

El proceso dura dos meses; pero queda claro que no hay pruebas, solo *"escuchas"*; tal vez precipitaron la redada. Pero, sobre todo, los juzgados siguen saturados y no pueden llegar al mundo del asociacionismo laboral, en esos momentos. Tienen tanto Consejo de Guerra todavíai. En marzo de 1948 el Auditor General del Ejército acuerda la conclusión del sumario. El 24 de mayo el Coronel Eymar lo cierra. Lo visa el Capitan General de Madrid, Teniente General Muñoz Grandes.

Enrique Eymar Fernández[229]

El "coronel inquisidor" como se le conocía, había servido en Marruecos, donde cayó gravemente herido en 1929. El ejército le buscó un puesto cómodo y fue subdirector del Museo del Ejército en Madrid. Cuando llega julio de 1936 no se adhiere, haciéndolo en 1939 con la guerra ya finalizada. Pasó su propio proceso por "negligencia" al no haberse sumado al golpe. Pronto comienza a participar en

---

[228] Antonio Rubio Iglesias, acabaría asentándose en Pau, Francia, donde tanto emigrante político y económico se juntaría. Y ya no volvió. En una ocasión, mi primo Juan Carlos, hijo pequeño del tio Pepe, lo llevó a Pau a visitar a su viejo colega de fatigas Antonio Rubio. Habría que haber visto esas lágrimas y esos emotivos abrazos de ambos.

[229] Del Águila, Juan José. (1997). *"El Tribunal de Orden Público. 1963-1977. Trece años de represión política"*. Universidad de Sevilla.

juicios contra prisioneros de guerra, encontrando en ello "su vocación" secreta. Se convertiría en un **Juez Estrella durante el franquismo**.

Destinado al Juzgado Militar Especial para los delitos de espionaje, masonería y comunismo, se haría notar su presencia por la radical aplicación de la Ley de Responsabilidades Políticas de 1939 y la Ley de Represión de la Masonería y el Comunismo de 1940.

En 1947 instruyó el Consejo de Guerra contra 14 miembros de la FUE, Federación Universitaria Española, castigándolos con 30 años de prisión, comenzando por **Nicolás Sánchez Albornoz**. En 1958 asciende a Presidente del Tribunal Especial donde venía ejerciendo.

En noviembre de 1962 es detenido por la Brigada Politico Social el dirigente comunista **Julián Grimau**. Este coronel fue quién presidió su Consejo de Guerra y quien le condenó a la pena de muerte, veinticuatro años despues de acabada la guerra civil (18 abril 1963). Dos días después, en la madrugada del 20 de abril, Grimau fue fusilado por un pelotón de soldados de reemplazo al negarse el General de la Guardia Civil a asumir la ejecución. Ese mismo año, en agosto, condenó a garrote vil a dos militantes anarquistas, Joaquín Delgado Martínez y Francisco Granado, Implacable. Y el Generalísimo alababa su severidad.

En 1955 volvió a España, desde Argentina, el Teniente General **Vicente Rojo Lluch**, Jefe del Estado Mayor del Ejército de la República. Había sondeado a las autoridades a través de la Embajada y no le habían puesto pegas en la vuelta. En cuanto pisó suelo español, el coronel Eymar le abrió procedimiento, con el visto bueno directo de Franco quién, de su puño y letra, le envió un mensaje diciendo que a Rojo había que *"negarle el pan y la sal"*. Se condenó a Vicente Rojo a cadena perpetua en 1957; un año después se le conmutó e indultó, pero se le aplicaron todas las accesorias de la ley: se quedó sin patrimonio y sin pensión, siquiera. Rojo falleció en 1966. Mientras, Eymar seguía recibiendo condecoraciones, principalmente policiales, de todas las Brigadas más fascistas de la policía española.

Unas cuantas semanas en los calabozos de la Dirección General de Seguridad no se olvidan nunca. Si te pegan, porque te pegan, y si no, porque oyes los golpes y los gritos en otras celdas, en otras estancias. Y voces, siempre voces. A cualquier hora. A todas las horas. No se podía descansar. No se dejaba dormir a los presos, había que socavar la resistencia.

En Sol. En la Puerta del Sol. Allí estuvo Pepe, simplemente por ser un jóven con cierto interés por la situación social; por interesarse por otros compañeros detenidos, o por recaudar dinero para las mujeres de los presos que dejaban de percibir los salarios. Por procurar que los hijos de detenidos no pasaran más hambre. Simplemente eso te podía llevar ante el Tribunal de Orden Público.

Calabozos de la Dirección General de Seguridad – Puerta del Sol. Madrid.

Es evidente que estos acontecimientos dejaron en la calle a todos los detenidos; unos sin cargas familiares, como Pepe; otros con hijos y esposas. Todo el mundo hubo de buscarse la vida. En trabajos varios; en lo que cayera. Además se hacía dificil porque si se pedían antecedentes, el conseguir trabajo, al menos un empleo estable, era práctica imposible. Ay, los antecedentes penales, qué losa. El tío Pepe tuvo que solicitar oficialmente, en marzo de 1957, fueran cancelados los antecedentes que obraban en la Dirección General de Seguridad, dado que en el

417

proceso instruído por el Tribunal de Delitos contra el Comunismo, su acusación concreta fue sobreseída. De lo contrario no se podía conseguir un buen trabajo.

Después de años de trabajos varios, mal pagados, siempre con la espada de Damocles sobrevolando, pudo acceder a una gran empresa del sector eléctrico, del aparataje de precisión para las instalaciones eléctricas como era **Isodel Sprecher SA**. Sin duda, ya sin la carga de los antecedentes, la experiencia en la mecánica aeronáutica de AISA, sirvio de presentación.

La empresa Isodel inicia su andadura en 1952 con una factoría de primer nivel en la calle Méndez Álvaro de la capital. Luego ampliaría con talleres en Coslada. Dedicada al aparataje eléctrico de alta calidad y precisión, contaba con la tecnología de la suiza Sprecher y la francesa Alsthom. En los setenta tenía socios españoles como Hidra o el Grupo Banesto.

En 1979 contaba con una plantilla de 1.400 trabajadores dando trabajo indirecto a otros 12.000 en industrias auxiliares. Ya desde esa fecha comenzó a tener problemas de financiación, intentando ese mismo año una suspensión de pagos, siendo presidente de su consejo Carlos Mella Villar. Se habló mucho, ya en esa misma época, sobre la especulación de la empresa con los terrenos de Méndez Álvaro, prácticamente en el centro de Madrid. En 1987 suspendió su actividad, dentro del contexto de la descabellada "Reconversión Industrial" del felipismo que pilotó el ministro Solchaga.

Fue una de las empresas del metal más combativas a nivel sindical, junto con la Perkins, Barreiros, FEMSA, Boetticher, CAF, Hierros Madrid o la Standard. Una de esas empresas donde a finales de los cincuenta se fraguan las Comisiones Obreras, el sindicato trabajador que comienza a utilizar las contradicciones del Sindicato Vertical para ganar espacio de representación en los centros de trabajo. Allí estaría el tio Pepe también; con las Comisiones Obreras y con la lucha obrera.

8   MUNDO OBRERO SEMANAL

el cambio ha comenzado ya

**MADRID
cifras y contenido
de la victoria**

Miles de enlaces "CC. OO." · Técnicos : a 100 %. · 1ª reunion de los nuevos en el Metal · La cuestión del Convenio a las asambleas.

MENT, R. Bosch, EMESA, R. Tejeiro, N. Borja (100%); STANDARD (95%); TAFESA, PEGASO, FEMSA, Plata Mea., MARCONI, FIAT (90%); DIMETAL (90%); CASA, SKF, WESTINGHOUSE, AMPER RADIO, ISOLUX, ODAG, (75%); CASA (Getafe), Equip-Electrón (70%), ISODEL SPRECHER (65%); CHRISLER, B. Delgado, Garza (60%); Matas, CITESA, Hierros M., Emisa, Roca e Ibelsa (50%).

A la contundencia de las cifras, añadamos simplemente que bajo una dictadura fascista, con las estructuras sindicales superiores e intermedias en manos de los jerarcas, con los inspectores de la Brigada P.S. por en medio, hasta el porcentaje del 50% constituye una indiscutible victoria, cuanto más los 70, 90 y 100 %.

Y una observación que tiene toda su importancia en cuanto al carácter de las nuevas fuerzas productivas: a nivel de técnicos, las candidaturas democráticas han triunfado al cien por cien.

PRIMERA ASAMBLEA EN EL METAL

Isodel 65% de los votos para las CCOO – Julio 1975 – Mundo Obrero

Y utilizo una noticia del Mundo Obrero adrede, para remarcar que, durante muchos años, mi padre recibía el Mundo Obrero de la mano del tio Pepe; según salía, calentito, el tio le hacía llegar o le llevaba el periódico del PCE. Desde siempre, en plena dictadura fascista de Franco. La verdad es que se la jugaban por ocho páginas de papel. Pero es que era todo un símbolo de resistencia, redactarlo, imprimirlo, repartirlo, leerlo... Tenerlo en casa era un triunfo, era no haber perdido la guerra, al menos totalmente.

Mi abuelo materno Benito Ramón Barrios.

Tampoco tuve la suerte de conocer a mi abuelo Benito, pues murió unos años antes de que yo naciera. Murió a mediados de los cincuenta. Benito Ramón Barrios nació en Ciempozuelos en 1885, hijo de Bautista Ramón y Gregoria Barrios.

El abuelo Benito, como dije en la introducción, ha sido para mí otra sorpresa dentro de la historia de mi familia. No tenía idea de que estuvo en la cárcel, ni que la familia lo pasara tan mal con los hechos que acontecieron. Diremos una vez más, y no nos cansaremos de repetirlo, que la dictadura franquista generó en la gente, en las familias, tal miedo, que incluso en el interior de las mismas no se hablaba del pasado. Había una especie de velo de silencio y no se hablaba de "*ciertas cosas*". Lo único que yo sabía del abuelo Benito es que era asmático, que de joven emigró a Argentina, que era simpatizante de Azaña y, como máximo, que el camión que tenía para traer el pescado del mercado central de Madrid, lo puso a disposición de la República. Así, en abstracto. Ah ii y una anécdota que me repetía mi madre muchas veces de pequeño: estando el abuelo trabajando en un rancho en la Pampa, debían pasar más hambre que nada, y el chocolate para el niño del propietario, se lo comían los empleados; cuando llegaba la madre del niño este la decía "*mamá, por "atí" sí, pero por "atí" no*" señalándose alrededor de la boca y la propia boca; se ve que le untaban el chocolate por las comisuras para que pareciera que se había comido el chocolate, pero no. En fin, época de mucha hambre y pocos recursos.

Pasado el tiempo, y sabiendo lo que sé ahora, ya me explico ese miedo que sentía mi madre cada vez que se hablaba de política, o mi padre se ponía a despotricar del régimen fascista. Mi madre, Beni, tenía el miedo en el tuétano. Cuando detuvieron al abuelo Benito mi madre acababa de cumplir doce años. Y después de haber pasado tres años en el exilio interno, como desplazados de guerra en Villarrobledo, venía a su pueblo y encarcelaban a su padre. No debe ser plato de gusto, y en esas edades, cierto es, hecho traumático.

La infancia del abuelo Benito debió transcurrir como la de todos los chavales de su época: poca escuela y muchos oficios para ganarse algunas perras para casa. El hecho es que a los 17 o 18 años, no consigo tener bien contrastado el dato, emigra a Argentina en busca de nuevos horizontes, de un oficio, de ganar algo de dinero y volver, tal vez. Tuvo que ser, por tanto, sobre 1902 o 1903 que tomara el barco para hacer las américas.

El hecho es que sí sabemos que al llegar le ofrecieron ir a una hacienda o rancho a formar parte del grupo de vaqueros que trabajaban con el ganado; ganado de producción cárnica. A mí, como aficionado al wester, me resulta sugerente la imagen; me imagino al abuelo a caballo, cabalgando por la pampa detrás de algún becerro... Pero a él no le tuvo que gustar tanto, porque sí conocemos que después se largó a la capital, a Buenos Aires, y estuvo trabajando en algo relacionado con el pescado; en los muelles de Puerto Madero, el puerto antiguo, en la carga y descarga de pescado, o en su tratamiento, despiece, etc. Tuvo que ser un buen aprendizaje, en todo caso, pues cuando volvió se dedicaría a ser pescadero toda su vida.

El abuelo Benito no fue el único joven español que emigró a Argentina. Entre 1900 y 1930 salieron de España 4.365.000 personas (oficialmente censados 3,3 millones; el resto de forma clandestina para evitar ir al servicio militar, sobre todo en la época en que se estaba en guerra).

Al menos hasta 1912 se puede decir que el 40% de los que salían iban a Argentina; después de la Primera Guerra Mundial se incrementó la emigración a Francia. En ese primer tercio del siglo XX, de toda la masa emigrante, el 33% salió hacia Argentina, el 25% a Cuba, el 20% a Francia y el 13% a Argelia.

¿Cuáles eran las causas de tal emigración?[230]

Factores internos. Que "expulsaban" a la gente. *Demograficos*: país agrario como éramos, el incremento de población, por las ligeras subidas de la natalidad gracias a las mejoras sanitarias, hizo que no hubiera campo para tanto hijo. La producción era la que era y no daba para mantener a las familias. Y el empleo industrial escaso; era evidente que debían emigrar hacia las grandes ciudades, o hacía el Nuevo Mundo. *Políticos*: el servicio militar podía durar entre 3 y 7 años, dependiendo de las coyunturas bélicas; los ricos podían pagar la exención, o pagar a otro que fuera en su lugar, pero los pobres no; lo más lógico era huir del país, así de claro; solamente en el periodo 1915-1920 el 40% de los jóvenes asturianos se fueron a América para no ir al servicio militar. *Y Económicos*: la agricultura, poco desarrollada no generaba empleo y además comenzó a saber lo que era recibir productos agrarios desde América, mucho más tempranos; la industria, siendo poca, sí comenzaba a fabricar las cosas a precios más bajos, lo cual suponía la ruina y cierre de miles de artesanos de todo tipo (principalemnte en Galicía y Cataluña).

Factores externos. Que "atraían" a la gente. Los países jóvenes del Nuevo Mundo comenzaban a desarrollarse y necesitaban de todo, también de mano de obra. Comenzaron a especializarse (Brasil en café, Cuba en azúcar) y crecer urbanamente, como Argentina. El caso de Argelia era distinto, allí iban los jornaleros de Alicante, Murcia y Almería a recoger las cosechas, allí más tempranas; era una *"emigración golondrina"*.

---

[230] Sánchez Alonso, Blanca (1995). *"Las causas de la emigración española 1880-1930"*. Alianza Ed. Madrid

Si el abuelo Benito se fue con 17/18 años, podríamos pensar que huía del servicio militar. Quizá fuera así. Cuando se fue, no obstante, no había guerra en el Rif. Por eso creo que fue una emigración económica en toda regla. Además se cumplen algunas de las características básicas: emigraban hombres jóvenes solos; en ocasiones muchos menores de 14 años (en 1914, por ejemplo, el 23% eran de 14 años); trabajaban, ganaban algo de dinero, y se volvían, como él hizo. Hubo otros muchos que, al irles bien, optaron por el reagrupamiento familiar en las nuevas tierras.

Además, Benito, tuvo que conocer en Madrid, quizá, la Oficina de Información de Argentina. Era tal la demanda de mano de obra en Argentina, ya desde 1880, que el gobierno argentino decidió abrir, en el exterior, unas oficinas de información sobre el país, reclutando trabajadores. En Madrid se abrió una de estas Oficinas; posteriormente en Barcelona y más tarde en Pontevedra. Verdaderas ETT de la época, hay que decir que Argentina lo ponía fácil: en Buenos Aires se abrió un Hotel exclusivamente para los inmigrantes que llegaban; allí podían estar, en régimen de pensión completa, varios días, hasta que se les orientaba sobre los demandantes de trabajadores, etc. Una vez elegían sitio o profesión, se les pagaba hasta el viaje interior a la zona donde eran contratados. Este modelo lo copiaría luego Brasil, que llegó a pagar, incluso, el pasaje en el barco para los que fueran a trabajar. El abuelo Benito, decía, tuvo que conocer esta especie de oficina de reclutamiento situada en Madrid, y que tan bien vendía el producto argentino[231].

Benito volvió a España en 1907, después de unos cinco años de estancia en el Mar del Plata. Y si vino no sería porque el gobierno de España tuviera una política eficaz de premiar los retornos. La reacción de los distintos gobiernos fue poco eficaz; hubo iniciativas para reforzar el Instituto de Reformas Sociales; se incrementaron las ayudas para la colonización interior de zonas poco pobladas; también se intentó premiar la emigración a las colonias propias (Sahara, Ifni, Guinéa). Pero la acción política fue escasa. Intelectuales regeneracionistas, como Macías Picavea o Joaquín Costa, clamaban contra esta sangría del recurso humano español.

---

[231] Por encima de España estuvo Italia, que en ese periodo 1900-1930 mandó a Argentina 3 millones de personas, además no en forma individual, sino familias enteras; eso hizo, al ir toda la familia, que se quedaran más asentados y no volvieran.

No todo era negativo, claro[232]. Las remesas de los emigrantes fueron importantes; y luego, cuando volvían, algunos muy ricos, levantaban fundaciones, colegios; o se mejoraban las zonas urbanas; incluso se creaban bancos, como el Hispanoamericano a partir de ricos con negocios, en este caso, en Cuba. Aunque siempre había sitios de donde se volvía menos: de los más de 300.000 españoles que emigraron a Francia entre 1915-1919, volvieron menos de la mitad (la sociedad francesa era más permeable y más democrática).

Sobre 1910, más o menos, Benito se coloca a trabajar en una pescadería en el vecino pueblo de Valdemoro. Ahí coge oficio. Los viajes diarios al mercado central de Legazpi, de madrugada, a por el pescado del día, hace que conozca y trabe relación con algunos asentadores del mercado. Asentadores que terminarán presentando a Benito a la que sería su mujer, mi abuela Carmen, madrileña de la calle Santa Isabel, de una familia que en parte era originaria de Astorga. Conocemos que en la ruta tradicional del pescado, desde Galicia a Madrid, los gallegos trasportaban el pescado, durante la noche, hasta Astorga; aquí les daban el relevo los astorganos, siendo estos los que iban a Madrid y culminaban el ciclo. Con el tiempo, muchos de estos astorganos fueron quedándose en Madrid, y casi siempre abriendo pescadería. La zona de la calle Santa Isabel y el Mercado de Antón Martín era un lugar repleto de pescaderías y de leoneses.

Y así es como Benito Ramón y Carmen Ferrer Rodríguez, se casaron. Y el padre de mi abuela, mi visabuelo Julio Ferrer, les aportó una dote para que compraran casa en Ciempozuelos, el pueblo de Benito, y abrieran negocio propio. Una pescadería, claro: *Pescadería La Madrileña*. No podía llamarse de otra forma. Del matrimonio nacieron cinco hijos: Carmen, la mayor, Julia (que al casar con ferroviario siempre estuvo fuera del pueblo), Ignacio, el chico, Sofía y Beni, la pequeña, en 1927. Carmen e Ignacio, con el tiempo, supieron aprovechar las bisoñeces de las dos más pequeñas, pues se quedaron, una con la finca de Madrid, en la calle Santa Isabel, el otro con la casa de Ciempozuelos y el negocio. La vida misma.

Y llegó 1931 y la Segunda República. Benito no era persona significada políticamente; pero tampoco parece que fuera persona descreída o sin responsabilidad social. Y comenzó a simpatizar con Azaña. Más con el propio

---

[232] Sánchez Alonso, Blanca. (2010). *"La inmigración española en Argentina 1880-1914. Capital humano y familia"*. Ed. Universidad San Pablo-CEU.

Manuel Azaña como personaje, que con un partido concreto. Era, lo que se viene a decir, un azañista. Y votante de Izquierda Republicana, por tanto.

Manuel Azaña fundó Izquierda Republicana en 1934. Los partidos "burgueses" del republicanismo de izquierda, habían tenido unos resultados nefastos en las elecciones de 1933; elecciones que ganó la derecha con Gil Robles al frente de la CEDA.

Azaña reunificó los distintos grupos republicanos en Izquierda Republicana: la propia Acción Republicana de Azaña, el sector de izquierda del Partido Republicano Radical Socialista, de Marcelino Domingo y Álvaro de Albornoz, y la Organización Republicana Gallega Autónoma, de Santiago Casares Quiroga.

Integrada Izquierda Republicana en el Frente Popular, en las elecciones de febrero de 1936 obtuvo 80 diputados y fueron terceros tras el PSOE y la CEDA. Además, este partido fue el núcleo principal del Gobierno de la República, hasta comienzos de la guerra. En septiembre de 1936 formó gobierno Largo Caballero.

En 1935 Benito se afilió, además, a la UGT, sección de Comercio. Como diría mi abuela Carmen en su escrito dirigido al Tribunal Militar que lo juzgó, lo hizo más *por sentimiento de colaboración o pertenencia con sus parroquianos*. Se ve que la mayor parte de la clientela era gente sencilla del pueblo, más que caciques y propietarios.

El caso es que el cóctel estaba servido y agitado. Fama de republicano y azañista; luego afiliado a UGT, por lo tanto según los vencedores "*un marxista declarado*". Por si faltaba algo puso a disposición de la autoridad republicana la camioneta, si es que la necesitaban para algo. Y el remate: el abuelo Benito, fumador empedernido y con dificultades asmáticas, contrató un ayudante para la pescadería, pero fundamentalmente como chófer de la camioneta y para que fuera todas las madrugadas a Legazpi a por el pescado de la jornada. El chófer se llamaba Adolfo Mellado Hijosa y resultó ser un radical izquierdista, a la postre. Además, como parte del acuerdo salarial con este conductor, Benito le alquiló una casita que tenían en el pueblo, junto al Matadero Municipal.

El periodo de guerra la familia estuvo evacuada en Chinchón, primero, y luego trasladados a Villarrobledo, en Albacete (en aquellos trenes "de la desesperanza" que la República organizaba para sacar a las familias con niños). Cuando, a principios de 1939, volvieron a Ciempozuelos, apenas pasaron unos días cuando el abuelo Benito fue puesto en antecedentes de que iban a por él. Y así fue rápidamente, ingresando en la cárcel local. (Allí se juntaría con mi otro abuelo, con mi abuela patena, con mis tíos abuelos... vaya tropa i).

El 21 de junio de 1939 formula denuncia contra Benito, en el cuartel de la guardia civil, el sr. Ángel Crespo López, tantas veces alcalde de la villa en representación de propietarios y caciques. En la denuncia afirma que Benito era un *significado extremista, cooperador de la causa marxista y el movimiento revolucionario...* y va subiendo el tono, que *su camioneta fue utilizada por los revolucionarios para traer de Madrid, en primera instancia porras de madera que eran distribuidas entre los miembros de la Casa del Pueblo y luego armas*, y pam, la bomba: *de rumor publicose propalo la noticia verdaderamente macabra de haber aparecido un cadáver en el garaje donde guarda la camioneta* (sic).

Tres días más tarde, el sr. Crespo ratifica y firma. En tanto Benito es llevado al cuartel para declarar. El pobre Benito, que debía estar nerviosísimo, como delata su firma, se descarga en la persona de su chófer, el antes citado Adolfo Mellado; parece que éste se había envalentonado en esos momentos de caos, y prácticamente se había apoderado de la camioneta; cuenta Benito que descubrió tres o cuatro porras en la camioneta y le reconvino al chófer, diciéndole que no le pasaba ni una más y éste le gritó: "*eres un cacique más*". En cuanto al cadáver, no puede aportar ni un dato; la casa es suya, efectivamente, pero es donde vive su chófer, en alquiler, y él no ha pasado por allí casi en dos años[233].

Parece que Benito se dejó llevar por la personalidad del chófer y que éste se hizo dueño de la camioneta, sin que se le llamara la atención de forma severa. Se vino arriba. Cuenta Benito que un día, estando despachando en la pescadería, entró una clienta y le dijo: *si quieres ver bailar a tu chófer con los santos, ve a la Fuente, que allí anda vestido de cura*. En fin, definitivamente estaba más fuera del trabajo que dentro.

El 27 de junio de 1939 ingresa en la Prisión de Partido de Getafe (parece que el día exacto de entrada fue el 14 de abril, pero el trabajo se les acumulaba a los carceleros y confirman prisión en junio). Medio Ciempozuelos dentro. El Juez Militar permanente de Getafe informa a la Auditoría de Guerra y esta pide

---

[233] Adolfo Mellado confesará luego, que él mismo llevó en un coche a una persona del pueblo, Román López (apodado Correito), a un sitio de la carretera de Andalucía, donde le dijeron, y donde mataron al referido sr. López.

ampliación de informes a las autoridades habituales: comandante de puesto de la guardia civil, jefe de la Comisión Clasificadora (o Informadora), jefe de Falange, etc.

En octubre contestan. El jefe de puesto, sr. Cernuda dice que *se le acusa fundadamente de su espíritu de protección a los elementos marxistas*, y que *se le ha delatado de conducir la camioneta en la que trajo porras y armas para el elemento Socialista de la localidad* (sic). La verdad es que cuesta tanto imaginar a un cincuentón, acomodado, con cinco hijos, meterse en lios.

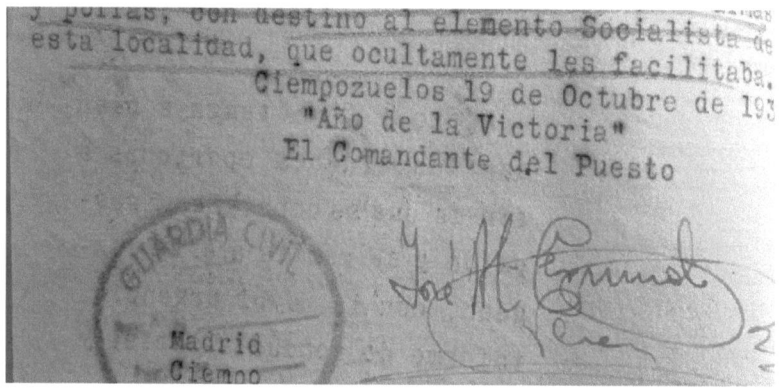

Tres días antes de rubricar el jefe de puesto, el presidente de la Comisión Informadora, firma del sr. Rafael López, ya había cursado su informe. El guardia no hizo nada más que transcribir las líneas que le mandaban del Ayuntamiento. Solía ser así. Literales.

428

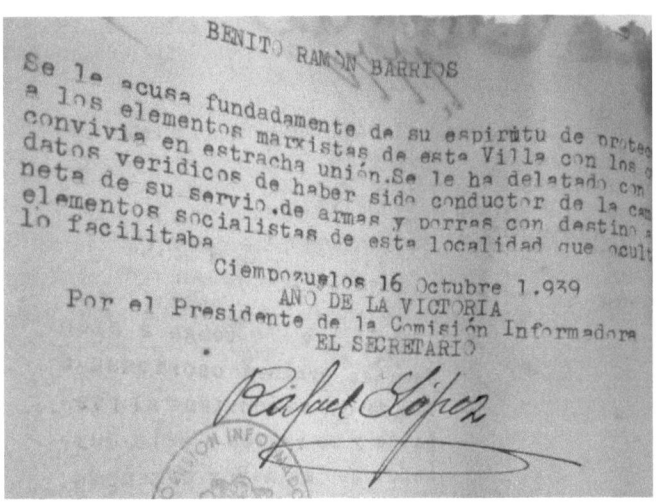

A finales de ese mes de octubre, Benito es llamado por el Juez para ratificar y/o ampliar declaración. Más o menos confirma lo dicho en el cuartel; una novedad que me extraña, estando ya dentro de la cárcel: admite que sí, que la camioneta se la dejó al chófer para cosas de sus actividades, entendiendo que estas eran exclusivamente, o se limitaban, a traer al pueblo propaganda, pancartas... nunca armas, claro.

La familia se moviliza. Despues de una navidad tristísima, la de de ese 1939, la abuela Carmen recaba apoyos de su familia; parece que se contrata a un abogago, o se le requiere asesoramiento. El primer paso es que la propia esposa dirige un escrito al Juez, bien trabado, en el se viene a decir: 1º/ Es un hombre de orden, un padre, un industrial 2º/ Era un esclavo del trabajo y si a su alreddor se hizo algo turbio, él ni se enteró; 3º/ Si alternó con gentes de izquierda fue en aras a mantener la clientela, y en el pueblo la mayor parte era de izquierda; 4º/ Está enfermo de bronquios y permanecer en prisión puede ser letal en poco tiempo. Y se solicita la libertad provisional, a la espera de otras decisiones de índole judicial. El efecto de esta movilización jurídica no iba a ser inmediata. El Juez Militar ratifica a finales de enero de 1940 la prisión para Benito.

No obstante, el 14 de febrero de 1940, la Auditoría de Guerra envía escrito al Juez Militar permanente de Getafe, solicitando ampliación de informes. Principalmente requiere la Auditoría que se informe más detalladamente de:

- Si la persona que habitualmente conducía la camioneta era el encausado o el chófer, y

- Quién vivía de forma habitual y permanente en la casa donde se encontró el cadáver.

Parece, evidente, que se trata de los elementos claves, que el Juzgado había obviado. Esto debía pasar en absolutamente todos los procesos sumarísimos, donde la rapidez, la falta de informes, pruebas, documentos, etc., tuvo que llevar al piquete de fusilamiento a miles de españoles. Mi abuelo tuvo suerte; había una familia detrás, con capacidad económica suficiente para buscar apoyo legal, en unos momentos que, simplemente eso, alguién que te hiciera los escritos, que conociera a alguién en el entorno judicial, podía salvarte la vida.

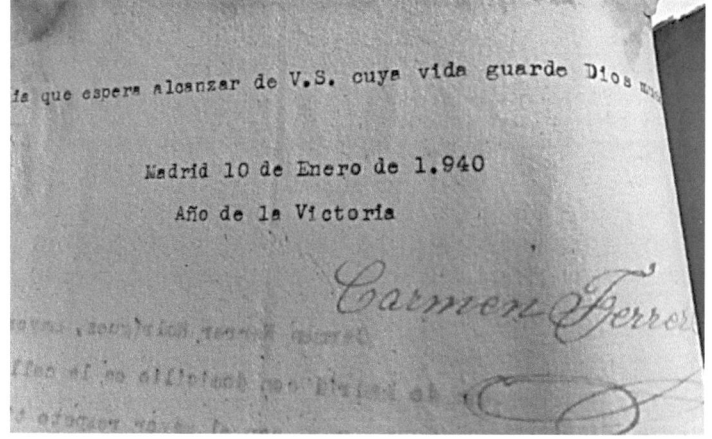

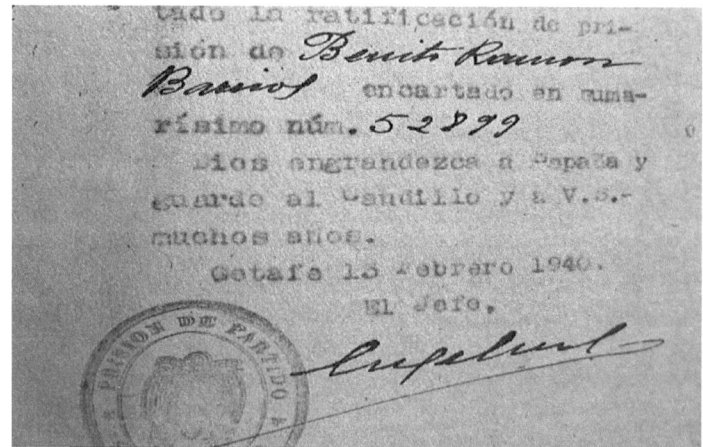

Tenía los dos abuelos encarcelados en la misma prisión, el paterno y el materno. En Getafe. El materno estaba él solo y fuera tenía toda la familia. El paterno estaba en la cárcel con toda la familia: su mujer, su hijo mayor, su hermano, sus primos... todos.

Y van llegando al Juzgado de Getafe los nuevos informes. El comandante de puesto vuelve a redactar informe, ahora mucho más matizado. Dice: "*se le observó siempre a la izquierda, pero de temple moderado, sin que se significara en la comisión de ningún hecho delictivo.... se ha ido comprobando después que el que estaba en verdadero contubernio con todo lo más detestable del pueblo era el chófer Adolfo Mellado Hinojosa.... y en cuanto al cadáver aparecido en la casa, nunca se tuvo en consideración que el tal Benito Ramón tuviera nada que ver en los hechos*". Amén. Un gran cambio en no muchos meses.

Al sr. Ángel Crespo le cuesta un poquito más matizarse; sigue diciendo que "*era izquierdista reconocido, apoyando siempre con sus votos en las elecciones a los partidos avanzados... que se sabe que en su camioneta se trajeron porras y armas, pero que el conductor habitual era un chófer contratado, A.M.H... y que donde apareció el cadáver no vivía el citado encausado, sino el chófer*". Y firma, en este caso, como Presidente de la Comisión Informadora.

El informe de la guardia civil es de 22 de febrero de 1940; el del Presidente de la Comisión es de fecha 9 de marzo. El 14 de marzo el Juez Militar, extendía oficio hacia la Auditoría de Guerra con la propuesta de libertad provisional para el abuelo Benito. Francamente rápido; me alegro por Benito; ojalá todos hubieran tenido apoyo jurídico. No tengo más información que la memoria en este caso, pero algo tendría que ver el marido de mi tía Carmen, la hija mayor de Benito, casada con Antonio Pérez Pérez (natural de Carrión de Calatrava, donde era podado "*el arrastra pilas*"), que en guerra fue movilizado por el ejército republicano (y no tuvo ningún proceso de depuración ¿?). Parece que era uno de los típicos emboscados (algunos los llamaron quintacolumnistas). Durante la guerra estuvo en temas de intendencia, manejando provisiones y compras. Al acabar la trágica guerra, puso ya alguna tienda de menaje de hogar, cacharrería y cocinas y pronto de pequeño electrodoméstico. Al final un emporio. Parece que la Intendencia le había sentado bien.

La guerra no fue igual para todos, es evidente. Hubo ganadores y muy ganadores; hubo perdedores, muy perdedores, parias y fusilados.

431

El 22 de abril de 1940 el Consejo de Justicia Militar acuerda que "*no parece que el procesado Benito Ramón Barrios haya incurrido en responsabilidad exigible en vía judicial, por tanto este Consejo, por unanimidad acuerda proponer al Ilmo. Auditor de Guerra el* **sobreseimiento de dicha causa**, *de conformidad con el apartado C del artículo 5 del Decreto de 1 de noviembre de 1936, estimando que debe quedar en libertad definitiva*". Lo firma Manuel Herbella Zóbel (que había sido presidente del juzgado militar nº 3 de Asturias y que llegaría a general).

Flechas de Falange desfilando por la Plaza del Generalísimo de Ciempozuelos en 1945. Al fondo a la derecha el edificio que sería de Sindicatos, antes de poner un gran yugo y flechas que hubo siempre, al menos hasta 1970. A la izquierda el edificio de mis abuelos Benito y Carmen. Como se puede ver profusamente engalado.
(foto: Archivo fotográfico de la Comunidad de Madrid).

El 30 de abril se comunica al abuelo Benito, en el propio Juzgado militar, su puesta en libertad definitiva, aunque durante un tiempo deba pasar mensualmente por el juzgado de Ciempozuelos a "firmar". Unos diez meses en la cárcel. Y el miedo para toda la vida.

En octubre de 1943 el Juez que había instruído toda la causa, el **Juez Carnicero** archiva el procedimiento, y en 1946 la Fiscalía cierra oficialmente el expediente.

432

El Juez Eladio Carnicero Herrero, nacido en 1886, el 18 de julio de 1936 era Comandante en la Guarnición de León, y se sumó de forma entusiasta al golpe fascista. Desde el inicio se encarga de ir enjuiciando a los presos que se van internando en San Marcos. Y que lo llenan. Allí inicia todo el procedimiento de sumarísimos de la provincia.

Aunque el represor mayor sería el Comandante de la Guardia Civil, Luis Medina Montoro, que se hizo cargo de la Comandancia al asesinar a su jefe, el Teniente Coronel Santiago Alonso Muñoz, no proclive al golpe.

Carnicero y Medina hicieron buen tándem: como era excesivo el número de presos en San Marcos, autorizaron sacar a cientos de presos para darles el paseo en las proximidades. Así, según fue dejando hueco en San Marcos, metió dentro la Comandancia y la sede Falange. Unos fenómenos.

Adolfo Mellado Hijosa, el chófer.

En 1931 el abuelo Benito tiene 46 años, una edad estupenda, si la salud acompaña. No parece su caso, pues el tabaco parece que le ha ido minando los bronquios y padece un cuadro asmático importante.

El negocio va razonablemente bien y decide incorporar ayuda para, al menos, quitarse de lo más duro del trabajo, en las épocas de mayor frio y humedad, como es ir al mercado central del pescado cada madrugada. Los horarios de los pescaderos son así de sufridos; cada noche, sobre las tres o cuatro de la madrugada, coger la camioneta e ir a Legazpi (hoy sería Merca Madrid) a por las cajas de pescado que luego vas a ofrecer a tu clientela. Hay que reseñar que, además, los mercados de pescado son especialmente insalubres, pues a sus naves abiertas con corrientes de aire contínuas, que alivien los olores, se unían la humedad contínua por el uso de agua para los baldeos, y del hielo para mantener el pesacado fresco y terso. Esta situación, que comprometía su salud, lo llevó a contratar una persona, con carné de conducir, que le acomapañara al mercado y, si demostraba valer para el oficio, algunos días le permitiera no comparecer en el mismo.

Esa persona sería Adolfo Mellado Hijosa, bayonero, o sea, natural de Titulcia. Nacido en 1902, hijo de Eduvigis Hijosa y José Mellado. Parece que se incorporó a la pescadería sobre 1930, o sea, sin cumplir los 30 años.

La evolución política de este joven parece que fue similar a la de tantos cientos de miles de jóvenes de izquierda en España, de una creciente radicalización conforme veían como las fuerzas, tanto políticas como eclesíales, económicas y judiciales, no paraban de poner palos en las ruedas del funcionamiento de la República. Esa generación de gente joven que parecía ver por delante un futuro más prometedor e igualitario, y que lo vio truncarse por la acción de las armas del fascismo; jóvenes que lo pasarían muy mal, muriendo unos en el frente, otros en campos y cárceles, y bastantes en los primeros momentos de posguerra, directamente ejecutados por la (in) jusiticia militar. Es el caso de Adolfo Mellado.

Pero si paradigmática es la evolución ideológica de este muchacho, que pasa de la nada a la afiliaición sindical, luego a la de partido, al final al activismo político radical, cosa permanente en esos días, no es menos paradigmática la forma en que fue castigado por la justicia militar fascista: sumarísimo de urgencia, que no se encuentra en archivo alguno, pues no hay defensa, ni se alude a la fiscalía, ni parece haber vista oral; valía simplemente con la narración de hechos, o denuncias procedentes del pueblo, de algunos de esos señores de reconocida moralidad, para que la sentencia estuviera meridianamente clara.

Se abre sumarísimo, hipotéticamente, a principios de mayo de 1939. Y se da a la causa el número 13.278. Y no se sabe nada más del asunto hasta finales de octubre de ese año, en que el secretario del Juzgado Militar letra Z de Madrid, hace una providencia "certificando" que el encausado Adolfo Mellado fue condenado a muerte por el Consejo de Guerra Permanente nº 1 de Madrid[234], con fecha 13 de mayo de 1939. Dice que el 23 de mayo, la sentencia es aprobada por la Auditoria de Guerra y que el encausado **fue ejecutado en Getafe con fecha 31 de julio de 1939**.

No hay constancia del acta del Consejo, ni plenario, ni testigos, ni argumentación de la fiscalía, por supuesto nada sobre la defensa, ni declaración obligatoria del reo, solo esta certificación a posteriori (cinco meses después) de que en mayo se le había condenado. Aunque fuera un sumarísimo de urgencia que se inicia siempre con motivo de "*notitia criminis*", hay pasos que ni siquiera figuran:

---

[234] Se habían creado por Decreto 8 Tribunales o Consejos de Guerra Permanentes en Madrid. Estos Consejos reducen a 3 el número de vocales, que podrán ser Tenientes, y el presidente Comandante.

denuncia, atestado… Todo huele a represalia urgente del falangismo local, quien sabe si incluso interviniendo hasta el último momento, el de la ejecución. Habría que estudiarlo.

Que la cosa era jurídicamente impresentable, habla el hecho de que el día 4 de julio de ese año 1939, el Juzgado Militar de Getafe, de la mano del Coronel Pruna, viejo conocido, abre un sumarísimo de urgencia nuevo, con el número 101.241, iniciando el procedimiento habitual de solicitar informes de la autoridad local, etc. Y desde Ciempozuelos se remiten al Juzgado denuncias de personas del pueblo contra Adolfo Mellado **"el pescadero"**. La guardesa de la Ermita, gente que vio al encausado vestido de fraile y alguna más; todas esas denuncias son del mes de mayo, justo cuando ya se le estaba condenando a muerte, en otro lado. Sorprende aún más que en octubre de 1939, cuando el titulciano lleva casi tres meses fusilado, se remiten al Juzgado ratificaciones de las denuncias e, incluso, se recoge nueva declaración de testigo, del señor Leonardo Sedeño, herrero y cerrajero, al que le habían obligado a descerrajar la puerta de la Ermita el 13 de septiembre de 1936.

El **despropósito** continua, pues a principios de diciembre de 1940 (año y medio después), el Juez Sebastián Hernández Mediana, adscrito al Juzgado Militar de Getafe, realiza una Diligencia de hacerse cargo del proceso contra Mellado.

Y comienza, como es habitual, por solicitar informes de conducta a la Guardia Civil de Ciempozuelos. En ese mismo diciembre el Sargento del puesto local envía informe al Juez en el sentido de que Mellado ha participado en asesinatos, tal como denuncia un convecino (P.A.R. "El Dulcero"), que se encuentra procesado y ha realizado una amplísima confesión donde ha denunciado a todos los miembros del Comité y cuantos a su alrededor se movieron, haciendo guardias, como conductores… Nada que extrañar, **siempre hay alguno que en busca de mejor situación penitenciaria, delata a todos sus antiguos camaradas**, en muchas ocasiones sin prueba alguna al no haber estado él concretamente en determinados sitios y/o fechas que cita.

Pero lo que más sorprende es que la propia autoridad policial de Ciempozuelos, no sepa nada o se esté haciendo el loco de tal forma. Dice el Sargento al Juez que lo último que sabe del paradero de Mellado es que el día 16 de abril de 1939 fue conducido por la benemérita a la cárcel de Getafe. Mientras, se siguen tomando Ratificaciones de las declaraciones de denuncia a los diversos denunciantes. Una locura, que apunta, como hemos dicho antes, a un ajusticiamiento urgente por elementos, pudieran ser falangistas, al margen de la actuación judicial, aunque se realizara en la tapia de alguna cárcel.

Un salto temporal nos lleva hasta agosto de 1942, fechas en las que el Juzgado solicita a la Prisión de Getafe información sobre Mellado Hijosa; el director de la cárcel contesta con la información real: ese preso fue entregado al piquete el día 31 de julio de 1939.

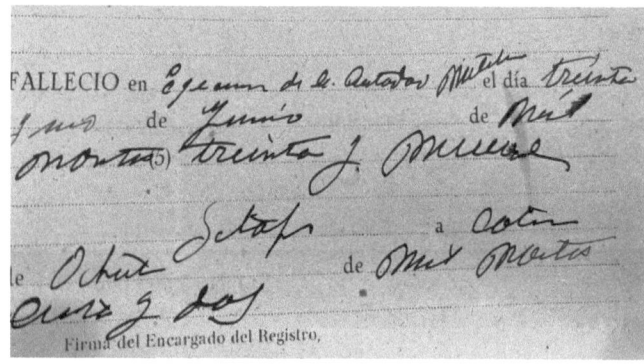

"ejecución de la autoridad militar" dice la anotación en el registro.

Volvemos a recalcar que, aunque se tratara de un sumarísimo de urgencia, (figura creada por decreto el 1 de noviembre de 1936), que elimina alguna de las partes procesales para hacer el proceso más ágil, aunque agrava sobremanera el déficit de la garantía procesal, el que no se encuentre la documentación, habla de hasta qué punto pudo haber una especie de "venganza" sobre este hombre que, además, al no ser del pueblo, podía pasar más desapercibida; como así sucedió.

A finales de noviembre 1942 se dicta sobreseimiento del expediente. Aunque dos años más tarde, en 1944 sigue preguntando el Tribunal de Responsabilidades Políticas, sobre el posible patrimonio de Mellado. Muertos y arruinados.

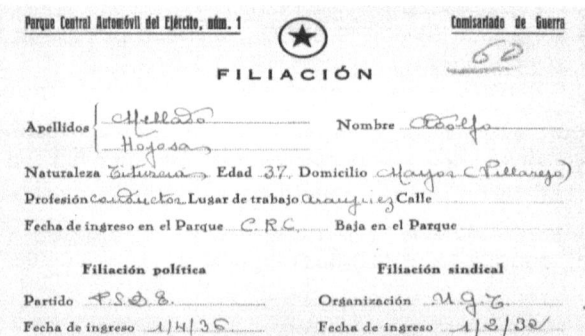

Primo hermano del abuelo Pepe: Juan Maroto Crespo.

Juan Maroto Crespo nació en Ciempozuelos en abril de 1906; era hijo de Ignacio Maroto y Eulogia Crespo. Por tanto, su padre Ignacio Maroto era hermano de Matías Maroto, mi bisabuelo.

La familia era muy humilde y se dedicaba a las faenas agrícolas como mano de obra de los señores propietarios. Juan estaba casado, así figura en su ficha de 1939. En el momento del golpe tenía 30 años, por lo que ya se había pasado su edad militar obligatoria. Y estando casado, además, parece lógico que no se presentara voluntario para formar parte del Ejército Popular.

La guerra civil supuso el servicio militar obligatorio para todos los mozos útiles, en ambos bandos. El ejército fascista ya el 8 de agosto de 1936 decretó la inmediata incorporación de las quintas de 1933 y 1934, además de todos los útiles excedentes de cupo de esos mismos años. Agregó a su ejército, en la zona que ocupaba por haber triunfado el golpe, unos 70.000 soldados, con ese primer decreto.

El Ejército republicano, en principio, fue un poco más desorganizado para todo este tema, pues todo el voluntariado se había organizado en las Milicias, organizadas y comandadas por partidos y sindicatos. Es a partir del 30 de septiembre de 1936 cuando, por decreto gubernamental, se militarizan las Milicias bajo mando del Ministerio de la Guerra de Largo Caballero.

Es entonces, cuando de forma ya más seria, se moviliza a las quintas de 1932, 1933 y 1934. Y en diciembre la de 1936 (a la que pertenecía mi padre, aunque ya se había incorporado meses antes). Juan pertenecía a la quinta de 1926 y ésta, junto a la de 1925, no fue movilizada hasta mayo de 1938[235]. Por eso figura en su documentación que reside en la localidad de Colmenar de Oreja, dado que Ciempozuelos había sido evacuado los primeros días de febrero de 1937 y quedó en manos golpistas el día 6 de febrero (la mayor parte de los vecinos evacuados se asentaron en Chinchón, Belmonte y Colmenar de Oreja).

Por tanto, el servicio de armas, en el caso de Juan, se reduce de mayo de 1938 a enero de 1939, fecha en la que se entrega al ejército faccioso, 8 meses. Poco tiempo, pero que seguro que él no olvidaría. No hemos podido concretar la unidad exacta, pero pudiera haber estado destinado en alguna de las compañías de infantería de la 51 Brigada Mixta que operaba en la zona del sur de Jaén y el este de Granada. La 51 Brigada se creó en febrero-marzo de 1937 a raiz de la pérdida de Málaga, y se situaría en la zona oriental de la provincia de Granada. Se adscribía a la 21 División y era mandada por el Comandante Gerardo Linares.

La provincia de Granada, desde el golpe del día 18 de julio (triunfante en la capital), quedó dividida en dos zonas: la occidental, con los de Queipo y la oriental, en manos republicanas. Las tropas republicanas en esta zona no hicieron, en realidad, más que mantener las posiciones para evitar que el ejército franquista tomara Murcia y a continuación subiera hacia Alicante y Valencia. Por tanto, se puede hablar de unidades de baja intensidad bélica no más hayá de escaramuzas entre ambos ejércitos; que claro, tratándose de guerra no es ninguna broma; solo un ejemplo: en agosto de 1937 la 51 BM intentó tomar la posición de El Calar, y tuvo cuantiosísimas pérdidas, entre ellas dos Jefes de Batallón y 4 de Compañías, o sea, las escaramuzas tambien matan. Pero, en general, fue *"una unidad con muy poca actividad y muchas deserciones, característica de los frentes inactivos"*[236]. Los soldados parados, en sus trincheras o fortificaciones, días y días, recibiendo noticias de la evolución de la guerra, se planteaban cuál podía ser la mejor opción. Y era mútuo, en ambos bandos; había soldados en el bando

---

[235] En septiembre de 1938 el ejército republicano movilizó a los que pertenecían a las quintas de 1919 al 1924. Popularmente conocida como quinta del saco, se les movilizó principalmente para rehacer fortificaciones, etc. Era muy tarde ya, pues la guerra estaba totalmente inclinada a favor del bando faccioso.

[236] Engel, Carlos (2005). Op. Cit.

franquista que sus familias estaban en territorio republicano y que no aguantaban más sin verlos; o soldados del ejército republicano, como Juan, incorporados a última hora, en zonas más o menos sin relevancia bélica, que se cuestionaban seguir allí a la espera de, de qué, de nada, que los cogieran prisioneros, tal vez. Por tanto hubo mucho desertor, o "presentado" en la terminología acuñada por el propio ejército faccioso.

Las trincheras y fortificaciones franquistas se situaban a la altura del pequeño pueblo de Tózar, pedanía de **Moclín** (Granada). En los montes de Moclín, a pocos kilómetros de la provincia de Jaén, hubo duros combates en los inicios, pero a finales de 1937 quedó como zona de escasa actividad.

Y hacia Tózar se dirigieron algunos soldados, Juan entre ellos, y se entregaron a los militares facciosos. El ejército tenía un Campo en Villaharta, pueblo ya de Córdoba, para ir recogiendo a los prisioneros y "presentados". Lo hicieron en la zona conocida como **Fuente Agria**; una zona que luego sería balneario de aguas ferruginosas. Esa zona ya es de la comarca del Guadiato, en Sierra Morena. Allí se estableció el Batallón de Trabajadores nº 6.

El Campo de Fuente Agria, **Batallón de Trabajadores nº 6**, fue creado en marzo de 1938, adscrito al II Cuerpo de Ejército (Queipo)[237]. Este campo se iba llenando con los prisioneros que mandaban las Comisiones Clasificadoras de Prisioneros y Presentados de Granada y Córdoba. También llegaban prisioneros de otros campos donde la situación era precaria en cuanto a espacio. Recibió, en principio, más de 900 prisioneros (también comunes); y recibiría posteriormente otros cientos, principalmente del Campo de Miranda de Ebro, saturado.

Andalucía se llenó de Campos[238].

Los más grandes fueron Higuera de Calatrava (Jaén) con 10.000 prisioneros, La Granjuela (Córdoba) con 8.200, Almería Víator (Almería) 6.600, Benalúa Guadix (Granada) con 5.000 hombres, Santiago de Calatrava (Jaén) 4.00 y Torremolinos (Málaga) con 4.500 prisioneros.

Los que más persistieron en el tiempo fueron Dos Hermanas Los Merinales (Sevilla) hasta 1956 y Guillena C.C. Las Arenas (Sevilla) hasta 1953.

---

[237] El primer comandante jefe del campo fue el Teniente Antonio Merino Carreras (de los alféreces ascendidos al inicio de la guerra).

[238] Martínez, Lola y Gutiérrez Molina, José Luis (2007). *"El trabajo esclavo de los presos políticos del franquismo en Andalucía"*. Ed. Universidad de Almería.

> Con presos políticos y toda clase de presos comunes se puso a disposición de la Dirección General de Zonas Desvastadas los campos de Guadix (hasta 1955), Higuera (1953), Guillena (1953), Benalcázar (Córdoba) y Alcavaceños (Córdoba), ambos hasta 1952: todos ellos realizaron, en las zonas circundantes de donde se situaban, escuelas, viviendas de potección, consultorios médicos, edificios de ayuntamientos y cuarteles de la guardia civil.

A principios de 1939 Fuente Agria comenzó a transferir sus prisioneros al Campo **Cerro Muriano**, también perteneciente al Regimiento de Infantería Cádiz 33, hasta que solo quedó abierto Cerro Muriano a finales del verano de 1939[239].

El campo de Fuente Agria, como los demás, en general, se ocupaba del arreglo de las carreteras de la comarca, las fortificaciones, de explotar canteras, en fin, de los trabajos más duros y peligrosos. Para eso eran presos. Hacia el verano del 39 el campo se deshizo y se trasladaron los últimos presos a **Los Barrios** (Cádiz), momento en que se aprovechó para aligerar los números y licenciar a todos los prisioneros que habían sido catalogados como **"A"**, dudosos o **afectos al Movimiento con carácter sobrevenido**.

> El 11 de marzo de 1937 Franco cursa la Orden General para la Clasificación de Prisioneros y Presentados. En ella establece que los cautivos sean investigados y clasificados en los campos de concentración para lograr "*la verdadera eficacia en los fines perseguidos por el Ejército Nacional y para una estricta e ineludible justicia, que ha de ir aneja al triunfo de nuestras armas*". Cada hombre sería clasificado como
>
> "A" (dudoso o afecto al Movimiento): Los casados eran liberados con la etiqueta de Dudoso y debía presentarse antes las autoreidades de su pueblo de forma periódica; si no estaba casado se le ponía a disposición de la Caja de Reclutas para ser realistados en las filas "nacionales".
>
> "B" (voluntarios del Ejército republicano sin más responsabilidades): eran considerados como dudosos, sospechosos y trasladados a otros campos o Batallones de Trabajadores.
>
> "C" (oficiales del Ejército republicano, miembros destacados de las organizaciones republicanas, "enemigos de la patria"...): se le consideraba enemigos no recuperables; se les fusilaba directamente si pesaba alguna acusación, o eran recluídos en campos o prisiones. Se les ponía bajo tutela directa de la autoridad judicial militar.
>
> "D" (personas responsables de supuestos delitos de caracter común). A Batallones de Trabajadores, normalmente.

---

[239] Navarro López, Francisco (2018). "*Campos de concentración de prisioneros evadidos y presentados, y Batallones de trabajadores en la provincia de Córdoba (1938-1942)*". Ed. Ucopress. Córdoba

Cuando llegó Juan, primero a Tózar, luego al Campo de Fuente Agria, pasó por todo el proceso; primero sometido a un duro interrogatorio por parte de dos oficiales adscritos al Centro de Clasificación[240]: orígen, procedencia, unidades en las que ha servido, motivos por los que se ha pasado a este bando, etc. Allí fue clasificado como "A", preso que no se muestra hostil al Movimiento, que fue llamado a leva sin desearlo, etc. Es decir, DUDOSO.

A continuación se solicitaba informes del cuartel de la guardia civil de donde tuviera residencia. En este caso se solicitó informe de Colmenar de Oreja y Ciempozuelos. Colmenar respondio muy tarde y escuetamente: "*individuo desconocido en esta localidad*". El cuartel de Ciempozuelos contestó por telegrama, en vez de con oficio postal; y reseñó que "***este individuo perteneció a partidos de izquierda socialista*** e *intervino en manejos marxistas*" (16/01/1939). No era un informe bueno, desde luego; con menos de eso te podías tirar años en la cárcel[241].

Pero Juan tuvo suerte. Con 32 años, casado, y con el exceso de presos existente en todos lados, sin más informes en contra, y aprovechando que había que largar a muchos a la calle, principalmente por el traslado del campo a Los Barrios, en Cádiz, fue licenciado el 12 de junio de 1939, y dejó se ser prisionero de la 1ª Cía del Batallón de Trabajadores número 6. Ese día entregó la cuchara (sic) como recoje el acta de entrega de prendas y efectos.

Poco más de un año fuera de casa. Pero movidito, sin duda. A partir de ahí, a presentarse mensualmente en el cuartel del pueblo o en la Caja de Reclutas.

---

[240] A finales de 1937, año y medio desde el golpe, había ya más de 100.000 cauticos republicanos que habían sido clasificados por esas juntas o Comisiones de Clasificación de Prisioneros, Capturados, o Presentados.

[241] Las Comisiones de Clasificación se auxiliaban a nivel de pueblo de las Juntas de Clasificación locales, donde alcalde, jefe de Falange, cura, y comandante de puesto, informaban sobre sus vecinos, recién capturados en los frentes. Además, su información se exponía también en las Cajas de Reclutas, por si alguien quería denunciar alguna cosa más sobre las personas allí expuestas en los tablones.

Personas de Ciempozuelos con problemas
con la justicia franquista.

En el trascurso del estudio, buscando documentación sobre mi familia, he encontrado el nombre de personas de Ciempozuelos que pudieron tener problemas de diversa índole por la guerra. Es solo una aproximación. Debe haber muchos, muchos más, sin duda. Sin interés alguno en invadir vidas ajenas, me parecía que podía reflejarlo en un cuadro, y si hay algún familiar interesado, se le da una orientación de dónde podría encontrar documentación. Es una de las tareas, hasta ahora, más farragosas. En cualquier caso, la información se encuentra en archivos de acceso público.
En algunos caso ofrecemos el número del sumario o expediente.

Las abreviaturas de los archivos citados, son:

- CDMH Centro Documental de la Memoria Histórica. Salamanca.
- AGHD Archivo General Histórico de la Defensa. Madrid.
- AGMG Archivo General Militar de Guadalagara. Guadalajara.
    Todos tiene página web además de poder ir presencialmente.

Por supuesto, pedimos comprensión y disculpas anticipadas, porque habrá errores, totalmente imputables a mí, por lo farragoso del proceso, de la documentación y la dificultad en los archivos.

Álvarez Santiago, Matías	Fichero de la Seccion Politico-Social | Previsualizacion disponible | Fichero 3, Ficha A0094822
Amores Añover, Nicasio	Tribunal Militar Territorial 1 | Serie: Sumarisimos | Madrid | Referencia: Legajo 3781
Amores Añover, Román	Apodado "Moreno" TMT1 - Sumarisimos | 1940 | Sumario 59223, Caja 1013, Orden 7
Amores Martínez, Ángel	Inutilidad | Profesion: Panadero | Referencia: PS-SECCION_MILITAR_PSET,C.125,F.195
Ancos Riquelme, Julián	Alias "El Peliguso" CDMH – Varios y TMT1 Sumario 52889, Legajo 5287

Aparicio Díaz, Victoriano	CDMH - T.Responsabilidades Políticas. Signatura: 75/00861 Ciempozuelos (Madrid) – Ejecutado
Aranda Alcalde, Estanislao	Alias "Cualito" AGHD TMT1 Sumarísimos 52728
Arenas Rodríguez, Pedro	Apodado **"El Dulcero"** CDMH – Causa General 02/10/1939 Con otros (Primo García, Felipe Hdez de Oro, Felipe Hdez de León, Antonio López Salcedo, Lucio Revuelta, Manuel Revuelta, Gregorio Santiago, Joaquín Tejeiro).
Arenas, Saturnino	Brunete en la Memoria | Campo Republicano | 35 Brigada Mixta - 138 Batallón - 4 Cía. | - Puede haber coincidencia apellidos.
Ayala Griñón, Dolores	CDMH – T. Responsabilidades Políticas. Indultados | 1940 – 1944.
Barriguete Soria, Tomás	Fichero de la Seccion Politico-Social | Fichero 6, Ficha B0029382 (UCOS). Batallón Cazadores Montaña Sicilia 8, Reemplazo de 1933 Referencia: ES.19030.AGMG/4.2.25. Caja 18, Expediente 2127
Barrios Ortiz, Agustín	Deportados a campos nazis: Ciempozuelos [*05/05/1909 - +30/11/41] Prisión: XII-D (Trier) Nº. prisionero: 37411. Deportado a Mauthausen [25/01/1941, Nº 4835].
Bernardo Barrios, Claudio	CDMH – T. Responsabilidades Políticas y Causa General. P.Getafe AGHD TMT1 Sumarísimos 13276.
Berrio Melgar, Hipólito	CDMH – Denuncias por pertenecer al Comité o actuar en su nombre /Exte. Mellado H.).
Blanco Barrios, Pablo	Alias "Magalón" AGHD TMT1 Sumarísimos 52717 - BOE 06/06/43 L. Condicional.
Carabaña Alcázar, Pedro	Tribunal Militar Territorial 1 | Serie: Sumarísimos | Madrid, 1939 | Referencia: Sumario 53068, Caja 1184, Orden 11
Carvajal Blanco, Juan	CDMH – Refugiados en Francia – Campo Argèles-sur.Mer/Campo Vernet d'Ariege. (Cabo Tren Blindado Combate – 31 Brigada Mixta)
Cavadas Heras, Manuel	Alias "Chinchonete" CDMH - Fichero general sección político-social.
Ceciliano Pantaleón, Evaristo	Teniente Sanidad republicana Hospital de Guadarrama CDMH – Varias fichas - Sección Político-Social.

Delgado González, Donato	AGHD TMT1 Sumarísimos 427 CDMH Distintas fichas T. Responsabilidades Políticas
De las Eras Oliva, Fidel	TMT1 Sumarísimos - Sumario 13844, Legajo 5408
De La Fuente, Emeterio	Alias "El del Molino del Rey" Fichero de la S. Político-Social Fichero 21, Ficha F0135185
Delgado González, Donato	Tribunal Militar Territorial 1 | Serie: Diligencias Previas | Madrid, 1937 | Referencia: Sumario 427, Caja 2528, Orden 1
Delgado Martínez, Vicente	CDMH − T. Responsabilidades Políticas − Indultados. Auditoria de Guerra Cuerpo Ejército Guadarrama. Juzgado de Ejecutorias.
Díaz Casas, Victoriano	CDMH − T. Responsabilidades Políticas, Indultados. 1944 - 1945 Alias "Sorrino".
Díaz García, Emiliano	CDMH -Tribunal Nacional de Responsabilidades Políticas, Indultados fecha 1942 - 1944 | Ciempozuelos | Alias "Gutarron".
Díaz Carvajal, Evaristo	Alias "Tom" AGHD TMT1 Sumarísimos
Díaz García, Emiliano	CDMH - T. Responsabilidades Políticas. Signatura: 75/00392 Ciempozuelos (Madrid) − Ejecutado.
Díaz González, Francisco	CDMH − Denuncias por pertenecer al Comité o actuar en su nombre (Expte. Mellado H.).
Díaz Lazareno, Eriberto	Alias "Tiriti" Aparece como "Liberto" en muchos documentos. AGHD TMMT1 Sumarísimos 1940
Díaz Lazareno, Narciso	CDMH − T. Responsabilidades Políticas, Indultados: 1940 - 1944 Procede Auditoria de Guerra del Cuerpo Ejército de Guadarrama.
Díaz Marcos, Marciano	Partido Judicial de Getafe (Madrid) | Getafe - 22/06/1939 | FC-CAUSA_GENERAL,1509, Exp.3. Pág. 107
Dueso Bancora, Pablo J.	Archivo General Administración Ministerio de Educación Nacional Expedientes de depuración de maestros nacionales - 32/13105.

Durán Magaña, Lorenzo	Apodado **"El Maño"** CDMH Fichas Secc. Político Social y AGHD Sumarísimos 52876
Escobar, Miguel	Apodado "El Veterinario" CDMH – Varios exptes. – dificultad por no saber segundo apellido.
Falgueras Gater, Margarita	Archivo Gral. Admón. -Ministerio de Educación Nacional Exp. depuración de maestros nacionales S32/13153 1936-1942
Fernández Pozas, Juan	Hospitales Valencianos - Diputación, listado republicanos ingresados en Hospital Provincial | Natural de Ciempozuelos | Vecino de Morata de Tajuña. Unidad: Batallón Juventud Campesina | Ingreso: 26/12/36
Fernández Rodriguez, Andrés	CDMH y AGHD Varios – dificultad por coincidencia nombres
Folguera Civit, José	Tribunal Militar Territorial 1 |Serie: Diligencias Previas | Madrid, 1938 | Referencia: Sumario 2199, Caja 3845, Orden 10
Fraga Ruiz, Juan	Comision Central de Examen de Penas. Penas de muerte conmutadas Referencia: ES.19030.AGMG/6.1.1. Caja 300096, Expediente 7383
García Alonso, Miguel	Alias (Azaña) CDMH y AGHM Varios expedientes – precaución múltiples apellidos
García García, Paulino	Apodado "Ojitos" Secretario del Comité. Arch. General Defensa – Sumarísimos. Coincidencia de nombres.
García Hernández, Primo	CDMH – Varios expedientes.
García Hernández, Amadeo	CDMH – Varios expedientes.
García Hernández, Ángel	CDMH- Varios expedientes.
García Hernández, Nicolás	Varios en CDMH – Archivo Militar Guadalajara – Archivo Histórico General Militar
García Hidalgo, Juan	Tribunal Militar Territorial 1 | Serie: Sumarisimos | Madrid | Referencia: Sumario 21, Legajo 5707
García Isabel, Gaspar	AGHD TMT1 Sumarísimos 59478 BOE 1943 – Libertad condicional y fin destierro.

García Lucio, Tomás	Detenido el 02/05/39 por "Asesinatos" en Ciempozuelos (ABC). AGHD TMT1 Sumarísimos 52740 y CDMH –Responsabilidades Políticas, Indultados |BOE 1943 – Libertad condicional y fin destierro.
García Mingo, Felipe	Alias "Romanero" AGHD TMT1 Sumarísimos 1943
García Moreno, Tomás	CDMH y AM Guadalajara – coincidencia apellidos
García Ortiz, Gabino	TMT1 Madrid | Referencia: Sumario 10006, Legajo 4622. Con: Andrés Fdez. Monje, Felisa García Ortiz, Blas Hdez. y Agustín Rosell.
Gómez Arias, Florencio	AGHD -TMT3 Hombre, 35 años | De Ciempozuelos| Procesado en 1939 Consejos de guerra, Sumarísimo | Batallón de Trabajadores/Campo.
González Carvajal, Alfonso	Alias "Magüela" AGHD TMT1 Sumarísimos 52738 y AGMG P. de muerte conmutadas
Gutiérrez Gallego, Tomás	Apodado "El Tuerto" – Concejal Ay. republicano AGHD TMT1 Sumarísimos 52739 BOE 06/06/43 Libertad condicional y fin destierro.
Gómez Hermida, Rafael	AGHD TMT1 Sumarísimos 34378
Gutiérrez Malo, Agapita	CDMH - Tribunal Regional de Responsabilidades Políticas Madrid. Inculpados: 1940-1941. Ciempozuelos. Juzgado n. 3 de Madrid.
Gutiérrez Rubio, Gumersindo	Tribunal Militar Territorial 1 | Serie: Sumarísimos | Madrid | Referencia: Sumario 36197, Legajo 7563
Hernández de Oro, Felipe	CDMH – T. Responsabilidades Políticas, Indultados | fecha. 1939-44.
Hernández León, Felipe	CDMH - Declaraciones de testigos de la pieza principal o primera de Madrid. Documentación perteneciente a Causa Militar. Encartado.
Hernández Márquez, Juan	AGHD TMT1 Sumarísimos 51450 y 8189 y 8211 Refugiados Francia Campo Argèles-sur-Mer Presidente Comité Frente Popular Agosto 1936.
Hernández Pachón, Florentino	Refugiados en Francia – Campo Argèles-sur.Mer y Campo Vernet d'Ariege. AGMG – BDSTP B. Disciplinarios de Soldados Trabajadores.

Hernández de la Peña, Francisco	AGHD TMT1 Sumarísimos 427 CDMH Distintas fichas Tribuna Responsabilidades Políticas.
Lazareno Sáez, Ángel	Alias "Puches" – Presidente Segundo Comité Frente Popular TMT1 Sumarísimos | Madrid, 1939 | Sumario 52867, Caja 3897, Or.9
Lazareno Sáez, Francisco	Tribunal Militar Territorial 1 | Serie: Sumarísimos | Madrid | Referencia: Sumario 52202, Legajo 2979
Lirio Vaquero, Teodomiro	CDMH – T. Responsabilidades Políticas, Indultados 1944 - 1944 Procede de Capitanía General Primera Región Militar.
López Martín, Antonio	Alias "El Caga" 1 (dudas por coincidencia de nombres) TMT1| Sumarísimos. Ref. Sumario 181, Caja 1657, Orden
Malo Barrio, Cándido	AGHD TMT1 Sumarísimos 427 CDMH Distintas fichas Tribuna Responsabilidades Políticas.
Maroto Crespo, Juan	Tiene un capítulo en el libro.
Maroto Gutiérrez, Juan	Alias "Calabaza" Tribunal Militar Madrid T1: Sumario 130073, Legajo 7448 y Sumario 3566, Legajo 3576. Sumarios 8213 y 8221 y 62641
Maroto Rodríguez, José	Tiene un capítulo en el libro.
Maroto Sánchez, José	Tiene un capítulo en el libro.
Maroto Sánchez, Nicasio	Tiene un capítulo en el libro.
Manzanares Hernández, Venancio	AGHD TMT1 Sumarísimos 24964 y 52710 y 46509 AGHD TMT1 Sumarísimos 52876 (con Lorenzo Durán y José Torres) AGMG Comisión Central de Exención de Penas
Manzanero Díaz, Manuel	CDMH - Tribunal Nacional de Responsabilidades Políticas, Indultados | fecha exped 1939 - 1944 | Ciempozuelos.
Manzanero Díaz, Tomas	CDMH - T. Responsabilidades Políticas, Indultados 1941 - 1944. Fichero de la Secc. Político-Social | Fichero 38, Ficha M0021794
Martín Díaz, Francisco	CDMH – T. Responsabilidades Políticas, Indultados 1941 - 1944. Procede Auditoria Guerra del Cuerpo de Ejército de Guadarrama.

Martín Donaire, Justo	Tribunal Militar Territorial 1 | Serie: Sumarísimos | Madrid | Referencia: Sumario 98, Legajo 4564
Martín López, Antonio	CDMH y AGHD – Varios Coincidencia de apellidos
Martínez Díaz, Francisco	Apodado "Pitillo" Varios expedientes – mucha coincidencia nombres
Martínez Sánchez, Agapito	Alias "El Rejo" (salió de la cárcel de Talavera en julio 1946) AGHD-TM1 . Sumarísimo 52888. Pena de muerte, conmutada.
Martínez Sánchez, José	Alias "El Rejo" Sumarísimos 13238 /c. muerte) y 53070. Ejecutado
Mathías, Agustina	Archivo General de la Nación. México. Refugiada en México.
Mathías, Bernardo Alfredo	CDMH -T. Responsabilidades Políticas de Madrid, Inculpados Juzgado nº 3 del Trib. Especial Represión de la Masonería y el Comunismo. Juzgado de Getafe. Refugiado en México.
Melgar Rodríguez, Emilia	CDMH - Tribunal Nacional de Responsabilidades Políticas, Indultados | Ciempozuelos | Alias "La Jara".
Melgar Vázquez, Victoriano	CDMH - Tribunal Nacional de Responsabilidades Políticas, Indultados | Ciempozuelos. | De Auditoria de Guerra de la 1ª Región Militar.
Melgares Sánchez, Felipe	CDMH - Tribunal Nacional de Responsabilidades Políticas Signatura: 75/00632
Mellado Hijosa, Adolfo	Apodo "El Pescadero" AGMT1 – Sumarios 8162 y 8167. Ejecutado
Moreno García, Mari Carmen	Archivo General Administración Ministerio de Educación – Exp. depuración de maestros nacionales 32/13105 1936-1942 Depurado
Nieto Gómez, Dionisio	Director de los Hospitales Psiquiátricos de Ciempozuelos por mandato del Gobierno de la República Solicitudes refugiados españoles en Francia para emigrar a México.
Núñez Pérez, Andrés	CDMH - Tribunal Nacional de Responsabilidades Políticas, Indultados | Ciempozuelos | Procede de la Audiencia Provincial de Madrid.

Pachín García, Esteban	Fichero de la Secc. Político-Social | Fichero 48, Ficha P0002692
Pachón Santos, Félix	AGHD TmT1 Sumarísimos 51454 CDMH Tribunal Responsabilidades Políticas, Juzgado nº 2
Pascual Cerceña, Teófila	CDMH – T. Responsabilidades Políticas, Ciempozuelos| Alias: La Filo. Auditoria de Guerra de la Primera Región Militar.
Pascual Trompeta, Vicente	AGHD TMT1 Sumarísimos 51453 Teniente de Ingenieros. Muerto en combate en Chiva, Valencia. Apodado "El Avi". Miembro del Segundo Comité del F.P.
Pérez García, Julio	AGHD TMT1 Sumarísimos 427 CDMH Distintas fichas Tribuna Responsabilidades Políticas.
Pérez Pérez, Marcelo	AGHD TMT1 Sumarísimos 427 CDMH Distintas fichas Tribuna Responsabilidades Políticas.
Polo Gallego, Eugenio	Alias "Torero". AGDH – Sumarísimos 52713 AGMG – BDSTP Batallones Disciplinarios de Soldados Penados
Pomés, José	Fichero Sección Político-Social | Fichero 52, Ficha P0140934S y Solicitudes refugiados en Francia que desean emigrar a México
Portillo Díez, Juan	Fichero de la Sección Político-Social | Fichero 52, Ficha P0146849
Ramón Barrios, Benito	Tiene un capítulo en el libro.
Ramos, José	CDMH y AHMD Varios expedientes – Problemas por coincidencia de apellidos.
Revuelta Fernández, Lucio	Alcalde de Ciempozuelos. Aparecido muerto en cárcel del pueblo i?. CDMH – Causa General. Pieza Principal Ciempozuelos. Madrid. CDMH – T.Regional Responsabilidades Políticas de Madrid, Inculpados Incluye pieza de embargo del Juzgado Especial de Ejecutorias. Juzgado Instructor 2 de Madrid; Juzgado de Revisión: Getafe. CDMH - Tribunal N. Responsabilidades Políticas, fecha del expediente: 1957 |Ciempozuelos | Procede de la Audiencia Provincial de Madrid.
Revuelta Trompeta, Vicente	Apodo "Nuvilitas" AGHD TMT1 Sumarísimos 52709

Revuelta Pedraza, Manuel	AGHD TMT1 Sumarísimos 13274 y 101258
Rodríguez García, Apolonio	Alias "Corzo" CDMH – T. Resp. Políticas, Indultados Procede Auditoria Guerra Ejército de Ocupación. Ejecutado ¿?
Rodríguez González, Martín	Alias "Triunfa" AGHD TMT1 Sumarísimos 34378
Rodríguez Gutiérrez, Benito	Tribunal Militar Territorial 1 | Serie: Sumarísimos | Madrid, 1939 | Referencia: Sumario 53067, Caja 1480, Orden 2
Rodríguez Mora, Martin	Alias "Cagachozas" CDMH – T. Responsabilidades Políticas, Indultados: 1944.
Rodríguez Rodríguez, Lozano	(puede ser Lázaro) AGHD TMT1 Sumarísimos 40963
Rodríguez Rodríguez, Lázaro	Alias "Prim" AGHD TMT1 Sumarísimos 1937
Rodríguez Rodríguez, Juan	Alias "Cazuelo" CDMH y AGHD – varios; mucha coincidencia nombres
Román García, Pedro	AGHD TMT1 Sumarísimos 427 CDMH Distintas fichas Tribuna Responsabilidades Políticas
Rosell Soria, Agustín	CDMH – T. Responsabilidades Políticas, Indultados |1939 - 1945 | Ciempozuelos | Alias: El Valle. Auditoria Guerra Primera Región.
Rubio García, Jacinto	Tribunal Militar Territorial 1 | Serie: Sumarísimos | Madrid | Referencia: Sumario 13844, Legajo 5408
Ruiz Fernández, Agustín	CDMH – T. Responsabilidades Políticas, | fecha exp. 1942 - 1944 Ciempozuelos | Auditoria Guerra Ejército de Guadarrama.
Ruiz Higueras, Cándido	CDMH – T. Responsabilidades Políticas, Indultados | fecha exp. 1944 - 1944 | Ciempozuelos Capitanía General de la Primera Región Militar.
Ruiz Higueras, José	Tribunal Militar Territorial 1 | Serie: Sumarísimos | Madrid | Referencia: Sumario 53077.

Salado Alarcón, Ángeles	AGHD TMT1 Sumarísimos 34378
Sánchez Mora, Rosario	AGHD TMT1 Sumarísimos 34378
Sánchez Pérez, Antolina	Tiene un capítulo en el libro.
Sánchez Rodríguez, Tomás	Alias "Pavasa" TMT1 – Varios – Coincidencia de nombres.
Sáez Serrano, Hipólito	CDMH - Tribunal Regional de Responsabilidades Políticas de Madrid, Inculpados | Juzgado Instructor 3 de Madrid; Juzgado Revisión Getafe.
Sánchez Arenas, Aurelio	AGHD - TMT3 Hombre, 41 años | Ciempozuelos | Procesado entre 1939 - 1940 | Consejos de guerra | Pena impuesta: Libertad.
Sánchez Melgares, Pascual	CDMH - Tribunal Nacional de Responsabilidades Políticas, Ciempozuelos | Auditoria Guerra Cuerpo Ejército de Guadarrama.
Sánchez Rodríguez, Juan Francisco	CDMH – T. Responsabilidades Políticas, Indultados | fecha exp. 1943 | Ciempozuelos | Capitanía General de la Primera Región Militar.
Sánchez Rodríguez, Tomas	CDMH – T. Responsabilidades Políticas, Indultados | fecha ex. 1944 | Ciempozuelos | Procede de Capitanía General Primera Región Militar.
Sánchez Rodríguez, Vicente	Alas "Satanás" AGHD – Varios expedientes
Santiago Hernández, Gregorio	Tribunal Militar Territorial 1 | Serie: Sumarísimos | Madrid, 1939 | Referencia: Sumario 5132, Caja 521, Orden 8. Ejecutado.
Sardinero Maroto, Enrique	Asociación Estudios sobre Represión en León (AERLE) Expedientes represaliados en León. Caja 194.20
Solera Belinchón, Teódulo	Causa General: Partido Judicial de Ocaña (Toledo). Localidad: Ciempozuelos. Sin más información.
Tejeiro Carvajal, Eusebio	CDMH - Tribunal Nacional de Responsabilidades Políticas, Indultados | fecha expediente: 1943 - 1944 | Audiencia Provincial de Madrid.

Tejeiro Hernández, Joaquín	Apodo "Bote" Causa Militar. 02/10/1939 | FC-CAUSA_GENERAL,1505
Torres Moya, José	AGHD TMT1 Sumarísimos 24969 y 52729 y CDMH Resp-Políticas. AGHD TMT1 Sumarísimos 52876 (con Venancio Manzanares)
Torrejón Mateo, Jesús	Fichero de la Seccion Politico-Social | Fichero 65, Ficha T0016078
Torrejón Mateo, Juan	Fichero de la Seccion Politico-Social | Fichero 65, Ficha T0016079
Trompeta Díez, José	Alias "Chaqueto" CDMH Fichas Secc. Político Social
Trompeta, María	Refugiados Francia – Campo Argèles-sur.Mer y C. Vernet d'Ariege
Troyano de los Ríos, Fernando	Médico del psiquiátrico TMT1: Madrid, 1939 Sumario 53075, Caja 132, Orden 2
Vicente Gómez, Jacinto	TMT1 Serie: Sumarísimos | Madrid, 1939 | Referencia: Sumario 52722, Caja 1738, Orden 12
Yancos Díaz, Prudencio	Refugiados Francia – Campo Argèles-sur.Mer y C. Vernet d'Ariege
Zafra (?)	CDMH - Causa General Pieza Principal de la Provincia de Madrid, fecha: 29/04/1941 | Ciempozuelos | Profesión: Pastor | Declaración de testigo - Denunciados | Notas: En la prisión de Getafe.

Personas de Ciempozuelos, fallecidas en cárceles o por ejecución[242].

Nombre	Lugar fallecimiento	Causa	Edad	Otros datos
Amores Añover, Román	Burgos - Cárcel	Tifus exantemático	27	Albañil
Aparicio Díaz, Victoriano (apodado "Joñaño")	Madrid (Cementerio del Este)	Fusilado el 26/06/1943	33	Jornalero 53 años. Miembro del Comité. Detenido en Getafe 23/06/39
Aparicio Pérez, Román Francisco	Madrid (C. Este)	Fusilado el 23/11/1939	46	Maestro. Inspector Educación. Izquierda Republicana.
Arenas Rodríguez, Pedro (apodado "El Dulcero")	Cárcel de Ocaña	Fusilado el 22/01/1944	37	Cabo de los serenos del Ayuntamiento. PSOE – UGT
Ávila Santiago, Antonio	Madrid (C. Este)	Fusilado el 11/06/1943	38	Jornalero
Ávila Vallejo, Mariano	Madrid (C. Este)	Fusilado el 3/05/1940	22	Se le acusa de ser del Comité. Natural de Colmenar Viejo.
Barrios Amores, Anastasio	Talavera de la Reina (Toledo)	Fusilado ?	25	Cárcel de Talavera

[242] Hernández Holgado, Fernando – Montero Aparicio, Tomás (2020) *"Morir en Madrid (1939-1944). Las ejecuciones masivas del franquismo en la capital"*. Antonio Machado Ediciones. Madrid.

Barrios Ortiz, Agustín	Gusen (Austria) - Campo de exterminio nazi	Fallecido en campo exterminio el 30/11/1941	32	(* 05/05/1909) Huido a Francia; capturado por los nazis. Gusen-Mauthausen.
Barrios Pascual, Bonifacio	Talavera de la Reina (Toledo)	Fusilado ?	43	Cárcel de Talavera
Díaz García, Emiliano	Madrid (C. Este)	Fusilado el 20/08/1940	31	Jornalero. Detenido en Getafe. Nacido en Maqueda.
Domingo Martínez, Gregorio	Madrid (C. Este)	Fusilado el 16/10/1942	26	Nacido en Villarejo de Salvanés. Estaba en Porta Coeli (Valencia).
García de la Osada, Eduardo Carlos	Madrid (C. Este)	Fusilado el 31/07/1939	29	Embalador
García Hernández, Amadeo (apodado "Amita")	Madrid (C. Este)	Fusilado el 30/03/1943	31	Jornalero. UGT/JSU
García Hernández, Primitivo (apodado "El Primo")	Cárcel Porlier	Garrote 24/02/1943	36	Jornalero. Miembro Comité. UGT
García Ortiz, Félix	Madrid (C. Este)	Fusilado el 10/11/1939	81	Jornalero del campo
Gómez Martín Eugenio (apodado El Mosquito))	Desconocido	Fusilado		Declar. de testigos. Detenido y ejecutado.
Gutiérrez Serrano, Elías	Cárcel Aranjuez	Fusilado el 25/05/1939	23	Jornalero

López Salcedo, Antonio (apodado El Trujillano)	Madrid	Garrote vil 04/05/1939	41	Portlandista piedra. Jefe Comité de Investigación. Sargento 4 BM
Maroto Rodríguez, Ignacio	Cárcel Getafe	Muerto cárcel de Getafe	54	Albañil. Miembro del Comité
Martín Chamorro, Sabino	Cárcel Burgos	Muerto tuberculósis pulmonar	46	Labrador
Martínez Sánchez, José (apodado El Rejo)	Cárcel de Getafe	Fusilado 27/07/1939	24?	T. Campo
Mellado Hijosa, Adolfo (apodado "el pescadero")	Madrid	Fusilado 31/07/1939	37	Chófer. Nacido en Bayona.
Pachón Santos, Félix	Ciempozuelos	6 febrero 1937	¿	Fusilado en la puerta de su casa
Pascual Trompeta, Vicente (apodado "El Avi")	Chiva (Valencia)	Muerto en combate	25	Teniente de Ingenieros 217 BM
Rajado Pérez, Francisco	Madrid (C. Este)	Fusilado el 25/10/1939	27	Albañil
Revuelta Fernández, Lucio	Cárcel Ciempozuelos	06/12/1939 ¿?		**Alcalde Constitucional de Ciempozuelos**.
Revuelta Pedraza, Manuel	Cárcel Getafe	¿? Fusilado	¿?	Miembro Comité Se desconoce fidedignamente la ejecución.

Rodríguez García, Alejandro	Madrid (C. Este)	Fusilado 13/02/1941	33	Jornalero. UGT. Een cárcel Getafe.
Santiago Hernández, Gregorio	Madrid (C. Este)	Fusilado 24/07/1939	33	Jornalero del campo.
Santiago Hernández, Juan	Madrid (C. Este)	Fusilado 03/03/1943	39	Campesino
Santos Mateos, Maximino	Madrid (C. Este)	Fusilado 27/11/1940	47	Natural de Seseña. Jornalero.
Tejeiro Hernández, Francisco	Madrid (C. Este)	Fusilado el 08/10/1941	31	Operador de cine. Jefe de Milicias.
Tejeiro Hernández, Joaquín	Madrid - Cárcel de Porlier	Garrote 04/05/1939	27	Jornalero. UGT

Gente ejecutada, con especial repercusión.

El primero a citar sería el propio alcalde republicano de la localidad, claro. El señor **Lúcio Revuelta Fernández**, que no figura en listado alguno de ejecutados, porque oficialmente se había suicidado en el Depósito Municipal (la cárcel local) una vez que entraron las fuerzas fascistas en Ciempozuelos. Él no había huído, tenía la conciencia tranquila y, es más, había contribuído a que bastantes personas conservasen la vida. Por tanto, no hace falta mucho análisis para saber lo que le pasó.

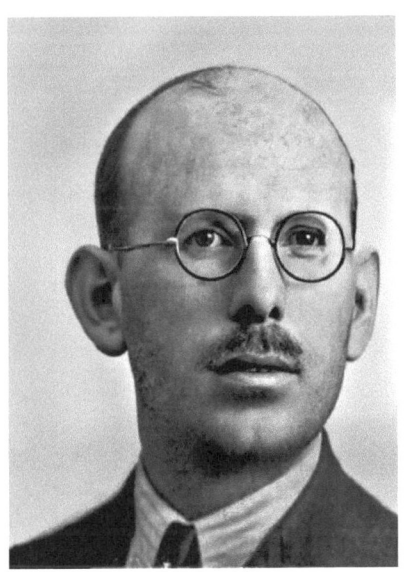

Otro caso muy sonado fue el de **Román Francisco Aparicio Pérez**, natural de nuestro pueblo; hijo de dos maestros de Ciempozuelos, Francisco Aparicio y Esperanza Pérez, se dedicó a la enseñanza. Fue un gran innovador pedagógico; muy valorados sus métodos con posterioridad. Merecería más espacio, pero aquí dejamos reflejado que ejerció en Arganda, y en la web de memoria de ese pueblo pueden encontrar información. Fue fusilado el 23 de noviembre de 1939.

Un caso, prácticamente excepcional, por afectar a casi toda la familia, es el de los hermanos **García Hernández**[243]: Ángel, Primitivo, Nicolás y Amadeo. Hijos de Ángel García y Francisca Hernández. La pareja tuvo nueve hijos y, al conjunto, los llamaban los "**lebreles**".

Primitivo, conocido por todos como Primo, debía ser un hiperactivo, porque le encuentras en todos los "fregaos"; en todos los acontecimientos en que había derechos que defender de los jornaleros, de los obreros, allí estaba. Casado con Blasa, tuvo un hijo. Aparte de trabajar a jornal en el campo, en el periodo republicano trabajó de sereno para el Ayuntamiento. En guerra estuvo en el cuerpo de Carabineros, donde ascendió a sargento por méritos de guerra. Valor no faltaba en la familia. Murió ejecutado a garrote vil en la cárcel de Porlier, en febrero de 1943.

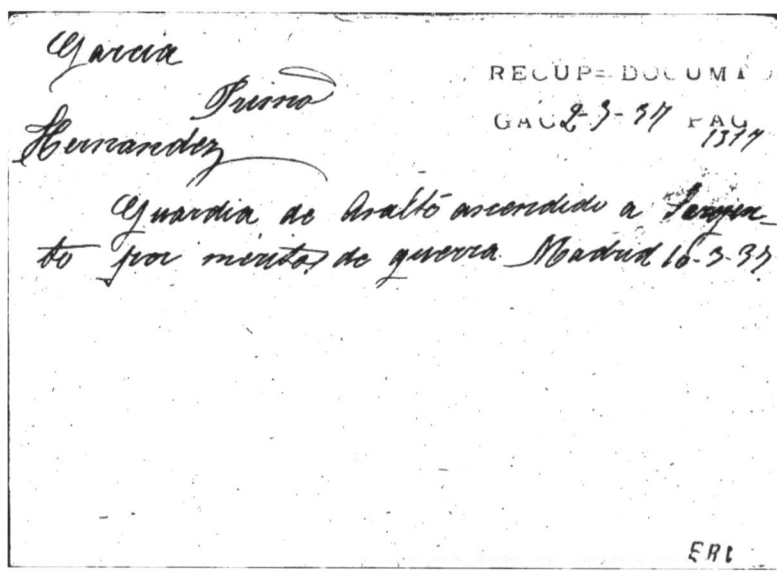

El otro García Hernández más conocido era **Amadeo**. Conocido por todos como **Amita**. Jornalero, como casi toda la familia, se casó con Antonia antes de

---

[243] Testimonio familiar; de Eva: **quieneseran.blogspot.com**

la guerra. Fue fusilado en las tapias del Cementerio del Este el 30 de marzo de 1943, uno más tarde que su hermano Primo. Tenía 31 años.

Otro hermano García Hernández era **Nicolás de Tolentino**, aunque todo el mundo le conocía por "**Tole**". Este pudo huir a Francia y ponerse a salvo, relativamente, porque pasó por los campos de refugiados que los amigos franceses habían preparado, unos auténticos campos de concentración. Se unió a la resistencia, cuando pudo, y siguió luchando por la libertad en Europa. Capturado por los alemanes en uno de los combates, la **Gestapo** lo torturó antes de meterle en un campo de concentración regido por nazis, en Francia. Pudo escapar y salvar, nuevamente, la vida.
No volvió a reencontrarse con su mujer y sus hijos hasta el año 1955, casi veinte años después de la guerra.

En la familia es recordada la frase de la bisabuela **Francisca** cuando iban a detener a los hijos: "***Salid hijos míos, salid de culo, volveréis de cara con la frente muy alta***". Pobres, pero con toda la dignidad.

No he encontrado nada de **Ángel**. Los cuatro estuvieron procesados, junto a **Pedro Arenas** (cabo de serenos), **Antonio López Salcedo** y **Gabino Martín Chamorro**, por atentado a la autoridad en la persona del Juez Municipal señor Antonio Díaz del Moral, auténtico látigo de la izquierda durante muchos años. El proceso fue en 1934, en pleno bienio negro de la ultra derecha, siendo sobreseído en la República, con la Ley de Amnistía de 21 de febrero de 1936.

Otra familia muy castigada fue la de los Tejeiro. **Joaquín Tejeiro Hernández** fue muy prontamente ajusticiado a garrote, en Porlier, el 4 de mayo de 1939. Su hermano, **Francisco Tejeiro Hernández**, fusilado en el Cementerio del Este, el 8 de octubre de 1941.
Si atiendes a lo escrito en algunos documentos de "historia" de los H. de San Juan de Dios, su prensa no era buena; pero como sabemos de qué va cada fuente, no dudamos de su lucha.

Hay centenares de expedientes, de consejos de guerra, de decenas y decenas de hombres y mujeres de Ciempozuelos en los archivos históricos. Esas historias están, aún, por escribir.

Bibliografía consultada.

Aguilar, Santiago (2021) "*Sagitario Films. Oro nazi para el cine español*". As. Shangrilá Textos Aparte. Santander.

Aguirre, Jesús Vicente (2021) "*Escríbeme a la tierra. Cartas de los que van a morir*". Ed Pepitas Calabaza. Logroño.

Alonso, Isabel. (2022) "*La posguerra fue peor que la guerra*". Univ. Alicante.

Álvarez Junco, José. (2012). "*El emperador del paralelo: Lerroux y la demagogia populista*". RBA. Barcelona.

Álvarez Tardío, Manuel. (2021) "*Vidas truncadas 1936*". Galaxia Gutenberg. Barcelona.

Ana, Marcos. ((2008) "*Te llamo desde un muro*". Ed. Ministerio Cultura Poder Popular República de Venezuela.

Antonio López, Vicente (2013) "*Esclavos del franquismo. Trabajos forzados*". Autopublicación. Madrid.

Arco, Miguel Ángel del (2022) "*Cruces de memoria y olvido*". Ed. Crítica. Barcelona.

Arnal V., Rafael (coordinador) (2017) "*El Camp de Concentració de Portaceli (1939-1942)*". Centre d'estudis i documentació de la Memòria Republicana. Valencia.

Baamonde Magro, Ángel. (2014) "*Madrid 1939. La conjura del coronel Casado*". Ed. Cátedra. Madrid.

Baena Moreno, Alonso. (2018) "*Alonso Barrena, 1907-1997. Notas y comentarios de Rafael Navas Bohórquez*". Ed. Centro de Estudios Extremeños. Diputación de Badajoz.

Balcell, Laia. (2021) "*Rivalidad y venganza. Violencia en las guerras civiles*". Ediciones Bellaterra.

Ballano, Fernando. (201) "*Tierra de nadie. Un cartero sevillano contando su 18 de julio*". Ed. Arzalia. Madrid.

Ballbe Mallol, Manuel. (2020) "*Orden público y militarismo en la España constitucional (1812-1983)*". Editorial Aranzadi. Pamplona.

Ballester, David. (2022) "*Las otras víctimas 1975-1982*". Prensa Zaragoza, Univ. Zaragoza.

Baquero Zurita, Juan Miguel. (2019) "*El país de la desmemoria*". Roca Editorial. Barcelona.

Barciela, Carlos (2023) "*Con Franco vivíamos mejor. Pompa y circunstancia de cuarenta años de dictadura*". Los libros de la Catarata. Madrid.

Barragán, Antonio. (2022) "*Justicia Militar en Córdoba*". Utopía. Córdoba.

Barrios Martín, Joaquín (Dtor. del Departamento de Prehistoria de la U. Autónoma de Madrid) Núñez Herrero, Mario, y Murillo Fragero, José (ambos investigadores arqueológicos de ARQA SL) (2004) "*Estudios y catalogación del antiguo sistema de abastecimiento hidráulico de Ciempozuelos. Origen y transformación de las minas o galerías subterráneas*". Edic. Ayto. de Ciempozuelos.

Batalla, Pablo. (2021). "*Los nuevos odres del nacionalismo español*". Trea Ensayos. Gijón.

Berdugo Gómez de la Torre, Ignacio. (1981) "*Derecho represivo en España durante 1936-1945*". Revista Facultad de Derecho de la Universidad Complutense Madrid.

Bethune, Norman. (2022) "*La desbandá*". Ed. Pepitas Calabaza. Logroño.

Blas Vicente, Marco. (2010) "*La batalla de Javalambre*". Ed. Ayuntamiento de Manzanera.

Brenan, Gerald (1985) "*La faz de España*". Ed. Plaza Janés. Barcelona.

Bru, Jordi. (2022) "*Sangre en el frente*". Ed. Ferro. Madrid.

Calvo González, Fernando. (2022) "*La guerra civil*". Ed. Arzalia. Madrid.

Carrillo, Alberto. (2021) "*Depurados, represaliados y exiliados: Pérdida universitaria*". Ed. Comares. Granada.

Casanova, Julián. (2022) "*España partida en dos*". Ed. Crítica. Barcelona.

Causa General. Centro Documental Memoria Histórica. Pieza Principal: Víctimas del marxismo. Pieza 2: Alzamiento Nacional. Pieza 3: Cárceles y Sacas. Pieza 4: Checas y asesinatos por milicianos. Pieza 5: Justicia Roja. Pieza 6: Prensa. Pieza 7: Actuación de las autoridades gubernamentales locales. Pieza 8: Delitos contra la propiedad e informes de las Cámaras de Comercio e Industria. Pieza 9: Banca. Pieza 10: Persecución religiosa. Pieza 11: Tesoro artístico y Cultura Roja.

Cazorla Sánchez, Antonio (2000) "*Las políticas de la Victoria*". Ed. Marcial Pons. Madrid.

Cavalieri, Elena. (2019) "*¿De quién fue la idea del Plan de Estabilización?*". Banco de España. Serie Documentos. Madrid.

Chaves, Julián. (2022) "*Historia del maquis*". Ático. Barcelona.

Collado Seidel, Carlos (2010) "*El embajador que salvó a Franco*". Temas de Debate. Rev. Sistema en serie "*Franco y la II Guerra Mundial*". Madrid.

Comisión Internacional de Juristas. (1962). "*El imperio de la Ley en España*". Órgano Consultivo de Naciones Unidas. Ginebra.

Conde, David y Lorenzo, Mariano (2023) "*Las recetas del hambre. La comida de los años de la posguerra*". Ed. Crítica. Barcelona.

Costras, Kobylarczyk. (2022) "*España hurga en sus heridas*". Ed. Crítica. Barcelona.

Cruz Villegas, Isidro; Cruz Villegas, Mª Dolores. (2008) "*Las condiciones de vida en la comarca de la Mancha Toledana durante la guerra civil española y la posguerra*". Dentro del libro coordinado por Francisco Alía y Ángel del Valle "*La guerra civil en Castilla La Mancha 70 años después. Congreso Internacional*". Ed. Univ. Castilla La Mancha.

Cuevas, Tomasa (1985) "*Cárcel de mujeres*". Vol. II. Ed. Sirocco. Barcelona.

Da Costa, Marco (2023) "*La España Nazi. Crónica de una colaboración ideológica e intelectual, 1931-1945*". Ed. Taurus. Madrid.

Del Águila, Juan José. (1997). "*El Tribunal de Orden Público. 1963-1977. Trece años de represión política*". Universidad de Sevilla.

Del Hierro, Pablo (2023) "Madrid. Metrópolis (neo) fascista". Ed. Crítica. Barcelona.

Del Rio, Ángel, y VV.AA. (2004) "*El Canal de los Presos 1940-1962*". Ed. Crítica. Barcelona.

Díaz Balart, Mirta (1997). "*Consejos de guerra: los fusilamientos en el Madrid de la posguerra (1936-1945)*". Editorial Compañía Literaria. Madrid.

Díez, Fátima (2023) "*La gravedad de las lágrimas*". Autoedición.

Duva, Jesús; Junquera, Natalia. (2011) "*Vidas robadas*". Editorial Aguilar. Madrid.

Eiroa San Francisco, Matilde; Del Águila Torres, Juan José. (2024) "*Nuevas instrucciones contra la oposición y la propaganda ilegal 1955-1965*". Rev. Estudios Jurídicos. Univ. de Jaén.

Elordi, Carlos. (1996). "*Antes de que el tiempo muera en nuestros brazos*". Editorial Grijalbo. Madrid.

Elorza, Antonio. 2010. "*Genocidios*". Historia Nova N. 10. UNED. Madrid.

Engel, Carlos (2005) "*Historia de las Brigadas Mixtas del Ejército Popular de la República 1936-1939*". Ed. Almena. Madrid.

Escobal, Patricio. (2022) "*Las sacas*". Ed. Pepitas Calabaza. Logroño.

Escolar, Ignacio (2009) "*Los archivos quemados del franquismo*". Escolar.net.

Escriba Copa, Miguel Ángel (2008) "*Saliendo a la luz. Origen y fundación de Ciempozuelos*". Ed. Alfasur. Pinto.

Erice Sebares, Francisco. (2024) "*Julián Grimau, un crimen de Estado*". Rev. Coversación de Historia. Barcelona.

Espinosa Maestre, Francisco (2000) "*La Justicia de Queipo*" Centro Andaluz del Libro. Sevilla.

Espinosa Maestre, Francisco. (2007). "*Informe sobre la represión franquista. Estado de la cuestión*". Caso 399/2006 del Juzgado de Instrucción nº 5 de la Audiencia Nacional.

Espinosa Maestre, Francisco. (2012). "*La guerra en torno a la historia que ha de quedar*". Revista Hispania Nova. Madrid.

Espinosa Maestre, Francisco. (2021) "*La primavera del Frente Popular: Badajoz marzo - julio 1936*". Ed. Crítica. Barcelona.

Espinosa Maestre, Francisco. (2021) "*Por la sagrada causa nacional   Badajoz   1936- 1939*". Ed. Crítica. Barcelona.

Espinosa, Francisco. (2004) "*Morir, matar, sobrevivir. La violencia en la dictadura de Franco*". Editorial Crítica. Barcelona.

Falcó Vidal, Juan. (2022) "*Memoria de un republicano de Masamagrell*". Ed. Tirant. Valencia.

Fonseca, Carlos (2012). "*Las Trece Rosas Rojas*". Ed. Martínez Roca. Madrid.

Fontana, Josep (2011) "*La naturaleza de la violencia*". Diario Público. Madrid.

Franco Salgado-Araujo, Francisco (2005) "*Mis conversaciones privadas con Franco*". Ed. Planeta. Barcelona.

Galeano, Eduardo. (1967) "*España: de la guerra civil al referéndum de 1966*". Cuadernos Ruedo Ibérico. OMF Alfa Biblioteca. Madrid.

Gálvez Biesca, Sergio (2022). "*El Modelo de Impunidad Español*". Insituto Iberoamericano de Derechos Humanos. Ed. Historia Actual. La Haya.

García del Cid Guerra, Consuelo (2021) "*Las insurrectas del Patronato de Protección de la Mujer*". Ed. Anantes. Sevilla.

García Funes, Juan Carlos. (2022) "*Desafectos. Trabajadores forzados de Franco*". Ed. Comares. Granada.

García Márquez, José María (2010). "*Violencia roja y azul. España 1936-1950*". Ed. Crítica. Barcelona.

García Rivas, Nicolás. (1990) "*La rebelión militar en el Derecho penal (La conducta punible en el delito de rebelión)*". Ed. Univ. Castilla la Mancha.

García Rivas, Nicolás. (2020) "*Rebelión (Delito de)*". Revista en Cultura de Legalidad. Catedrático Derecho. Universidad Castilla la Manca.

García Rodríguez, José. (2013) "*Conspiración para la Rebelión militar del 18 de julio de 1936*". Silex Ediciones. Madrid.

García, Consuelo (1983) "*Las cárceles de Soledad Real*". Ed. Alfaguara. Barcelona.

Garrot Garrot, José Luis. (2022). "*La represión sobre la mujer: guerra civil y posguerra*". Ed Revista Asamblea Digital. Madrid.

Gil Vico, Pablo. (2004) "*La noche de los generales. Militares y represión en el régimen de Franco*". Ediciones B. Barcelona.

Gómez Bravo, Gutmaro y Marco, Jorge. (2011) "*La obra del miedo. Violencia y sociedad en la España Franquista (1936-1952)*". Ed. Península. Barcelona.

González Calleja, Eduardo (2015) "*Cifras cruentas. Las víctimas mortales de la violencia sociopolítica en la Segunda República española (1931-1936)*". Ed. Comares. Granada.

González Calleja, Eduardo. (2014) "*En nombre de la Autoridad. La defensa del orden público durante la Segunda República española (1931-1936)*"· Ed. Comares. Granada.

González Duro, Enrique. (2008). "*Los psiquiatras de Franco: los rojos no eran unos locos*". Ediciones Península. Barcelona.

González, Damián. (2022) "*Violencia franquista y gestión del pasado*". Ed. Silev. Madrid.

González, Federico (1997) "*San Martin de la Vega en la Edad Media*". Ed. Ayto. San Martín de la Vega.

González Pinilla, Eusebio. (2003) "La Justicia Militar en el primer franquismo". Ed. Universidad de Almería.

Guerra Viscarret, Pello (2024) "*El diario de Mola*". Ed. Pamiela. Navarra.

Guillén Lorente, Carmen (2018) "*El Patronato de Protección de la Mujer: prostitución, moralidad e intervención durante el franquismo*". Tesis. Universidad Pública de Murcia.

Gutiérrez Carbonell, Miguel. (2011). "*Derecho Represor Franquista*". Fiscal de la Audiencia Provincial de Alicante. Miembro de la Comisión Cívica para la Recuperación de la Memoria Histórica de Alicante. Conferencia en jornadas sobre la Memoria, enero 2011.

Gutiérrez Molina, José Luis (2003) "*El Canal de los Presos del Bajo Guadalquivir (1940-1964)*". Capítulo del libro "*Una inmensa prisión*" coord. Carme Molinero. Ed. Crítica. Barcelona.

Hernández Holgado, Fernando – Montero Aparicio, Tomás (2020) "*Morir en Madrid (1939-1944). Las ejecuciones masivas del franquismo en la capital*". Antonio Machado Ediciones. Madrid.

Hernández Holgado, Fernando (2016) "*Esclavas del franquismo*". Ed. Asociación por la Cultura y la Memoria. Tafalla (Navarra).

Hernández, Carlos. (2022) "*Los 40 campos de concentración en CL Mancha*". Univ. CLMancha.

Hernández, Claudio. (2022) "*El franquismo se fue de fiesta*". Univ. Valencia.

Hernández, Claudio – Prieto, Lucía. (2024) "*Divertirse en dictadura. El ocio en la España franquista*". Ed. Marcial Pons. Madrid.

Ibáñez, Melanie. (2021) "*Seguimos siendo culpables. Aplicación de la Ley de Responsabilidades a mujeres en Valencia*". Univ. Valencia.

Jiménez Herrera, Fernando (2014) "El Comité Provincial de Investigación Pública de Madrid". Revista Hispania Nova. Univ. Complutense. Madrid.

Jiménez Herrera, Fernando (2018) "Los Comités madrileños en 1936. Un análisis micro histórico de la represión". Tésis. Universidad Complutense. Madrid.

Jiménez Lucena, Isabel (2010). "*El tifus exantemático de la postguerra 1938-1943. El uso de una enfermedad en la legitimación del Nuevo Estado*". F. Medicina. Universidad Málaga.

Jiménez, Fernando. (2021) "*El mito de las checas*". Ed. Comares. Granada.

José María Márquez y Miguel Guardado (2011) "*Morón: consumatum est. Historia de un crimen de guerra*", Ed. Planta Baja. Morón.

Juárez Camacho, Francisco Javier (2016) "*El espionaje alemán en España a través del Consorcio SOFINDUS*". Rev Diacrone, Universidad de Bolonia.

Lafuente, Isaías. (2018) "*Esclavos por la patria. Un antídoto contra el olvido de la historia*". Editorial Planeta. Barcelona.

Lanero Taboas, Mónica. (1996) "*Una milicia de la justicia. La política judicial del franquismo (1936-1945)*". Ed. Marcial Pons. Madrid.

Lasso de la Vega, Miguel (2002) "*Política de vivienda en Madrid 1939-1959*" Ed. Univ. Navarra.

Lizaso Berruete, Félix (2016). "*Mártires Hospitalarios del siglo XX*". Ed. Hermanos de San Juan de Dios. Granada.

Llasat, Carmen. (2012) "*25 de septiembre de 1962: la muerte visita Cataluña*". Revista Meteored. Madrid-Barcelona.

López Díaz, Jesús (2003) "*Vivienda social y Falange. Ideario y construcción en la década de los 40*". Revista Scripta Nova. Barcelona.

López López, Francisco Manuel. (2022) "*La paz no nace cuando la guerra termina. Guerra civil y represión en Roquetas de Mar 1936-1945*". Ed. EDUAL. Univ. Almería.

López, Mariaje (2018) "*Por caridad*". MAR Editor. Madrid.

López Villaverde, Ángel Luis. (2007) "*Cuando Franco miró para Cuenca*". UCLM Rev. Conversaciones sobre Historia.

Lucas, Miguel de. (2022) "*Sois historia. Sois leyenda*". Ed. Revista Contexto. Madrid.

Marco, Jorge. (2012) "*Debemos condenar y condenamos. Justicia militar y represión en España (1936-1948)*", en Libro "Franco: La represión como sistema", coord. Julio Aróstegui. Flor de Viento Ediciones. Barcelona.

Marrero, Vicente (1962). "*La guerra española y el trust de cerebros*". Ed. Punta Europa. Madrid.

Martín, Irene; Paradés, Marta; Zagorski, Piotr. (2020) "*Cómo influye el pasado traumático en el voto a los partidos populistas de Alemania, Polonia y España*". Proyecto Horizon 2020. Comisión Europea.

Martín Duarte, Juan Santiago. (2014) "*El ataque a Ciempozuelos. 6 de febrero de 1937*". Autoedición.

Martínez Alier, José. (2011). "*¿Quién amnistiará al amnistiador?*". Ed. Ruedo Ibérico. Barcelona.

Martínez Bande, José Manuel. (1984) "*La lucha en torno a Madrid*". Servicio Histórico Militar. Ed. San Martín. Madrid.

Martínez Reverte, Jorge (2021) "*De Madrid al Ebro. Las grandes batallas de la guerra civil*". Galaxia Gutenberg. Barcelona.

Martínez Rus, Ana (2021) "*Libros al fuego y prohibidos 1936-1948*". CSIC. Madrid.

Martínez, Lola y Gutiérrez Molina, José Luis (2007). "*El trabajo esclavo de los presos políticos del franquismo en Andalucía*". Ed. Universidad de Almería.

Martínez Sánchez, Santiago (2014) "*¿Canes mudos? Los obispos españoles ante la represión franquista durante la guerra civil española*". Ed. Universidad de Navarra.

Matthews, James (2021) "*España en guerra 1936-1944*". Alianza Ed. Madrid.

Medina Sanabria, Pedro (2014) "*Jóvenes generales españoles*". Blog Memoria de Canarias.

Mendiola Gonzalo, Fernando (2007). "*Los trabajos forzados en la dictadura franquista*". Ed. Txalaparta. Tafalla (Navarra).

Mera, Pilar. (2021) "*18 de julio de 1936*". Ediciones Taurus. Madrid.

Miguel, Santiago. (2022) "*La Segunda República en Madrid*". Lib Catarata. Madrid.

Mir Curcó, Conxita, Agustí Roca, Carme y Gelonch, Josep. (2001) "*Violencia y represión en Cataluña durante el franquismo*". Universidad de Lleida.

Momito, Andrea (2024) "*Las lesbianas eran vigiladas a sangre y fuego*". Rev. Público. Madrid.

Montoliú, Pedro (2021) "*Madrid en la posguerra 1939-1946. Los niños de la represión*". La Librería Ediciones. Madrid.

Moradiellos, Enrique (2022) "*El Holocausto y la España de Franco*". Ediciones Turner. Madrid.

Morales, Juan A. (2022) "*Una memoria sin rencor*". Ed. Tres Culturas. Sevilla.

Moreno Gómez, Francisco (2000) "*1936: el genocidio franquista en Córdoba*". Ed. Contrastes. Madrid.

Moreno, Juan. (2022) "*La leyenda de Largo Caballero*". Ed. Almuzara. Madrid.

Moreno, Roque – Sevillano, Francisco. (2015) "*La legitimación del franquismo: los plebiscitos de 1947 y 1966*". Ed. Universidad de Alicante.

Navarro López, Francisco (2018). "*Campos de concentración de prisioneros evadidos y presentados, y Batallones de trabajadores en la provincia de Córdoba (1938-1942)*". Ed. Ucopress. Córdoba.

Neves, Mario. (1986). "*La matanza de Badajoz*". Editora Regional de Extremadura. Badajoz.

Noguera, Jaime. (2017) "*La ridícula batalla de Ciempozuelos*". Diario Público. Madrid.

Nuñez Díaz-Balart, Mirta y Rojas Fiend, Antonio. (2002) "*Consejo de Guerra. Los fusilamientos en el Madrid de la posguerra (1939-1945)*". Ed. Compañía Literaria. Madrid.

Núñez Díaz-Balart, Mirta. Rojas Friend, Antonio (2024) "*Consejo de Guerra. Los fusilamientos en el Madrid de la posguerra (1939-1945)*". Ed. Renacimiento. Sevilla.

Núñez Díaz-Balart, Mirta (2012) "*La doma de los cuerpos y las conciencias, 1939-1941. El Campo de Concentración de Porta-Coeli, Valencia*". Rev. Hispanianova. UNED.

Oviedo Silva, Daniel (2023) "*El enemigo a las puertas. Porteros y prácticas acusatorias en Madrid (1936-1945)*". Ed. Comares. Granada.

Payá Poveda, José Miguel. (2017) "*Justicia, Orden público y Tribunal de Urgencia en la II República*"., Ed. Aranzadi. Pamplona.

Payne Stanley G. (2021) "*40 preguntas sobre la guerra civil*". Ed. La Esfera d elos Libros. Madrid.

Pérez del Pulgar, J.A. (1939) "*La solución que España da al problema de sus presos políticos*". Publicaciones Redención. Valladolid.

Pérez Juan, José Antonio. (2020) "*El delito de rebelión en el primer franquismo. Un análisis normativo y jurisprudencial*". Ed. Dykinson. Madrid.

Pérez, José A. (2021) "*Justicia y represión en los estados totalitarios: España, Italia, Alemania. La justicia franquista*". Ed. Tirant. Valencia.

Pilo Ortiz, Francisco (2006). "*Ellos lo vivieron: Badajoz 1936*". Ed. Diputación. Badajoz.

Pérez Trujillano, Rubén. (2024) "*Jueces contra la República. El Poder Judicial frente a las reformas republicanas*". Ed. Dykinson. Madrid.

Pino Abad, Miguel. (2012) "*Los delitos contra el orden público en el marco de la ley de defensa de la República de 21 de octubre de 1931*". Anuario de Historia del Derecho Español. Madrid.

Ponce, Julio (2022) "*De la urnas a la República*". Ed. Diputación. Sevilla.

Preston, Paul (2019) "*Un pueblo traicionado*". Ed. Debate. Barcelona.

Preston, Paul. (2021) "*Arquitectos del terror*". Ed. Debate. Barcelona.

Preston, Paul. (2022) "*Franco. El gran manipulador*". Ediciones Debate. Barcelona.

Preston, Paul (2025) "*Perfidious Albion: Britain and Spanish Civil War*". Ed. Clapton Press. Londres.

Prieto Borrego, Lucía (2020) "*Implantación de la Justicia Militar en Málaga, 1937*". Universidad de Alicante.

Puell, Fernando. (2007) "*Atlas de la Guerra Civil española*". Editorial Síntesis. Madrid.

Quintero Maqua, Alicia (2009) "*El trabajo durante el primer franquismo: Destacamentos Penales en la construcción del ferrocarril Madrid-Burgos-Irún*". Ed. Unv. Complutense. Madrid.

Reig Tapia, A. (1984) "*Ideología e Historia*". Ed. Akal. Madrid.

Rendueles Olmedo, Guillermo (2007) "*Las patronatas del manicomio de Ciempozuelos*". Dentro del libro "*Narraciones sobre violencia de género*". Editorial Virus. Barcelona.

Ríos Carratalá, Juan A. (2022) "*Los Consejos de guerra de Miguel Hernández*". Ed. Universidad Alicante y Mº Defensa. Alicante-Madrid.

Rodrigo Sánchez, Javier (2006) "*Cautivos*". Ed. Crítica. Barcelona.

Rodrigo, Javier (2006). "*Los campos de concentración franquistas*". Revista Hispania Nova. Madrid.

Rodríguez Jiménez, José Luis (1998) "*Extrema derecha y neofascismo en Europa y América*". Ed. Península. Barcelona.

Rodríguez Padilla, Eusebio. (2007) "*La represión franquista en Almería 1939-1945*". Arráez Editores. Almería.

Romero, Tatiana (2024) "*Represión corporal sobre las mujeres en las dictaduras*". Rev. Público. Madrid.

Rubio, Federico. (2022) "*Cronología de 6 meses decisivos: julio-diciembre de 1937*". Lekla. Madrid.

Ruíz Albéniz, Víctor. (1937) "*El Tebib Arrumi y sus crónicas*". Ed. Librería Santarén. Valladolid.

Ruíz Manjón, Octavio. (2022) "*Los diputados de la Segunda República*". Ediciones Congreso Diputados.

Sánchez Alonso, Blanca (1995). "*Las causas de la emigración española 1880-1930*". Alianza Ed. Madrid.

Sánchez Alonso, Blanca. (2010). "*La inmigración española en Argentina 1880-1914. Capital humano y familia*". Ed. Universidad San Pablo-CEU.

Sánchez Montoya, Francisco. Moga Romero, Vicente. (2004). "*Ceuta y Norte de África: república, guerra y represión, 1931-1944*". Editorial Nativola. Granada.

Sánchez Soler, Mariano (2021) "*Los ricos de Franco*". Ed. Roca. Barcelona.

Sánchez, Francisco A. (2004) "*Ciempozuelos paso a paso. Guía ilustrada*". Edición del Ayto. de Ciempozuelos.

Santacana, Joan. (2022) "*La Segunda República a través de sus objetos*". Ed. Trea. Gijón. Santiago Díaz, Gregorio (2023) "*Franquismo patógeno. Hambruna, enfermedad y miseria en la población española 1939-1953*". Ed. Universidad de Granada.

Sesma, Nicolás. (2024) "*Ni una, ni grande, ni libre. La dictadura franquista*". Ed. Crítica. Barcelona.

Sevillano Calero, Francisco. (2016) "*Política y criminalidad en el 'Nuevo Estado' Franquista. La criminalización del 'enemigo' en el Derecho penal de posguerra*". Revista Historia y Política. Univ. Complutense. Madrid.

Souto Kustrín, Sandra (2004) " *Y ¿Madrid? ¿Qué hace Madrid?*". Ediciones Siglo XXI. Madrid.

Tébar, Javier. (2021) "*Vivir en la dictadura. La desmemoria del franquismo*". Viejo Topo. Madrid.

Tiscar Santiago, María José. (2013) "*Deuda saldada: Franco, el régimen y la guerra colonial portuguesa*". Espacio Tiempo y Forma. Revista Historia Contemporánea. UNED.

Toca, María (2024) "*Hambre y fortunas, cara y cruz de la misma moneda*". Rev. La Pájara Pinta. Santander.

Tuñón de Lara, Manuel. (1972) "*El movimiento obrero en la historia de España*". Ed. Taurus. Madrid.

Valiente, Mauricio. (2021) "*Comunistas contra Franco*". Lib Catarata. Madrid.

Vila Izquierdo, Justo (1983). "*Extremadura: la guerra civil*". Ed. Universitas. Madrid.

Villalta, Alfonso. (2022) "*Demonios de papel. Diarios desde un archivo de la represión*". Ed. Comares. Granada.

Vinyes, R. Armengou, M. Belis, R. (2002) "*Los niños perdidos del franquismo*". RBA. Barcelona.

Viñas, Ángel (2015) "*La otra cara del Caudillo*". Ed. Crítica. Barcelona.

Viñas, Ángel. (2021) "*El honor de la República*". Ed. Crítica. Barcelona.

Viñas, Ángel. (2021) "*Sobornos. De cómo March y Churchill compraron a los generales de Franco*". Ed. Crítica. Barcelona.

Viñas, Ángel. (2021) "*Las armas y el oro*". Pasado y Presente. Barcelona.

VV. AA. (2022) "*Disidencias en la articulación del fascismo*". Revista Ayer. Madrid.

VV. AA. (2022) "*Entrevistas a personas de la guerra civil; realizada por estudiantes de Historia*". Univ. Granada.

VV. AA. (2022) "*Matar a la bestia. Historia secreta de la guerra civil*". La Felguera. Madrid.

VV.AA. (2009) "*Restos humanos del frente del Jarama. Fosas en Ciempozuelos.*" Sociedad de Ciencias Aranzadi. San Sebastián-Donostia.

WEB *La Casa Negra*, de índole cultural e histórica de Aranjuez. Aranjuez.

WEB Asociación Republicana Irunesa.

WEB – Blog quieneseran.blogspot.com.

Finalizado el manuscrito en enero de 2025

.

Notas.

familias masacradas   genocidio franquista